# Kinder- und Jugendliteratur vom Biedermeier bis zum Realismus

EINE TEXTSAMMLUNG

MIT 22 ABBILDUNGEN

HERAUSGEGEBEN VON
KLAUS-ULRICH PECH

PHILIPP RECLAM JUN. STUTTGART

Universal-Bibliothek Nr. 8087 [5]
Alle Rechte vorbehalten. © 1985 Philipp Reclam jun., Stuttgart
Gesamtherstellung: Reclam, Ditzingen. Printed in Germany 1985
ISBN 3-15-008087-8

# Inhalt

Einleitung . . . . . . . . . . . . . . . 5

Sittenlehrbücher . . . . . . . . . . . . . . 57

Moralische Geschichten . . . . . . . . . . . 86

Nationalerzieherische Schriften . . . . . . . 149

Tiergeschichten . . . . . . . . . . . . . . 190

Reisebeschreibungen . . . . . . . . . . . . 221

Abenteuerliche und exotische Erzählungen . . . . . 282

Sacherzählungen . . . . . . . . . . . . . . 343

Schauspiele . . . . . . . . . . . . . . . 373

Zu dieser Ausgabe . . . . . . . . . . . . . 415

Verzeichnis der Autoren und Herausgeber, Titel und
   Quellen. Materialien . . . . . . . . . . . 418

Abbildungsnachweise und Illustratorenregister . . . . 445

Literaturhinweise . . . . . . . . . . . . . 447

Personenregister . . . . . . . . . . . . . 455

Sachregister . . . . . . . . . . . . . . . 459

# Einleitung

Zwar konnte die Romantik »die Alleinherrschaft aufklärerischer Tendenzen auf dem Feld der Kinder- und Jugendliteratur« beenden,[1] doch war das, was die Kinder- und Jugendliteratur der Aufklärung an Themen, Stoffen und Gattungen hervorgebracht hatte, noch immer stark genug, um sich neben den Alternativen der Romantik deutlich zu behaupten. In der Jugendliteratur der Biedermeierzeit lassen sich zahlreiche Traditionsstränge aufspüren, die auf die Verbundenheit mit der Aufklärung verweisen, zu der sich aber natürlich Modifikationen ergeben, die nicht zuletzt auch wieder auf Einflüsse der Romantik zurückzuführen sind. So bietet in einem ersten Überblick die biedermeierliche Kinder- und Jugendliteratur das Bild, als sei sie, wenn nicht Synthese, so doch Mischung aus aufklärerischen und romantischen Vorstellungen. Sie bietet einerseits Belehrung, will den Verstand des Kindes, sein sittliches Wohl und sein gesellschaftliches Fortkommen fördern, sie gibt sich andererseits auch dem Unterhaltenden, dem Phantasiereiz von Märchenhaftem und Wunderbarem hin, wobei jedoch das Schwergewicht stets auf dem Moment der Belehrung liegt und dementsprechend pädagogische und didaktische Überlegungen immer den Dreh- und Angelpunkt der Gestaltungsversuche bilden. Und doch konnte nicht mehr übersehen werden, daß dem Kind auch noch eine literarische Überformung, eine Art sekundärer Bearbeitung der intendierten Botschaft geboten werden mußte, damit es sie überhaupt las und verinnerlichte. So ist von Anbeginn an die biedermeierliche Kinder- und Jugendliteratur eng an den Prozeß der Fiktionalisierung gebunden, das heißt: nicht mehr wie auch immer idealisierte Darstellungen des wirklichen

---

1 Hans-Heino Ewers, Einleitung, zu: *Kinder- und Jugendliteratur der Romantik*, hrsg. von H.-H. E., Stuttgart 1984 (Reclams Universal-Bibliothek, Nr. 8026 [7]), S. 8.

Lebens, sondern fiktive Ereignisse und Handlungsabläufe
werden Träger der Belehrung. Gestaltungsgesetze der Ästhetik beginnen auf die Literatur für junge Leser einzuwirken.

## Die biedermeierliche Kinder- und Jugendliteratur

Die biedermeierliche Kinder- und Jugendliteratur tritt freilich zunächst nicht als Dichtung, sondern als Gebrauchsliteratur auf. Sie versteht sich als eine betont heteronome Form
neben anderen Zweckformen wie der Publizistik, der Pre-
digt- und Spruchliteratur und dem Reisefeuilleton. Die Gattungsästhetik der Biedermeierzeit akzeptiert in ihrer Offenheit gegenüber Formen und Gattungen – eine »Auswirkung
der alles mischenden Universalpoesie der Romantik«[2] –
neben den strengen Kunstformen auch die Zweckformen,
was sich die Kinder- und Jugendliteratur ihrerseits zunutze
macht. Gattungen sind für die Kinder- und Jugendbuchautoren unterschiedliche Gebrauchsformen, alle geeignet, auf ihre
Weise erzieherisch zu wirken; dem Zweck werden alle Mittel
untergeordnet. Die Kinder- und Jugendliteratur ist ganz
bewußt Tendenzliteratur.
Der Prozeß der Fiktionalisierung hat Anfang des 19. Jahrhunderts auf dem Sektor der Kinder- und Jugendliteratur
ein enormes Ansteigen der Erzählprosa zur Folge, also zu einem
Zeitpunkt, an dem sich das klassische Gattungsgefüge in einer
Umbruchphase befindet, die zu einer »Hochflut von prosa-
epischen Erzählformen« führt.[3] In Deutschland herrschte
lange eine Geringschätzung der Erzählprosa, die sich, bei
aller biedermeierlichen Freiheit den Gattungen gegenüber,

---

2  Günter Häntzschel, »Biedermeier«, in: *Enzyklopädie des Märchens. Hand-
   wörterbuch zur historischen und vergleichenden Erzählforschung*, hrsg. von
   Kurt Ranke und Hermann Bausinger, Berlin / New York, Bd. 2, 1979,
   Sp. 292.
3  Rolf Schröder, *Novelle und Novellentheorie in der frühen Biedermeierzeit*,
   Tübingen 1970, S. 74.

auch in den ersten Jahrzehnten des 19. Jahrhunderts nur
schwer gegen die klassischen Gattungen der Versepik, des
Dramas und der Lyrik durchsetzen konnte. Die Novelle beispielsweise gehörte trotz großer Produktion und verbreiteter
Rezeption zunächst keineswegs zur hohen Literatur. Bei den
meisten Novellisten, sei es Hebbel oder Otto Ludwig, Grillparzer oder Mörike, finden sich Hinweise, »daß sie der Gattung innerhalb ihrer privaten Produktionspläne eine unterge-
ordnete Stellung einräumten«[4]. Die Kinder- und Jugendbuchautoren, ohnehin an der Peripherie des literarischen
Ensembles angesiedelt, begannen, unbekümmert um diese
Beurteilungen, ihre didaktische Erzählprosa zu schreiben,
angespornt sowohl von der Publikumswirkung, die die sich
etablierende Gattung der Novelle zu erzielen begann, als
auch von den damit möglich scheinenden finanziellen Er-
folgen.
Eine gewisse Beliebigkeit bei der Wahl der literarischen Mittel ist nicht erst bei den Kinder- und Jugendbuchautoren der
Biedermeierzeit zu beobachten. Bereits Campe hatte für dieses Genre gefordert, daß sich ein Schriftsteller nach dem
»jedesmaligen herrschenden Geschmacke seines Publicums«
zu richten habe.[5] Zudem ließ sich die Anreicherung der
Belehrung mit originellen, merkwürdigen und spannenden
Elementen auf dem Gebiet der Erzählprosa einfacher voll-
ziehen als auf dem der Lyrik oder des Dramas. Die Auf-
nahme der Novellenform in die Erzählprosa der Kinder-
und Jugendliteratur fand schon sehr früh statt, da sie in
ihren gattungsspezifischen Eigenheiten den biedermeierlichen
Lesebedürfnissen weit entgegenkam und somit das Interesse
der Kinder- und Jugendbuchautoren weckte: »Die Novelle
konnte dem geselligen Eifer, den ›gemütlichen‹ Neigungen,
der Andacht zu den kleinen Dingen, der verdrängten Welt-

4 Ebd., S. 116.
5 Joachim Heinrich Campe, *Beantwortung dieses Einwurfs*, 1788, S. 21, zit.
   nach Walter Pape, *Das literarische Kinderbuch*, Berlin / New York 1981, S. 86.

gier, der heimlichen Nervosität des Restaurationsmenschen vollkommen entsprechen. Sie verlangte keinen langen Atem und wußte doch alles in sich aufzunehmen, was ›das Herz und den Verstand‹ bewegte: Idyllisches, Sentimentales, Charakterologisches, Gedankliches, Märchenhaftes, Kriminalistisches, Phantastisches.«[6] In einer lockeren, gelegentlich auch abschweifenden Erzählweise, die frei von Stilisierungen ist, wird von einem bestimmten Ereignis, einer typischen, lehrhaften Situation erzählt. Die novellistische Kindererzählung isoliert das auf irgendeine Weise außergewöhnliche Vorkommnis und verdeutlicht die Ablaufgesetzlichkeit des Ereignisses. Gerade diese Gesetzlichkeit eines Ablaufs macht sie für die Belehrung geeignet. Das Fragmentierte wird zum Typischen, der Sonderfall zum Beispiel, zum Vorbild wie zur Warnung: wer sich in jeglicher Situation tugendhaft verhält, wird belohnt, wer dagegen Normen und Regeln mißachtet, erfährt umgehend die Strafe. Die konkrete Ausführung dieses Inhaltes ist vielfältig: Franz Hoffmanns moralische Geschichten formen ihn innerhalb von sechzig Zeilen, Christoph von Schmids Romane brauchen Hunderte von Seiten.[7] Daß Sengle von einem »parabolischen Primitivismus« der Beispielerzählungen Schmids spricht,[8] hat seine Berechtigung, wenn man nur das Handlungsgerüst betrachtet. Die Ereignisse jedoch – romantisch, abenteuerlich und exotisch, sentimental und erschreckend –, die jenes Gerüst ausfüllen, sind im 19. Jahrhundert bestimmt von hohem Lesereiz und in ihrer Komposition, verglichen mit anderen Kinderschriften, keineswegs primitiv. In der Novelle, wie sie in der ersten Hälfte des 19. Jahrhunderts geschrieben wurde, kann auf

---

6 Friedrich Sengle, »Voraussetzungen und Erscheinungsformen der deutschen Restaurationsliteratur«, in: F. S., *Arbeiten zur deutschen Literatur 1750–1850*, Stuttgart 1965, S. 140.

7 Vgl. Schröders Hinweise zum Umfang der Novellen in der Erwachsenenliteratur in: Schröder (Anm. 3) S. 130–132.

8 Friedrich Sengle, *Biedermeierzeit. Deutsche Literatur im Spannungsfeld zwischen Restauration und Revolution 1815–1848*, 3 Bde., Stuttgart 1971–80, Bd. 2, S. 160 f.

geschickte Weise Unterhaltung mit Belehrung vereint werden, so daß sie sich vortrefflich für die Kinder- und Jugendliteratur eignet. In einer zeitgenössischen Beurteilung der
Novelle heißt es, wohlgemerkt gar nicht einmal mit Blick auf
die Kinder- und Jugendliteratur: »Das Drama ist einer kunst-
gerechteren Form fähig, es ist vielleicht der schönste Gipfel
eines künstlerisch gefügten Organismus, der Triumph einer
vollendeten Architektonik der Poesie. Aber darauf kommt es
in diesem Augenblick nicht an, es kommt auf die Lebensper-
spectiven an, welche die Poesie vor den Augen der Zeit auf-
thun soll. Und dafür ist die Novelle biegsamer, weil sie unbe-
gränzter ist. [...] Das Drama ist zu feierlich gemessen, zu
thatenmutig und unmittelbar heraustretend für den heutigen
Tag; man muß die Deutschen mit der Novelle fangen. Die
Novelle nistet sich noch am meisten in Stuben und Familien
ein, sitzt mit zu Tische und belauscht das Abendgespräch,
und man kann da dem Herrn Papa zur guten Stunde etwas
unter die Nachtmütze schieben oder dem Herrn Sohn bei
gemächlicher Pfeife eine Richtung einflüstern, die vielleicht
ein mal für die ganze Nation folgen haben mag [...]. Mitten
in der Trägheit der Novellenleserei, wo er recht zu faulenzen
glaubt, muß sie ihm einen Floh in's Ohr setzen, und muß ihn
allmählig durch Gebilde eines glückseeligeren, kräftigeren,
hochherzigeren Lebens überraschen [...].«[9] Hier wird in
mehreren um das Didaktische kreisenden Metaphern der
Literatur eine Aufgabe zugeordnet, die sie im Bereich der
Kinder- und Jugendliteratur schon besitzt: Lebensperspekti-
ven sollen eröffnet werden, ohne damit gleich zu Taten auf-
zurufen; mit der Erzählung soll der widerspenstige Leser eingefangen werden, was am besten gelingt, wenn sie an alltäglichen Erfahrungen und Bedürfnissen anknüpft; Literatur
soll etwas unterschieben, etwas einflüstern. Der Leser wird
auf gewisse Weise nicht als eigenständiges Subjekt angesehen, sondern als ein beeinflußbares, teilweise sogar infanti-

9 Theodor Mundt, *Moderne Lebenswirren. Briefe und Zeitabenteuer eines Salzschreibers*, 1834, Athenäum Repr. Frankfurt a. M. 1973, S. 155–157.

les Wesen, so daß man »mit einem guten Märchen manche Wahrheit in die Welt« einschmuggeln kann. [10] Die biedermeierliche Kinder- und Jugendliteratur brauchte in ihrer fiktionalen Prosa, den moralischen Geschichten, Beispielerzählungen und Romanen, nur der literarischen Zeitströmung zu folgen, um Muster für die Literarisierungsversuche zu bekommen. Belehrend war auch die Erwachsenenliteratur. Das versteckt Didaktische der novellistischen Literatur wurde von Literaturkritikern schon früh bemängelt. Selbst ein so renommierter Autor wie Tieck bekam diesen Vorwurf zu hören. [11] Wie nah die Novelle der Kinder- und Jugendliteratur stehen konnte, zeigt die Bemerkung Stifters, seine Novellensammlung *Bunte Steine* (1853) sei »Spielerei und Kram für die Jugend«. [12] Bis hin zu den Titeln lassen sich Parallelen zwischen der erzählenden Kinder- und Jugendliteratur und der novellistischen Erwachsenenliteratur finden, was immerhin Indiz für eine zeittypische Geisteshaltung ist. Chimani beispielsweise nennt seine Bücher *Blumengewinde*[13], *Samenkörner*[14] oder *Maaßlieben*[15], bei Schmid gibt es ein *Blumenkörbchen*[16], bei Ebersberg die *Veilchenblätter*[17], während sich Werke für Erwachsene *Feldblumen*[18],

10 Johann Heinrich Zschokke, *Ausgewählte Novellen und Dichtungen*, Taschenausgabe in zehn Theilen, Aarau ⁶1843, Bd. 10, S. 66.
11 Friedrich Theodor Vischer, *Ästhetik oder Wissenschaft des Schönen*, auf der Grundlage der ersten Auflage von 1846–57 herausgegebene zweite Auflage [München] 1922–23, Bd. 6, S. 193.
12 Adalbert Stifter, *Bunte Steine. Ein Festgeschenk*, Pesth/Leipzig 1853, Einleitung.
13 Leopold Chimani, *Blumengewinde nützlicher und lehrreicher Erzählungen für gute Knaben und Mädchen*, Wien 1820.
14 Leopold Chimani, *Samenkörner des Guten und Nützlichen, gestreuet in die zarten Kinderherzen*, Wien 1840.
15 Leopold Chimani, *Maaßlieben. Erzählungen für die Jugend*, Wien 1845.
16 Christoph von Schmid, *Das Blumenkörbchen. Eine Erzählung, dem blühenden Alter gewidmet*, Landshut 1823.
17 Josef Sigmund Ebersberg, *Veilchenblätter, zur Erheiterung in trüben, zur Unterhaltung in freien, zur Beschäftigung in müßigen Stunden*, Wien 1825.
18 Adalbert Stifter, *Feldblumen*, [o. O.] 1841.

*Das Veilchen*[19] oder *Rosen*[20] nennen. Die Biedermeierliteratur ist auf anspruchslose Weise verspielt und bei aller Belehrung von der sachlichen und kompromißlosen Strenge der
aufklärerischen Kinder- und Jugendliteratur weit entfernt.
Die Verwendung vorgefundener literarischer Formen ist
jedoch keineswegs Ergebnis wohlabgewogener Reflexionen,
wie sie beispielsweise noch bei den Philanthropen als Folge
der Rousseau-Rezeption anzutreffen waren.[21] Die Autoren
des Biedermeiers arbeiten naiver, auch skrupelloser, um ihre
pädagogisch-didaktischen Intentionen durchsetzen zu können. Und nicht zuletzt setzen sich auch in zunehmendem
Maße Folgen der Lohnschreiberei durch. Indem die Kinder-
und Jugendliteratur der Biedermeierzeit dem Unterhaltsamen, dem reinen Amüsement immer öfter Einlaß gibt, entwickeln sich rasch neue Genres, in denen die belehrenden
Momente in den Hintergrund gedrängt werden zugunsten
von Spannung, Abenteuer und Exotik. Nur dürftig versteckt
sich das Spekulieren mit dem Leseinteresse hinter einer aufge-
setzten moralisierenden Rahmenhandlung.
Die erzählerischen Bemühungen der ersten Jahrzehnte des
19. Jahrhunderts liefern freilich auf sprachlicher Ebene zunächst nur dürftige Ergebnisse, die mit denen der Erwachsenenliteratur nicht verglichen werden können. Der Sprachstil
der Erzählprosa der biedermeierlichen Literatur für junge
Leser ist von einer gewissen Verselbständigung von Wörtern
und Begriffen gekennzeichnet. Die Eindringlichkeit der
Belehrung baut auf die Wiederholung von immer gleichen
Redewendungen, Klischees und stereotyp aneinandergereih-
ten Formeln, auf eine wie automatisch arbeitende Sprachme-
chanik. Dialoge geben deshalb nicht Rede und Gegenrede

19 *Das Veilchen. Ein Taschenbuch für Freunde einer gemüthlichen und erheiternden Lectüre*, Wien 1819–51.
20 *Rosen, ein Taschenbuch*, 5 Jge., Leipzig 1827–33, hrsg. von K. J. Th.
Winkler.
21 Vgl. *Kinder- und Jugendliteratur der Aufklärung*, hrsg. von Hans-Heino
Ewers, Stuttgart 1980 (Reclams Universal-Bibliothek, Nr. 9992 [5],
S. 32–38.

glaubwürdig geschilderter und psychologisch differenziert dargestellter Charaktere wieder, sondern die in einem pädagogisch-didaktischen Konzept entwickelten Lehrsätze und deren katechetische Aufbereitung. Auch bei der Darstellung von Spannung, Abenteuer und geheimnisvoller Romantik greifen die Autoren zunächst auf eine nur kleine Auswahl von Versatzstücken zurück, bevor sich ein größerer Reichtum an Motiven entwickelt. Die Sprache der biedermeierlichen Kinder- und Jugendliteratur trennt diese am auffallendsten von derjenigen der Romantik. Sie enthält sich aller sprachlichen Artistik, wirkt eher zurückhaltend, schlicht und bescheiden. Es gibt keine kunstvollen Stilisierungen. Aufgrund ihrer literarischen Sprachwirkung überzeugt keine einzige der biedermeierlichen Erzählungen für junge Leser. Die biedermeierliche Erzählprosa hat sich vom Diktat des Dramas und der Verspoesie befreit, wodurch sie einerseits frei von leeren Überhöhungen der Sprache ist. Andererseits hat sich jedoch das assoziative Wortumfeld eingeengt, Mythisches und Verzauberndes fehlt ebenso wie das Vertrauen auf die Kraft der Sprache.

Nicht nur die Romantiker, auch die Autoren der Biedermeierzeit fühlen die stärker werdenden Polarisierungen bei der Lebensauffassung, die Zerrissenheit zwischen Rationalität und subjektivem Empfinden, zwischen Vereinzelung und Geborgenheit in der Gemeinschaft, zwischen Zivilisation und Natur. Sie entwickeln dabei eine mit Sorgfalt kultivierte Instanz, die zwischen diesen Polen vermittelt: die Idylle.[22] Sie ermöglicht den zeitweisen Rückzug vom Tagesgeschäft, ohne dies zu vernachlässigen, sie ist naiv und einfach im Gegensatz zur Kompliziertheit des sozialen und politischen Lebens, sie ist gefühlvoll und intellektfern, ohne jedoch voll Pathos und Exzessivität den ganzen Menschen für sich zu verlangen. Man liebt die Natur, weil sie den Normen und Konventionen der Zivilisation so fern steht, ohne jedoch

22  Vgl. Sengle (Anm. 8) Bd. 3, S. 1036.

eigene Ansprüche zu erheben. Und insbesondere das Leben der Kinder, die Kindheit, hält man für idyllisch, so daß die Kinderliteratur in den verschiedensten Gattungen versucht, diese Idylle wiederzugeben. Doch schneller noch als bei der Erwachsenenliteratur verkommen in der Kinderliteratur die Bilder, Formen und Symbole des Idyllischen zu einem standardisierten Repertoire; Natur reduziert sich auf Frühling, muntere Bächlein und übermütig herumspringende Ziegenböckchen, das emotionale Aufbegehren gegen die Dominanz von Vernunft und Nützlichkeit wird zur Sentimentalität. Die Idylle in der Kinderliteratur wird zu Projektionen von Erwachsenen, ideologisch verschoben und durch die Erinnerung verklärt.

Doch wenn man auch die Wohnlichkeit der Natur liebt, das traute Leben im Familien- und Freundeskreis hegt und pflegt, Gemütlichkeit und stilles Glück genießt, so hat dennoch die Biedermeierzeit keine ausgesprochene Gefühlskultur geschaffen. Deutlich unterscheidet sie sich von der Epoche der Empfindsamkeit. Zu bescheiden, zu anspruchslos ist man gegenüber der Idyllik. Man zieht sich in sie zurück, erwartet nichts Neues von ihr, schon gar nicht den Anstoß zu einem anderen Leben. Zu illusionslos ist man auch, nach Kriegen, fehlgeschlagenen Änderungsversuchen der politischen Ordnung und einem Wiedererstarken der alten Sozialsysteme.[23]

Bescheidenheit und Zurückhaltung soll alle sozialen Schichten betreffen. Es gibt zahllose Kindergeschichten, in denen der unbescheidenen Grafentochter eine Tagelöhnertochter zur Seite gestellt wird, die während des gemeinsamen Privatunterrichts und in den Mußestunden als Vorbild dient. Diese literarischen Entwürfe einer harmonischen Gesellschaft stellen den Versuch dar, wenigstens etwas von der aufkläreri-

23  Detaillierte und äußerst einprägsame Schilderungen des damaligen Alltagslebens bietet der 1871 erschienene historische Roman von Heinrich Albert Oppermann: *Hundert Jahre 1770–1870, Zeit- und Lebensbilder aus drei Generationen*, Repr. Frankfurt a. M. 1982.

schen Idee der Gleichheit aller Menschen ins 19. Jahrhundert
hinüberzuretten. Die Idee der Gleichheit ist – die politische
und soziale Lage in der ersten Hälfte des 19. Jahrhunderts
erlaubt es nicht anders – zur Ideologie der Wohltätigkeit verkommen. Wohltätig muß man gegenüber den Armen sein,
von denen es zunehmend mehr gibt, und Armut wird zu
einem Thema der Kinder- und Jugendliteratur, wie sie zu
einem großen Thema der deutschen Gesellschaft wurde. In
den zahllosen Erzählungen, die von armen Menschen handeln, zeigen sich unterschiedliche Tendenzen, sich mit dem
Phänomen Armut zu beschäftigen. Zum einen wird erklärt,
Armut sei Strafe für ein nicht gottgefälliges Leben, der Arme
sei an seiner Lage selbst schuld. Zum anderen trifft man auf
den Standpunkt, Armut sei unverschuldet, aber nicht änder-
bar. Die Not lindern könne hier jedoch der tugendhafte
Mensch, und so auch das Kind, indem man mitleidig Almo-
sen gebe oder abgetragene Kleider in die armselige Hütte
bringe. In einer distanzierenden Verklärung wird drittens
behauptet, auch und vielleicht gerade der Arme sei glücklich,
da er sein Leben ruhig, bescheiden, ohne Sorge um das
Große, eben idyllisch führen könne. Er kenne das Leben
nicht anders, und man sollte sich hüten, ihn ein besseres
Leben kennenlernen zu lassen. Selten schließlich begegnet
man einer mehr realistischen Sichtweise des Problems, die
wenigstens andeutungsweise soziale Ursachen und Zusammenhänge vermittelt, die Arbeitswelt mit einbezieht, aber
auch hier letzten Endes die Wendung zum Guten von der
Wohltätigkeit einzelner gutwilliger und einflußreicher Menschen abhängig macht. Doch auch dann herrscht, wie in allen
emotional bestimmten Bereichen, große Zurückhaltung.
Rührseligkeit und Leidenschaft, auch wenn sie dem Guten
gälte, wäre unschicklich. Sich Stimmungen hingeben, sie gar
als etwas Positives anzusehen und verändernd einsetzen zu
wollen ist verpönt.
So wachsen die Kinder in den biedermeierlichen Erzählungen, in der Kinderversliteratur und in den Schauspielen wie

Komödien äußerlich in großer Ruhe auf. Die Illustrationen verstärken noch diesen Eindruck einer idyllischen Kindheit. Doch hinter ihr verbirgt sich eine starke Kontrolle der Emotionen. Und wie teuer die Zähmung kindlicher Leidenschaften, nach der vorangegangenen Zähmung kindlicher Körperlichkeit, erkauft wird, beweist die Unzahl geradezu brutaler moralischer Geschichten der ersten Jahrzehnte, in denen all jene, die vom vorgezeichneten Weg abweichen, hart bestraft werden. Schon bei den geringsten Verfehlungen droht man den Kindern lebenslanges Siechtum, Wahnsinn oder Tod an. Grausame Darstellungen in der Kinder- und Jugendliteratur sind keineswegs erst eine Entwicklung des 19. Jahrhunderts. Bereits Weiße berichtet in seinem *Kinderfreund* von der Hinrichtung eines Mörders, der auch Kinder beiwohnen sollen,[24] und Basedows berühmtes *Elementarwerk* zählt auch die Kenntnis furchtbarer Martern und Strafen zum Grundwissen der Kinder.[25] Nur langsam setzt sich im Biedermeier ein christlich-romantisches Kinderbild durch, exemplarisch kennenzulernen in den Erzählungen Christoph von Schmids, dessen religiös-sentimentale Überwindung rationalistischer Anschauungen auf seinen Lehrer und Freund Johann Michael Sailer zurückgeht. Daß der Landshuter Professor und spätere Regensburger Bischof Sailer über Schmid, aber auch andere Autoren, Einfluß auf einen Teil der Kinderliteratur nehmen konnte, zeigt, wie sehr nicht nur allgemein religiöses Denken, sondern ganz besonders verinnerlichter Glauben, edle Einfalt und katholisch gewendete Romantik die Emotionalität des Kindes im Biedermeier bestimmen konnte. Die guten Kinder, süß und unschuldig, sanft und betulich in all ihrem Denken und Handeln, breiten sich in der Literatur für junge Leser aus und bilden einen weiteren Baustein der biedermeierlichen Kinderliteratur.

24  Vgl. Christian Felix Weiße, *Der Kinderfreund*, T. 5, Leipzig 1776, Stück 68, S. 49–56.
25  Vgl. Johann Bernhard Basedow, *Elementarwerk. Ein geordneter Vorrath aller nöthigen Erkenntnisse. Zum Unterrichte der Jugend* ... Bd. 3, Dessau 1774, S. 35–43.

Zentrum der Sozialisation der Kinder ist die Familie, die im
19. Jahrhundert zu einem der höchsten Werte im bürgerlichen Leben aufsteigt. Ihre Glorifizierung reicht von der Idee
ihres Heiligtums bis hin zur alltäglichen Rechtsprechung.
Leben und Arbeiten für die Familie wird zu einem Lebensin-
halt. Viele Kinder- und Jugendbücher beginnen mit einer
Beschreibung der bürgerlichen Familie, die in den folgenden
Geschichten, Reisebeschreibungen oder Sacherzählungen die
Hauptrolle spielen wird. Häufig ist das Vorstellen der einzelnen Familienmitglieder mit der Schilderung der stets idyllischen Lage des Hauses verbunden – seit Generationen von
der gleichen Familie bewohnt, Ort des Glücks, Ruhepunkt in
einer unruhigen Zeit. So heißt es in einem 1816 erschienenen
Kinderbuch: »Still und geräuschlos, im Schooße häuslicher
Glückseligkeit, und umgeben von den Schönheiten einer
reichgeschmückten Natur, lebte die Thalheim'sche Familie in
dem schönen Dorfe Rosenfeld. Es lag in einer fruchtbaren,
anmuthigen Gegend, war von allen Seiten mit nahe gelegenen
Dörfern umschlossen, und hatte zur Rechten einen fischrei-
chen See, zur Linken aber ein liebliches Eichenwäldchen. –
Der brave, biederherzige Thalheim war der Prediger dieses
Ortes, und wurde von seiner Gemeinde wie ein Vater geliebt;
denn rein und lauter, wie seine Lehre, war auch sein Wandel,
und Jedermann fand bei ihm in allen Lagen des Lebens Rath
und Trost.«[26] Kennzeichen solcher einführenden Beschreibungen ist das Zusammenfügen zahlreicher idyllischer Details, die wohl einzeln, nicht jedoch in der Summe glaubwürdig wirken. Ein Wahrscheinlichkeitspostulat wäre hier
fehl am Platze. Das Konstruierte ist offen sichtbar, will sich
auch als literarische Fiktion nicht verbergen. Die Idealisie-
rungen von Natur und Menschenleben in der Biedermeierzeit
drücken einen Wunsch aus: So, wie es geschildert wird, sollte
es immer und überall sein. Die Wirklichkeit wird durch die
biedermeierliche Idylle nicht verzerrt, sondern dient eher

---

26 Christian Wilhelm Spieker, *Louise Thalheim*, Leipzig 1816, S. 1.

der »hüllenhaften Abbildung utopischer Tendenzinhalte im
Wirklichen«.[27] Die Analogie zu der romantisch-märchenhaf-
ten Wendung ist nicht zu übersehen: Und wenn sie nicht
gestorben sind, dann leben sie noch heute.

Auf knappem Raum enthält die zitierte Einführung alle
wesentlichen Elemente der biedermeierlichen Vorstellungs-
welt: Die Natur ist freundlich und den Menschen wohlgeson-
nen, für die Geselligkeit gibt es Nachbarn, das Leben ist
geordnet und überschaubar, Gottvertrauen herrscht in der
Gemeinde wie beim Prediger, der – schon 1816 – mit dem die
Epoche kennzeichnenden Adjektiv »biederherzig« charakterisiert wird. Ebensowenig wie die Idealisierung der Natur ist
auch die Mythisierung der Familie vorschnell als Realitätsflucht zu deuten. Vielmehr gilt das so absolut harmonische
Bild vieler geschilderter Familien als Muster und als Vorbild,
dem nachzueifern sei. Auch dies steht noch in der Aufklärungstradition, denn Autoren wie Weiße oder Campe haben
zahlreiche Familien entworfen, die auf exemplarische Weise
den Erzählstoff und die Belehrungen miteinander verban-
den.[28] In der biedermeierlichen Fassung des Familienbildes
schlägt sich jetzt jedoch die Entstehung der bürgerlichen
Kleinfamilie nieder. Freunde und Privaterzieher werden von
der Schilderung meist ausgeschlossen, die persönliche Zu-
wendung der Eltern verstärkt sich, Vater und Mutter erhalten
eine festgelegte Rolle innerhalb der Familie. So heißt es über
die Mutter in einem 1821 erschienenen Kinderbuch, sie sei
»der wahre Abglanz der Tugenden ihres Gatten, eine her-
zensgute, häusliche Frau, welche nur für ihren Gatten und
ihre Kinder lebt. Wie sie das Hauswesen mit aller Emsigkeit
besorgt, so liegt ihr insbesondere das Wohl der Kinder sehr
am Herzen [. . .]. Besonders läßt es sich die gute Mutter ange-
legen seyn, das Herz der Kinder für Mitleid, für Theilnahme

27 Ernst Bloch, *Das Prinzip Hoffnung*, Gesamtausg., Bd. 5,1, S. 186.
28 Vgl. Christian Felix Weiße, *Der Kinderfreund*, 1776–82; *Briefwechsel der
   Familie des Kinderfreundes*, 1784–92; vgl. Joachim Heinrich Campe, *Robinson der Jüngere*, 1779/80.

an fremden Elende, für Menschenliebe und Wohlthätigkeit empfänglich zu machen. [...] So wie ihnen die fromme Frau in Uebung der Andacht, im Danke und Vertrauen gegen Gott bey jeder Veranlassung ein nachahmungswürdiges Beyspiel gibt, so pflanzt sie auch von den ersten Jahren der Kindheit Gottesfurcht und Frömmigkeit in ihre Seele.«[29] Während der Vater Körper und Verstand seiner Kinder bildet, ist die Mutter für die Seele, für das Gemüt zuständig.

Die Tätigkeit der Frau im Biedermeier richtet sich, nach einer Phase der Hinwendung zur Öffentlichkeit, wieder nach innen, auf die Familie, den Haushalt und den emotionalen Bereich, der zu ihrer wichtigsten Domäne wird. Zur dominierenden weiblichen Eigenschaft wird die rastlose Tätigkeit im Haus, verbunden mit Tugenden der bürgerlichen Arbeitsmoral wie Sparsamkeit, Sauberkeit, Unterordnung. Freilich, so wie es in der realen Gesellschaft des beginnenden 19. Jahrhunderts Entwicklungsstufen und ein zeitgleiches Nebeneinander von mehr ständisch und mehr bürgerlich orientierten Familien gibt, so treten auch in der Kinder- und Jugendliteratur noch mehr traditionelle und schon moderne Familien auf. Anfangs gilt jedoch: Die musterhafte Harmonie, die stets den Charakter und das Zusammenleben der Eltern auszeichnet, dominiert auch in der Beschreibung der Kinder. Wie die Eltern, so sind auch sie meist noch eher konstruierte Rollenträger als glaubwürdig gestaltete Individuen. In dem bereits zitierten Text ist der zehnjährige Sohn Otto »fleißig, und überhaupt wißbegierig. Er lernt nicht obenhin, er will alles gründlich wissen [...]. Daher geschieht es, daß er schon in diesem Alter über jeden Gegenstand reiflich nachdenkt, richtig schließt, und oft ein so gründliches Urtheil fällt, daß man darüber erstaunen muß. Dessen ungeachtet bildet er sich auf sein Wissen nicht viel ein, und trägt es nie, wie jene naseweisen Knaben, zur Schau. Statt durch seine Kenntnisse glänzen

---

29  Leopold Chimani, *Das Landleben oder Lustreisen der Familie Friedhelm in ländliche Gegenden, zur Betrachtung der Naturgegenstände und der Landwirthschaft*, Wien 1821, S. 2 f.

zu wollen, gibt er nur anderen Veranlassung, die ihrigen zu zeigen; er läßt sich immer lieber belehren, und sieht nicht auf das, was er schon weiß, sondern nur auf das, was ihm noch zu wissen nöthig ist. So verständig und bescheiden Otto ist, eben so leuchtet Gutherzigkeit, Geschwisterliebe und Verträglichkeit aus seinem kindlichen Gemüthe hervor, und er scheint keinen eigenen Willen zu haben, wenn es darauf ankommt, den Willen seiner Aeltern und Lehrer zu erfüllen«.[30] Auf andere, ebenso kennzeichnende Weise wird Ottos neunjährige Schwester vorgestellt. »So besonnen er in vielen Dingen, in Worten und Handlungen ist, so vorlaut und übereilt ist Isabelle manchmahl [. . .]. Wie Otto mit anhaltendem Fleiße lernt, so fährt Isabelle nur leicht über die Lehrgegenstände hin [. . .]. Nicht so leicht geht es mit den Handarbeiten. Zwar gelingt ihr mit ihren geschickten Fingern alles, was sie versucht; aber eine Arbeit bis zum Ende gut zu vollbringen, das kostet ihr Mühe [. . .]. Das Zimmer aufräumen, der Mutter etwas zutragen, ihr in der Küche helfen, Wäsche und Kleidung in Ordnung bringen, das sind Arbeiten, welche Isabelle gern verrichtet, weil sie sich dabey frey bewegen kann, und nicht am nähmlichen Platze sitzen darf. Aber zu ihrem Lobe sei es gesagt, Isabelle ist ein herzensgutes Mädchen, welches für alle guten Eindrücke empfänglich ist. Sie ist verträglich, gefällig, dienstfertig, mitleidig und ihren Aeltern auf den Wink gehorsam«.[31] Die geschlechtsspezifische Rollenfixierung erstreckt sich jeweils über die gesamte Persönlichkeit, über ihre Vorlieben, den Arbeitsstil, über die Tätigkeiten wie die psychischen Regungen. Erstaunlich ist, mit welcher Bereitschaft diese literarischen Kinder angeblich ihren eigenen Willen unterdrücken, wie leidenschaftslos sie ihr Leben gestalten. Der absolut willenlose Mensch, der sich mit Freuden unterordnet, wird als Vorbild propagiert. Erfahrungen von Individualität und Subjektivität werden diesen Muster-

30 Ebd., S. 4 f.
31 Ebd., S. 5 f.

kindern nicht gestattet. Privates, gar Geheimnisvolles oder
Intimes hat es bei Kindern nicht zu geben. Alle Momente
einer eigenen Identität entwickeln sich unter der Kontrolle
der Familienöffentlichkeit, die sich an den Normen von Kirche, Staat und jeweiliger sozialer Schicht orientiert. Die bürgerliche patriarchalische Kleinfamilie, die ja spätestens im
19. Jahrhundert keine Produktionsgemeinschaft im klassischen Sinne mehr darstellt, besinnt sich auf sich selbst und
beginnt in der Biedermeierzeit, heranwachsende Menschen
als spezifische Familienmitglieder zu formen. Dabei wirken
die Tauschverhältnisse der bürgerlichen Gesellschaft tief in
die Beziehungen der mittelständischen Familienmitglieder
hinein. Der Vater als alleinverdienender Gehaltsempfänger
sichert seiner Familie das tägliche Leben, ermöglicht ihr die
angemessenen sozialen Kontakte, die entsprechende Ausbildung der Söhne und Verheiratung der Töchter und erwartet
dafür bedingungslose Unterwerfung sowie die permanente
Herstellung häuslichen Glücks, einer auch Repräsentations-
zwecken dienenden Zufriedenheit und Gemütlichkeit. Willenlosigkeit der Kinder – und der Ehefrau – wird gegen die im
19. Jahrhundert nicht selbstverständliche Versorgungsgarantie des Vaters getauscht. Diese Versorgungsgarantie spielt
indirekt in nicht wenigen Biedermeier-Erzählungen eine
Rolle; komplementär dazu stehen jene Geschichten, in denen
eine Mutter mit ihren Kindern Not und Elend erdulden muß,
weil der einzige Ernährer der Familie verschwunden ist. Die
intensive Privatheit der Familie zu Beginn des 19. Jahrhunderts ist zu aufgezwungen und heteronom, als daß die bürgerliche Familie schon zu einer Institution werden könnte, die
sich zur Entwicklung ichstarker, souveräner Individuen eignet. Die zeitgenössische Kinder- und Jugendliteratur dokumentiert diesen Zustand aufs deutlichste. In dem bereits
zitierten Bericht heißt es schließlich über den siebenjährigen
Sohn: Er ist »so gut und gefällig, daß er sich wie ein Lämm-
chen leiten läßt, und selbst oft Widerwillen und Verdruß
verbeißt, um nur nicht zu scheinen, als wolle er seinen

Willen durchsetzen«.[32] Wenigstens dem siebenjährigen Kind
werden noch eigenständige Regungen zugestanden, und
auch, daß es ihm schwerfällt, den eigenen Willen zu unterdrücken. Es gilt als selbstverständlich, daß auffallende emotionale Regungen nicht zu einem glücklichen Familienleben
passen. Das gilt für alle negativen Regungen, nicht weniger
aber auch für die positiven, wie denn die Mutter eher die
Mitleids- als die Begeisterungsfähigkeit ihrer Kinder fördert,
lieber ruhige Dankbarkeit sieht als ein Übermaß an Freude.
In zahlreichen Geschichten der Biedermeierzeit treten neben
den Eltern auch noch Großväter auf. Häufig sind sie, eingeführt in einer Rahmenhandlung, die Erzähler der Geschichte,
in der sie ein eigenes Kindheitserlebnis berichten und die
Enkel an ihrer Lebenserfahrung teilhaben lassen. Dies hat
neben der freien Zeit, über die sie im Gegensatz zu den Eltern
verfügen, noch einen weiteren Grund: »Es liegt im Wesen
einer restaurativen Kultur, daß die ältere und älteste Generation besondere Bedeutung gewinnt. Die Großväter und
Großmütter sind die pädagogischen Leitbilder der Zeit, oft
im ausdrücklichen Widerspruch zur Professoren- und Dok-
torenweisheit. Die Professoren verkörpern die Philosophie,
die abstrakt und ach so vergänglich ist, die Alten erprobte und
gültige Lebensweisheit.«[33] Die besondere Bedeutung der
sogenannten Lebensweisheiten der älteren Generation ist
Zeichen eines Verfalls des Denkens und des Räsonnierens,
wie es noch bei den philanthropischen Autoren üblich war
und zugunsten eines kurzsichtigen Pragmatismus über Beste-
hendes hinausweisen konnte. Als erprobt und gültig konnte
sich gerade im 19. Jahrhundert Lebensweisheit kaum mehr
gerieren, vielmehr ist die forciert zur Schau getragene Sicherheit innerhalb der Familie Zeichen einer besonderen Unsi-
cherheit in sozialen und politischen Fragen. Noch ist die Kin-
der- und Jugendliteratur ausschließlich bürgerlich orientiert;
von den sich zur gleichen Zeit entwickelnden sozialen Schich-

32 Ebd., S. 6.
33 Sengle (Anm. 8) Bd. 1, S. 59.

ten wird sie erst einige Jahrzehnte später Notiz nehmen. Es ist hier nicht der Ort, die Sozialgeschichte der Kindheit im 19. Jahrhundert auszubreiten. Doch zur Verdeutlichung des Hintergrundes, vor dem sich die biedermeierliche Kinder- und Jugendliteratur entwickelte und ausbreitete, seien zwei kritische Zeitgenossen zitiert, die 1848 bemerkten: »Die bürgerlichen Redensarten über Familie und Erziehung, über das traute Verhältnis von Eltern und Kindern werden umso ekelhafter, jemehr infolge der großen Industrie alle Familienbande für die Proletarier zerrissen und die Kinder in einfache Handelsartikel und Arbeitsinstrumente verwandelt werden.«[34] Und noch konkreter: »Die Jahre 1820 bis 1840 waren in Deutschland die Zeit der schlimmsten und schrankenlosesten Kinderausbeutung. Kinder von 6 Jahren wurden in elfstündiger Nachtarbeit beschäftigt oder arbeiteten [...] von früh 7 Uhr bis abends 8 Uhr. Um während des Essens nicht pausieren zu müssen, wurde ihnen die karge Mahlzeit in einem Blechtopfe um den Hals gehängt.«[35] Am ehesten dringen die nichtbürgerlichen, die nicht privilegierten Schichten und ihre Sorgen und Nöte in die Kinder- und Jugendliteratur ein, indem aus ihnen Handlungspersonal für moralische Geschichten und abenteuerliche Erzählungen hervorgeht.

Die wichtigsten Protagonisten entstammen zunächst, darin eng an die Aufklärungsliteratur anschließend, fast durchweg dem pädagogischen und dem theologischen Stand – wie auch die Mehrzahl der Kinderbuchautoren – oder der Gruppe relativ gebildeter und wohlhabender Beamter, Kaufleute und auch Handwerker – wie ein Großteil des Lesepublikums. Personen aus anderen sozialen Schichten bilden zunächst nur Staffage, aus der höchstens dann einzelne Personen hervortreten, wenn den Helden Gelegenheit gegeben werden soll, sich moralisch-sittlich zu bewähren, oder wenn ein Exempel statuiert werden soll. Doch auch hier gilt: Das Statische der

34  Marx, Karl / Engels, Friedrich, *Marx-Engels-Werke*, Bd. 4, Berlin 1959, S. 478 [*Kommunistisches Manifest*].
35  Otto Rühle, *Das proletarische Kind*, München 1922, S. 271.

Gesellschaft wie des Protagonistenarsenals löst sich auf. Im Zuge fortschreitender Fiktionalisierung erweitert sich zudem beinahe notwendigerweise das Personal der Kinder- und Jugendbücher. Stärker individualisierte Typen treten auf, wozu als Avantgarde der Rechtsbrecher gehört, der schon immer am Rande oder ganz außerhalb der gesellschaftlichen Normen lebte. Ihm folgen die sozial tiefstehenden Schichten und andere Randgruppen: Tagelöhner, fahrendes Volk, Findelkinder, wahrsagende Weiber, Wegelagerer, Holzfrevler, Bettelkinder, Wildschützen, Räuber, Schmuggler, aber auch Bergarbeiter, Lehrlinge und die kränklichen Gestalten der in der Kupfervitriolherstellung Arbeitenden. Doch ist damit die Kinder- und Jugendliteratur noch keineswegs zu einer realistischen Literatur geworden, sondern dieses Personal dient zunächst dazu, inzwischen popularisierten Vorstellungen von Romantik entgegenzukommen. Eingebettet werden diese Personen einer wilden Räuberromantik in stimmungsvolle Handlungsorte: schauerliche Schluchten, einsame Wälder, verwinkelte Städtchen oder gespenstige Ruinen; gelegentlich treten auch furchterregend qualmende, stinkende und fauchende Fabriken dazu. Beim Publikum aller Altersgruppen waren romantisierende Geschichten voller Geheimnisse, Schrecken und erlösender Wunder sehr beliebt, so daß der große Erfolg von Schmids Schriften, der ja zahlreiche solcher Elemente verarbeitete, auch auf sein Gespür für Publikumswirksamkeit zurückzuführen ist. In einem 1864 erschienenen Kinderbuch heißt es schließlich: »So habe [...] ich für alle Kinder ein warmes Herz, ein offenes Auge und ein klares Verständnis. Deshalb ist es mir nicht möglich, nur eine Klasse von Kindern zu schildern, oder zu deren geistiger Pflege und Unterhaltung etwas beizutragen: das reiche Prinzeßlein, der arme verwaiste Hirtenknabe, die heimatlosen Zigeunerkinder, das Institutsfräulein, das Studentlein, die Dorf- und Stadtjugend – sie Alle bilden das bunte Allerlei meines Buches. O, glaubt mir, kein Stand besitzt das Vorrecht guter Anlagen, und so laßt uns mit gleichem Interesse in

den verschiedenen Lebenskreisen umherblicken und beobachten, wie die junge Psyche ihre Flüglein regt«.[36] Wenn
auch dieser umfassende Blick noch christlich begründet wird
– alle sind Kinder des einen, göttlichen Vaters –, so läßt
sich doch nicht übersehen, daß dahinter eine Entwicklung
steht, in der die Kinder- und Jugendliteratur sich von rein
pädagogisch-didaktischen Überlegungen immer weiter entfernt. Verwaiste Hirtenknaben und heimatlose Zigeunerkinder haben nur noch wenig gemeinsam mit den in einem wohl-
geordneten Bürgerhaushalt aufwachsenden Kindern; um sie
herum aufgebaute Geschichten versprechen nicht Belehrung
und Faktenwissen, sondern Geheimnis, Spannung und
Abenteuer. Das heimatlose Kind beispielsweise, zu Beginn
des Jahrhunderts nur Anlaß, ein Exempel für Barmherzigkeit
und Wohltätigkeit zu geben, rückt nun gerade wegen seiner
niedrigen sozialen Stellung in den Mittelpunkt der Geschichte, womit die Kinder- und Jugendliteratur jedoch nur
noch das fortsetzt, was in der biedermeierlichen Erzählliteratur für Erwachsene schon lange üblich ist.
Wie zerbrechlich die biedermeierliche Harmonie, bei allen
geradezu beschwörenden Beschreibungen, in Wirklichkeit
war, wurde immer gesehen. Ganz explizit warnte man vor
der Ungebundenheit in kleinen wie in großen Dingen, um
diese Harmonie nicht zu zerstören, wobei besonders auf den
Mythos von der Einheit von Kind und einfachem Volk
zurückgegriffen wurde. In der Restaurationszeit sah man das
Gemeinsame von Kind und Volk jedoch nicht mehr darin,
daß sie unverdorbene Träger einer besseren Zukunft, daß sie
Heilbringer oder Erlöser seien, sondern daß beide in beson-
derem Maße anfällig sind gegenüber verführerischen Versprechungen, verwirrenden Ideen und Verlockungen zu jeglicher Unordnung. In einem 1844 – das Jahr des Weberauf-
standes in Schlesien – erschienenen Kinderbuch warnt der
Verfasser in einem (sechsunddreißig Seiten umfassenden)

---

36 Isabella Braun, *Erzählungen für die Jugend*, Schaffhausen 1864, Vorwort.

Vorwort für Eltern und Erzieher vor den Folgen eines unmä-
ßigen Freiheitsdranges: »Die Gesellschaft der Menschen
kann nur durch gegenseitige Beschränkung bestehn; und
wenn einzelne Menschen oder ganze Völker alle Schranken
niederwerfen, so stellen sie sich den Unglücklichen gleich,
die, vom Wahnsinn ergriffen, jede Hülle von sich werfen,
und durch Zwangsmittel abgehalten werden müssen sich
selbst und Andern Schaden zu thun. Alle menschliche Bildung geht vom Gehorsam, der Gehorsam aber geht von dem
Glauben aus [. . .]. An diesen Angeln hängt die Ordnung des
Hauses, die Wohlfahrt der Staaten, alle sittliche und religiöse
Cultur. Das Kind, das nicht an seine Eltern, der Jüngling, der
nicht an seine Lehrer glaubt, wird, so bald er kann, die Banden des Gehorsams brechen, und dem todten starren Gesetze
noch viel weniger folgen wollen, als einem menschlichen Willen.«[37] Dieser Text ist ein Musterfall ideologischer Indoktrination, doch ist er in dieser Epoche keineswegs ein Einzelfall.
Er dokumentiert die geistigen Positionen, von denen aus ein
großer Teil der Autoren ihre Kinder- und Jugendbücher
schrieben. Nach zahlreichen negativen gesellschaftlichen und
politischen Erfahrungen wird vom Bürger noch immer verlangt, Vertrauen in die Herrschenden zu haben, die nichts als
die Wohlfahrt des Staates und der Untertanen im Auge hätten. Nach den sogenannten Demagogenverfolgungen in den
zwanziger und dreißiger Jahren, denen nicht nur die liberal,
sondern sogar die national eingestellten Bürger zum Opfer
fielen (darunter sogar die Lieblinge der nationalerzieherischen Kindererzählung Blücher und Gneisenau), nach dem
mehr als zehnjährigen Wirken der von Metternich eingesetz-
ten ›Central-Untersuchungscommission‹, die unzähligen
Lehrern und Theologen ihre Berufslaufbahn vereitelte,[38]

37 Friedrich Jacobs, *Schriften für die Jugend*, Drittes Bändchen: *Kleine Erzählungen des alten Pfarrers von Mainau*, 2., verb. Aufl. Leipzig 1844, S. XXI.
38 Da gerade Pädagogen wie Theologen das Hauptkontingent an Kinderbuchautoren stellen, ist es nicht ohne Reiz, den – äußerst schwachen – Spuren
jener staatlichen Willkürmaßnahmen in den späteren Kinder- und Jugendbüchern zu folgen.

nach den nur zögernden und halbherzigen Erfüllungen der
Verfassungsversprechen in den verschiedenen deutschen
Staaten, den verantwortungslosen Mißwirtschaften mancher
Fürsten, der Ausbeutung der Staatsfinanzen, nach der Aufhe-
bung des hannoverschen Staatsgrundgesetzes und der Entlassung der ›Göttinger Sieben‹ – nach all diesen Vorfällen propagieren die Kinder- und Jugendbuchautoren der Biedermeierzeit am liebsten noch immer Unterwerfung, Gehorsam und
bedingungslosen Glauben. Die Diskriminierung des »todten
starren Gesetzes« dokumentiert den romantisierenden Konservativismus jener Autoren, denen die Wandlung der perso-
nalen Bindungen in sachliche, vertraglich geregelte Bezie-
hung nur ein Unterwerfen der Menschen unter die Herrschaft
der Bürokratie und die Anonymität des Staates ist. Nicht
akzeptiert wird von jenen Autoren die Errungenschaft des
modernen bürgerlichen Staates, dessen Justizreform sich
gegen absolutistische und feudale Willkürherrschaft, gegen
Partikularinteressen und Befestigung alter Standesprivilegien
wendet und sich für Vernunft, Berechenbarkeit und Gemein-
wohl in rechtlichen und sozialen Beziehungen einsetzt. Ein-
dringlich wird vielmehr vor dem Aufgeben des Gehorsams
gegenüber den traditionellen Mächten gewarnt, denn »ein
ungestümer Hang nach Genuß wird sich der Menschen
bemächtigen; in dem rastlosen, immer unbefriedigten Streben nach den Mitteln des Genusses wird Frömmigkeit und
Sitte untergehn«.[39] Und so versucht man auch in der zeitgenössischen Kinderliteratur, ungestümes Verhalten der Kinder, Genußsucht, Auflehnung wider die Ordnung, Vernach-
lässigung der Frömmigkeit und sittenloses Leben mit allen
literarischen Mitteln zu bekämpfen.

39  Jacobs (Anm. 37) S. XXII. .

*Die restaurative Kritik der Kinder- und Jugendliteratur*

Im Laufe der ersten Jahrzehnte des 19. Jahrhunderts entwickkelt sich eine Kinder- und Jugendbuchkritik, der es nicht mehr um prinzipielle Fragen von Erziehung, Kindheit und ideengeschichtlichen Voraussetzungen geht, sondern um eine Sichtung der gesamten, zeitgenössischen wie tradierten Kinder- und Jugendliteratur. Dabei geht es, trotz unterschiedlicher Kriterien, vor allem darum, welche Werke den Ordnungsvorstellungen der Zeit am besten entsprechen. Vor aller Einzelkritik nimmt die Warnung vor der Lesesucht, der Vielleserei, der Lesewut einen besonderen Platz ein. Ein im 19. Jahrhundert stets vorhandenes Thema nicht nur bei den Pädagogen, sondern auch paradoxerweise bei den sogenannten Vielschreibern – die damit nur ihre Abhängigkeit vom Pädagogischen dokumentieren – ist das Schildern der gräßlichen Folgen der Lesesucht: Kinder magern ab, sie bringen Unglück über die ganze Familie, Häuser gehen ihretwegen in Flammen auf, sie siechen dahin und sterben elendig, oder sie schleppen sich, Höhepunkt der Pädagogenlogik, weil sie zuviel gelesen haben, als tumbe Trottel durchs Leben. Lesesucht und Vielleserei werden in den biedermeierlichen Kinderschriften wie in den Aufsätzen der Pädagogen viel stärker bekämpft als etwa zur Zeit der Philanthropen, denen die Vielleserei doch auch schon als Übel galt. Doch während für die Philanthropen Lesewut nur eine Störung in ihrem allgemeinen Erziehungskonzept bedeutete, war sie für die Erzieher der Biedermeierzeit Ausdruck prinzipieller sittlicher Verfehlung. Wer viel und unkontrolliert liest, entzieht sich allen kollektiven Bestrebungen von der Familie bis zum Staatswesen; seine lasterhafte Aufsässigkeit und Unangepaßtheit wird als Angriff auf grundlegende Tugend- und Normensysteme gesehen.

Daß Kinder zu viele oder die falschen Bücher in die Hand bekommen könnten, war auch die Hauptsorge der zeitgenössischen Kinderbuchkritik. Detmer beispielsweise teilt in sei-

ner 1844 erschienenen Beurteilung die Bücher für junge Leser
in drei Gruppen ein: unterhaltende Schriften, belehrende und
solche, die »auf's Gemüth veredelnd einwirken, ohne den
Verstand leer ausgehen zu lassen und durch den Inhalt zu
langweilen«.[40] Werke der ersten beiden Gruppen lehnt er als
unpassend für Kinder ab: »Alle Schriften, die zur ersten
Classe gehören, müssen unbedingt verworfen werden. Solche
Todtschläger der Langeweile, deren eine unglaubliche Menge
existirt, können nur verderblich einwirken. Sie sind es
namentlich, die die Jugend methodisch auf das verderbliche
Lesen seichter Romane vorbereiten, und eben durch die
Leichtigkeit und Seichtheit alles Streben nach dem Ernsteren,
Höheren und Edleren ersticken, ja durch wiederholtes und
fortgesetztes Lesen und somit durch Gewöhnung an solche
Lectüre in den so bild- und lenksamen Kinderherzen alle
edleren Gefühle und Regungen vergiften.«[41] Zur zweiten
Gruppe bemerkt Detmer: »Unsere Zeit wendet sich zwar mit
besonderer Vorliebe, ja fast ausschließlich dem Materiellen
zu. In der Ausbildung des Verstandes findet man seine einzige Aufgabe. Allein dieß soll uns doch nicht dahin bringen,
auch schon die Kinderherzen auf diese Zeit vorzubereiten
und dahin schon früh zu formen.«[42] Weder die weitverbrei-
tete Unterhaltungsliteratur für Kinder noch die zur ernsthaf-
ten Belehrung geeigneten Bücher finden Gnade bei Detmers
Beurteilung. Welche Kinder- und Jugendliteratur bleibt dann
noch übrig? »Es giebt etwas Höheres, Edleres, und, weil das
Kinderherz noch reiner und natürlicher ist, demselben zugleich Theureres. In den Kinderherzen ertönt lieblicher die
zarte Saite der Religion.«[43] In zeittypischer Weise werden
natürliche Kindlichkeit und sentimentale Religiosität in Ver-

40  A. Detmer, *Musterung unserer deutschen Jugendliteratur, zugleich ein Weg-
    weiser für Eltern in der Auswahl von passenden, zu Weihnachtsgeschenken
    sich eignenden Büchern*, Hamburg ²1844, S. 1.
41  Ebd., S. 1.
42  Ebd., S. 2.
43  Ebd., S. 2.

bindung gesetzt. Auf welche Weise das Kinderbuch das sitt-
lich-religiöse Empfinden fördert, ist bei Detmer wie bei einigen anderen literaturpädagogischen Kritikern ein wichtiges
Kriterium. Wendungen wie: sittliche Vervollkommnung,
Bildung des Herzens, Empfindungen des Guten erwecken,
Darstellung des Lasters in seiner ganzen Verwerflichkeit und
der Tugend in ihrer vollen Schönheit, finden sich während
vieler Jahrzehnte in kritischen Schriften ebenso wie in Ver-
lagsanzeigen und Vorworten zu Kinderbüchern. Doch auch
bei den als sittlich wertvoll eingestuften Büchern befürchtete
man gelegentlich noch eine zu starke Förderung des Leseinteresses bis hin zur Lesewut, und es bereitete allen Pädagogen
Schwierigkeiten, das Ausmaß der notwendigen Unterhaltsamkeit, der beeindruckenden Momente zu bestimmen.
Selbst bei den Schriften Christoph von Schmids war man sich
manchmal unsicher, ob er nicht, nur um Effekte zu erzielen,
übertrieben dramatische Elemente verwendet. Über die Kinderbücher Eduard von Ambachs, ungeschickt und vollkommen unglaubwürdig konstruierte, aber sehr populäre moralische Geschichten, heißt es kennzeichnenderweise: »Wie dort
die fromme und aufopfernde Tugend voll Himmelsglauben
und Vertrauen zur Nachahmung anspornt und begeistert, so
schreckt hier das Laster von dem Schauerrande den Leser
zurück, an den es bald langsam, bald rasch den Verirrten nach
sich zieht. Allerdings zeichnet Ambach das Laster mit zu
grellen Farben, seine Tinten zur Schilderung des Bösewichts
sind zu stark aufgetragen, und wenn es auch wahr ist, daß die
Jugend doch nicht vor der Bekanntschaft mit dem Laster
bewahrt werden kann, so muß man doch mit der Lectüre
dieser Bücher vorsichtig verfahren, und sie nicht Kindern in
die Hände geben, die nicht schon einigermaßen Festigkeit in
ihren Grundsätzen erlangt haben. Hier ist vertraute Bekanntschaft mit dem Bösen nachtheilig, selbst wenn man es in dem
Augenblick, wo man es kennen lernt, hassen muß.«[44] So

44 Ebd., S. 25.

befand sich der Kinderbuchautor in einer schwierigen Lage, denn er mußte »Sittenverderbniß durch böse Beispiele« befürchten.[45] Da die Pädagogen des Biedermeiers davon ausgingen, daß die Lektüre der Kinder stets von Eltern und Erziehern ausgewählt und überwacht werde, hoffte man, gefährdende Schriften und vor allem deren massenhafte Lektüre vermeiden zu können.

Die pädagogischen Ordnungsvorstellungen der Biedermeierzeit werden selbstverständlich auch auf die überlieferte Kinderliteratur der Aufklärung – deren bekannteste Werke immer wieder aufgelegt werden – und die eher zeitgenössischen Bemühungen der Romantiker übertragen, wobei über beide Intentionen widerstreitende Urteile ergehen. Märchen beispielsweise werden nur dann als geeignete Lektüre empfohlen, wenn sie die Phantasie des Kindes nicht zu stark anregen; alles Unsittliche, Erschreckende und Gewalttätige muß in geeigneten Bearbeitungen beseitigt sein.[46] Nur Märchen, die neben dem Phantasiereiz auch der sittlichen Erziehung dienen und das Gerechtigkeitsgefühl stärken, werden für ausgesprochen wertvoll gehalten. Auch sehen die Pädagogen des Biedermeiers in ihnen ein geeignetes Gegengewicht gegen zu funktionale und utilitaristische Kinderliteratur der Aufklärungstradition. Generell gesehen hält man jedoch die Mär-

---

45  So der unfreiwillig zweideutige Titel einer moralischen Geschichte in dem 1830 erschienenen Band *Das Morgenstündchen* von Karl Grumbach. Siehe vorliegende Textsammlung, S. 95.

46  Vgl. Detmer (Anm. 40) S. 8: »Mährchen sind die Poesie der Kinder. Und greifen nicht unsere Mährchen zum Theil, ja zum größten Theil tief in die moralische Erziehung ein? Weht nicht auch durch sie ein Sittlichkeits- und Rechtsgefühl, das in so duftendem Gewande dem Kinderherzen sich anschmiegt? Sie greifen wahrlich tiefer in die sittliche Erziehung ein, als die hundert geglätteten moralischen Erzählungen, die das Kinder-Gemüth nicht ergreifen und darum auch nicht auf dasselbe einwirken. Und wir Deutsche können stolz sein auf den großen Schatz von Mährchen, die unser Volk sich gesammelt hat, zumal da durch diese Dichtungen jene Kindlichkeit und Reinheit hindurchgeht, um derentwillen uns Kinder so wunderbar und selig erscheinen. [...] Allein man muß bei der Auswahl sehr vorsichtig zu Werke gehen. Solche Mährchen, die Erschreckendes, Monströses haben, müssen entschieden zurückgewiesen werden.«

chen nicht für eine besonders geeignete Gattung für junge Leser. Unabhängig von dieser pädagogischen Beurteilung wird die romantische Märchenliteratur verdrängt von der Erzählprosa eines Christoph von Schmid, Nieritz und Hoffmann. So läßt Hauff schließlich in seinem Märchenalmanach ein Märchen klagen, »selbst die Kinder, die ich doch immer so lieb hatte, lachen über mich und wenden mir altklug den Rücken zu«.[47] Biedermeierliches Denken wirft der romantischen Kinder- und Jugendliteratur fehlende Ordnung und eine zu unbekümmerte Subjektivität vor. Sie ist den biedermeierlichen Vorstellungen zu wirklichkeitsfern, gar wirklichkeitsfeindlich, deshalb pädagogisch ungeeignet.[48] Sie fördert ein falsches Gemüt, das lebensfern, übertrieben und schwärmerisch ist, statt sich auf die alltägliche Lebenspraxis in Bescheidenheit zu beziehen. Verstand wie Gefühl sollen sich immer ihrer Bedingtheit bewußt bleiben, das heißt, ihrer Abhängigkeit vom äußeren Lebensverlauf, von der Gnade des Herrschers und auch Gottes. Auf die Wechselfälle des Lebens, die nur mit Gottvertrauen zu meistern seien, müsse das Kind systematisch vorbereitet werden.

Aber auch die Kinder- und Jugendliteratur der Aufklärung erscheint manchen Biedermeierautoren noch als zu ungeordnet und planlos. Selbst Campe, ein nicht gerade unsystematischer Denker unter den aufklärerischen Kinderbuchautoren, habe nur interessante Einzelwerke, aber kein wertvolles Ganzes geschaffen.[49] Gleichzeitig wird an der Aufklärungsliteratur die kompromißlose Ausrichtung auf Belehrung und Nützlichkeit kritisiert. Solche Urteile zeugen nicht unbedingt für eine gute Kenntnis der Entwicklungsgeschichte der Kinder- und Jugendliteratur, die beispielsweise in Christian

47 Wilhelm Hauff, *Märchenalmanach auf das Jahr 1827*, Einleitung.
48 Hermann Marggraff spricht von einer »kopfhängerischen Liebes- und Märchendämmerei [...] unserer romantischen Schule, die mit dem praktischen Leben wenig zu tun hatte« (H. M., *Deutschlands jüngste Literatur- und Culturepoche*, Leipzig 1839, S. 153).
49 Vgl. beispielsweise Wilhelm Harnisch, *Die wichtigsten neuern Land- und Seereisen*, Leipzig ²1829, T. 1, S. XV.

Felix Weiße einen äußerst unterhaltsamen Aufklärer hervorgebracht hat; Campe wurde jedoch im 19. Jahrhundert viel
häufiger aufgelegt als der »ästhetische Erzieher«[50] Weiße. In
dieser Kinder- und Jugendliteratur werde zu viel erklärt, und
durch die einseitig betriebene Aufklärung, die das Kind in
seiner vielfältigen Gesamtheit mißachte, verliere die Welt
alles Wunderbare und werde eng.[51] Über Campes zweite
Sammlung von Reisebeschreibungen heißt es, hierin wieder
stärker romantischem Denken zuneigend: »Die Welt, welche
in seinen eignen Bade- und Gesundheitsreisen dargestellt ist,
das war nicht die Zauberwelt der Ahndungen und Sehnungen
der Jugend.«[52] Gefordert wird zwar Belehrung durch die
Literatur, aber eine, die das Kind weniger abhängig vom
Gelesenen werden läßt und es zu größerer Selbständigkeit
erzieht. Man dürfe nicht das schreiben, was der junge Leser
bei der Lektüre »denken und fühlen soll«.[53]
Am hier aufgegriffenen Beispiel der Reisebeschreibung läßt
sich besonders leicht verdeutlichen, wie im Sinne mancher
Biedermeierautoren aufklärerisches und romantisches Denken vereint werden soll. In einer 1837 erschienenen Begrün-
dung, warum Reisebeschreibungen für die jungen Leser
zugleich lehrreich und anziehend seien, wird in dramatischen
Worten das Erhabene und zugleich Gefahrvolle des Meeres
beschrieben. Es ist die Rede von zürnenden Wogen und kühnen Schiffern, von ungezügelter Wildheit des Windes, der
die Wogen peitscht, von brechenden Masten und tückischen
Untiefen, es ist die Rede vom wunderlichen Volk der See-
leute, von ihrem Mut, ihrer Roheit und ihrem selbstbewußten Kampf mit den Naturgewalten, »in welchem mit eisernen
Würfeln um Menschenleben gespielt wird«.[54] Campe fragte,

50  Pape (Anm. 5) S. 129.
51  Vgl. Harnisch (Anm. 49) S. IV.
52  Ebd., S. VI.
53  Ebd., S. VII.
54  Heinrich Gräfe, *Das Meer und die fernen Länder mit ihren Gefahren und
    Kämpfen in Erzählungen zur belehrenden Unterhaltung für gebildete Leser,
    vorzüglich jüngeren Alters*, Wesel 1837, S. IV f.

angesichts des Rheinfalls bei Laufen, den er als lärmend und
schäumend beschreibt und dessen Luftsprünge er »schauder-
haft schön« findet: »Wozu nützen sie denn aber? Wird irgend
etwas zum Besten der menschlichen Gesellschaft dadurch
bewirkt? – Ganz und gar nicht; sie sind vielmehr gerade Das,
was den Strom in dieser Gegend hindert, dem Menschen
nützlich zu werden.«[55] Ganz anders wird ein halbes Jahrhundert später die Frage nach der Nützlichkeit grandioser Naturerscheinungen beantwortet: »All diese und hundert andere,
von dem auf festem Lande Lebenden kaum geahnte, Dinge
haben für Jeden einen zauberischen Reiz, sie geben Stoff und
Nahrung der Phantasie und dem Verstande, sie erregen Mit-
freude und Mitleid, sie berühren eine verborgene Saite in dem
Innern, die Sehnsucht nämlich nach dem Fernen, Unbekannten, die Jeder mehr oder weniger stark und deutlich in sich
trägt.«[56]
Im Vergleich zur Aufklärung sind das neue Inhalte, die hier
der Kinder- und Jugendliteratur zugestanden werden. Nahrung für die Phantasie, Sehnsucht nach dem Unbekannten:
die biedermeierliche Reisebeschreibung scheint mehr romantischen Vorstellungen entgegenzukommen. Doch zu groß
sollte die Verzauberung durch Literatur auch wieder nicht
werden, weil sie sich sonst dem Vorwurf aussetzt, »daß sie
den von Natur in der Jugend liegenden Sinn für's Abenteuerliche zu sehr anrege und ihm zu viel Nahrung gebe, und daß
die Jugend dadurch leicht auf falsche Lebensbahnen geleitet
werden könne«.[57] Dieser Vorwurf wird jedoch mit deutlicher
Anspielung auf die Romantiker zurückgewiesen; nur die fik-
tiven Reisebeschreibungen seien für junge Leser gefährlich,
weil sie die Sehnsucht unbefriedigt ließen und die unbekannte
Ferne nicht näher rückten. Beschreibungen wirklicher Reisen

---

55 Joachim Heinrich Campe, *Reise des Herausgebers von Hamburg bis in die
   Schweiz, im Jahre 1785. Erste Sammlung merkwürdiger Reisebeschreibungen*, T. 2, Braunschweig 1830, S. 254. Die erste Ausgabe erschien 1785.
56 Gräfe (Anm. 54) S. V.
57 Ebd., S. X.

dagegen machten dem Leser die »geträumte und ersehnte neue Welt« bekannt. »Dadurch gerade wird jene Sehnsucht gemindert und der Sinn für das Abenteuerliche eher geschwächt. Die nackte Wirklichkeit, die in den Erzählungen der Reisenden dem jungen Leser entgegentritt, zügelt sein Verlangen nach fremden Erdtheilen«.[58] Letztlich nähert sich Gräfe doch wieder der aufklärerischen Position, mit dem Unterschied, daß die Kinder- und Jugendliteratur erst auf die Bedürfnisse der jungen Leser nach abenteuerlicher, exotischer und spannender Lektüre eingehen sollte, bevor ihnen das Nüchterne des Alltags verdeutlicht wird. Aufgabe der biedermeierlichen Literatur ist es, zu ernüchtern, zu desillusionieren, hochgespannte Erwartungen zurückzuweisen. Nicht anregend, sondern dämpfend muß die sogenannte gute Schrift für junge Leser sein. Die Freiheit, die der zitierte Text zunächst versprochen zu haben scheint, wird wieder eingefangen. Schließlich vereinigen sich Sehnsucht und nützliches Geschäft, Romantisches und Aufklärerisches: »Eine solche Lectüre ist nicht geeignet, abenteuerliche Pläne zu begünstigen, sie streift vielmehr die schönen Farben von den Traumgebilden der Jugend hinweg und drängt zum besonnenen Nachdenken. Sie zeigt dem jüngeren Leser, was ihn erwartet, wenn Reiselust und Geschäfte ihn später hinaustreiben in die Welt«.[59] Biedermeierliche Kinder- und Jugendliteratur akzeptiert die Traumgebilde, doch nur so lange, wie sie der nüchternen Wirklichkeit, den Anforderungen des bürgerlichen Handelslebens nicht im Wege stehen. Das Phantasievolle ist nur dazu da, die geschäftstüchtige Beweglichkeit des Geistes zu üben.

58 Ebd., S. XI.
59 Ebd., S. XII.

## Die Autoren und ihre Produktionsbedingungen

In der ersten Hälfte des 19. Jahrhunderts nimmt die Zahl von Autoren, die für Kinder und Jugendliche schreiben, stark zu. Sengle hat in bezug auf die hohe Literatur ausgeführt, wie es zu dem fast sprunghaften Ansteigen der Zahl der Schreibenden gekommen ist, wobei seine Überlegungen auch für die Kinder- und Jugendliteratur Gültigkeit besitzen. Die »Kunstgesinnung der Restaurationszeit« ist, was ästhetische Normen, Bevorzugung einzelner Gattungen, Stilebenen und Beherrschung der Sprache betrifft, wenig streng.[60] Schon dies erleichtert es literarischen Dilettanten, sich schriftstellerisch zu betätigen. Mehr als je zuvor schreiben vor allem Geistliche – Barth, Schmid, Baron, Nelk – und Pädagogen – Nieritz, Schmidt, Pflanz, Güll – für junge Leser,[61] wobei besonders die Mitglieder des Lehrerstandes nicht ein pädagogischer Impetus, sondern die materielle Not zur Kinderbuchproduktion trieb.

Gustav Nieritz berichtet in einem autobiographischen Aufsatz: »Trotz meiner fast übergroßen Leselust würde ich selbst die Feder zum Erzählen niemals ergriffen haben, wenn die Not [. . .] mich nicht dazu getrieben hätte. Ich war Lehrer an einer öffentlichen Volksschule Dresdens und erhielt nach 14 sauren Dienstjahren eine jährliche Besoldung von 150 Thlrn. [. . .] Es war in dem harten Winter 1829–30, als ich in meinem niederen Dachstübchen, von meinen munteren Kleinen umtobt, [. . .] zu schreiben begann.«[62] Als Nieritz von dem Verleger Gubitz aufgefordert wird, »Erzählungen für die Jugend in der Weise Christophs von Schmid zu schreiben«, beginnt er mit der unermüdlichen Produktion von Kinder-

---

60  Sengle (Anm. 6) S. 133.
61  Rudolf Schenda nennt in *Volk ohne Buch* (München 1977, dtv) Schmid, Barth und Nieritz die »drei Bestseller des 19. Jahrhunderts« (S. 163).
62  Gustav Nieritz, »Wie ich zum Schriftstellern kam«, in: *Centralblatt für deutsche Volks- und Jugendliteratur*, hrsg. von Heinrich Schwerdt, Gotha, 1 (1857) S. 37.

und Jugendschriften. Für jede Erzählung erhält Nieritz
zunächst 20, später 25 Taler. Seit 1840 gibt er die *Jugend-
Bibliothek* heraus, für die er jährlich drei Romane für 200
Taler schreiben muß. Insgesamt hat Nieritz innerhalb von
drei Jahrzehnten, neben kurzen Geschichten in Zeitschriften
und Jahrbüchern, 117 längere Jugenderzählungen verfaßt,
also durchschnittlich vier Bücher pro Jahr. In einem selbst-
biographischen Rückblick schreibt er 1872: »O du kleine
Schreibfeder! wie viel habe ich dir zu verdanken! Du erlöstest
mich von meinen Schulden, welche ich wegen meines Haus-
baues gemacht hatte, und von bangen Nahrungssorgen, ver-
schafftest mir manchen Genuß, manche Erholung, manche
Freude, zu welchem mir meine kärgliche Lehrerbesoldung
die Mittel vorenthielt.«[63] Auch den Gemeindeschullehrer
Ferdinand Schmidt, der »nicht nur für seine eigene Familie,
sondern für mehrere Verwandte und arme Freunde den
Lebensunterhalt« erwerben mußte,[64] trieb die materielle Not
zum Schreiben von Kinder- und Jugenderzählungen und in
die Abhängigkeit vom Verlagswesen. Er schrieb, bearbeitete
und übersetzte innerhalb von drei Jahrzehnten nahezu hundert Kinder- und Jugendbücher zum Teil beträchtlichen Um-
fangs.
Die Kinderbuchautoren bilden mit dieser Massenproduktion
keineswegs eine Ausnahme unter den zeitgenössischen Autoren. Vielschreiber gab es auch bei der Erwachsenenliteratur,
so den Verfasser pseudomoralischer Erzählungen Heinrich
Clauren, die Novellisten Karl August von Witzleben und
Carl Franz van der Velde oder den seinerzeit sehr berühmten August Laun, die alle zwischen hundert und zweihundert Bücher verfaßten. Erstmals schreiben in größerem Ausmaß auch Frauen für Kinder und Jugendliche. Seltener aus
materieller Not als vielmehr aus einem samariterhaften

63 Gustav Nieritz, *Selbstbiographie*, Leipzig 1872, S. 342 f.
64 Adalbert Merget, *Geschichte der deutschen Jugendliteratur*, Nachdr. der
   3. Aufl. von 1882, Hanau 1967, S. 109. Vgl. auch Heinrich Schwerdt, »Ferdinand Schmidt«, in: *Centralblatt* (Anm. 62) S. 217–231.

pädagogischen Impuls oder auch zur originellen Freizeitbe-
schäftigung werden Kinder- und Jugendbücher verfaßt, die
sich zunächst nicht unbedingt nur an Mädchen wenden. Erst
zur Jahrhundertmitte hin ist die geschlechtsspezifische Differenzierung deutlich vollzogen, so daß von nun an Mädchenliteratur – und die Bücher für die »ganz Kleinen« – vornehmlich von Frauen geschrieben werden. Thekla von
Gumpert, Clementine Helm, Isabella Braun, Sophie Gräfin
von Baudissin, Amanda Hoppe-Seyler, Ottilie Wildermuth
und Amalia Schoppe brachten es zu großer Popularität und
schufen mit ihren Geschichten, Romanen, Sammelbänden
und Jahrbüchern gattungsspezifische Werke, die für viele
Jahrzehnte beispielhaft blieben. Die sogenannte Backfischliteratur greift in der biedermeierlichen Kinder- und Jugendliteratur entwickelte Elemente auf[65] und formt sie zu trivialen,
verkitschten und sentimentalen Versatzstücken um, die zu
Trägern restaurativer Erziehungsabsichten innerhalb der
höheren Stände werden. Prototypisch sind auch die von Gumpert entwickelten Jahrbücher *Herzblättchen's Zeitvertreib*
und das *Töchter-Album*, beide erstmals 1855 erschienen, die
zu den ersten Periodika des 19. Jahrhunderts gehören, die in
genauer Kalkulation für eine festumrissene Zielgruppe herausgegeben wurden und weite Verbreitung fanden.
Auf dem Gebiet der erzählenden Prosa ließ sich auch mit
Literatur für junge Leser Geld verdienen, was zur Folge
hatte, daß die erzählerische Kinder- und Jugendliteratur teilweise zur Trivial- und Kolportageliteratur abzusinken
drohte. In diesen Geschichten und Romanen, die Teil der
damals »populären Lesestoffe«[66] werden, kommen jedoch
auch ganz andere Inhalte, als bisher in der Kinder- und
Jugendliteratur üblich, zur Sprache. Überraschend realistische Schilderungen, in denen nichts verklärt wird, stellen
dem jungen Leser Not und Elend im Arbeitsleben wie in

---

65 Vgl. Clementine Helm, *Backfischchens Leiden und Freuden* (1863), das zu
   den ersten, deutlich typisierten Backfischbüchern gehört.
66 Vgl. Schenda (Anm. 61) S. 32–36.

Kriegszeiten vor.[67] Diese Literatur, so billig sie auch oft ihre
Effekte setzt und die Handlung vorantreibt, ist dennoch als
eine Form des Widerstandes gegen die herrschende Be-
schwichtigungsideologie zu sehen. Von einem Konsolidie-
rungseffekt wie bei so vielen Biedermeierschriften kann hier-
bei keine Rede sein. Gerade bei diesen kolportageartigen
Schriften liefern erst die kulturhistorischen, politischen und
sozialpsychologischen Bezugsmomente zufriedenstellende
Erklärungsmöglichkeiten, wodurch beispielsweise die triviale Kinder- und Jugendliteratur als Zerfallsprodukt bei der
Lösung von der Illusion bürgerlicher Freiheit und Gleichheit
gedeutet werden kann. Diffus in ihrer literarischen Formen-
sprache, sind die schnell und spekulativ hergestellten Erzählungen und Romane dennoch häufig erstaunlich konkret in
ihrer Darstellung herrschender Mißstände. Je anspruchsvol-
ler und emphatischer der bürgerliche Kunstbegriff wurde, je
höher die Anforderungen des Bildungsbürgertums und der
Pädagogik an die Kinder- und Jugendliteratur stiegen, desto
eher sonderte sich Unterhaltendes und Triviales aus dem allgemeinen Literaturbereich ab. Die triviale Kinder- und
Jugendliteratur gefällt sich, befreit von pädagogischen An-
sprüchen, im hemmungslosen Erzählen, im Ausprobieren
von literarischen Techniken, im Einüben von Erzählformen
und narrativen Strukturen, die bisher der Literatur für
Erwachsene vorbehalten schienen. So ist sie paradoxerweise
letztlich kein Absinken, sondern umgekehrt der Ausgangspunkt der modernen erzählenden Literatur für junge Leser.
Pädagogische und literarische Unbekümmertheit, entstanden
gegen Ende des Biedermeiers, bedeutete auch ein Stück Freiheit für die Kinder- und Jugendliteratur.
Seit den zwanziger Jahren werden neue Verfahren der Papier-
herstellung, des Satzes, Druckes und der Bildreproduktion
entwickelt, die bereitwillig von einer neuen Verlegergenera-

---

67 Nur als erster Hinweis sei hier auf zwei Werke von Gustav Nieritz verwiesen: *Der kleine Bergmann oder Ehrlich währt am längsten* (1834) und *Der
junge Trommelschläger* (1838), s. vorliegende Textsammlung, S. 110.

tion aufgegriffen werden, die eher ökonomisch als literarisch orientiert ist. Spätestens Ende der dreißiger Jahre kann Kinder- und Jugendliteratur in vorher nicht gekanntem Ausmaße massenhaft und preiswert hergestellt und, aufgrund der gestiegenen Lesefähigkeit in der Bevölkerung[68] und eines auch in tieferen sozialen Schichten anzutreffenden Leseinteresses, auch in größerer Stückzahl und in kürzerer Zeit als zuvor abgesetzt werden. Die große Popularität von Autoren wie Schmid, Hoffmann und Nieritz ist nicht zuletzt auch darauf zurückzuführen, daß ihre Bücher oft nur einen Bruchteil des bisher üblichen Preises kosteten. Die Kinderliteraturproduktion in spekulativer Absicht läßt die wenigen qualitativen Anforderungen an die Werke, die seit der Aufklärung mühsam entwickelt worden waren, sinken, worin sich deutliche Parallelen zur Erwachsenenliteratur zeigen: »Das Qualitätsgefühl des Lesepublikums ist gering, nicht nur wegen des wachsenden Zustroms wenig gebildeter, kleinbürgerlicher Leser, sondern auch weil das Halbfertige, das ›Ungekünstelte‹, das Lebensnahe prinzipiell geschätzt wird. Jacob Grimms Lehre von einer unbewußt entstehenden Volks- und Naturpoesie, überhaupt das gesamte organologische Denken seit Herder, verfestigt sich jetzt zu einer Doktrin und zerstört in einem immer weiteren Bereich der literarischen Welt die Maßstäbe und das künstlerische Ethos.«[69] Das Absinken der ästhetischen Ansprüche an die hohe Literatur und die Profanierung philosophischer, aber auch pädagogischer Überlegungen erzeugen gemeinsam mit den bereits erarbeiteten Gründen ein geistiges Klima, in dem Kinder- und Jugendliteratur besonders gut gedeihen kann. Auch für die eher handwerkliche Seite des Schreibens ist diese Beobachtung gültig, denn – so Sengle – »selbst Mörike und die Droste feilen ungern. Es ist allgemein üblich, die Durchsicht seiner Ge-

---

68 Eine »wohlwollende Schätzung« Schendas (Anm. 61) nimmt an, daß um 1830 rund 40% der Bevölkerung über sechs Jahren »als potentielle Leser in Frage kommen«; um 1800 waren es höchstens 25% (S. 444 f.).

69 Sengle (Anm. 8) Bd. 1, S. 99.

dichtsammlungen Freunden zu überlassen. Man ist großzü-
gig, was die ›Kleinigkeiten‹ betrifft. [...] Auch in der Viel-
schreiberei kommt also die heimliche Verwandtschaft von
Virtuosentum und formaler Gleichgültigkeit zum Ausdruck.
Gemeinsam ist beiden Haltungen die uns schon bekannte
restaurierte Wirkungsästhetik, daß man also nur den Effekt
bei einem wenig kritischen Publikum im Auge hat und den
entsagungsvollen [...] Dienst am Werk verschmäht.«[70] Bei
so viel Schlichtheit der Erwachsenenliteratur, gleichzeitig
verbunden mit einem genauen Kalkulieren der Effekte, kann
es den Kinder- und Jugendbuchautoren nur recht und billig
sein, mit den gleichen anspruchslosen Maßstäben gemessen
zu werden. Ein auffallender, epochentypischer Dilettantismus ist beiden literarischen Bereichen eigen. Doch ist dieser
Dilettantismus – wie überhaupt die Laienhaftigkeit vieler
Tätigkeiten des Biedermeiermenschen – nicht unbedingt nur
Zeichen einer epigonalen Epoche, sondern auch spezifischer
Ausdruck der Haltung gegenüber zunehmender Differenzierung, Professionalisierung und Institutionalisierung nicht
nur der technischen und sozialen Welt, sondern auch der
Kunst und Wissenschaft. »Trotzdem darf man wohl feststel-
len, daß auch der literarische Dilettantismus erst in der Bie-
dermeierzeit kulminierte; denn die Hochschätzung, die
Überbewertung der Literatur und ihrer Wirkung behauptete
sich bis zur Märzrevolution, auch, ja gerade bei den revolu-
tionären Gruppen, und die beginnende Verbürgerung der
Kultur, die rasch steigenden Produktionsziffern des Buch-
marktes führten dem Dilettantismus immer neue Opfer zu.«
Der »gedruckte literarische Dilettantismus« feierte »zum
erstenmal seine Triumphe, und diese neue, erschreckende
Erfahrung ist wohl der Hauptgrund für den langanhaltenden
schlechten Ruf der Biedermeierzeit gewesen«.[71] Die Industrialisierung im Bereich der Buchproduktion, das Streben
der Verleger nach Gewinnmaximierung und der außeror-

70 Ebd., S. 99.
71 Ebd., S. 100.

dentliche Produktionszwang, dem die Autoren unterliegen, sowie die Normierung der Inhalte durch die pädagogisch-didaktischen Vorgaben führen bei einer Reihe von Autoren zu einer auffälligen Standardisierung der literarischen Werke. Ein Beispiel dafür bieten die Erzählungen Franz Hoffmanns. Dieser hatte mit fünfundzwanzig Jahren notgedrungen[72] begonnen, ausschließlich vom Schreiben von Kinder- und Jugendgeschichten zu leben. Das konnte ihm nur gelingen, indem er sich an einen Verleger band und einen Vertrag akzeptierte, der ihn verpflichtete, jährlich zwanzig Erzählungen zu schreiben, was er selbst als »Fabrikthätigkeit« empfand.[73] Als die Geschichten Hoffmanns bei Eltern wie bei Kindern große Popularität erlangt hatten, veröffentlichte sein Verleger, um die große Nachfrage nach immer neuen Hoffmann-Geschichten befriedigen zu können, unter seinem Namen auch Erzählungen, die von verschiedenen anderen, unbekannten Lohnschreibern stammten. Welche Erzählungen von Hoffmann und welche von anderen stammten, konnte er später selbst nicht mehr angeben, nachdem mehrere hundert Geschichten auf den für Verleger so lukrativen Markt geworfen worden waren.[74]

In seiner Austauschbarkeit unterschied sich der erwerbsmäßig schreibende Kinderbuchautor kaum noch von dem Indu-

---

72 Vgl. Johann Baptist Heindl, *Galerie berühmter Pädagogen, verdienter Schulmänner, Jugend- und Volksschriftsteller und Componisten aus der Gegenwart in Biographien und biographischen Skizzen*, München 1859, Bd. 1, S. 276.

73 Merget (Anm. 64) S. 103.

74 Heinrich Schwerdt schreibt 1867 im *Centralblatt* (Anm. 62) über die Schriften Hoffmanns: »Man sagt, daß sie die Brücke zur Romanlektüre bilden, daß sie die Phantasie der Jugend durch nervenaufregende Situationen kitzeln, ohne ihrem Geiste eine nachhaltige, gesunde Nahrung zu bieten; daß sie wohl eine flüchtige Stunde mit pikanter Unterhaltung ausfüllen, aber alsbald wieder vergessen sind [...]. Es ist nicht zu läugnen, daß sich dergleichen Behauptungen mehr oder weniger rechtfertigen lassen. Aber auf der andern Seite gilt auch hier der alte Spruch ›Der Mißbrauch hebt den Gebrauch nicht auf‹. [...] Nicht immer Confect, aber auch nicht immer Pumpernickel« sollte man der Jugend zu lesen geben (S. 210 f.).

striearbeiter. Die Hoffnung, mittels der Kinderliteraturproduktion das Sozialprestige erhöhen zu können, der sich viele
Autoren, besonders die Volksschullehrer, hingaben, wurde
in den seltensten Fällen erfüllt. Nur wenige Kinderbuchautoren erlangten länger anhaltende Popularität, nur einzelne gar
Berühmtheit; die große Masse wurde schon im 19. Jahrhundert zu einer Quantité négligeable – was die heutige For-
schungsarbeit nicht unerheblich erschwert.

Kurz sei an dieser Stelle auch noch auf folgende Entwicklung
hingewiesen. Bisher konnte man von der deutschsprachigen
Kinder- und Jugendliteratur sprechen und sich damit auf die
Gesamtheit der deutschen, österreichischen und schweizeri-
schen Werke beziehen. Der kleine, aber überregional und
auch übernational orientierte Kreis von gelehrten Verfassern
und gebildeten Käufern, die Gemeinsamkeit der Gedanken
der Aufklärung, des Philanthropismus, in Grundzügen auch
der Romantik sorgten noch für die Homogenität der Produk-
tionen. Dies ändert sich deutlich in den ersten Jahrzehnten
des 19. Jahrhunderts. Vor allem zwei Dinge spielen dabei eine
Rolle: die Stellung zur Idee einer deutschen Nation und das
Verhältnis zur Religion, zur Institution Kirche. Im Zuge der
deutsch-nationalerzieherischen Schriften sondert sich die
Schweiz vom Gesamtbereich der Literatur für junge Leser ab,
und auch zwischen in Österreich und in Preußen entstande-
nen Werken treten auffallende Unterschiede zutage, was von
der Wahl der Helden über die Schilderung historischer Ereignisse bis zu den Beschreibungen landschaftlicher Besonder-
heiten reicht. Auch im Verhältnis zur Kirche deutet sich ein
preußisch-österreichischer Bruch an, denn zu sehr wirken die
gesellschaftlichen Auseinandersetzungen zwischen Prote-
stantismus und Katholizismus, zwischen deutsch-liberaler
Eigenständigkeit und ultramontanem Klerikalismus auch auf
die Kinder- und Jugendliteratur ein. So passen beispielsweise
die spezifisch österreichisch geprägten Werke eines Chimani
kaum noch in die preußisch dominierten Teile Deutschlands.
Ob noch andere Faktoren diese Entwicklung vorangetrieben

haben – vielleicht der Unterschied zwischen ländlich-ostelbischen und industriell-rheinischen Gebieten, zwischen liberalen südwestdeutschen Staaten und reaktionären wie Kurhessen und Mecklenburg, ganz bestimmt die Regionalisierungsversuche bei den Sammlungen von Märchen, Sagen, Kinderversen und Anekdoten –, all dies bedarf noch der Untersuchung. Die Entwicklung ist auch in den einzelnen Gattungen unterschiedlich abgelaufen, doch führten innere wie ganz reale äußere Bedingungen langsam zu einer nationalstaatlichen Differenzierung. Wir sprechen zwar weiterhin von der deutschen Kinder- und Jugendliteratur, aber wir meinen mit dem Fortschreiten des 19. Jahrhunderts erst nur noch die in den Staaten des Deutschen Bundes erschienene, schließlich die im kleindeutschen Reich publizierte und rezipierte.

### Zum Fortwirken der biedermeierlichen Kinder- und Jugendliteratur

Ordnungsstreben und Familiensinn, Idylle und Harmonie, der Glaube an die Wahrheit im Kleinen und an die Größe des stillen Glücks, Zufriedenheit mit der jeweiligen sozialen Stellung, Passivität, Entsagungsethos, Religiosität und bereitwillige Unterordnung – diese für eine Restaurationsepoche typischen Kennzeichen ermöglichten eine Kinder- und Jugendliteratur, von der sich einzelne Teile, inzwischen losgelöst vom politischen, sozialhistorischen und literaturgeschichtlichen Kontext,[75] bis weit ins 20. Jahrhundert gehalten haben. Dies führte so weit, daß viele eigentümlich biedermeierliche Elemente zum Spezifikum von Kinderliteratur ganz allgemein

75 Vgl. die äußerst akribische ideologiekritische und inhaltsanalytische Untersuchung von Alfred Adler: »Kinder des Biedermeier«, in: A. A., *Möblierte Erziehung, Studien zur pädagogischen Trivialliteratur des 19. Jahrhunderts*, München 1970. In dieser Arbeit wird verdeutlicht, wie eng politische, sozialgeschichtliche und literarische Momente in der biedermeierlichen Erzählliteratur für junge Leser miteinander verwoben sind.

geworden sind. Die pädagogisch-didaktischen Komponenten der Kinder- und Jugendliteratur des Biedermeiers und die dazu entwickelten literarischen Formen, Motive, Stoffe und Topoi wurden mehr oder weniger unkritisch von allen folgenden Generationen von Kinderbuchautoren aufgegriffen. Biedermeierliches erstarrte in Schablonen ohne Inhalt. Was bei aller Verniedlichung und Harmonisierung niemals nur affirmativ gemeint war, wird mit der Lösung vom zeitgeschichtlichen Umfeld zur Affirmation des Schönen, dem sich auch nicht die geringste Irritation in den Weg stellt. Die Szenen eines glücklichen Kinderlebens werden ebenso zum Kitsch wie die Darstellung eines Naturschönen, die jeden korrektiven oder gar utopischen Aspekt verloren hat. Solche Darstellung wurde nicht etwa zum Kitsch, weil sie nur kleine, nicht die sogenannten großen Stoffe verarbeitete, sondern weil dem Kleinen in geglätteter Wohlgefälligkeit nun Erhabenheit, Ewigkeitswert und der Charakter des Menschlichen an sich zugesprochen wird.

Der Verfall einstmals berechtigter Formen kennzeichnet auch in gewisser Weise den Verfall der Kinder- und Jugendliteratur, die sich zwar von der Heteronomie des Pädagogischen zu befreien lernt, aber nur zu dem Preis, daß sich Momente wie Wissensvermittlung und Aufklärung, Spannung und Sentimentalität, Abenteuer und Eskapismus einer immer rigideren Kommerzialisierung unterwerfen. Kinder- und Jugendliteratur emanzipiert sich im 19. Jahrhundert von einem außerliterarischen Bereich, der große Ansprüche an sie stellte, ohne daß sie es gleichzeitig lernt, innerliterarische Ansprüche zu entwickeln. So wird sie schnell zur Beute geschäftlicher Interessen und politischer Ideologien. Die vorgeblich unbeschädigte Bilderwelt der biedermeierlichen Kinder- und Jugendliteratur liefert nun lange Zeit brauchbare, da scheinbar neutrale Versatzstücke für diese durchkalkulierten Geschäfte. Die pädagogisch bestimmte Kultur des Biedermeiers hat also letzten Endes auf keinem anderen kulturellen Gebiet so weitreichende Auswirkungen wie auf dem der Literatur für junge Leser.

## Wege zum Realismus

Die Kinder- und Jugendliteratur des Biedermeiers enthält bereits zahlreiche realistische Elemente, die notwendig sind, biedermeierliche Themen, Stoffe und Motive zu gestalten. Es gibt treffend geschilderte Genre-Szenen, wie sie weder Aufklärung noch Romantik hervorgebracht haben, es gibt sachliche Beschreibungen von Alltagsgegenständen und sorgfältig ausgemalte Situationsbilder in Vers und Prosa, die Licht werfen auf den gesellschaftlichen Alltag vor allem der Land- und Kleinstadtbevölkerung und auf das Leben der Kinder innerhalb dieses sozialen Rahmens. Die natürliche Umwelt und das Milieu, in dem die Protagonisten auftreten, finden in allen fiktionalen Gattungen des Biedermeiers zunehmend Berücksichtigung. Selbst dem Historismus verpflichtete Werke bedienen sich, um den Hintergrund der Handlung zu schildern, ausgesprochen realistischer Elemente. Doch ist dieser mannigfach auftretende Detail- und Genre-Realismus zunächst noch eingespannt in die pädagogische Belehrung und dient nur aus didaktischen Gründen der Stärkung der Glaubwürdigkeit.

Erst um die Jahrhundertmitte läßt sich beobachten, daß der biedermeierliche Realismus nicht mehr nur als Element der Beglaubigung, nicht mehr nur zur Stützung einer moralischen Maxime eingesetzt wird, sondern durchaus einen Eigenwert erreicht. Die ständige Infiltration des Literarischen durch das Moralische läßt nach. Der literarische Ausdruck von Ideen, Gedanken, Moralvorstellungen löst sich auf; die Kinder- und Jugendliteratur ist nicht mehr vor allem Bebilderung pädagogischer Lehrmeinungen, gesellschaftlicher Erziehungsvorstellungen und religiöser Weltdeutungen. Es dominiert nicht mehr die Orientierung an Idealen, an einem Metaphysischen, sondern an Personen, Sachen, gesellschaftlichen Gruppen, an Ereignissen und Abenteuern. Nicht mehr das Jenseitige, ein Transzendentes, sondern das Diesseitige und Erreichbare bestimmt die Grundlage der

Literatur für junge Leser. Sie ist weniger subjektiv, weniger
pathetisch und emotional als in der Romantik, aber auch
weniger harmonisch, zeitfern, weniger von einer heterono-
men Friedfertigkeit, weniger eng und dumpf als im Biedermeier. Diese Wendung zum Realen in der Kinder- und
Jugendliteratur entspricht weitgehend einer allgemeinen Tendenz der Zeit, wie man sie in Politik, Wissenschaft und Kunst
ebenso antreffen kann wie in der Mentalität der Menschen.
Die realistische Kinder- und Jugendliteratur darf nicht als die
Ablösung oder allmähliche Überlagerung der biedermeierlichen verstanden werden. Sie ist lange Zeit eine parallel ablau-
fende Weiterentwicklung, die in den verschiedenen Genres
und Gattungen unterschiedlich schnell und verschieden stark
ausgeprägt stattfindet.[76] Nur langsam entstehen Neuent-
wicklungen von Themen und Formen, wobei sich die realistische Schreibweise eher in der Literatur für Jugendliche als in
der für Kinder durchsetzt, die noch lange Zeit von romantischen und biedermeierlichen Vorstellungen beeinflußt bleibt.
Man kann sogar davon sprechen, daß erst seit der Mitte des
19. Jahrhunderts Kinderliteratur und Jugendliteratur deutlich voneinander zu unterscheiden sind; nicht nur die unter-
schiedlichen Altersbezüge, sondern auch die literarischen
Techniken trennen nun beide Bereiche.
Die realistische Kinder- und Jugendliteratur erstrebt Genau-
igkeit nicht nur im Detail, sie summiert nicht nur realistische
Gestaltungselemente, sondern sie versucht, den gesamten
Handlungsablauf zu differenzieren und Personen wie Umwelt einer wirklichkeitsgetreuen Darstellungsweise zu unter-

76  Die Periodisierung der allgemeinen Literaturgeschichtsschreibung läßt sich
    zumeist nur schwer auf die der Kinder- und Jugendliteratur übertragen. So
    enthält das *Lexikon der Kinder- und Jugendliteratur*, das der romantischen
    und der biedermeierlichen Kinder- und Jugendliteratur noch eigenständige
    Artikel widmet, bereits keinen Artikel mehr zur Periode des Realismus im
    19. Jahrhundert, sondern streift diese Epoche nur äußerst knapp in zwei
    Artikeln zu »Realismus in der Kinder- und Jugendliteratur« und »Realisti-
    sche Kindergeschichte«. Die Erforschung der Epoche zwischen 1850 und
    1870 steckt in den allerersten Anfängen.

werfen. Zielte die biedermeierliche Schilderung des Milieus noch darauf, allumfassende Harmonie im sozialen Bereich, über alle Standesschranken hinweg, zu propagieren, so entwickelt die realistische Schilderung spannungsreiche Zustände zwischen dem Milieu und den in ihm lebenden Menschen. Zum erstenmal wird nicht nur gelegentlich – wie bei den Philanthropisten – ausgesprochen, daß die Disharmonie zwischen verschiedenen gesellschaftlichen Gruppen Anlaß zu mehr sein sollte als nur zu Rührung und Barmherzigkeit, sondern es werden, diese Forderung aufgreifend und über sie hinausgehend, Konflikte dieser Art direkt in die literarische Bearbeitung aufgenommen. Soziale Ungleichheit wird in der realistischen Literatur nicht mehr als gottgewollte Gesetzmäßigkeit angesehen, wie dies noch in der Biedermeierliteratur gepredigt wurde, sondern als menschliches, also veränderbares Werk. In den Geschichten über gesellschaftliche Außenseiter wird nicht von deren Resignation und ihrem bitteren, den Leser abschreckenden Ende berichtet, sondern von ihrem selbstbewußten und tatkräftigen, gleichwohl illegalen Leben, wie dies beispielhaft Biernatzkis 1868 erschienene Erzählung *Hinter den Dünen* zeigt.[77] Es wäre unvorstellbar, daß eine biedermeierliche Jugenderzählung einem Freibeuter so viel Verständnis entgegenbringt und eine so sorgfältig geschilderte Figur mit so großer Souveränität gegen Vertreter des Ordnungssystems aufstehen läßt.

Die Menschen, seien es Kinder oder Erwachsene, erscheinen nun nicht mehr wie in der Biedermeierliteratur vornehmlich in Gruppen, sondern als Einzelpersonen oder gar betont als Einzelgänger. Auch in der Kinderliteratur macht sich die Emanzipation des Subjekts bemerkbar; der bürgerliche Held zieht in die Literatur für junge Leser ein. Beispielhaft führt er selbsttätige Lebensgestaltung und die Befreiung vom Schicksal vor, es verschwindet das biedermeierliche Vertrauen in Gottes Hilfe, zurückgedrängt werden Passivität und die stille Fügung ins Gegebene. Es verschwindet auch die bisher übli-

---

77 Siehe S. 328.

che Typisierung einer Person auf eine einzige Eigenschaft; sie wird abgelöst durch Individualisierung der Protagonisten, die nun vielfältige Charakterzüge tragen und auch nicht mehr austauschbar erscheinen, wie es bei sehr vielen biedermeierlichen Geschichten der Fall ist. Die Psyche der Protagonisten wird anhand des jeweiligen Handlungsablaufes entwickelt. Es läßt sich erstmals von einer inneren Logik der Geschichte sprechen, was auch heißt, von einer Logik der Psyche der handelnden Personen. Die moralische Geschichte entwickelt sich zur psychologischen. Der Held der realistischen Kinder- und Jugendliteratur ist nicht mehr außergewöhnlich, nicht poetisch oder bizarr, sondern weitgehend alltäglich. Außergewöhnlich können vielmehr die Situationen werden, in die er gerät. Das Vorgegebene von Handlungsweise, Standpunkt und innerer Haltung verschwindet mit der Auflösung der alten, ständischen Welt; es wird nicht mehr normiert, nicht mehr ritualisiert entschieden, sondern individuell, der jeweiligen Situation angepaßt. Die Erzählung, der erzählerische Kern, verliert ihren Beispielcharakter und den Bezug zum Allgemeinen und wird unwiederholbar, einzigartig. Das auch ist das Wesen der Spannung, die sich in der Literatur für junge Leser ausbreitet. Jede Erzählung, jede beschriebene Situation soll neu, überraschend und einmalig sein. Die Handlung beschreibt keine kausalen Beziehungen mehr, auch keinen zweckbestimmten Ablauf, sondern die jeweils neuen, überraschenden Entwicklungen des Helden, der sich nicht traditionell, von Normen geprägt entscheidet, sondern reflektierend. Das heißt aber auch: Die Sicherheit traditioneller Ordnungssysteme verschwindet aus der Kinder- und Jugendliteratur. Sie führt neue Abläufe, Lebensentwürfe, Orientierungen und Identifizierungen vor. Statt vorgezeichneter Bekehrungen und irrationaler Wendungen zum Guten finden in der realistischen Literatur für junge Leser Entwicklungsprozesse statt, wägen die Handelnden verschiedene Verhaltensweisen gegeneinander ab oder unterliegen einem langsamen, differenziert dargestellten, an der Situation orientierten Rei-

fen. Bedingungen geschilderter Verhaltensweisen, Zweifel,
Widersprüche, Entwicklungen und Lernprozesse werden in
die Erzählungen mit aufgenommen und den psychologischen
Charakterisierungen der Personen integriert.[78]

Die realistische Kinder- und Jugendliteratur will Erfahrungs-
zusammenhänge darstellen, sie will Beziehungen und Quer-
verbindungen zwischen zuvor nur isoliert aufgetretenen Fak-
ten schildern. Die realistischen Details unterstützen sich nun
gegenseitig in ihrer Verstehbarkeit; stärkten sie zuvor die
Moral der Geschichte, also einen außerliterarischen Zweck,
so fördern sie jetzt den Zusammenhalt und den logischen,
rationalen Ablauf der Erzählung, die damit an literarischer
Selbständigkeit gewinnt.

Da nicht mehr die partielle Wirklichkeitsabbildung im Vordergrund steht, sondern die Erzeugung eines Bedeutungszu-
sammenhangs, entstehen Werke von großer Homogenität
und Geschlossenheit nicht nur bei den erzählenden Gattungen, sondern auch bei Reisebeschreibungen und Sachdarstel-
lungen. Der Prozeß der Fiktionalisierung, der in der aufklärerischen Kinder- und Jugendliteratur einsetzte, hat in der
realistischen des 19. Jahrhunderts einen ersten Höhepunkt
erreicht. Abstraktionsformen von Glück, Zufriedenheit,
Freiheit, Neugierde, Wissensdrang und Fernweh, wie sie stereotyp in der biedermeierlichen Kinder- und Jugendliteratur
verwendet wurden, werden nun konkretisiert und spezifi-
ziert, indem sie auf individual- und sozialgeschichtliche Entwicklungsprozesse bezogen werden. Realistische Kinder-
und Jugendliteratur bedeutet das Ende der formalen Kalku-
lierbarkeit der repressiven Kategoriensysteme, indem sich
der Inhalt zum Unkalkulierbaren hin öffnet. Damit macht sie
auch ernst mit der Auflösung der seit der Aufklärung bestehenden Dichotomie von angeblich bewußtseinsdeformie-
render Unterhaltung und aufklärerischer Information. Die

---

78 Vgl. beispielsweise S. 407 die Zweifel der Mutter am Verhalten des Vaters in
Aurelies Theaterstück *Die Geburtstagsfeier* (1849). Ein biedermeierliches
Kinderschauspiel hätte solche spannungssteigernden Brüche vermieden.

Dichotomie ist nun anders zu formulieren: ebenso bewußt-
seinsdeformierend kann das positivistisch aufgefaßte Faktum
mittels seiner Instrumentalisierung sein, aufklärerisch dagegen die nach ästhetischen Prinzipien gestaltete fiktive Wirklichkeit. Realistische Kinder- und Jugendliteratur differenziert in ihren gelungensten Werken Wesen und Erscheinung,
was bedeutet, daß Tatsachen nicht so zu nehmen sind, wie sie
sich geben, sondern auf das hin begriffen werden müssen, was
ihnen zugrunde liegt. Realismus in der Kinder- und Jugendliteratur meint Auflösung einer bisher fetischisierten Wirklichkeit, Auflösung einer gesellschaftlich gesetzten Realität, die
als naturgesetzliche, als göttliche erschien. Kernpunkt der
alten Phantasiereiz-Diskussion ist die Furcht des herrschenden Bewußtseins, in der Literatur für junge Leser könnten die
Abstraktionen, Fetischisierungen, Mystifikationen, Religio-
nen und Institutionen überwunden werden.
Als neues Gestaltungselement führt die realistische Kinder-
und Jugendliteratur den Humor ein. Die Geschichten,
Berichte und Theaterstücke sind nicht nur amüsant, sondern
es herrscht in ihnen häufig auch ein humorvoller Ton, der
Ausdruck einer gewissen Distanz zu den bisher propagierten
pädagogischen Normen ist. So vergleiche man nur einmal das
Verhalten des Vaters in Aurelies Theaterstück *Die Geburtstagsfeier* (1849)[79] mit dem anderer Väter in früheren Kinderschauspielen; die kleine und nebensächliche Verfehlung eines
Kindes wird jetzt humorvoll übergangen, während sie zuvor
gerade zum Hauptgegenstand des Stückes und der Belehrung
gemacht worden wäre. Eine nicht zu übersehende Selbstsicherheit im gesellschaftlichen Verhalten der Bürger beginnt
sich in der zweiten Hälfte des 19. Jahrhunderts auch in der
Literatur für junge Leser niederzuschlagen. Absolutes und
streng kontrolliertes Befolgen der Normen ist nicht mehr
notwendig, die Überwachung der Kinder kann in Maßen
gelockert werden. Eine weit fortgeschrittene Verinnerli-

79 Ebd., S. 406.

chung, die erstarkte Machtposition des Bürgertums und das Zurückdrängen der nur affirmativ arbeitenden Behütungspädagogik ergeben zusammen eine neue Vorstellung vom Wesen des Kindes, von Kindheit und Kindgemäßheit. In vielen Werken der Kinder- und Jugendliteratur herrscht zwischen Eltern und Kindern – insbesondere Söhnen – ein entspannterer Ton als früher; Humor ist erst in dieser Lockerung der pädagogischen Pflichtübungen möglich.

### Literaturpädagogische Domestizierungsversuche

Die Kinder- und Jugendliteratur der zweiten Hälfte des 19. Jahrhunderts nimmt mit ihrer realistischen Komponente eine besondere Stellung in den Auseinandersetzungen der Pädagogik mit der Literatur ein. Je stärker Literatur wie Leser dem pädagogischen Herrschaftsanspruch entgleiten, desto schärfer und unsachlicher werden die Angriffe auf die zeitgenössische Literatur für junge Leser. Ein kurzer Rückblick: Zu Beginn des Jahrhunderts bestand noch ein enger Zusammenhang von Bildung und Freiheit der Menschen. Um dies damals durchsetzen zu können, wurde die Erziehungshoheit des Staates gefordert, als Sicherung gegen feudale, ständische und restaurative Bevormundung. Alles Pädagogische war zunächst im Prinzip fortschrittlich, gegen die alte Welt gewandt. Doch mit der Unterordnung unter staatliche Institutionen wurde es im Zuge von Restauration und dann Reaktion zu einem Teil der Herrschaftssicherung. Pädagogische Ideen sind nicht mehr unbedingt befreiend, sondern weitaus häufiger einschränkend. So ist der eben erwähnte Prozeß des Entgleitens auf die objektive Rückständigkeit der Literaturpädagogik zurückzuführen, deren Konservativismus den Blick auf die neuen gesellschaftlichen Entwicklungen wie auf die neuen Erfordernisse verstellt.

Die Lektüre dieser neuen Jugendliteratur, die sich von einem Großteil nur formaler Rollenaspekte getrennt hat, erfordert eine spezifische, jeweils individuelle Anstrengung des Lesen-

den. Erst mittels einer Lesearbeit, die notwendigerweise auf
Leseerfahrung aufbaut, erschließt sich der im Verhältnis zur
Biedermeierliteratur selbständigere und auch eigenwilligere
Text. Ihn als unterhaltsam, spannend, abenteuerlich, mitrei-
ßend oder beglückend zu empfinden verlangt mehr an eigener
diskursiver Arbeit, als einem Text nur die moralische Belehrung, die wiederholte Formulierung bereits bekannter Normen zu entnehmen. Insofern sind die entsprechenden kinder-
literarischen Texte der zweiten Hälfte des 19. Jahrhunderts
eine durchaus geeignete Vorschule zur Lektüre auch an-
spruchsvollerer Erwachsenenliteratur, was gerade die aufklärerische und biedermeierliche Literatur für junge Leser weder
leisten konnte noch wollte. Gleichwohl gab es auch zu jenen
Zeiten schon genügend »populäre Lesestoffe«, welche die
Funktion einer Vorschule übernommen haben. Der Begriff
Vorschule der Romanlektüre wird hier nicht im Sinne einer
Durchgangslektüre oder des Hinauflesens verwendet, diesem
gequälten Zugeständnis der Literaturpädagogik an die Lust,
unterhaltsame Stoffe zu verschlingen. Vielmehr soll er das
alters- und entwicklungsspezifische Kennenlernen der für
Erwachsenenliteratur wie Kinder- und Jugendliteratur glei-
chermaßen gültigen ästhetischen Wirkungsmechanismen
beschreiben. Unter diesem Gesichtspunkt gewinnt auch das
im 19. Jahrhundert beliebte, negativ gemeinte Kriterium
›Vorschule der Romanlektüre‹ eine ganz neue Bedeutung.[80]
Denn wo sonst als bei der Kinderbuchlektüre, besonders bei
der Lektüre der von der Literaturpädagogik ausgestoßenen

---

80 Man vergleiche dies mit der philanthropischen Position, wie sie 1787 Ernst
   Christian Trapp formulierte: »Wenn Pope recht hat, daß das eigentliche
   Studium des Menschen der Mensch seyn muß, und wenn man den Menschen
   nicht besser studiren kann, als wenn man ihn in mancherlei Lagen und Verhältnissen, die auch die unsrigen sind oder werden können, handeln sieht, so
   kann wol zur Kenntniß des Menschen – in so fern sie überall aus Büchern
   geschöpft werden kann – nicht mehr beitragen, als die Lektüre der Werke der
   ebengenannten großen Meister und ihres Gleichen«, also Cervantes, Fiel-
   ding, Richardson und andere Autoren der Weltliteratur (*Allgemeine Revi-
   sion des gesamten Schul- und Erziehungswesens von einer Gesellschaft prak-
   tischer Erzieher*, T. 7, Wolfenbüttel 1787, S. 317.

Werke, sollen denn die Kinder lernen, literarische Texte zu lesen? Die Pädagogen hielten es nicht für erforderlich, Kinder und Jugendliche an literarische Kunstwerke heranzuführen. Die Vermittlung klassischer Texte der hohen Literatur beschränkte sich auf die Vermittlung sogenannter edler Gedanken und Gesinnungen. Ihrem puritanischen Denken war die Ahnung nicht unbekannt, daß alle Kunst auch etwas Asoziales an sich hat, deshalb nur in einer pädagogisch-didaktischen Aufbereitung dem Kind nähergebracht werden darf.

Die realistische Kinder- und Jugendliteratur mit ihrem hohen Unterhaltungswert ermöglicht es nun den jungen Lesern, mit der Literatur und anhand der Literatur zu lernen und Erfahrungen zu sammeln, nicht indem sie den Inhalt als Bebilderung einer Maxime rezipieren, auch nicht im Sinne einer allgemeinen, bürgerlich-mittelständischen Geschmacksbildung, sondern indem sie über Formstrukturen, Bearbeitung des Materials, Eigenständigkeit der Protagonisten, Kraft und Authentizität des Ausdrucks, Verwendung rhetorischer Figuren zur Spannungssteigerung, -verzögerung und -auflösung und über die Polarität von Mimetischem und Konstruktivem mit der vermittelten Welt der literarischen Fiktion konfrontiert werden. War die biedermeierliche Literatur für junge Leser eine Bühne, auf der ausgewählte Menschenexemplare und Szenen im Beisein der Erziehungspersonen und anderer Zöglinge vorgeführt wurden, so ähnelt die realistische einem Guckkasten, in dem die Welt und die Menschen in ihrer Mannigfaltigkeit und überwältigenden Vielfalt dem Leser vorgeführt werden, wobei ein die Lektüre überwachender Vater außerhalb des Leseerlebnisses, außerhalb der kindlichen Lese- und Traumarbeit bleiben muß. Die neue, realistische Literatur erfordert den einzelnen Leser und seine subjektive Phantasietätigkeit; nicht mehr den zum sokratischen Gespräch zusammengekommenen Kreis und nicht mehr den durch pädagogisierende Rahmenhandlungen unter Kontrolle gehaltenen Leser. Kennzeichnenderweise versucht noch 1862

der Literaturpädagoge Karl Kühner, die gemeinsame Lektüre
von Eltern und Kindern zu propagieren, indem er in ahistori-
scher und verklärender Weise auf frühere Leseformen hin-
weist: »Der Sohn las sich mit dem Buche hinauf in den
Gedankenkreis des Vaters, der Vater erfrischte sich an der
Freude der Jugend über das ihm altbekannte Gut. Das Buch
ward beiden eine gemeinsame Heimat, führte zur Verknüp-
fung und zum Austausch der Gedanken. Es war Theil des
Familienlebens.«[81] Deutlicher noch als im Biedermeier zeigt
sich: Warnungen vor der Lesesucht sind vor allem Warnungen vor dem einsamen Lesen, vor einem Leser, der sich von
der Gemeinschaft entfernt, sich bewußt ausschließt, privaten
Exzessen hingibt und eigenwillig wird. Die realistische Kin-
der- und Jugendliteratur, die einem Leser Kontemplation
und Versenkung des Ichs im Text ermöglicht, bildet einen
stärker als zuvor individualisierten Lesertyp heraus. Lesen
wird zur zeitweisen Abgrenzung vom Leben, es wird eskapi-
stisch, Literatur wird zur Fluchtliteratur. Doch wovor wird
geflohen? Der zurückgezogene, der befreite Leser gewinnt
Momente, in denen er sich vom Bestehenden emanzipiert und
Entwürfen einer anderen Welt folgen kann. Der Leser wird
sich fremd, er tritt heraus aus der gewohnten Welt,[82] indem er
sich in die realistisch geschilderte andere Realität begeben
kann. So wird nicht nur das Gelesene wichtig für die Indivi-
duation innerhalb des gebildeten Bürgertums, sondern auch
das Lesen selbst. »Lesen ist eine weiße Kriminalität, eine
selbstlose Bereicherung. Die Zeit der Lektüre mag [ . . . ] ver-
geudet sein, aber sie ist zu unserer Zeit geworden.«[83] Doch
gerade dieses Eigentum an Zeit wollten die Jugendbuchkriti-

---

81 Karl Kühner, »Jugendlectüre, Jugendliteratur«, in: *Encyklopädie des
  gesammten Erziehungs- und Unterrichtswesens*, hrsg. von K. A. Schmid,
  Bd. 3, Gotha 1862, zit. nach dem Wiederabdr. in: Alfred Clemens Baumgärtner, *Ansätze historischer Kinder- und Jugendbuchforschung*, Baltmannsweiler 1980, S. 136.
82 Vgl. Gert Mattenklott, »Lesefieber«, in: G. M., *Der übersinnliche Leib.
  Beiträge zur Metaphysik des Körpers*, Reinbek bei Hamburg 1982, S. 107.
83 Ebd., S. 110 f.

ker und Literaturpädagogen nicht akzeptieren. So vertreten sie eine dem Arbeits- und Freizeitleben des Bürgertums völlig unangemessene Hochschätzung des mündlichen Erzählens, die nicht auf literarisch-ästhetischen Gründen beruht, sondern auf Vorstellungen einer dogmatischen Behütungspädagogik: mit dem Verschwinden der mündlichen Überlieferung alter Geschichten gehe »zugleich eine unschätzbare *sittliche* Wirkung verloren. Denn jene Mütter und Großmütter, Väter und Tanten, die in unbewußtem, dichterischem Drange und aus eigenem kindlichen Gemüthe heraus die Meisterschaft in der Kunst des Erzählens übten, zogen das Kind zugleich mit festen Banden der Liebe und Pietät unmerklich an sich«.[84] Je weiter die Fiktionalisierung voranschreitet und je selbständiger das Fiktive auftritt, desto ablehnender reagiert die Pädagogik. Obwohl die Kinder- und Jugendliteratur inzwischen eine Vielzahl unterschiedlichster Werke geschaffen hat – vom christlichen Erbauungsbuch bis zum exotischen Abenteuerroman, vom Genre-Bilderbuch bis zum *Struwwelpeter*, von der Sacherzählung bis zum spannenden Reisebericht –, verfällt die Literaturpädagogik in eine immer umfassendere und unspezifischere Ablehnung der Kinder- und Jugendliteratur. Die hilflose Arroganz des allwissenden Pädagogen, der beispielsweise fordert, Bilderbücher auf den Codex librorum prohibitorum zu setzen,[85] verstellt sich selbst den Weg zu einer der Sache angemessenen kritischen Darstellung der gesamten Kinder- und Jugendliteratur. Bekämpft wird die »Zerfahrenheit, Blasirtheit, Puerilität und Thatenlosigkeit«[86] der durch die Lektüre verführten Jugend,

---

84 Kühner (Anm. 81) S. 136. – Die tatsächliche gemeinsame Lesekultur vornehmlich der mittelständischen Familie, seit der Mitte des Jahrhunderts von kommerziellen Interessen bestimmt, hat keine Ähnlichkeit mit Kühners wunschvollen Vorstellungen. Die Gründungsdaten einiger Familien- und Wochenzeitschriften mögen hier als Hinweis dienen: *Gartenlaube* 1843, *Über Land und Meer* 1858, *Daheim* 1864. Die *Gartenlaube* wurde bereits Anfang der sechziger Jahre in mehr als 150.000 Exemplaren aufgelegt.

85 Ebd., S. 134.

86 Ebd., S. 139.

die dem Gemeinwesen zunehmend zur Last falle. Und mit
der Forderung, die Kinder- und Jugendliteratur müsse sich
stärker um die Nationalerziehung kümmern (noch immer
gibt es ja kein geeintes deutsches Reich), wird nationalisti-
scher und chauvinistischer Ideologie Tür und Tor geöffnet,
die sich dann nach 1871 hemmungslos in der gesamten Literatur für junge Leser – vom Bilderbuch bis zum Abenteuerroman – ausbreitet. Die kurze Phase einer sich relativ frei entwickelnden Kinder- und Jugendliteratur findet ein schnelles,
aber wohl vorbereitetes Ende. Rücksichtslose Geistesfeind-
lichkeit der Literaturpädagogik und bedenkenlose Kommerzialisierung durch die Verlage unterdrücken die Weiterentwicklung einer literarisch durchgearbeiteten, von Ideologie
freien, Lesebedürfnisse vorsichtig aufgreifenden Literatur für
junge Leser. Was im 18. Jahrhundert als zwar gespanntes,
aber fruchtbares Verhältnis begonnen hat: die Beziehungen
von Pädagogik und Kinder- und Jugendliteratur, führt jetzt
zu einer tiefen Krisis. Der Generalfehler der Literaturpädagogik liegt darin, daß sie stets nur moralisierend auftrat,
immer nur den Phantasiereiz und die fehlende Sittsamkeit
bemängelte, aber die Augen verschloß vor der rapide zuneh-
menden politischen Indoktrination. Im Kampf gegen den
vermeintlichen Verfall kultureller Werte wurde in geradezu
naiv-konservativer Verblendung einer ganz anderen Unkul-
tur das Tor geöffnet. Erst in den letzten Jahren des 19. Jahrhunderts sollten sich dann in verschiedenen Lehrerverbän-
den, in der seit 1893 erscheinenden *Jugendschriften-Warte*
und in Heinrich Wolgasts Schrift *Das Elend unserer Jugendliteratur* (1896) Stimmen erheben, die sich gegen den Mißbrauch der gesamten Kinder- und Jugendliteratur für patrio-
tische, religiöse und kommerzielle Zwecke wandten. Erst
dann wurde erkannt, daß schon seit einigen Jahrzehnten die
Kinder- und Jugendliteratur in die modernen industriegesell-
schaftlichen Produktions-, Distributions- und Rezeptions-
verhältnisse hineingeschoben war.

# Sittenlehrbücher

*In den ersten Jahrzehnten des 19. Jahrhunderts enthalten die Sittenlehrbücher noch sittlich-moralische Unterweisungen in dogmatischer, stark systematisierter Form. Grundsätze und Maximen, Regeln und Pflichten werden mehr oder weniger abstrakt dargeboten. Bis zu welcher Perfektion die Systematisierung getrieben werden kann, zeigt das »Lehrbuch« von Dolz (1815). Die Einkleidung der moralischen Belehrung in eine Erzählung, wie dies bereits in der aufklärerischen Kinder- und Jugendliteratur entwickelt worden ist, setzt sich im eigentlichen Sittenlehrbuch, das ja das Grundlegende und die Gesamtheit des moralisch einwandfreien Verhaltens vorstellen will, nicht durch. Diese mehr literarisch bestimmte Form wird von der moralischen Erzählung übernommen. Da aber auch eine gewisse Unterhaltsamkeit der Texte notwendig ist, um überhaupt genügend Leseinteresse zu wecken, erscheint das Sittenlehrbuch häufig als Beispielsammlung. Gelegentlich wird die Sittenlehre auch in ein Gespräch eingekleidet, in dem Eltern mit ihren Kindern Fragen gesellschaftlichen Verhaltens erörtern, wobei es nicht nur um die dogmatische Vermittlung von Normen geht, sondern auch um das eigenständige Erarbeiten der gesellschaftlichen Vorstellungen und Werte. Die Sittenlehrbücher der letztgenannten Gruppe, zu der der hier auszugsweise wiedergegebene Text von Seemann »Albert und Eugenie« (1824) zu zählen ist, vermitteln auf besonders anschauliche Weise biedermeierliches Leben und Denken.*

*Auf vielfältige Weise zeigt sich, wie sich im 19. Jahrhundert die Form des traditionellen Sittenlehrbuchs aufzulösen beginnt. Der Weg der sittlichen Belehrung geht vom Expliziten zum Impliziten, also von der offen ausgesprochenen moralischen Forderung zur indirekt und diskret vermittelten Norm. Dies hängt zusammen mit dem Übergang vom rationalistisch bestimmten Moralunterricht zu einer die Emotionen ansprechenden Belehrung. Da sich die stark emotional*

*orientierte moralische Geschichte schon zu Beginn des
19. Jahrhunderts als eigenständige Gattung vom Sittenlehrbuch abgespalten hat, bleibt dem Sittenlehrbuch nur noch die
Entwicklung zum reinen Anstandsbuch, zur Benimmregel-
Sammlung in der Tradition eines – äußerst stark modifizier-
ten – »Knigge«. Diese Entwicklungslinie, zu kennzeichnen als
Veräußerlichung des Sittenlehrbuchs, reicht dann allerdings
bis weit ins 20. Jahrhundert hinein.*

*Die Inhalte der Sittenlehrbücher unterliegen während des
Biedermeiers kaum Schwankungen. Die Idee vom moralisch
einwandfreien wie gesellschaftlich unanstößigen Verhalten ist
stets orientiert an einer ständisch gegliederten Gesellschaft,
niemals, auch in den Jahren um 1848 nicht, an einer demokra-
tischen. Durchweg verstehen sie sich als gesellschaftsstabilisie-
rende Werke, wobei sie nicht nur zunehmend stärker von
politischer Ideologisierung, sondern auch von sentimentaler
Frömmigkeit durchzogen werden. Stets ist die Rede von
Rechtschaffenheit, von Pflichten gegen sich und andere, von
zentralen Tugenden und der Bedeutung des christlichen
Glaubens, verbunden mit Ratschlägen, wie mit Dingen des
praktischen Lebens – Kleidung, Ernährung, Handel –
zurechtzukommen ist.*

*Auch wenn die Gattung des Sittenlehrbuchs schon bald keine
ausgeprägte Weiterentwicklung mehr erfährt und gleichsam
zu den sterbenden Genres zählt, bleibt das traditionelle Sittenlehrbuch in der Kinder- und Jugendliteratur des 19. Jahrhunderts noch lange präsent: Campes »Theophron«, erstmals
1783 erschienen, wurde bis weit ins folgende Jahrhundert hinein neu aufgelegt; 1843 beispielsweise erschien die 11. Auflage. Und selbst Grafs 1735 erschienenes Sittenlehrbuch »Der
höfliche Schüler« erlebte 1854 eine Neuauflage.*

JOHANN CHRISTIAN DOLZ

*Lehrbuch der nothwendigen und nützlichen Kenntnisse*

1815

[345]                    *Moral in Beispielen.*

Eine Moral in Beispielen ist eine geordnete Sammlung von
Erzählungen, in welchen Personen so redend und handelnd
vorkommen, daß man daraus sieht, welche Anwendung sie
von diesem oder jenem Pflichtgebote in den besondern Verhältnissen ihres Lebens machten, oder auf welche Weise sie
dieses oder jenes Pflichtgebot [346] verletzten. Ein solcher
Exempelschatz, oder eine Sammlung von solchen Beispielen,
ist, gleich einem Spruchschatze, oder einer Sammlung wahrer
und kraftvoller, moralisch-religiöser Denksprüche, ein wirklicher Schatz, wenn man davon den rechten Gebrauch macht,
d. h. wenn uns in jedem vorkommenden Falle die hiehergeo-
hörige Erzählung, der hier seine Anwendung leidende Sinn-
spruch beifällt und uns entweder vor Verletzung einer Pflicht
warnt, oder zur Ausübung einer Pflicht ermuntert, oder in
einer traurigen Lage des Lebens beruhigt. Für junge Leute,
welche schon einen gewissen Grad von Bildung und einige
Kenntnisse besitzen, wird es eine lehrreiche und zugleich
unterhaltende Arbeit seyn, sich eine solche Beispielsammlung selbst anzulegen. Mit Hülfe einer moralischen Schrift,
welche nach einem gewissen Plane gearbeitet ist, werden sie
sich zuvörderst ein Verzeichniß der vorzüglichsten Pflichten
entwerfen müssen. Z. B.:
 I. Pflichten gegen uns selbst.
    Lebenserhaltung; Lebensverkürzung durch: Vorwitz –
    Unvorsichtigkeit mit Gewehr, Nadeln – beim Ge-
    witter – durch Dämpfe – Gift u. s. w.
    Sorge für Gesundheit durch: Reinlichkeit – Mäßigkeit –
    Bewahrung vor Erkältung etc.

Verhalten in Krankheiten.

Sparsamkeit (Bewahrung vor Geiz, Verschwendung).

Ordnungliebe.

Selbstachtung.

[347] Bildung des Geistes. Lernbegierde (Neugierde),
Lesesucht; Schaden der Unwissenheit, Aberglaube.

Uebung des Gedächtnisses.

Unschuld und reines Herz – Schamhaftigkeit.

Sittsamkeit und Anstand.

Gefühlbildung, Bildung des Schönheitsinnes: Empfindsamkeit, Empfindelei.

Selbstkenntniß und Selbstprüfung.

Selbstbeherrschung in Ansehung des Genusses, Nasch-
haftigkeit (Lüsternheit).

Bewahrung vor Leichtsinn und Flatterhaftigkeit, Zer-
streuungsucht.

Besserung.

Weise Anwendung der Jugendzeit (Fleiß).

Genügsamkeit und Zufriedenheit u. s. w.

Frohsinn, gute Laune, Bewahrung vor Eigensinn; Gewöhnung an edle Freuden, Naturfreuden etc.

II. Pflichten gegen Andre.

Menschenliebe, Gemeingeist.

Gerechtigkeit.

Billigkeit.

Bewahrung vor Neid und Schadenfreude.

– –        „    Zorn (Sanftmuth).

Eintracht, Verträglichkeit.

Aufrichtigkeit und Wahrheitliebe – Bewahrung vor
Heuchelei, Lügen u. s. w.

Behutsamkeit im Reden – Plauderhaftigkeit, Schwatzhaftigkeit, Verschwiegenheit.

[348] Bescheidenheit, Höflichkeit; Bewahrung vor Ei-
gendünkel, Stolz, Prahlerei, Rechthaberei, Spott-
sucht.

Theilnahme, Güte und Wohlthätigkeit, Dienstfertigkeit.

Sorge für das Leben Andrer.

Sorge für das Eigenthum Andrer (s. oben die Gerechtigkeit).

Sorge für die Ehre Andrer; Bewahrung vor Verleum-
dung und Argwohn – Vorsicht bei Beurtheilung
Andrer.

Feindesliebe und Großmuth (Rachsucht).

Familiensinn (Häuslichkeit).

Verhalten gegen Geschwister.

     – –     – Wohlthäter.

     – –     – Aeltern.

     – –     – das Alter.

     – –     – „ Vaterland u. s. w.

III.  Pflichten gegen Gott.

Verehrung Gottes. Liebe, Dank. Demuth, Vertrauen.

Verhalten gegen die thierische und leblose Schöpfung
Gottes.

Gebet.

Religiöse Versammlungen.

Findet man nun bei der Lectüre eine oder die andre moralische Erzählung: so trägt man diese unter die Rubrik, zu welcher sie paßt, ein; oder, im Fall man das Buch, in welchem die
Erzählung steht, selbst besitzt, merkt man sich nur den Titel
desselben, die Seite und vielleicht mit einigen Worten die
Hauptpunkte aus [349] der hiehergehörigen Erzählung an.
Findet man irgendwo eine Erzählung, welche zu einer Pflicht
ermunternd, oder vor einem Fehler warnend seyn kann, welcher in dem Plane nicht bemerkt ist: so trägt man eine neue
Rubrik an die Stelle, wohin sie am schicklichsten einzuschal-
ten ist, nach. Z. B. man fände eine Erzählung, welche die
nachtheiligen Folgen der Furchtsamkeit darstellt: so würde
diese vielleicht ihren Platz unter der Rubrik: Lebenserhaltung
mit der hinzugefügten Unterabtheilung: Bewahrung vor
Furcht, erhalten können. Oder man fände eine Erzählung
unter der Ueberschrift: *Gefallsucht*. Diese würde unter:
*Eitelkeit* zu bringen seyn u. s. w. Auf diese Art kann man

auch verfahren bei Sammlung eines Spruchschatzes, der sich
füglich mit der Erzählungsammlung so verbinden läßt, daß
man jeder Erzählung einen passenden Spruch, wie man ihn
bei der gelegentlichen Lectüre findet, beifügt.

[459]    *Einige Winke zum zweckmäßigen Bücherlesen.*

In diesem Ueberblick über das Wissenswürdigste aus dem
Gebiete des menschlichen Wissens überhaupt konnte Manches nur sehr kurz angedeutet werden. Wem daran liegt, von
dieser oder jener Wissenschaft mehr zu wissen, der muß sich
selbst mit ihr näher bekannt machen. An Mitteln und Gelegenheit dazu fehlt es in unsern Tagen nicht, weil in jedes Fach
des menschlichen Wissens einschlagende Bücher vorhanden
sind. Um auch aus dem Lesen (der Lektüre) guter Bücher
Gewinn für Geist und Herz ziehen zu können, lernt man
lesen. Allein unter der großen Menge vorhandener Bücher,
welche von Zeit zu Zeit mit neuen vermehrt werden, ist nicht
jedes für Jedermann. Daher zieht nicht Jeder, welcher Bücher
liest, aus seiner Lektüre den Gewinn, welchen er daraus ziehen sollte. Um den Zweck, welcher durch Bücherlesen
erreicht werden soll, zu erreichen, muß man nicht nur wissen, *was* man lesen soll, sondern auch *wie* man lesen soll.
Also
A.  *Was* soll man lesen? [460]
  I.  keine *schädlichen* Bücher. Schädlich
    1)  für den *Geist* (Verstand) sind alle Bücher,
      a)  welche solche grobe Irrthümer enthalten, die der
          Leser nicht als Irrthümer zu erkennen und zu be-
          richtigen im Stande ist; die also von Personen her-
          rühren, welche des Fachs, über welches sie
          schrieben, unkundig waren. Solche Bücher (Skar-
          teken) gibt es in allen Fächern, naturhistorische,
          geschichtliche etc.;
      b)  welche den Aberglauben begünstigen (alchemi-

stische Schriften, ferner solche, die Geisterer-
scheinungen erzählen, ohne natürliche Erklärun-
gen davon zu geben etc.);

c) welche in einem inkorrekten Styl geschrieben
sind, und daher, so lange der Leser noch nicht im
guten Styl schon eine gewisse Fertigkeit und Festigkeit erlangt hat, auf seinen Styl einen nachtheiligen Einfluß haben können.

2) Schädlich für das *Herz* sind alle diejenigen Schriften,

a) in welchen mit Gleichgültigkeit, Verachtung oder
Spott über das, was jedem guten Menschen heilig
seyn soll, über Tugend und Religion, gesprochen
wird;

b) in welchen durch unanständige, pöbelhafte
Scherze, durch Zweideutigkeiten (Aequivoken),
schamlose Anspielungen (Obscönitäten) das Gefühl der Schamhaftigkeit und die guten Sitten be-
leidigt werden (Gassenlieder und die meisten sogenannten ältern Volksbücher gehören hierher);
[461]

c) in welchen auf eine zwar nicht so grobe, sondern
auf eine feinere Weise in der Phantasie unsittliche
Bilder angeregt werden (manche Romane);

d) in welchen die wirkliche Welt zu sehr vernachlässigt und bloße Gebilde der Phantasie, welche übrigens nicht unsittlich, aber doch chimärisch sind,
aufgestellt werden. (Mehrere Romane.) Man soll
ferner lesen:

II. keine *unnützen* Bücher. Dahin gehören:

1) solche, welche dem Inhalte nach für uns unbrauchbar
sind. So sind z. B. diejenigen Bücher, welche *gelehrte*
Forschungen über wissenschaftliche Gegenstände
enthalten und welche daher dem Gelehrten äußerst
wichtig seyn müssen, für den Ungelehrten (Kaufmann, Handwerksmann u. s. w.) nicht geschrieben;

2) welche zwar ihrem Inhalte nach auch für uns nützlich
   seyn könnten, zu deren Verständniß aber Vorkenntnisse vorausgesetzt werden, die uns fehlen;

3) welche ihrer Form nach in einer für uns zu gelehrten
   und mithin für uns unverständlichen Sprache geschrieben sind.

Dagegen sollen wir lesen:

III. *nützliche* Bücher (die Auswahl derselben muß allerdings
mit Rücksicht auf unsre besondern Verhältnisse getroffen werden).

Nützliche Bücher müssen aber entweder

1) belehrend für unsern Geist seyn. Sie müssen beitragen [462]

   a) zur Vermehrung, Verdeutlichung und Berichti-
      gung unsrer Kenntnisse. Mancher hat sich einzig
      und allein durch Lektüre, ohne besondre mündli-
      che Anweisung, in diesem oder jenem Fache ge-
      bildet (Autodidakt). Bei der Wahl nützlicher Bü-
      cher haben wir besonders darauf zu sehen, daß ihr
      Inhalt

      α) in das Gebiet der allgemeinwissenswerthesten
         Kenntnisse einschlägt; oder sie müssen sich

      β) auf die uns in unserm menschlichen, häusli-
         chen und bürgerlichen Berufe besonders
         nothwendigen Kenntnisse beziehen. So wird
         z. B. derjenige, welcher zur glücklichen Be-
         treibung seines Berufsgeschäfts chemischer
         Kenntnisse bedarf, Schriften lesen, welche in
         das Fach der Chemie einschlagen. Wer Ar-
         menanstalten und andre gemeinnützige Insti-
         tute fördern helfen soll, wird Schriften, wel-
         che anderwärts getroffene Einrichtungen die-
         ser Art beschreiben, oder die Grundsätze zur
         zweckmäßigen Einrichtung solcher Anstalten
         vortragen, lesen u. s. w.

Nützliche Schriften müssen beitragen:
- b) zur Bildung der Denk- und Urtheilskraft überhaupt; oder
- c) zur Bildung unsres Styls. (Daher klassische Schriften, d. h. solche, welche von Männern herrühren, deren Styl man auch allgemein für musterhaft hält.)

Nützlich sind aber auch diejenigen Bücher, welche [463]
2) bildend für das Herz (Wille und Gefühl) sind, als:
- a) für das Schönheitsgefühl (gute Gedichte);
- b) für den moralischen Sinn (moralische Schriften, Moral in Beispielen u. s. w.);
- c) für den religiösen Sinn (gute Erbauungbücher oder asketische Schriften) religiöse Lieder, ausgewählte Bibelstücke u. s. w.

Durch Lesen guter Bücher ward Mancher gebessert, getröstet und erheitert!

B. *Wie soll man lesen?*
1) in der rechten Absicht,
- a) nicht um als Belesener zu glänzen;
- b) nicht zum Zeitvertreibe, oder blos zum Vergnügen;
2) auf die rechte Art:
- a) mit Aufmerksamkeit. Daher
  - α) nicht zu flüchtig und auf einmal zu viel (sonst bleibt das Gelesene unverdaut);
  - β) nicht Alles durcheinander, damit wir das Gelesene behalten und gehörig durchdenken können. Es wird selbst nöthig seyn, daß man zuweilen ein und dasselbe Stück wiederholt lese.

  Auch wird es in vielen Fällen nicht unnütz seyn,
- b) Auszüge aus den gelesenen Büchern zu machen,
  - α) entweder *wörtlich* (schön ausgedrückte Gedanken, Sentenzen, einzelne Gedichte);

β) oder *der Sache nach*, wo man das Gelesene
   kurz zusammenzieht; [464]

γ) Versuche zu machen, ein gelesenes Stück frei
   aufzuschreiben und dann seinen Aufsatz nach
   dem Original zu verbessern. (So bildete
   Franklin seinen Styl.)

3) zur rechten Zeit. Unsre übrigen Geschäfte dürfen
   nicht bei unsrer Lektüre vernachlässigt werden. Ge-
   schäftsleute werden einige Stunden des Abends, vielleicht auch einige Stunden des Sonntags zum Lesen
   anwenden.

Die Befolgung dieser Regeln wird es nöthig machen, daß man
sich bei der Wahl seiner Lektüre des Raths verständiger Personen bediene. Wer solche Zeitschriften liest, in welchen neu
erschienene Schriften beurtheilt (recensirt) werden, – Litera-
turzeitungen u. s. w., der wird sich allenfalls selbst rathen
können. Posaunenden Titeln der Bücher ist nicht immer zu
zu trauen; und aus einer Leihbibliothek blos nach dem Kata-
loge (Bücherverzeichnisse) zu wählen, ist auch nicht Jedem
zu rathen. Wer sich, was sehr zu wünschen ist, eine kleine
Haus- und Handbibliothek anlegen kann und will, der wird
in der Regel überall einsichtvolle Männer finden, welche ihn
da, wo er sich selbst nicht rathen kann, mit ihrem Rathe
unterstützen werden.

AUGUST NATHANAEL FRIEDRICH SEEMANN

## Albert und Eugenie

1824

[71]                          *Die Mode.*

Natalia hatte mit ihrer Tochter auch an dem Nachmittage
einen freundschaftlichen Besuch ertheilt. Eugenie war an
einer lieben Gespielin Seite sehr froh gewesen, auf ihre stille
Weise. Nach beiderseitiger Růckkehr unterhielt man sich
über seinen verlebten Tag, und was irgend einen Eindruck
gemacht hatte, ward im Gespräch wiederholt. Die wißbegierigen jungen Leute, früh gewöhnt, ihren Sinn auf das Geistige
und Sittliche zu richten, hielten neu erworbene Begriffe auch
für etwas Neues, und suchten sich beiderseitig einander von
ihrem Erwerb mitzutheilen.
Wir haben viel von Dir gesprochen, Eugenie, fing Albert
an.
Von Eugenien? dachte der Vater, der sich nicht erinnerte, daß
ihrer erwähnt worden war, und sah Alberten, wie befremdet,
an.
Oder Deiner gedacht, – wenigstens ich, fuhr er fort. –
Wohl wie Du pflegst, böser Bruder, erwiederte Eugenie, die
etwas Schalkhaftes vermuthete. Nun, redete er weiter, muß
man [72] denn nicht Deiner und Deiner Schwesterschaft denken, wenn die wichtige Frage: was werden die Leute davon
sagen? auf die Bahn gebracht wird. Ihr lebt und webt ja wohl
in den Leuten, und könnt keine Locke ringeln und kein Tuch
umschlagen, ohne daß ihr dabei denkt: was werden die Leute
davon sagen? –
O Mutter, brach Eugenie aus, Du wirst mich heute in Schutz
nehmen müssen, denn sieh', alles das gilt Dir auch. – Der
Vater soll das letzte Wort sprechen; er wird gewiß auf unsrer
Seite seyn.

A l b e r t. Du räumst schon das Feld, und flüchtest zu Deinen Bundsgenossen, wenn kaum angegriffen war? –

E u g e n i e. Also das Beste soll erst kommen? – O ich kenne Dich! – Du dünkst Dich immer so groß, wenn Du dich gegen uns stellst. Du studirst die Weltgeschichte und findest, daß das blos eine Männergeschichte ist, dann sind die Frauen und Mädchen Dir nichts. Die Männer fechten, damit die Leute von ihnen sprechen sollen; sie wollen den Mond erobern, blos damit es heißt: *er* hat ihn erobert. Wir sind so still und fragen gar nicht nach den Leuten.

[73] A l b e r t. Vater, ist das wahr? – Sie fragen nicht nach den Leuten? – Wenn sie einhergehen? – Sanft und leise! Und umgeschaut, ob auch nichts sey, was an ihnen mißfallen könnte. – Und die Sorge für ihren ganzen Aufzug! *Dieses* Zeug muß es seyn! *So* muß das Kleid gemacht werden! *Die* Form muß der Hut, *die* Farbe das Band haben. Warum das alles? – Weil es Mode ist. Was ist denn *die Mode?* Wenn die Leute einmal dies und das von dem Dinge gesagt haben, – dann muß es gelten, schön, oder nicht schön; ihr Wort ist da, dann darf man nicht weiter sprechen. Hast Du nicht selbst schon geklagt, lieber Vater, daß eine sehr einfache und gefällige Kleiderart abkam? Die Mode erklärte sich gegen sie, und nun hatte Keine mehr den Muth, das zu tragen, was doch schön war. Wer sich bei einem Dinge gewöhnt, nicht darauf zu sehen, ob etwas *an sich* schön und gut ist, sondern nur, was es bei den Leuten gilt – der wird das bei andern Dingen auch thun, und immer fragen: was wird man davon sagen?

E u g e n. Diese Rücksicht auf die Leute [74] in dem einen Punkt kann wirklich nicht abgeläugnet werden.

N a t a l i a. Und sagt man sie uns zum Tadel, oder zum Lobe nach? So viel ich weiß giebt es auch Regeln des *Anstandes* und der äußeren Sitte, und uns Frauen wird es minder vergeben, wenn wir sie vernachläßigen, als euch. Auch haben wir jederzeit in dem Rufe gestanden, daß wir in denselben zum Muster dienen. – Albert, ist es unrecht, daß wir uns umschauen, ob auch nichts an uns mißfalle? –

A l b e r t. Aber betrifft es nicht blos das Aeußere, wodurch die Frauen in der Regel zu gefallen suchen?

N a t a l i a. Da hast du dich gefangen, mein Sohn; wir sprechen blos von dem *Aeußern*, das ist, dem minder Wichtigen, in dem man – nachgeben kann, ohne etwas von seinem Karakter zu verscherzen. – Die Mode? – Laß sie wirklich etwas Thörichtes seyn. – Aber wir weichen ja am liebsten Thoren aus, um nicht von ihnen geneckt zu werden. Wir geben ihnen selbst, wenn sie zu gebietend sind, hier und da in unwesentlichen Sachen nach, um mit ihnen in Frieden zu leben, können aber [75] dabei immer für uns selbst unsre Weisheit bewahren, wenn wir sie einmal erwarben. Wer aber ängstlich auf die lauernde Göttin horcht, der du so gram bist, wer *nur* durch das Aeußere zu gefallen strebt, der ist ja längst mit dem Worte *eitel* bezeichnet, und es giebt noch härtere Namen, die ja an den Tag legen, daß man die Sache längst aus dem richtigen Gesichtspunkte betrachtet.

E u g e n i e. Mutter, glaube nur, Albert ist der Göttin nicht so gram, als er es scheint. Er selbst – – – ja ja, Albert, laß mich lieber nicht dabei seyn, wenn Du dir etwas Neues bestellst. – Frage mich nicht mehr um Rath – –

A l b e r t. O das ist bei mir nur obenhin genommen! Ihr haltet doch länger Rath.

E u g e n i e. Also haltet ihr doch *auch* Rath, und wir nur *länger*. – Du ergiebst dich! – Die Sache selbst ist nicht schlimm, nur kann man's übertreiben.

N a t a l i a. Daß wir etwas länger Rath halten, auch dies ließe sich entschuldigen, und dazu könnte uns die Natur selbst Winke gegeben haben. – Die Bestimmung des Mannes ist eine ganz andre –

[76] E u g e n i e. Wer mag am Ende mehr nach den Leuten fragen? – Wer mag sich mehr bei dem Wesentlichen nach ihnen richten, und nicht blos, wenn er sich kleidet, fragen: was wird man davon sagen? sondern, wenn er handelt. Was sagst Du, Vater?

E u g e n. Daß Ihr euch brav gehalten habt. Deine Besorgniß,

Albert, daß die Befolgung der Mode, die das weibliche
Geschlecht von dem an sich Schönen ableitet, und nur dem
Vortheile andrer folgen lehrt, verführen könne, auch in Ansehung des Sittlichen auf das Urtheil der Leute zu sehen, mag
von mancher Schwachen gerechtfertigt werden. Allein,
meine Lieben, wenn ihr von der einen Seite aufgefordert werdet, auf das Urtheil der Menge zu schauen, und euch nach
demselben zu richten; so seyd ihr von einer andern Seite, die
dieser mehr als das Gegengewicht hält, wieder auf das stille
Zeugniß des Herzens, auf den Beifall von Wenigen hingewiesen. Der Mann hat öffentlich zu wirken; er ist oft umgeben
von den Augen der Menge; seine Handlungen kommen an
das Licht, und fallen dem Urtheile der Welt anheim. Er wird
natürlich verleitet, nach demselben zu fragen; mehr, oder
minder, nach [77] dem Grade der Lauterkeit seiner Gesinnungen, auf dasselbe Rücksicht zu nehmen. Allein des Weibes
Wirkungskreis ist im Verborgenen; nur Wenige erblicken sie
in demselben; sie glänzen nie in der Weltgeschichte, so lange
sie ihrem eigenen Berufe treu bleiben. Dennoch können sie,
von unpartheiischem Richter geprüft, oft mehr Verdienst
haben und würdiger seyn, als jene, die in der Geschichte
auftreten, gerade deßhalb, weil sie auf den Ruf keine Rücksicht nahmen. Nur das Gute, was hervorgebracht werden
soll, wird hier beabsichtigt, kein Glanz blendete, und was des
Lohnes aus ihm hervorgeht, den empfängt nur das Herz.
Dahin gehört der süße Lohn der Mutter, die mit nächtlicher
und täglicher Sorge des Kindes pflegte, der Lohn der Gattinn,
die durch Aufmerksamkeit und Thätigkeit jeder Art des Mannes Liebe, die sie erworben hatte, sich erhält. –
So, lieber Albert, bedarf deine Bemerkung einer großen Ein-
schränkung, und worin du Recht hast, darin, wie deine Mutter schon sagte, sind uns die Frauen vielmehr Muster, und
wir haben uns von ihnen anzueignen, so viel dem Manne ge-
ziemt. –
[78] Laß uns mit unpartheiischem Gleichmuthe alles beachten, nichts über seinen Werth schätzen, aber auch nichts ganz

bei Seite setzen, wenn es zu irgend einem Guten führen kann.
Die Rose gefällt nicht nur durch den zarten Geist, den sie
verathmet; nicht nur ihr Duft, auch ihre Form und Gestalt
erhoben sie zur Königin der Blumen.


[122]                    *Stadt und Gesellschaft.*

[. . .]
[127] Albert, wenn du entscheiden solltest, wo lebtest du lieber, in der Stadt, oder auf dem Lande?
Albert wollte sich nicht widersprechen, er suchte daher Um-
wege.
O Vater, begann er, wir waren ja zufrieden in der Stadt, als
wir uns noch nicht vorgenommen hatten, auf das Land zu
ziehen; erst jezt loben wir das Landleben. Die Stadt muß
doch wohl ihr Gutes haben, wie das Land. –
Eugen lächelte. Unstreitig! – Wenn wir weise sind, finden wir
Zufriedenheit überall. Wir suchen die Vorzüge jeder Lage
unpartheiisch zu würdigen und das Nachtheilige zu ver-
schmer-[128]zen. – Führe mir doch die Vorzüge der Stadt, die
wir bisher genossen haben, an.
A l b e r t. Du sagtest oft: der Mensch wäre gemacht, um unter
Menschen zu leben.
E u g e n i e. Aber auf dem Lande giebt es ja auch Menschen; ja
wenn wir auch nur selbst unter uns blieben.
A l b e r t. Nur unter uns? – Ich denke nicht blos an das Vergnügen. Sprachst Du nicht immer von Thätigkeit, nützlichem
Wirken? Es ist doch wohl klar, je größer die Anzahl der
Menschen ist, unter denen wir leben, desto thätiger werden
wir seyn, auf desto mehrere werden wir wirken können. Dies
wäre doch wohl eine Seite, von der die Stadt den Vorzug hat.
Lieber Vater, hättest Du wohl auf dem Lande soviel thun
können, als Du bis jezt thatest? –
E u g e n. Du hast Recht, mein Sohn. In der Mitte eines großen Menschenkreises, und zwar für den, der auf einer gewis-

sen Höhe steht, giebt es eine Art von weitumfassender Wirksamkeit, die in dem zurückgezogenen ländlichen Leben nicht statt findet. – Suche einmal alles hervor! Wir wollen ganz unpartheiisch [129] seyn. – Jezt dachtest du an mich; nun denke auch an dich.

Albert. Kann man in der Stadt nicht mehr lernen? –

Eugenie. Mehr lernen? Ich glaubte, dafür wäre das Land wohl besser. Man wird doch da weniger zerstreut. Und bei hundert Dingen, wenn ich in der Naturgeschichte lese, wenn ich bei meinem *Thomson*[1] bin, wünsche ich mir da zu seyn. Da werde ich erst vieles recht verstehen, wovon ich hier nur die Worte bekomme. – Vater, ich weiß, daß Albert wißbegierig ist; kannst Du ihm nicht vom Lande viel versprechen?

Eugen. Er wird gewinnen und verlieren. Albert hat Recht, daß die Stadt in vielen Fällen mehr Gelegenheit bietet, sich in Wissenschaft und Kunst mehr zu vervollkommnen. Dies meintest du doch, mein Sohn? –

Eugenie. Wirst Du ihm nicht die Lehrer ersetzen?

Eugen. Die Lehre macht nicht alles aus; die Anschauung, das sinnliche Erkennen muß ihm oft das Leben geben. In unserer Stadt vorzüglich, die eine Pflegerin so vieler schönen Künste ist, wird dem Auge so viel geboten, [130] wodurch schnell und leicht und auf angenehme Weise dem Geiste viele Begriffe zugeführt werden. So viele Vorstellungen und Empfindungen werden hier erweckt, die in der That weder Buch noch Mund des Lehrers geben kann.

Albert. Schwester, Du wirst weniger Malereien und Zeichnungen zu sehen bekommen, nicht so leicht ein Concert hören, in kein Schauspiel gehen. So vieles, was uns Vergnügen macht, oder was wir bedürfen, Sachen, die wir hier oft leihen können, müssen erst umständlich verschrieben werden; dann können wir nicht mehr wählen, und natürlich werden wir von allem weniger haben. Ich könnte noch mehr sagen, wenn Eugenie von Gegenständen der Naturgeschichte

---

1 James Thomson, englischer Dichter (1700–48), verfaßte u. a. das naturbeschreibende Gedicht *The Seasons*, das 1801 von Haydn vertont wurde.

spricht. In der Stadt lernen wir mehr; da giebt's Kabinette, die
so viele Seltenheiten enthalten, und was ferne Zonen hervorbringen, wird uns zugeführt. Auf dem Lande, auf einen Fleck
geheftet, sehen wir alle Tage dasselbe und werden wohl bald
ausgelernt haben. –
Eugenie. O Vater! –
Eugen. Du läßt noch vieles übrig, Albert! – Die meisten
Erzeugnisse der Natur werden nach den Städten roh geführt,
dort [131] werden sie verarbeitet und durch Menschenkunst
umgeschaffen. Nicht allein der schönen Künste wegen, auch
der mechanischen, in denen die Erfindungskraft der Menschen so hervorleuchtet, der technologischen Einsichten
wegen, die hier zu erwerben sind, bedaure ich oft selbst, die
Stadt zu verlassen. Ich wünschte hierin noch meine Kennt-
nisse zu vermehren.
Albert. Also verzeihst Du mir doch meinen Wunsch – –
Eugenie. – in der Stadt zu bleiben? wolltest Du sagen; allein
Du besannst Dich, weil Du bedachtest, daß unser Vater von
der andern Seite vielleicht noch mehr anführen wird.
Eugen. Jezt noch von dieser. – Vom *Lernen* sprachen wir
bis jezt, vom *Handeln*, und räumten ein, daß die Stadt für
beides mehr Gelegenheit biete. Gäbe es noch eine Seite der
Vergleichung?
Eugenie. Wir können prüfen, wo der Mensch *besser* wird.
Eugen. Also, wo seine Sittlichkeit mehr befördert wird.
Dies würde doch der entscheidende Punkt seyn.
Albert. Wird dies nicht da statt finden, wo er sich mehr
Kenntnisse sammelt, wo er [132] mehr Gelegenheit hat zur
Thätigkeit? O Vater, Du zeigtest ja, wieviel die Thätigkeit für
die Güte des Menschen entscheide. Der träge Mensch kann
doch nicht gut seyn.
Eugen. Er ist weder gut, noch böse. – Das ist beinahe das
letzte; denn Unterlassen ist Schuld, wie Uebertreten. – [...]
[133] Daß wir auf dem Lande in der Einsamkeit mehr uns
selbst überlassen sind, ist das für uns besser, oder schlimmer? –

## Natur und Einsamkeit.

[. . .]

[135] **E u g e n.** Welchen Vorzug hatte also die Stille, das Land?

**E u g e n i e.** O daß man minder zerstreut ist; man wird mehr nachdenken, mehr empfinden.

**E u g e n.** Allerdings werden die Empfindungen da tiefer seyn. Es ist nur des Geübteren, sich von einer Menge Gegenstände nicht zerstreuen zu lassen, an *einem* zu haften, und die übrigen sich als nicht vorhanden zu denken. Du übtest dich schon mehr, Eugenie, oder deine Lage, als Mädchen, deine Liebe zur Zurückgezogenheit versetzte dich schon in jene Stimmung, die bei deinem Bruder erst die Umstände hervorbringen müssen. Mancher bedarf des Landes nicht, und kann einsam seyn im Getümmel.

**A l b e r t.** Ach, Vater, das verstehe ich noch nicht! –

**E u g e n.** Ich erwarte es auch nicht von dir, lieber Sohn. Die äußern Gegenstände wirken stark auf dich. Dein Geist und dein Gefühl sind reitzbar. Es wird mir lieb seyn, daß du in eine Lage kömmst, wo die Gegenstände vor deinen Augen sich vermindern; du [136] wirst öfter zu denselben zurückkehren, sie von allen Seiten durchschauen, und nach allen Theilen kennen lernen. – Das wären schon bedeutende Vortheile, die das Landleben gewährt! –

Der Gedanke wird mehr gefesselt; der Geist wird sich gründlichere Einsicht erwerben, und das Gefühl wird geschärft werden. –

O Natur und Einsamkeit sind große Lehrerinnen in vielen Dingen! Jedem Menschen von edlerem Sinne werden sie von Zeit zu Zeit unentbehrlich. – Da sammelt er sich; da faßt er die Entschlüsse, die sein Leben leiten, stärkt sich zur Tugend und dämpft seine Begierden. Hohe Gedanken erwachen, und große Pläne werden nur in der Stille entworfen.

Ein fortgesetztes ländliches Leben im Schooße der Natur, aber nicht ganz von Menschen entfernt, und mit wenigen

Freunden getheilt, nicht in abspannender Muße, sondern in gemäßigter Thätigkeit, zu der es selbst hinführt, wird jedem nicht Verbildeten, nicht Kenntnißlosen einen Frieden der Seele geben, in dem er seine Würde als Mensch am leichtesten behauptet. [...]

[137] – Natur und Einsamkeit heben im Allgemeinen jede Empfindung, die sie im Menschen vorfinden. Der Traurige sucht in der Entfernung vom Geräusch seinem Schmerze nachhängen zu können, – und da steigt er oft zur Schwermuth; eine gedämpfte Leidenschaft flammt hier oft wieder empor; der Heitere wird fröhlich, und seine Hoffnung hebt sich bis zur Zu-[138]versicht. – Was beweiset dies alles? – Ein regeres Spiel aller Kräfte der Seele. –

A l b e r t. Aber, Vater, wer zur Trägheit geneigt ist, wird er hier nicht ganz einschlummern, wo nichts ihn anspornt? Nach Deiner vorigen Rede wirst Du dies zugeben müssen –

E u g e n. Vielleicht auch nicht. Langeweile ist ein Uebel, dem auch der Träge zu entfliehen sucht. In der Stadt wird er auf mannigfache Weise ohne sein Zuthun beschäftigt; er darf oft nur hören und sehen. Auf dem Lande würde er sich ihr nicht entwinden können, wenn er nicht sich selbst ermannen wollte, etwas zu thun. – Die Natur muntert sehr zur Thätigkeit auf, und giebt selbst das Beispiel ununterbrochenen Wirkens. [...]

[139] Der Schmerz wird nicht selten zur Wehmuth durch den Einfluß der freundlichen Natur; der Rachsüchtige vergißt seinen Plan und kehrt besänftigt heim. Nur in wenigen wildern Gemüthern, die durch nichts von dem einen Punct abgelenkt werden, und nichts Weiteres sehen und hören, dauert die Gährung fort; bei der größeren Anzahl sinkt die Hefe gemach zu Boden; das Auge blickt klarer in die Schöpfung, und das empörte Herz schlägt wieder ruhiger. Die Natur ist ein wohlthätiger Arzt, dessen kräftige Mittel den Körper bevor erschüttern, ehe sie ihn heilen. Sie versagt keinem den Balsam, den er bei ihr suchte. –

Wir haben uns aber das ländliche Leben nicht als eine Entfer-

nung von der Gesellschaft vorzustellen; es führt uns nur in
eine kleinere. Welche Veränderung möchte dies in dem Betragen der Menschen gegen einander hervorbringen? – Denke
dir, es hätte jemand nur einen Gefährten, mit dem er in eine
Wüste entrückt [140] würde. Was läßt sich von beiden vermuthen, auch wenn sie gerade nicht in ihren Gesinnungen
und Neigungen einander gleich wären? –
E u g e n i e. O hier würde sich einer in den andern schicken;
sie würden sehr zusammen halten, um das Leben sich zu
versüßen.
E u g e n. Dies nun auf das Landleben angewandt: –
E u g e n i e. Ich verstehe Dich wohl, lieber Vater! Wo nur
wenige Familien neben einander wohnen, werden sie gewiß
gegenseitig gefällig und freundschaftlich seyn, und sich in
einander schicken.
E u g e n. Das denke ich. Man wird hier mehr den Nächsten
erkennen, bereitwilliger seyn, ihm zu helfen, wenn er in
Noth ist; Schwächen wird man sich übersehen, und sich im
Aeußern, wie im Innern, mehr anzunähern suchen. Auch den
Menschen wird man hier näher erproben und tiefer in sein
Inneres blicken.
A l b e r t. Und sich dann immer mehr annähern, lieber Vater? –
E u g e n. Ich hoffe, daß der Mensch sich hier wirklich von
einer bessern Seite zeigen werde. Seine Anlagen führen ihn
mehr zu menschenliebenden und geselligen Tugenden hin;
nur Ei-[141]gennutz und Gewinnsucht, Eitelkeit, Ehrgeiz
und Selbstsucht verderben seine ursprünglich bessere Natur.
Die geringeren Bedürfnisse auf dem Lande werden minder
ängstlich auf Erwerb sehen lassen; die Begierden sind von
minderen Seiten angeregt, und werden nur zu mäßiger Lebhaftigkeit steigen; das Verlangen nach Gesellschaft wird das
Bestreben erzeugen, sich würdiger zu machen. Der vorzüg-
lichere Mensch wird den schwächern zu sich herüberzie-
hen. –

So möchte das einfachere Leben auch den Menschen verbessern. – [ . . . ]

[142] Wäre also die Einsamkeit, die das Land giebt, nicht eine große Lehrerin? Am Ende verdankt die Stadt dem Lande mehr, als das Land der Stadt. – Was ist eine wohlbesetzte Tafel, wenn der Appetit fehlt, der Magen verdorben, der Gaumen abgestumpft ist! Der Hungrige erquickt sich mit Wohlgefallen an einfacher Speise, und er findet sie leicht.

Es giebt ein zwiefaches Schöne, mein Sohn, und in dem einen sind die Elemente des andern enthalten. Dieses Schöne zu suchen, das mit sanfter Gewalt zu dem Empfindenden spricht, muß man die Mauern der Stadt verlassen.

E u g e n i e. Das Schöne der Natur. O von diesem umgeben zu seyn, das gilt ja bei vielen für den Hauptvorzug des Landlebens. –

[143] E u g e n. Ich freue mich vorzüglich, bald nun die Natur zu jeder feierlichen Stunde, in jeder veränderten Gestalt, in jeder Beleuchtung schauen zu können; dort zu seyn, wo Thomson und Kleist, Claude Lorrain und Salvator Rosa[2] studirten, um sich zu Künstlern zu bilden. – Die schöne Kunst wäre nicht ohne die schöne Natur, und nur durch ihre Hallen geht man zum Heiligthum ein. – Doch nein; sie ist vielmehr selbst ein Heiligthum, in dem der Edlere Begeisterung schöpft, und in dessen Umgebung er alle Mißklänge vergißt, die ihn in den labyrinthischen Gängen der bürgerlichen Welt umrauschen. Erinnerst du dich, Eugenie, was dein Geßner[3] sprach? – »Wenn ich die Stadt verlasse, und auf das Land eile, dann fliehn alle widrigen Eindrücke, die mich bis dahin verfolgten. Ich bin frei, wie ein König!« –

2 Italienischer Maler und Dichter (1615–73), malte zahlreiche Landschaftsbilder. Durch E. T. A. Hoffmanns Novelle *Signor Formica* (1821), in der von Rosas Leben erzählt wird, eine für Bildungsbürger des 19. Jh.s sehr bekannte Figur.
3 Anspielung auf Johann Anton Wilhelm Geßner (1771 – um 1830), Verfasser von philosophischen und moralisch-sittlichen Werken wie z. B. der 1798 in Leipzig erschienenen *Theorie der guten Gesellschaft*.

Diese Freiheit zu fühlen, sich leichter zu einer idealischen Welt zu erheben – dazu verhilft uns die Natur. – [...]

[144] Und was war, lieber Albert, bei allen den Antrieben zur Thätigkeit, von denen ich zuletzt sprach, zu bemerken? – Weshalb, meintest du, würde der Träge auf dem Lande ganz einschlummern? –

**Albert.** Weil nichts ihn anspornt.

**Eugen.** Wohl! Aber die Antriebe in der größern Gesellschaft, wo aller Augen auf uns schauen, kommen *von außen her*. Rücksicht auf die Menschen spornt an. Ihr Preis soll gewonnen werden. – War dies die ächte Triebfeder der Tugend? –

**Albert.** Ach nein! Die Tugend sieht ja nur auf das, was *an sich* gut ist. –

[145] **Eugen.** Also fern von dem Beifalle der Welt werden wir geneigter seyn – –

**Albert.** – das Gute seiner selbst willen zu wählen.

**Eugen.** Ist es also für uns besser, oder schlimmer, daß wir auf dem Lande uns mehr selbst überlassen sind? –

**Albert.** Von dieser Seite! – – –

**Eugen.** Und war diese Seite nicht die wichtigste, wie wir das schon anerkannten? Die Tugend wird hier reiner werden, wo Menschenaugen minder bestechen, der Beifall des Gewissens lauter spricht, das Gefühl der Uebereinstimmung der Handlung mit dem Gebote der Pflicht tiefer ist.

Um uns herrscht Harmonie. – Die Vorstellung der ewigen Gesetze, die in der physischen Natur gebieten, nach denen alles unwandelbar die Bahnen geht, die dem Materiellen von dem allweisen Urheber vorgezeichnet wurden, wird hier zum Gefühle, und dieses erinnert uns kraftvoll an die ewigen Gesetze der moralischen Welt. –

[146] Können wir sie dann verletzen? –

So viel an uns liegt in diese Harmonie einzutönen, – das ruft unser Inneres uns zu.

Wohl ihm, der die Deutung der Natur versteht! –

JOHANN FRIEDRICH FRANZ

*Neuer Tugendspiegel*

1827

[75]    *Gute und schlechte Gesinnungen gegen Eltern.*

*Anton Rindenschwender,*
geboren im Murgthal 1725, gestorben 1803.

*Anton Rindenschwender* der Sohn eines armen Holzhauers,
aus dem Tyrol gebürtig, schwang sich in der Folge durch
Redlichkeit und Fleiß zu einem reichen und angesehenen
Manne empor, der zugleich ganze Landesgegenden mit sich
hinauf schwang, mehr als 126 Morgen öden Landes fruchtbar
machte, 23 Wohnhäuser 25 Nebengebäude an Scheunen,
Stallungen und Remisen unter 51 Dächer gestellt, mannigfal-
tige Fabriken angelegt, und ein Vermögen von 150,000 fl.
hinterlaßen hatte. – Als einen schönen Beweis seiner Liebe
[76] und Zärtlichkeit gegen Eltern und Geschwister, mag nur
Folgendes aus seinen Jugendjahren dienen:
Nach zurückgelegtem zwölftem Jahre beschloß er durch Entfernung seiner Person die Last des Haushalts seinen Eltern zu
erleichtern. »Wenn ich nur«, sagte er zu ihnen, »so lang Eßen
und Kleidung anderwärts erhalte, bis ich herangewachsen
bin, um mit dem Vater Geld im Walde zu verdienen.« Er
hatte gehört, daß in dem Würtembergischen Gränzdorfe Lof-
fenau, Taglöhner aufgenommen würden, um die dort schon
in Anbau gebrachten Kartoffeln, aus der Erde zu arbeiten. Er
eilte schnell dahin, und gestand nachher seine große Versuchung, einige Erdäpfel allenfalls auf die Seite zu schaffen, und
die gepriesene Frucht auch in sein Dorf zu verpflanzen, und
die armen Eltern und übrigen Einwohner beßer leben zu
machen. Aber nachdem er diesen sündlichen Gedanken näher
überdacht hatte, verfolgte er ganz ehrlich seinen höhern
Zweck, indem er einen Diensthandel unter der Bedingung

traf: »ich will keinen Geldlohn, aber Erdäpfel für meine
Eltern und Geschwistern, so viel ihr glaubt, daß ich mit meiner Arbeit verdienen möchte.« Dies wurde eingegangen;
*Anton* verdiente sich den neunten Korb, brachte fünf Körbe
so nach Hause, und wurde der erste wohlthätige Verbreiter
dieses jetzt so unentbehrlichen Products im Murgthal.

[80]                   *Georg Friedrich Händel,*
                        geb. 1684, gest. 1759.

*H*ändel, jener berühmte Orgelspieler erregte schon als 7jäh-
riger Knabe, Aufsehen durch seine außerordentlichen musi-
kalischen Talente, legte aber auch als Jüngling schon die
schönsten Beweise des edelsten Herzens gegen seine unbe-
mittelte Mutter, die frühzeitig Wittwe geworden war, an den
Tag.
Sein Vater starb ihm frühzeitig hinweg, als er ein Jüngling von
ohngefähr 16 Jahren war. Er befürchtete seiner Mutter zur
Last zu fallen, und gab daher Unterweisung in der Musik,
und nahm, um sich durch zu bringen, eine Stelle im Orchester
an. Seine Mutter schickte ihm zwar [81] einige Zeit nachher
eine Summe Geldes, allein er sendete sie unangegriffen wieder
zurück, und legte sogar noch etwas von dem bei, was er sich
erspart hatte. Ein überaus schöner Zug seines edlen Charac-
ters und vortrefflichen Herzens! –

[113]        *Verbesserung jugendlicher Fehler.*

                    *Benjamin Franklin.*

*B*enjamin Franklin verließ schon als Jüngling das väterliche
Haus zu Boston, um sich zu Philadelphia unter dem Schutze
und Begünstigung des dasigen Statthalters, der Buchdrucker-
kunst zu widmen.. Auf seiner Reise dahin befanden sich auf
dem Schiffe zwei junge Frauenzimmer, die sein höfliches

Betragen mit großem Wohlgefallen aufzunehmen schienen, ihm sehr weit entgegen kamen und ihn baten, sie in Neuyork zu besuchen. Er würde auch gewiß ihrer Einladung Folge geleistet haben, wenn nicht eine alte verständige Quakerin ihn bei Seite gerufen, und ermahnt hätte, diese Gesellschaft zu meiden. »Du hast, sagte sie, keine Verwandte, die dich warnen, und kennst die Welt noch nicht. Ich sehe aus den Handlungen dieser Mädchen, daß sie ein schlechtes Leben führen, und dich gewiß in einen schlimmen Handel verwikkeln werden. Ich rathe dir also aus freundschaftlicher Theilnahme, dich nicht weiter mit ihnen einzulassen.« Anfangs schien ihm das Urtheil der Frau zu hart, aber es fand sich, daß sie recht hatte. Denn kaum war man in Neuyork gelandet, und die Mädchen fort, [114] so vermißte der Kapitain in seiner Kajüte einen silbernen Löffel und andere Sachen von Werth. Er that bei den Mädchen Haussuchung, fand das Gestohlene, und ließ sie beide bestrafen.

[116]                 *Joh. Georg Scheffner,*
                      geboren 1736.

Eine Klippe, an welcher mancher junge Mensch auf Schulen und Akademien schon öfters gescheitert, ist das Schuldenmachen, vor welchem man sich nicht genug hüten kann. *Scheffner,* welcher die Rechte in seiner Vaterstadt Königsberg studirte, kann hier in seinem Verhalten manchem studirenden Jüngling zum Muster dienen. Er sagt in seinem Leben[1] S. 51: Was mir das Entbehren der Sinnenlust ziemlich erleichterte, war mein großer Abscheu vor allem Schuldenmachen, der mich auch wirklich so wirthlich machte, daß ich mit den sechs Thalern, die mir mein Vater monatlich zur Bestreitung meines Tisches, Frühstücks, Wäsche und Feurung gab, auslangte. Reichte dies Monatsgeld nun auch bisweilen nicht bis zum 31ten oder letzten Monatstag, so entschloß ich mich

1 *Mein Leben, wie ich es selbst beschrieben*, 2 Theile, Leipzig 1821–23.

lieber zu einem vier und zwanzigstündigen Fasten, als zum Borgen oder zum Mittagsbesuch bei Verwandten, wenn ich nicht dazu eingeladen war. Ich erinnre mich noch eines Vor- [117]falls, der die Ernstlichkeit jenes Hasses bezeugen kann. Auf Zureden eines Bekannten, der über diesen Punkt zu seinem nachherigen großen Schaden anders als ich dachte, hatt' ich mir zu einem Hochzeitanlaß eine Weste machen lassen, die ich dem Vater noch nicht in Rechnung bringen und von Ersparnissen auch nicht so bald bezahlen konnte. Der Hochzeittag erschien, ich wagte es aber nicht, mit der unbezahlten Weste zu erscheinen, und blieb lieber – zu Hause.

Auch bin ich über das Schuldenmachen ein solcher Rigorist, daß es mich befremdet, den, der Schulden macht, ohne zu wissen, womit er sie werde tilgen können, nicht als förmlichen Dieb bestraft zu sehen. Und doch ist der Fall nicht selten, wo übrigens rechtliche Leute Geld zu Nebendingen borgen, ohne sich irgend eines Mittels zur Wiederbezahlung bewußt zu seyn.

[127]    *Mäßigung der Begierden.*

*Benjamin Franklin.*

*Franklin* der berühmte Erfinder der Blitzableiter und Verbesserer der Buchdruckerpressen, dessen wir schon früher erwähnt, wurde in seinem 16ten Jahre durch eine Schrift, in welcher die Nahrung aus dem Pflanzenreich als vorzüglich gesund empfohlen ward, auf den Gedanken geleitet, von diesem Augenblicke an, kein Fleisch mehr zu essen. Er ließ sich von seinem Bruder die Hälfte der Summe in Gelde geben, die derselbe für ihn bei dem Speisewirth [128] bezahlte, kochte sich nun selbst nach Tryons[2] Anweisung Reis, Erdäpfel, Pud-

---

2 Thomas Tryon (1634–1703), englischer Gelehrter und Aufklärer, der sich in zahlreichen wissenschaftlichen und populären Werken mit Fragen der Ge-

ding u. s. w. und ersparte auf diese Weise noch die Hälfte von
dem, was ihm sein Bruder gab. Dieses Geld verwendete er auf
Bücher. Da er nicht selten seine Mahlzeit mit einem Zwieback
oder Stück Brod und einer Hand voll Rosinen oder einem
Stück Kuchen und einem Glase Wasser machte, so studirte er,
während seine Mitarbeiter ihre Mahlzeit hielten, in der Druk-
kerei, und machte immer schnellere Fortschritte.

Als er aber in der Folge in dem Magen eines Fisches andere
Fische fand, und sah, daß die Thiere gegen einander nicht
milder handeln, als der Mensch gegen sie, so kehrte er wieder
zu den Fleischspeisen zurück.

[176] *Jugendliche Ruchlosigkeit.*

[178] Der betrunkene ruchlose Knabe.

An einem Sonntag (den 27. October 1822) nahm ein Bauer
von Lupfig, einem Dorfe im Kanton Aargau in der Schweiz,
seinen erst zwölfjährigen Buben mit sich ins Wirthshaus.
Nachdem beide hier schon geistige Getränke genoßen hatten,
und sie Abends heim giengen, kehrte der Vater noch einmal in
ein Wirthshaus ein, und beide zechten [179] abermals. In der
Trinkstube saß unter andern ein neunzehnjähriger Jüngling,
*Hans Ulrich Brähm*, von Lupfig, mit einem Freunde friedlich
beim Glase Wein; da machte sich der zwölfjährige Bube, vom
Wein übermüthig, an ihn, und neckte ihn, mit einer spitzigen
Ruthe, mit der er ihn am Finger verwundete. *Brähm* wies ihn
von sich. Als dieser nachher aufstand, um nach der Stubenuhr
zu sehen, kam der Bube wieder, und neckte ihn abermals mit
der Ruthe. Aergerlich entriß ihm *Brähm* dieselbe, und be-
legte ihn mit verdienten Vorwürfen. Da stach ihn der kleine
Bube mit einem Messer tief in die linke Seite. Der Verwun-

sundheit, Hygiene, Ernährung, Erziehung und Traumdeutung beschäftigte.
Große Verbreitung fand das 1683 erstmals erschienene Buch *The way to
health, longlife and happiness.*

dete sank zu Boden, blutend, ohnmächtig, und gab zwei Tage
darauf seinen Geist auf. Der junge Mörder wurde in den
Kerker gesetzt.


### Die junge Räuberbande.

Im Januar des Jahres 1822 hatte sich unter den Schulknaben
der Armenschulen in *Hamburg* eine förmliche Räuberbande,
nicht etwa zum Spiele und Spaße, sondern zum traurigen
Ernste, gebildet. Eilf Knaben von zehen bis zwölf Jahren
hatten sich zum Zwecke des Stehlens vereint, sich einen
Hauptmann erwählt, und Signale und Zeichen zum Behufe
ihres Handwerks erfunden. Sie hatten schon eine ziemliche
Fertigkeit erlangt, denn sie [180] wußten behutsam Fensterscheiben auszunehmen, einen Auflauf zu erregen, um bei
demselben im Trüben zu fischen, u. s. w. Ihr Signal war eine
kleine Pfeife und ihr Sammelplatz der neue Adolphs-Platz,
wo sie alle Abende nach den Schulstunden zusammen kamen,
um auf neue Spitzbübereien zu denken, und sich ihre Arbeit
für den folgenden Tag zutheilen zu lassen. Besonders kühn
und listig zeigten sie sich am Christmarkt 1821, *Dom* von den
Hamburgern genannt; fast alle Buden auf demselben wurden
von ihnen heimgesucht, und der erbeutete Raub einem Juden
hingegeben, der ihnen eine Kleinigkeit dafür gab. Die Polizei
kam aber endlich diesen kleinen Gaunern auf die Spur, alle
wurden gerichtlich eingezogen, und entgiengen ihrer verdienten Strafe nicht.

[236]          *Merkwürdige Lebensrettungen.*

[237]               *Christ. Gotthilf Salzmann,*
                   Director zu Schnepfenthal.

Daß die Jugend zu gymnastischen Uebungen von ihren
Erziehern Anleitung bekommen hätte: daran war in jenen
Zeiten, wo *Salzmann* noch Knabe war, gar nicht zu denken;
ja es wurde ihr, und freilich unter gewissen Umständen mit
Recht, streng untersagt, verschiedene dahin gehörige Uebungen vorzunehmen. An *Salzmanns* Geburtsort stellten einige
Knaben bisweilen, verstohlner Weise Bad- und Schwimm-
übungen in der Unstrut an, und auch den kleinen *Gotthilf*
gelüstete darnach, diese Uebung mitzunehmen. Die von dem
Jungen, der die Gänse des Orts hüthete, erhaltene Ver-
[238]sicherung, daß er ihn das Schwimmen lehren würde,
wenn er mit zur Unstrut gehen wollte, bewog ihn daher, sich
der Leitung dieses unberufenen Lehrmeisters anzuver-
trauen.
Sie kamen an den Fluß und entkleideten sich. Der Gänsejunge
sprang ins Wasser, schwamm, und rief seinem Lehrlinge zu:
er möchte nur Alles so machen, wie er es mache. Das Springen ins Wasser nachzuahmen, gelang diesem nun wohl, – aber
nicht so das Schwimmen; vielmehr sank er sogleich und
wurde vom Strome mit fortgerissen. Zum Glück war das
Wasser an der Stelle nicht sehr tief, so daß er den Kopf noch
über dem Wasser erhalten und um Hülfe rufen konnte. Da
eilte denn sein Schwimmlehrer herbei, und brachte ihn ans
Ufer. Zitternd vor Schrecken, kleidete er sich an, lief nach
Hause, und wagte es nie wieder eine Schwimmübung anzu-
stellen.

# Moralische Geschichten

*Keine Gattung hat im 19. Jahrhundert eine so weite Verbreitung gefunden wie die moralische Geschichte. Kaum ein Kinder- und Jugendbuchautor, so er fiktive Erzählungen schrieb, der sich nicht auch in dieser Gattung versucht hätte. Und die sogenannten Vielschreiber wie Chimani, Franz Hoffmann, Nieritz, Schmid und Schoppe konnten nur deshalb eine solche Menge von Kinder- und Jugendbüchern verfassen, weil sie sich zumeist auf die Form der moralischen Geschichte mit ihrem schier unerschöpflichen, beliebig zu kombinierenden Stoffreichtum beschränkten.*

*Entwickelt wurde die moralische Geschichte bereits in der Kinder- und Jugendliteratur der Aufklärung, wo sie, aus dem Exempel hervorgegangen, sich vom Sittenlehrbuch abzuspalten begann. Die Annahme, daß eine moralische Unterweisung nicht bei der Präsentation abstrakter Regeln, ergänzt allenfalls durch eine kurze Gleichnis- oder Exempelerzählung, stehenbleiben dürfe, sondern in anschauliche und bewegende Erzählungen gekleidet werden müsse, um beherzigt zu werden, hatte zur Folge, daß sich eine eigenständige Erzählform entwickelte. Ihren Höhepunkt erreichte die moralische Geschichte in den Jahrzehnten der Biedermeierzeit.*

*Ganz im Vordergrund einer jeden moralischen Geschichte steht die Belehrung, der alle literarischen Gestaltungselemente untergeordnet sind. So wirken die meisten Geschichten äußerst konstruiert, unwahr und unrealistisch. Beim Handlungsablauf herrscht oft größte Willkür, die Protagonisten sind nur schablonenhaft charakterisiert und wirken wie Marionetten. Diese oft phantasielos entworfenen Rollenträger reden nur, um zu belehren, so daß die Geschichten insgesamt nur der Illustration von moralischen und vor allem religiösen Lehrsätzen dienen. Eigen ist vielen moralischen Geschichten während der ersten Jahrzehnte des 19. Jahrhunderts eine*

gewisse Härte, wenn nicht gar Grausamkeit im Stil von
Warn- und Unglücksgeschichten. Dies beruht auf dem Prinzip, daß einer ideologischen Verfehlung eine körperliche
Strafe direkt folgen muß. Doch die oft detaillierten Schilderungen grausamer Strafen und schrecklicher Folgen eines
Lasters wirken nicht nur abschreckend im moralischen Sinne,
sondern fördern auch, in hohem Maße ungewollt, das Lesein-
teresse. Freude an der Aggression, Ergötzen am Schauder,
Spannung, mit der Schilderungen von Beinbruch, Verkrüppe-
lung, Wahnsinn und Tod gelesen werden: nur bei Beachtung
dieser Ambivalenz wird verständlich, warum die moralische
Geschichte überhaupt in solchem Ausmaße gelesen wurde.
Welchen jungen Leser interessiert, angesichts der sich jagen-
den Sensationen, noch der edle Opfermut, die barmherzige
Gabe, die stille Tat, das glückselige Lächeln des Belohnten?
Diese ungewollte Annäherung an die Kolportageliteratur
wird verstärkt durch die Bestrebungen der moralischen
Geschichte, das Schlechte, Gefahrvolle und Lasterhafte der
Welt in den düstersten Farben zu malen. So strotzen viele
Geschichten vor Betrügereien, Diebstählen und Brandstif-
tungen, da stürzen Häuser ein, Schiffe versinken, edle Men-
schen werden in die Sklaverei geführt. Selbst ausführliche
Schilderungen von Folterungen und Morden sind nicht selten.
Da wirkt die Rettung des standhaft Gottgläubigen in letzter
Minute oder die überraschende Bekehrung eines Übeltäters
bloß noch als Alibi.
Als Reaktion auf diese Trivialisierung der Kinder- und
Jugendliteratur ist, vor allem seit den vierziger Jahren, die
Tendenz zu beobachten, daß sich die moralische Geschichte
vom Sensationellen abwendet. Man erzählt lieber nur noch
vom Lohn tugendhaften Verhaltens, nicht mehr jedoch von
lebensgefährlichen Bedrohungen und schrecklichen Strafen
nach einer lasterhaften Verfehlung. Diese neuen moralischen
Geschichten neigen stärker als zuvor zu einem aufdringlichen,
pseudoreligiösen Moralisieren. Immer alltäglicher werden die
Themen, aber auch immer betulicher und langweiliger ihre

*Darstellung. Die Wildheit früherer moralischer Geschichten
verschwindet. Die Unterdrückung der Leidenschaften ist kein
Thema mehr; es dominiert das Bild des ruhigen, selbstzufrie-
denen Menschen. Erst jetzt, gegen Ende der Biedermeierzeit,
enthält die moralische Geschichte alle für die Literatur jener
Epoche typischen Elemente: idyllische Überformung der
Wirklichkeit, Idealisierung der Familie, Mutterkult, ein
betont schlichtes, bedürfnisloses und rechtschaffenes Leben,
das Haus und die Familie als Mittelpunkt der Ereignisse.*

*Charakteristisch für die zweite Gruppe der moralischen
Erzählungen ist zudem, daß sie stärker auch die Gedanken,
Empfindungen und subjektiven Erlebnisse der mehr individuell gestalteten Personen schildern. Diese Geschichten erzählen immer vielschichtiger und mehrdimensionaler und
ziehen – mit der Absicht, glaubwürdig zu sein – immer mehr
realistische Gestaltungselemente bei, so daß schließlich der
Übergang zur realistischen, psychologisch differenziert aufge-
bauten Kindergeschichte vorbereitet ist. Die moralische
Belehrung tritt dann nur noch äußerst vermittelt auf, ist
untrennbar eingearbeitet in den Verlauf der Geschichte.*

*Für alle moralischen Geschichten gilt als oberstes Ziel, gesell-
schaftlich konformes Denken und Verhalten auszubreiten,
wobei gelegentlich auch, wie im hier wiedergegebenen Text
von Nieritz, die herrschende religiöse Anschauung mit der
herrschenden politischen kollidieren kann. Doch verdeutlicht
keine andere Gattung so sehr, wo der gesellschaftspolitische
Standort der Kinder- und Jugendliteratur im 19. Jahrhundert
zu suchen ist. Einflüsse des Vormärz, des Jungen Deutschland
sucht man vergebens.*

LEOPOLD CHIMANI

## Vaterländische Merkwürdigkeiten

1817, 2. verm. Aufl. 1837

[I,102]    *Der Feind handelt schöner als der Freund.*

Ein bairischer Officier, der im Jahre 1809 mit der französischen Armee in das Land ob der Enns zog, kam in das Schloß
eines Adeligen ins Quartier, und man beeiferte sich, ihn mit
zuvorkommender Höflichkeit zu empfangen, um ihn in guter
Laune zu erhalten; da ein böser Ruf den Franzosen und ihren
Hülfstruppen voraus gegangen war, daß sie allenthalben in
Feindes-Land plünderten und die Örter brandschätzten. Der
Edelmann führte den Officier in ein schönes Zimmer, welches mit Kupferstichen von den besten Meistern verziert
war, und both alles auf, um den Kriegsmann zufrieden zu
stellen.
Am Abende dieses Tages, als der Edelmann dem Officiere in
diesem Zimmer einen Besuch abstattete, war derselbe beschäftiget, die Kupferstiche der Ordnung nach zu besehen,
und gab seinem Wirthe zu verstehen, daß er Kenner sey, und
besonderes Vergnügen an denselben finde, weil er nicht bald
eine so gute Sammlung in einem Privat-Hause angetroffen
hätte. Eines gefiel ihm [103] vorzüglich, und er bath den Edelmann, daß er ihm dieses überlassen möchte.
Der Edelmann erblaßte, und konnte seine große Verlegenheit
über dieses Begehren nicht verbergen. »Warum denn eben
dieses«, sagte er, »welches keinen besonderen Werth für Sie,
wohl aber für mich haben kann, da es ein Andenken von
einem meiner besten Freunde ist. Es sind ja viel bessere
Stücke von dem nähmlichen Meister da. Wählen Sie lieber
andere von höherem Kunstwerthe; ich will Ihnen zwey, drey
recht gern geben, wenn Sie mir nur dieses lassen.«
Der Officier bestand auf seinem Begehren, nahm das Bild von

der Wand, und siehe da! dasselbe hatte einen nassen Fleck verdeckt. »Was ist das«, sprach der Officier, »da ist etwas eingemauert!« Er nahm einen Gewehrkolben, und stieß hart an den nassen Fleck. Die dünnen Ziegel gingen in Trümmer, und es öffnete sich eine Höhle in der Wand, in welcher Geld, Silberzeug, Schmuck und andere Kostbarkeiten verborgen waren.

»Ach Gott! ich bin verrathen!« rief der Edelmann ängstlich aus. »Das sind Sie«, sprach der Officier; »und wenn Sie dem Verräther eine gute Belohnung auszahlen, so will ich Ihnen denselben nennen.«

»Noch eine Belohnung dem Elenden?« entgegnete hastig der Edelmann, »eine schlechte That soll ich lohnen? Das Gewissen wird dem elenden Verräther sagen, was er verdient hat.«

»Nun so steht es bey mir, ihm den Lohn auszuzahlen«, sprach der Officier; ich kann es nun thun, weil ich durch diesen verborgenen Schatz reich geworden bin. »He Ordonanz! ruf' er mir den Mäurer aus dem Dorfe!«

[104] Der Mann kam in der gewissen Hoffnung, einen guten Lohn für seinen Verrath zu erhalten. Er hatte diese Kostbarkeiten eingemauert, und nur er wußte nebst dem Edelmanne von dem Geheimnisse, das er treulos den Feinden, und zwar dem Bedienten des Offiziers verrathen hatte.

»Ihr seyd des Lohnes werth«, sprach der Offizier zu dem Mäurer, »für die Anzeige, die ihr mir durch meinen Bedienten gemacht habet. He Korporal, vorwärts! Übernehmet diesen Mann, und zählet ihm gute fünf und zwanzig auf, damit er wisse, wie brave Soldaten den Verrath an einem Freunde zu schätzen wissen.« Da half kein Bitten, der Schelm empfing seinen verdienten Lohn.

Der Edelmann erhielt die gefundenen Kostbarkeiten und das Geld mit der Warnung zurück, künftig denjenigen wohl zu prüfen, dem er in Feindesgefahr sein Vertrauen schenke. Rührung, Dank und Segen begleiteten den braven Offizier bey seiner Abreise.

Stellet, liebe Freunde, im Gedanken den edlen feindlichen
Kriegsmann an die Seite des elenden Verräthers, der vorher
Wohlthaten und Freundschaft von dem Edelmanne erhalten
hatte, und ihr werdet die schöne Handlung des einen im hell-
sten Lichte, die Schandthat des andern höchst verabscheu-
ungswürdig finden.

[169]      *Eine Sängerin, die nicht sprechen kann.*

Ein glaubwürdiger Mann, Herr *Schäffer*, erzählt von einem
Mädchen, welches ganz sprachlos war, und nur singend sich
verständlich machen konnte. Sie war aus *Salzburg* gebürtig,
und hatte eine völlig stumme Schwester, mit der sie sich von
Wolle-Spinnen nährte. Sie war nicht im Stande, ein Wort
hervorzubringen; aber singen konnte sie alles. Wenn man sie
um etwas fragte, so gab sie sich zwar alle Mühe zu antworten,
sie kämpfte, sie schwitzte, sie ängstigte sich, aber umsonst,
sie brachte kein Wort vor. Bath man sie aber zu singen, so
sang sie vollkommen gut und angenehm, daß man auch die
Worte verstehen konnte.
Sie hatte lesen gelernt, aber singend, und sie trug alles, was sie
las, nach bekannten oder selbst erfundenen Melodien vor.
Ihre Sprachwerkzeuge befanden sich alle im fehlerfreyen
Zustande, und dennoch konnte sie nicht sprechen. [170] Vermuthlich hat Faulheit in der ersten Jugend sie verhindert,
diese Sprachwerkzeuge zu üben, und gehörig auszubilden,
und viele hielten diese seltene Erscheinung für ein Wunder,
der doch eine natürliche Ursache zum Grunde lag. Wie man-
nigfaltig sind die seltensten Erscheinungen im Menschenleben!

[223]  *Eine üble Gewohnheit, vor der man Mädchen nicht*
*genug warnen kann.*

$A$ntonia, ein hoffnungsvolles Mädchen von zwölf Jahren,
die Tochter eines Beamten in *Pr.*, hatte bey vielen guten
Eigenschaften die üble Gewohnheit, daß sie beym Anziehen
und bey Putzarbeiten oft die Stecknadeln im Munde hielt.
Oft war sie freundschaftlich von ihrer Mutter und ihren
Freundinnen gewarnet worden; sie unterließ es auch wochen-
lang; aber manchmahl vergaß sie sich wieder.

Eines Abends machte sie einen Kopfputz zu recht, der für
ihre Mutter zum Geburtstage bestimmt war. Die Arbeit
mußte heimlich geschehen, um das Vergnügen der Mutter
durch Überraschung zu erhöhen. *Antonia* saß an diesem
schönen Sommer-Abende bey offenen Fenstern in ihrem
Zimmer, arbeitete mit allem Eifer, und in Gedanken vertieft,
nahm sie wieder mehrere Stecknadeln in den Mund.

Da flog eine Fledermaus zum Fenster herein, und gerade auf
das Licht zu. *Antonia* erschrak, sprang [224] vom Sessel auf,
und wie sie bey diesem Schrecken den Athem an sich zog,
verschluckte sie die Nadeln. Einige blieben im Halse stecken,
andere kamen in den Magen.

*Antonia* wurde augenblicklich von einer solchen Angst befal-
len, daß sie mit einem Schreye ohnmächtig niedersank, und in
Zuckungen verfiel. Man kam ihr zu Hülfe, und rief den Arzt.
Dieser brachte zwar eine Nadel aus dem Kehlkopfe herauf,
die andern mußte er aber mit einem Instrumente durch den
Schlund hinabstoßen.

Seit dieser Zeit war es um die Gesundheit *Antoniens* geschehen. Sie zehrte ab, und schlich traurig wie ein Schatten
herum. Ein immerwährendes Stechen in den Eingeweiden
quälte sie Tag und Nacht, und ließ sie nicht ruhen. Einige von
den Nadeln drangen gegen die äußere Haut, verursachten
Geschwüre und unleidentliche Schmerzen.

Auf diese Art schleppte sich *Antonia* einige Jahre herum, bis
sie ein langsamer Tod von ihren Qualen befreyte.

LEOPOLD CHIMANI

*Anmuthige Geschichten für Kinder zur Veredlung des*
*Herzens*

1823

[60]                    *Traurige Folge des Geitzes.*

Der Geitzige trachtet nur nach Geld und Schätzen, um sie zu
besitzen, nicht um sie nützlich anzuwenden; er macht sich
hier schon verächtlich und oft auch lächerlich; er nützt weder
sich noch Anderen, und bereitet sich oft, wenn er aus Karg-
heit eine kleine Ausgabe scheuet, sein eigenes Verderben. Ein
trauriges Beyspiel will ich davon erzählen.
*Sylvester Berger*, ein Bauer im Dorfe N., war als ein geitziger
Mann bekannt, der jeden Armen von seiner Thür abwies,
keinem Nachbarn aus dem Dorfe half, und sich selbst nichts
gönnte. Dieser Mann sollte Pathenstelle in einem zwey Stunden weit entlegenen Dorfe vertreten. Er konnte es Ehren
halber nicht abschlagen, so sehr ihn auch die Ausgabe
schmerzte, die er deßwegen machen mußte.


Unfall auf dem Wege.

Er fuhr mit seinem achtzehnjährigen Sohne und seiner zwölfjährigen Tochter nach diesem Dorfe. Der [61] Sohn leitete die
Pferde. Auf der Mitte des Weges brach der eiserne Reibnagel,
der die Vorderachse mit dem vorderen Theile des Wagens
verband. Das war ein kleiner Schaden, der aber den kargen
Mann ganz in Unmuth brachte.
Sie waren nahe an einem Dorfe, durch welches der Weg
führte, den sie nehmen mußten.
Der Sohn wollte in das Dorf eilen, und von dem Schmiede
einen neuen Nagel kaufen, oder den alten zusammen schwei-
ßen lassen. Der Vater aber, der schon wegen der Ausgaben

zur Kindestaufe verdrießlich war, wollte keinen Heller ausle-
gen, und sagte, daß indessen ein hölzerner Nagel die nähmlichen Dienste leisten könnte. Es wurde eilends einer aus Holz
geschnitzt, und am Wagen und an der Achse befestiget.


### Der Wagen kommt bey einem Flusse an.

Es ging so ziemlich gut vorwärts, bis der Wagen an einen Fluß
kam, der durch den bey der Nacht gefallenen Regen ange-
schwollen war. Auf der anderen Seite des Flusses lag das
Dorf, in welchem die Taufhandlung vor sich gehen sollte.
Bey gewöhnlichem Wasserstande konnte man mit dem
Wagen ohne Gefahr durch den Fluß fahren. Dieses Mahl war
aber ein Schiffer mit einem Kahne da, um die Ankommenden
über zu setzen, weil es nicht [62] räthlich war, in den ange-
schwollenen Fluß sich mit Pferd und Wagen zu begeben.
Der Schiffer both sich an, den Bauern und seine Tochter im
Kahne über zu führen, und der Sohn sollte indessen mit
Wagen und Pferden zurück bleiben. Er verlangte für die
Überfahrt zwey Groschen. Das war dem geitzigen Manne zu
viel, und er wollte ihm nur die Hälfte geben. Der Schiffer
wollte sich aber durchaus nichts abdingen lassen.
Da wurde der Bauer unwillig, und befahl seinem Sohne, auf
der gewöhnlichen Fährte, die er von dem niederen Wasserstande schon kannte, rasch durch den Fluß zu fahren. Allein
der Sohn verfehlte die Fährte, und kaum ist er sechs Schritte
vom Lande, so versinken die Pferde.
Der Bauer erschrickt, und ruft seinem Sohne zu, daß er
schnell umlenken soll. Der Sohn gehorcht, aber im nähmlichen Augenblicke zerbricht der hölzerne Reibnagel, und die
scheu gewordenen Pferde reißen die Vorderachse mit sich
fort, und schwimmen aus.

Schreckliches Unglück.

Der Sohn stürzte vom Wagen, hielt aber das Leitband so fest, daß ihn die Pferde mit aus dem Wasser schleppten.
Der Vater wußte sich vor Angst und Schrecken nicht mehr zu helfen, und sprang aus dem Wagen. [63] Die Wellen rissen ihn mit sich fort. Die Tochter klammerte sich am Wagen fest, den die Wellen hin und her schaukelten, und abwärts trugen.
Der Schiffer hatte kaum die Gefahr gesehen, als er in seinem Kahne auf die Verunglückten zusteuerte. Er war so glücklich die Tochter zu retten, aber der Vater, der durch seinen Geitz dieses Unglück veranlaßt hatte, fand in den Wellen den Tod.

KARL GRUMBACH

*Das Morgenstündchen*

[1830]

[42]          *Sittenverderbniß durch böse Beispiele.*

Laß dich nie von dem rechten Wege verlocken, nie durch die verderblichen Künste der Schmeichelei oder Ueberredung zu Dingen verleiten, die dein Verderben herbeiführen, und weise standhaft die erste Lockung zurück, um dann vor der andern und jeder gesichert zu seyn!

Hermine Salbach war die Tochter eines reichen Fabrikherrn, der nur dies einzige Kind und noch dazu einen bedeutenden Namen, besaß. Weil der Vater, seiner immer fortgehenden Geschäfte wegen, sich wenig um die Erziehung der Tochter bekümmern konnte, und die Mutter, eine höchst beschränkte, auf das hübsche Aussehn des Kindes ganz eingebildete, Frau von Erziehung noch weniger etwas verstand: so ward Hermine einer Gouvernante übergeben, die, nach der gewöhnlichen Weise dieser Französinnen, nur darauf vorzüglich bedacht war, wie sie das Aeußere des ohnedem hübschen Mädchens noch mehr verschönern, manche artige Künste ihm beibringen, und [43] durch dasselbe sich selbst in ein desto helleres Licht stellen könnte.

Dabei ging das Herz des Mädchens ganz verloren, zumal, da man von Seiten der Aeltern nicht einmal darauf sahe: durch die milden Einflüsse der Religion sie vom Niedern auf das Höhere zu lenken, und sie für Tugend und Gottesfurcht empfänglich zu machen.

Allerdings gelang es dieser Erzieherin mit allem dem vollkommen, was sie bei Herminens Bildung beabsichtigte; das Mädchen tanzte, sang und redete die französische Sprache gar fertig, und wußte durch graziöse Stellung und Haltung ihres Körpers ihre Gestalt noch vortheilhafter und in die Augen fallender zu machen. Doch wurde sie dadurch, was sie nicht anders werden konnte, putzsüchtig, eitel und nach jeder Mode begierig. Wenn ihr Taschengeld, das ziemlich reichlich war, nicht zur Bestreitung ihrer thörichten Ausgaben hinreichte, so streckte die verdorbene Gouvernante ihr von dem Ihrigen das Fehlende vor, denn sie wußte es gar wohl, daß sie dann von der noch thörichtern Mutter immer mehr, als sie vorgestreckt hatte, zurück erhielt.

Doch nicht nur dadurch wirkte das Beispiel der Erzieherin nachtheilig auf das Herz ihrer Pfleglingin, auch durch einen andern Umstand noch verdarb sie es, nämlich dadurch: daß sie [44] ihr eine Lüsternheit zeigte, die sich vorzüglich auf angenehm schmeckende Sachen bezog, wo sie dann mit dem Gemeinspruche zu entschuldigen pflegte: daß man das Leben mit seinen Süßigkeiten genießen müsse!

Dadurch ward Hermine naschhaft und genußgierig, und konnte sich auch dann nicht genugsam beherrschen, auch dann ihre Sehnsucht nicht unterdrücken, wenn sie auch wußte: daß das, was sie begehre, nicht gerade zu ihrem Vortheil gereiche!

*Schmollen ist ein gar schlechtes Vergnügen.*

*So lohnt Ungefälligkeit.*

So wuchs das Mädchen heran, doch Niemand, selbst ihre
Eltern nicht, kannten die verderblichen Neigungen, zu denen
es sich hinneigte, geschweige denn, daß sie ihnen auf jede
Weise zu steuern gesucht hätten!

Wenn Herminens Taschengeld früher, als es sollte, verzehrt
war, wenn selbst Madame Dumenil (so hieß die Französin)
nichts vorstrecken konnte oder wollte, dann suchte sich das
verdorbene Kind einen Weg entweder zum Schreibetische der
Mutter zu bahnen, in welchem sie jeder Zeit vorräthiges Geld
liegen wußte, oder sie ließ durch ein verschmitztes Kammermädchen dies und jenes Stück ihres Putzes, das nicht sogleich
vermißt werden konnte, heimlich versetzen.

Einst aber, als sie wieder in dringender Geldverlegenheit
sich befand, die Erzieherin zu [45] einer Freundin, der Frau
eines französischen Emigrirten, der sie manche Wohlthaten
zufließen ließ, verreiset, und das Kammermädchen selbst in
Dienstgeschäften ausgeschickt worden war, ergriff sie, ohne
gerade einen ganz gewissen Plan damit zu haben, ein schönes,
theures ostindisches Tuch, das sie zum Geburtstage vom
Vater zum Geschenk erhalten hatte, und eilte, es unter
dem Shawl verbergend, damit in den nah'gelegenen Thier-
garten.

Sie war noch nicht lange allein darinn herumgegangen, als
sie vor sich einen jungen Tabulet-Krämer erblickte, der, ihr
wohl bekannd, fröhlich und wohlgemuth, sein Liedchen
trällernd, dahinzog. Sie trat etwas in das Gebüsch zurück,
und winkte ihm dann mit dem ostindischen Tuche zu sich
heran.

Wie er neugierig näher kam, hatte sie – o ihr jungen Seelen, so
tief war sie schon gesunken! – die Dreistigkeit, ihn zu fragen:
ob er denn wohl, gegen eine kleine Belohnung, ihr die Gefäl-
ligkeit erzeigen, auf das Leihhaus gehen, und dies Tuch um
eine gewisse Summe, die sie ihm angab, bis zum künftigen
Monat anbieten wolle?

Der Jüngling, der, gegen die sonstige Weise junger Personen
seines Gewerbes und Standes, sehr gut geartet und klug war,

besann sich ei-[46]nen Augenblick, und willigte dann ein,
doch mit der Bedingung: das Geld ihr heute Abend, gleichsam zufällig in ihr Haus kommend, zu überbringen! Statt
dessen aber ging er sogleich von ihr hinweg und zu ihrem
Vater, bei dem er um eine Viertelstunde Gehör sich erbat,
indem er ihm etwas Wichtiges zu eröffnen habe!

Er ward vorgelassen, theilte diesem alles Vorherige mit, und
händigte ihm zugleich, zum sichern Beweis, daß er die Wahrheit rede, das Tuch ein, das Jener als das Seinige erkannte.

Der unglückliche Mann erstarrte fast vor Schrecken bei dieser
Nachricht; er beschenkte den Jüngling, ohnerachtet alles
Weigerns, dennoch reichlich, ließ sich von ihm die heiligste
Verschwiegenheit versprechen, und entließ ihn sodann.

Jetzt erst gingen ihm die Augen über dieses und jenes, was
ihm manchmal in der Erziehungsweise der Madame Dumenil
vorgekommen war, auf, er stellte sogleich die strengste
Untersuchung über ihr Benehmen an, forschte sorgsam, doch
genau, nach Herminens Betragen und bisheriger Aufführung, und vernahm Dinge, erfuhr Begebenheiten, die seine
Pulse fast stehen machten.

»Hinweg mit der Versucherin, die meines Kindes Herz zuerst
verdorben, hinweg aus meinem Hause mit allen, die ihrem
Willen sich [47] unterworfen! rief er im höchsten Zorne,
zahlte der Gouvernante ihren ganzen Jahrgehalt, verabschie-
dete sie aber, nebst dem Kammermädchen, auf der Stelle.

Doch durch die Verleumdungen beider bösartiger Geschöpfe, die eine Zeitlang noch im Orte blieben, ward Herminens Rufe unendlich geschadet, und ihr Betragen zum
Spotte der Stadt.

Herr Salbach stellte sogleich eine, ihm wohlbekannte, sehr
sittliche Person der Tochter zur Seite, die mit aller Genauig-
keit über ihr Betragen wachen mußte; doch es war zu spät,
Herminens Herz kannte zu sehr die eiteln Verderbnisse der
Thorheit, war diesen zu sehr ergeben, als daß sie, in ihrem
dreizehnten Jahre, sich mit fester Kraft hätte erheben und
ganz gut wieder werden können!

CHRISTOPH VON SCHMID

*Das Vogelnestchen*

1832; 1850

[84] *Das Vogelnestchen.*

Der geheime Rat von Treuhold besaß ein schönes Landgut in
einer sehr angenehmen Gegend. Von Zeit zu Zeit kam er aus
der Residenz dahin, um auf einige Tage der Landluft zu
genießen, und sich von seinen Geschäften zu erholen. Als es
wieder Frühling ward, nahm er seine zwei kleinen Söhne,
zwei liebliche, blühende Knaben, das erste Mal mit dahin.
Beiden gefiel es auf dem Lande ganz unvergleichlich. Der
große Garten am Hause, die grünenden Saatfelder und die
blumigen Wiesen entzückten sie. Über alles ging ihnen aber
das nahe Wäldchen voll Eichen, Birken, Erlen und blühender
Gebüsche, durch das mehrere, reinlich mit Kies bestreute
Wege führten. Die beiden Knaben lebten wie neu auf.
Eines Tages ging der Vater mit ihnen in das Wäldchen, und
zeigte ihnen ein Vogelnestchen. Das nette Nestchen und die
fünf zarten jungen Vögelchen, denen die alten, die gar nicht
scheu waren, Futter zutrugen, machten den Knaben unbeschreibliche Freude.
Der Vater setzte sich hierauf mit den zwei Knaben auf die
steinerne Bank unter einer alten Eiche am Ende des Wäld-
chens, wo man eine sehr schöne Aussicht in das kleine,
freundliche Thal hatte. »Ich will euch einmal von einem
Vogelnestchen erzählen«, sprach er, »und ich denke, ihr werdet die Erzählung sehr merkwürdig finden. Die Geschichte
hat sich hier in dieser Gegend zugetragen.«
[85] Beide Knaben waren sehr begierig, die Geschichte zu
hören, und der Vater erzählte:
An einem schönen Frühlingsmorgen, vor etwa vierzig Jahren, saß unter eben dieser Eiche ein armer Knabe und hütete

die Schafe. Er las dabei in einem kleinen Büchlein, und war so vertieft in das Lesen, daß er fast nicht aufblickte. Von Zeit zu Zeit warf er jedoch einen schnellen Blick auf seine Schafe, die auf dem beblümten Rasen, hier zwischen dem Wäldchen und dem klaren Forellenbache dort, weideten.

Als er wieder aufblickte, stand ein überaus schöner, junger Herr, der wie Milch und Blut aussah, in einem grünen, goldgestickten Kleide vor ihm. Es war der Erbprinz, der damals noch nicht zehn Jahre alt war. Der Hirtenknabe kannte ihn aber nicht; er meinte, der freundliche junge Herr gehöre dem Forstmeister, der manchmal in Geschäften auf das benachbarte fürstliche Jagdschloß kam.

»Guten Morgen, junger Herr Forstmeister«, sagte der Hirtenknabe, und zog seinen Strohhut ab, setzte ihn aber sogleich wieder auf. »Kann ich Ihm womit dienen?«

»Sag' mir einmal«, sprach der Prinz, »giebt es in diesem Wäldchen wohl auch Vogelnester?«

»Das ist eine seltsame Frage für einen jungen Forstmann«, sagte der Knabe. »Hört Er denn nicht die Vögelein singen? Freilich giebt es Nester genug hier. Jedes Vögelein hat sein Nestlein.«

»Nun so wirst du wohl auch ein Vogelnestlein wissen?« sprach der Prinz freundlich.

»O ein wunderschönes Nestlein!« sagte der Knabe freudig. »Das schönste, das ich in meinem Leben [86] gesehen habe. [...]«

»Das ist schön!« sprach der Prinz. »Komm und zeige mir das niedliche Nestchen. Ich bin sehr begierig, es zu sehen.«

[87] »Das glaub' ich wohl«, sagte der Knabe. »Ich zeige es Ihm aber nicht.«

»Du darfst es nicht umsonst thun«, sprach der Prinz; »ich werde dich gewiß dafür belohnen.«

»Das mag wohl sein«, sagte der Knabe. »Ich zeige es Ihm aber doch nicht.«

Jetzt trat der Hofmeister des Prinzen näher, ein ehrwürdiger geistlicher Herr in einem dunkelfarbigen Kleide, den der Hirtenknabe bisher nicht bemerkt hatte. »Sei nicht unartig, Kleiner«, sagte er; »der junge Herr hier sah in seinem Leben noch kein Vogelnestchen, so viel er auch schon davon gelesen hat. Schon lange wünschte er, eines zu sehen. Mache ihm diese Freude, und führe ihn hin. Er nimmt es dir nicht. Er will es blos ansehen; er rührt es nicht einmal an.«

Der Knabe stand auf, und nahm den Hut ab, ohne ihn wieder aufzusetzen, schüttelte aber den Kopf und sprach: »Es bleibt bei dem, was ich gesagt habe. Ich zeige das Vogelnest nicht.

»Das ist sehr unfreundlich«, sagte der Hofmeister. »Es sollte dir ja eine Freude sein, andern Freude zu machen, zumal – unserm geliebten Erbprinzen.«

»Ist der junge Herr der Erbprinz?« rief der Knabe, und verbeugte sich aus Ehrerbietung sehr tief. »Es freut mich, den Herrn Prinzen kennen zu lernen. Aber das Vogelnestlein zeig' ich Ihm doch nicht, und wäre Er der Fürst selbst.«

Der Prinz sprach verdrießlich: »Einen halsstarrigern, eigensinnigern Knaben habe ich in meinem Leben nicht gesehen. Allein wir werden ja wohl Mittel finden, ihn zu zwingen.«

»Lassen Sie das gut sein, Prinz!« sagte der Hofmeister. [88] Auch ihn befremdete die feste Weigerung des Knaben. Er sprach daher zu ihm: »Kleiner, nur das einzige sag' uns: Warum willst du das Nestchen nicht zeigen? Dann wollen wir gern weiter gehen, und dich in Ruhe lassen. Wenn du, was ich mir aber kaum vorstellen kann, irgend eine vernünftige Ursache dazu hast, so sage sie.«

»Hm«, sagte der Knabe, »die kann ich wohl sagen. Der Michel, der da drüben am Berge die Ziegen hütet, hat mir das Nestlein gezeigt und ich habe ihm versprochen, es keinem Menschen zu verraten.«

»Das ist etwas anderes!« sprach der Hofmeister. Indes wollte er die Ehrlichkeit des Knaben, die ihm sehr gefiel, noch weiter auf die Probe stellen. Er zog seine Geldbörse heraus und sprach: »Sieh hier dieses Goldstück! Dies soll dein sein, wenn du uns das Nest zeigst. Du brauchst ja deinem Michel nichts davon zu sagen, daß du es uns gezeigt hast, so weiß er nichts davon.«

»Ei, bedanke mich gar schön«, sagte der Knabe. »Nein, nein, da wäre ich ja doch ein Schurke, und das will ich nicht sein, Michel möge es wissen oder nicht. Was hälf' es mich, wenn es die ganze Welt nicht wüßte, wenn aber ich – und Gott im Himmel es wüßte, daß ich mein Wort gebrochen habe und ein schlechter Kerl sei? Pfui!«

»Du weißt vielleicht nicht, was dieses Gold wert ist«, sagte der Hofmeister. »Wenn du Kupfermünze dafür einwechselst, so bringest du sie in deinen Strohhut da nicht alle hinein. Er würde aufgehäuft voll!«

»Das wäre!« sagte der Knabe, und betrachtete das Goldstück. »Freilich, da hätte mein armer Vater [89] eine große Freude, wenn ich auf einmal so viel Geld heimbrächte!« Er sann ein wenig nach und rief dann heftig: »Nein – weiche von mir, Versucher!« Hierauf sagte er aber sehr sanft: »Der Herr muß mir verzeihen! Er macht es gerade so, wie jener Unhold in der Wüste, der auch sagte: Dies alles will ich dir geben. – Kurz und gut, ich gab dem Michel die Hand darauf, das Nestlein nicht zu verraten. Ein Mann, ein Wort! Und hiermit Ade!« Er wollte gehen.

Jetzt kam der Jäger, der den Prinzen bediente, und in einiger Entfernung zugehört hatte, herbei. Er hatte den Sinn des Hofmeisters, den Knaben zu prüfen, wohl gefaßt, machte ein grimmiges Gesicht, packte den Kleinen am Arm, und sagte mit seiner tiefen Baßstimme: »Grober Bube, so begegnest du dem Prinzen, der einmal Fürst des Landes wird? Den zerlumpten Ziegenhirten dort am Berge ziehst du ihm vor? Auf der Stelle zeige das Nest, oder ich haue dir einen Flügel vom Leibe!« Er zog den Hirschfänger.

Der Knabe erblaßte, zitterte, bebte, und flehte weinend und schreiend: »O Pardon, ich bitte um Pardon!«

»So zeige das Nest, Bube«, rief der Jäger, »oder ich haue!«

Der Knabe hielt beide Hände vor, schaute mit blinzelnden

Augen auf die blanke Klinge, rief aber dabei immer: »O ich
kann nicht, ich darf nicht, ich thu's nicht!«
»Nun genug!« sagte der Hofmeister, und hieß den Jäger ein-
stecken. »Sei still, Kleiner; es soll dir kein Leid geschehen. Du
hast dich wohl gehalten; du bist eine ehrliche Seele. Bitte
deinen kleinen Freund erst um Erlaubnis, und dann komm'
und zeige uns [90] das Nestchen. Das Goldstück mögt ihr
dann mit einander teilen.«

»Gut! Gut!« sagte der Knabe; »heute Abend noch sollt Ihr
Antwort bekommen.«

Der Hofmeister ging mit dem Prinzen zurück auf das fürstliche Jagdschloß, auf dem sie erst gestern angekommen waren,
den Frühling auf dem Lande zuzubringen. »Die Ehrlichkeit
des Knaben«, sprach der Hofmeister unterwegs, »verdient in
der That Bewunderung. Sie ist ein Edelstein, dessen Wert
nicht genug zu schätzen ist. Der Knabe hat die Anlage zu
einem großen Manne, zu einem festen, unerschütterlichen
Charakter. – So findet man unter einem Strohdache oft
Tugenden, die man in Palästen manchmal vergebens suchen
dürfte.«

Der Hofmeister erkundigte sich bei dem Schloßverwalter
näher nach dem Knaben. »Der Knabe«, sagte der Verwalter,
»ist sehr brav. Er heißt Georg; sein Vater ist ein armer
Rechenmacher, aber einer der rechtschaffensten Männer weit
umher.«

Abends, als die letzte Lehrstunde des Prinzen geendet war,
trat er an das Fenster. »Aha«, sagte er, »der kleine Georg
wartet schon auf uns. Er hütet seine kleine Herde nächst dem
Wäldchen, und blickt immer herauf gegen das Schloß.«

»So wollen wir denn hören, welche Antwort er uns bringt!«
sprach der Hofmeister. Beide verließen das Schloß und gingen dem Wäldchen zu.

Der kleine Hirtenknabe sprang ihnen voll Freude entgegen.
»Dem Michel ist alles recht!« rief er schon von weitem. »Er
schalt mich einen dummen Jungen, daß ich den Handel nicht
sogleich einging, und dann [91] das Trinkgeld mit ihm teilte.

CHRISTOPH VON SCHMID

Aber es ist doch besser, daß ich meinem Michel zuvor davon
gesagt habe. Ich kann nun das Nestlein mit Freuden zeigen.
Komm Er also nur mit mir, Herr Prinz!« [...] der Prinz hatte
an dem zierlichen Halmennestchen und den netten Eierchen
eine herzliche Freude.

Der Hofmeister machte manche schöne Bemerkung darüber.
Hierauf sagte er zu dem Knaben: »Jetzt komm' mit uns dorthin unter die Eiche, die versprochene Belohnung in Empfang
zu nehmen. Das Gold könntest du aber mit deinem jungen
Freunde nicht teilen; ich will dich daher in Silber bezahlen.«
Er nahm eine Geldrolle aus der Tasche und zählte dem
erstaunten Knaben, hier auf der steinernen Bank unter der
Eiche, den Betrag des Goldes in lauter neugeprägten Sechs-
kreuzerstücken vor. »Teile aber richtig mit Michel!« [92] sagte
der Prinz. »Auf Ehre!« sagte der Knabe, dankte und sprang
mit dem Gelde fort, als ob er es gestohlen hätte.

Der Hofmeister forschte nach, ob Georg mit dem andern
Knaben richtig geteilt habe. Er hatte ihm nicht ein Stück zu
wenig gegeben. Seinen Anteil aber hatte er seinem Vater
gebracht, und kein einziges Stück für sich behalten. [...]

Der Hofmeister und der Prinz trafen den Knaben, der seine
Schafe bald da, bald dort weiden ließ, öfter an. Es gefiel dem
Hofmeister sehr wohl, daß der Knabe immer sein Büchlein
bei sich hatte und sehr fleißig darin las. »Du weißt dich gut zu
unterhalten, lieber Georg!« sagte er zu dem Knaben. »Doch,
lies mir einmal eine Stelle.« Der Knabe las laut und mit großem Eifer; mußte aber doch hie und da ein wenig buchstabieren.

»Nun«, sprach der Hofmeister, »es geht so ziemlich; in welcher Schule hast du das Lesen gelernt?« »Ach!« sagte Georg,
»ich bin noch in gar keine Schule [93] gekommen. Es ist so
weit dahin; und da hätte ich zu viel Zeit versäumt. Ich mußte
im Winter zu Hause beständig spinnen. Auch vermöchte
mein Vater das Schulgeld nicht zu bezahlen. Da habe ich denn
meinen guten Freund, den Michel, der sehr gut lesen kann,
angesprochen, es mich auch zu lehren. Er lehrte mich die

Buchstaben kennen, und sie zusammen buchstabieren. Ich habe das kleine Büchlein da, in dem schon Michel das Lesen gelernt hat, bereits dreimal ausgelesen; allein es ist nunmehr so beschmutzt und zerrissen, daß man viele Buchstaben nicht mehr recht deutlich sieht. Darum ist es auch nicht leicht, darin zu lesen.« [...]

Eines Morgens kam der Fürst, zu Pferd und nur von einem Reitknechte begleitet, ganz unvermutet auf dem Jagdschlosse an. Er wollte sehen, wie der [94] Prinz sich befinde und welche Fortschritte er im Lernen mache. Bei Tische erzählte der Prinz von dem niedlichen Vogelnestchen und dem ehrlichen Hirtenknaben. Der Fürst hörte mit Wohlgefallen zu, und bewunderte die Ehrlichkeit des Knaben. »In der That«, sagte der Hofmeister, »seine Ehrlichkeit ist bewährtes, reines Gold. Der Knabe gäbe einmal für unsern geliebten Kronprinzen einen treuen Diener ab, auf den er sich verlassen könnte. Und da Gott dem armen Knaben auch vortreffliche Talente verliehen hat, so wäre es zu wünschen, daß er studieren könnte. Allein sein Vater ist sehr arm; es wäre aber doch schade, wenn der Knabe, der so talentreich und so ehrlich ist, in der Welt nichts weiter werden sollte, als ein Rechenmacher, wie sein Vater.«

Der Fürst trat nach der Tafel mit dem Hofmeister an ein Fenster, und redete einige Zeit allein mit ihm. Hierauf befahl er, den Knaben zu rufen. Georg kam, und war hoch erstaunt, als er in den prächtigen Saal trat, und den schönen ansehnlichen Herrn, mit dem Stern an der Brust, erblickte. Der Hofmeister sagte dem Knaben, wer der Herr sei, und der Knabe neigte sich fast bis zur Erde.

»Nun, Kleiner«, sprach der Fürst sehr freundlich, »wie ich höre, hast du große Freude an den Büchern. Hättest du wohl Lust, zu studieren?«

»Ach«, sagte Georg, »wenn es an sonst nichts fehlte, als an der Lust dazu, so würde ich heute noch ein Student! Aber mein Vater hat kein Geld. Da fehlt's.«

»Nun höre einmal«, sprach der Fürst; »ich will versuchen, ob wir einen Studenten aus dir machen können. [...]«

[95] Der Fürst erwartete, der Knabe werde sich sehr freuen, und diese Gnade mit beiden Händen ergreifen. Allein der Kleine hatte zwar anfangs freudig gelächelt, machte aber sogleich darauf ein sehr wehmütiges, betrübtes Gesichtchen und schwieg. »Was ist dir?« fragte der Fürst. »Es scheint, du möchtest lieber weinen, als lachen? Was hast du, laß einmal hören!«

»Ach du mein Gott«, sagte Georg, »mein Vater ist so arm! Was ich den Sommer über an Hirtenlohn, und den Winter über mit Spinnen verdiene, hat er höchst nötig. Es ist zwar nur wenig; allein er könnte es doch nicht entraten.«

»Du bist ein guter Knabe«, sprach der Fürst höchst freundlich; »diese deine kindliche Liebe zu deinem Vater ist mehr wert, als die kostbarste Perle, die sich in meiner Schatzkammer befindet. – Was indes deinem Vater entgeht, wenn du deinen Schäferstab und dein Spinnrad mit der Feder und den Büchern vertauschest, das werde ich ihm ersetzen. Ist's so recht?«

Der Knabe war nun vor Freude fast außer sich. Er küßte dem Fürsten voll des innigsten Dankes die Hand, benetzte sie mit Dankesthränen, und sprang fort, die erfreuliche Nachricht seinem Vater zu bringen. Bald darauf kamen Vater und Sohn, vergossen Freudenthränen, und konnten ihren Dank für eine so große Gnade vor Weinen fast nicht aussprechen.

[96] Auch Herr von Treuhold konnte vor Rührung nicht weiter erzählen. Er hatte auch Thränen in den Augen, und schwieg.

»Nun«, sagten Adolph und Wilhelm, »die Geschichte ist ja noch nicht aus! Wie ist es mit dem braven Hirtenknaben Georg weiter gegangen, und was ist aus ihm geworden?«

»Liebste Kinder«, sprach der Vater, »jener Hirtenknabe war – ich.«

»Der edle *Fürst*, den ihr nicht mehr gekannt habt, nahm mich, nachdem ich meine Studien vollendet hatte, in seine Dienste.

Da er mit meinen treuen Diensten zufrieden war, so erhob er mich in den Adelstand und ernannte mich zum Freiherrn von Treuhold. Er ist bereits vor zehn Jahren gestorben; sein Andenken aber wird nie sterben. Mein Dank und der Dank des ganzen Landes folgt ihm nach in die Ewigkeit.«

»Jener kleine *Prinz*, den ich hier unter dieser Eiche das erste Mal sah, ist unser gegenwärtiger gnädigster Fürst. [ . . . ] [97] Gott hat mich so gesegnet, daß ich dieses *Landgut*, auf dem ich ehemals als ein armer Knabe die Schafe gehütet habe, kaufen konnte, und daß es nunmehr unser Eigentum ist.«

»Nun«, sagte der kleine Wilhelm, »da hat das Vogelnestchen doch recht viel Gutes gestiftet. Leben wohl jene Vögelein auch noch? Sind sie die nämlichen, die dort in dem Wäldchen wieder ein Nestchen gebaut haben?«

»Warum nicht gar!« sprach Adolph, der ältere Knabe. »Dergleichen Vögelein werden nicht so alt. Auch hat nicht das Vogelnestchen dem Vater zu Ehre und Reichtum geholfen, sondern weil der Vater ein so redlicher und fleißiger Knabe war, hat er es vom Hirtenknaben bis zum geheimen Rate, und vom Wergspinnen bis zum Besitze dieses schönen Landgutes gebracht.«

»Nicht mir gebührt die Ehre davon«, sprach der Vater, »sondern Gott; alles, was ich habe, kommt von ihm. Wie hätte ich, als der ärmste Knabe in der Gegend, es so weit bringen können? Gott hat es so gefügt. Er hat mich durch das Vogelnestchen mit dem Erbprinzen bekannt werden lassen, und in der Folge meine Ehrlichkeit und meinen Fleiß so reichlich gesegnet. Benützet auch ihr die Talente, die Gott euch verliehen hat, liebste Söhne! Lernet fleißig, seid immer ehrlich und treu, und vor allem vertrauet auf Gott, und bittet ihn um seinen Beistand! So wird Gott auch euren Fleiß und eure Treue und Redlichkeit reichlich segnen.«

»Ja, das wolle er, der gütige Gott!« sprach der Vater, indem er aufstand, gerührt zum Himmel blickte [98] und seinen zwei Söhnen, denen beiden die hellen Thränen in den Augen glänzten, unter der Eiche seinen väterlichen Segen gab.

Was der Vater nicht mehr sagte, muß hier noch beigefügt
werden. Der geheime Rat von Treuhold war, weil er unbe-
stechlich war, seinem Fürsten treu diente, und ihm immer
redlich die Wahrheit sagte, ein großer Segen für das ganze
Land.
Seine beiden Söhne, Adolph und Wilhelm, traten in die Fußstapfen ihres Vaters ein, und wurden sehr edle, rechtschaffene
Männer. Adolph wurde fürstlicher Rat, Wilhelm Offizier,
und beide wurden wegen ihrer Kenntnisse und Diensttreue
allgemein geschätzt. Sie waren die Freude ihres Vaters und die
Stütze und Krone seines Alters.

KARL GUSTAV NIERITZ

*Der junge Trommelschläger oder: Der gute Sohn*

1838; 14. Aufl., um 1890

[9]                          *Die Einquartierung.*

»Ich möchte gleich ein Soldat sein!« hob der achtjährige
Robert, Augusts Bruder, zu seiner neunjährigen Schwester
Bertha an, indem sie beide die lange Tafel für die Einquartierung deckten und zurichteten. – »Was für fette Bissen sie
doch bekommen! Alle Wochentage Sonntagsgerichte. Warst
du in der Küche und rochst den guten Kalbsbraten, der wie
ein Nüßchen gebräunt ist? Auf die kräftige Biersuppe hat die
Mutter eine ganze Handvoll Zimmet und neue Würze ge-
streut. Zwanzig Kannen Weißbier und drei Kannen Schnaps
hat August holen müssen, und eine größere Schüssel Kartoffelsalat sah ich niemals. Dieser ist mein Leibessen. Ach, wenn
doch die Franzosen etwas für mich übrig ließen!«
»Und die großen frischgebackenen Brote, weich wie ein

Wollweckchen«, fuhr Bertha fort, »und fünf ganze Stückchen goldgelbe, frische Butter!«
»Und die Menge Kuhkäse obendrein«, zählte Robert weiter
auf, »Vielfraße müßten sie sein, wenn sie das alles bemeistern
wollten.«
Jetzt wurde Lärm unten auf der Straße.
»Sie kommen! sie kommen!« rief Bertha und schaute aus dem
Fenster. Wirklich kamen die Franzosen. Bald klirrten Waffen
und starke Tritte die Treppe herauf. Die Kinder liefen davon.
[10] Schnatternd nahmen die fremden Soldaten Besitz von
dem ihnen angewiesenen Zimmer. Hin flog Tornister und
Muskete, Tschako und Seitengewehr, und nach wenig Minuten hatten die ungebetenen Gäste alle Räume des Hauses
erforscht und pfiffen und sangen, als wenn sie schon lange
hier einheimisch wären.
Indes schleppten die Magd und ein Geselle des Meisters die
für die Einquartierung bestimmten Speisen und Getränke
herbei. Nicht ganz frei von Neid sah Robert die gewürzduf-
tende Suppe, den braunen Braten, den Kartoffelsalat und die
gefüllten Bierkrüge bei sich vorbeiwandern. August aber,
dem der Vater Unterricht in der französischen Sprache hatte
geben lassen, mußte die im Hause zerstreuten Soldaten durch
die Worte herbeirufen: »Meine Herren! das Mittagsessen ist
aufgetragen.« Dieser Einladung wurde augenblicklich Folge
geleistet. Als die Eltern das Geräusch mit den Tellern und
Löffeln vernahmen, zogen sie sich nebst den Kindern in das
Krankenzimmer zurück, das jetzt auch zur Wohnstube
geworden war. Auf einmal aber entstand ein heidnischer
Lärm bei den Einquartierten.
»Bougre! – foudre! – sacré nom de Dieu!« schrieen tobende
Stimmen wild durcheinander. Fensterscheiben klirrten,
Scherben krachten unten in der Straße, begleitet von schwer
auffallenden Gegenständen. Eilig verließ der Vater die Stube,
die Mutter aber blickte erschrocken durch das Fenster. Da
sah sie noch, wie aus den Fenstern der Einquartierungsstube

volle Ströme Bieres sich ergossen und die schmackhaften
Käse bombardiert wurden. Die schweren Roggenbrote don-
nerten [11] hinterdrein gleich Mühlsteinen. Robert aber
weinte vor Schmerz und Zorn, als er unten auf der Straße
zwischen den Scherben der Bratpfanne den gelobten Kalbsbraten, umgeben von der ganzen Menge des Kartoffelsalats,
erkannte. Draußen lief die weinende Magd mit rot geschlage-
nen Wangen dem Meister in die Hände, welcher gerade noch
zu rechter Zeit kam, um den durch die Thür geworfenen
Gesellen aufzufangen.
Ein solcher Auftritt mußte den besten Menschen erzürnen.
Beider Männer Augen funkelten vor Wut. Grimmig ballten
sich ihre Fäuste, und gern wären sie über die Ruchlosen her-
gefallen. Aber sie waren nur zwei, jene zwanzig Männer,
obendrein mit tödlichen Waffen versehen.
»August!« rief Meister Wunsch mit wutbebender Stimme,
»schnell! lauf' ins Quartier-Amt und verklage die Bösewichter. Bitte den Ordonnanz-Offizier, daß er dich hierher begleite.«
Gehorsam trollte August ab. Während seiner Abwesenheit
steigerte sich das Toben der Einquartierten mehr und mehr.
Wunsch und seine Leute ließen sich nicht vor ihnen sehen.
Nach einer Weile kam August atemlos und allein zurück.
»Nun?« fragte ihn der Vater begierig, »kommt der Offizier
nicht mit?«
»Ach, Vater!« versetzte August, »dort findet man keine
Hülfe. Als ich meine Beschwerde und Bitte vorgebracht
hatte, hieß es: wegen einer solchen Lumperei dürfe man nicht
gewaltsam gegen Truppen einschreiten, [12] die nach einem
angestrengten Marsche mit Recht eine gute Erquickung verlangen könnten. Damit drehten mir die Herren den Rücken
zu und ließen mich ungehört stehen. Und denke dir nur, was
ich gesehen habe, – es ist ganz abscheulich! Da sind noch eine
ganze Menge deutscher Rheinbundstruppen eingetroffen.
Die breite Badergasse stand gedrängt voll von ihnen. Dort
erhielten sie, ehe sie in die Quartiere verteilt wurden, frisch-

gebackene Kommißbrote. Was machten die gottlosen Menschen? Sie legten die Brote, eins an das andere, in eine lange Reihe über die schmutzige Straße und schritten lachend darüber hin, um sich, wie sie sagten, die Schuhe nicht zu besudeln. Einige von ihnen höhlten sogar die Brote aus und zogen sie als Überschuhe an die Füße, also durch den Straßenkot hinschlürfend. Die liebe Gottesgabe so zu mißbrauchen! Die Bösewichter!«

Die Eltern und Kinder standen erstarrt bei dieser Erzählung. Endlich hob der Vater an: »Nun, wenn unsere eigenen Landsleute also verfahren, dürfen wir uns nicht wundern, daß die Fremden es nicht besser machen.« [...]

[16] O Krieg, du blutiges Scheusal! das du in tausend neuen Gestalten die Ausgeburten der Hölle vor die Augen der weinenden Menschheit führst – o Krieg, der du Vater-, Bruder-, Eltern- und Kindesmord gutheißest und belohnst, die Menschen in blutlechzende Tiger, in gefühllose Teufel verwandelst – o Krieg, der du auf den frischen Gräbern der durch dich gemordeten Unschuld das Tedeum anzustimmen wagst – wann wirst du endlich aufhören, den Namen des Christentums zu schänden? [...]

[28] Schnell genug kam der gefürchtete Morgen, an welchem das Regiment und August mit ihm ausmarschieren sollte.

Schon in aller Frühe zeigte der alte Feldwebel Hoier August, wie der Tornister am zweckmäßigsten und raumersparendsten vollzupacken sei. Gedankenlos nickte der Knabe zu allem, was jener sagte. Ach, sein Herz war noch voller als sein Tornister, der auf seinen Rücken kommen sollte. Indes rollten die Töne des Generalmarsches durch die Straßen. Weil August noch ein Neuling war und der Oberst alles Aufsehen vermeiden wollte, durfte jener nicht mittrommeln. Endlich verließ er an Hoiers Seite sein Quartier. Das Herz wollte ihm zerspringen, als ihn der Weg bei seiner Eltern Hause vorbeiführte. Oben schauten seine Geschwister, Robert und Bertha, aus den Fenstern, hinter [29] ihnen die Magd, sowie die

Gesellen. Aber die Fenster der Stube, in welcher die Mutter
fieberte, waren dicht zugezogen. August hob das thränen-
volle Auge empor. Schmerzvergehend streckte er den Arm
weit aus und rief mit starker, aber bebender Stimme hinauf:
»Grüßet Vater und Mutter von mir! Lebt wohl! lebt alle
wohl.«
»August! August!« erschallte es in herzzerreißenden Tönen
herab. Geschwister, Magd, Gesellen – alle erhoben ein lautes
Wehgeschrei. [...]

[30] »Vorwärts marsch!« donnerte des Obersten gewaltige
Stimme. Die Trommler erhoben ein fürchterliches Getöse.
Vor Augusts Augen ward es dunkel. Gewaltsam fühlte er sich
von seinen Geschwistern los- und mit fortgerissen. Da warf
er die Trommel herum, und mit den krampfhaft gepackten
Klöppeln trommelte er seinen wehmütigen Schmerz da-
nieder.
Das Herz war ihm wie aus dem Leibe genommen. Da, wo es
gewesen war, fühlte er eine unbeschreibliche Leere und das
dumpf stechende Weh einer empfangenen Wunde. Indes
marschierten seine Beine willenlos mit fort, bis weit vor die
Stadt hinaus. Hier machte das Regiment auf einem Hügel
einen kurzen Halt. Die Soldaten zogen ihre gefüllten
Schnapsflaschen hervor, den feurigen Trank mit derben Spä-
ßen würzend.
»Trink', mein Brüderchen, trink'!« sprach Augusts Neben-
mann, ihm seine Flasche anbietend. »Das ist das echte Wasser
des Flusses Lethe, welcher alles Leid vergessen macht.
Trink', mein Brüderchen!«
Mit stummer Gebärde wies August das Anerbieten [31]
zurück und heftete noch einmal das Auge rückwärts auf die
unter ihm liegende Vaterstadt. Da glänzte sie vor ihm, die alle
seine Freuden umschloß, in hellem Sonnenscheine. »Werde
ich dich jemals wiedersehen?« seufzte er in seinen Gedanken.
»Als elender Krüppel vielleicht! Und meine lieben Eltern und
Geschwister – sollt' ich einst das Glück haben, euch umarmen

zu können? Geliebte Heimat! ach, noch nie hab' ich dich so
hochgeschätzt, als eben jetzt, wo ich von dir scheiden soll.
Lebe wohl! auf ewig! Bchüt' euch Gott, ihr Teuren! Denkt
zuweilen an euren August! vergeßt ihn nicht ganz!« Verstoh-
len schluckte er seine rinnenden Thränen hinunter, damit sie
seine Kameraden nicht sehen und ihn verlachen sollten. Diese
lärmten und scherzten um ihn herum, als solle es zur Kirmes
und nicht in den Krieg gehen. Und gewiß hatte der größte
Teil von ihnen auch daheim noch liebe Eltern gelassen, die für
das Leben ihrer Kinder zitterten und beteten. Über ihm sangen die Lerchen so fröhlich in der blauen Luft, als wollten sie
gleichsam seines Kummers spotten. Da ermannte er sich endlich aus seiner Wehmut. »Mit Sorgen und mit Grämen läßt
Gott sich doch nichts nehmen, es will erbeten sein.« Also
tönte es in seinem Innern. Und wunderbar! als er so recht
an Gott dachte und an dessen Allgegenwart, fühlte er sich
ganz verändert und gestärkt. Seine Thränen versiegten, der
Schmerz im Herzen minderte sich, die Lust am Leben kehrte
allgemach zurück, und frischer und froher, als seine Kameraden durch den genossenen Branntwein, vermochte er seinen
Marsch weiter fortzusetzen.

[32]        *O welche Lust, Soldat zu sein.*

Also hatte August schon einigemal seine Kameraden singen
hören. »Ganz kurios!« dachte er bei sich selbst, »ich möchte
lieber das Gegenteil singen: ›Welche Lust, kein Soldat zu
sein.‹ – Auch habe ich immer gesehen, daß fast alle Rekruten,
wenn sie für die Regimenter ausgehoben wurden, traurig, ja
ganz ungeheuer traurig sich stellten. Muß doch acht geben,
wer da recht haben wird.«
Gar nicht lange brauchte er zu warten, um eine Lust des
Soldaten kennen zu lernen. Bald genug wurde ihm der unge-
wohnte Tornister zur unerträglichen Last. Rücken, Kreuz,
Achseln, Brust schmerzten ihm heftig unter dessen Schwere.

Sie wurde bedeutend vermehrt, als die Trommel noch darüber gehängt wurde. Noch schlimmer waren die anderen Soldaten daran, welche die gewichtige Flinte beständig im Arme
und auf der Achsel tragen mußten. Ein anderes Übel war die
Staubwolke, in welcher das Regiment auf der Landstraße
marschierte. In kurzem waren die dunklen Monturen wie mit
Mehl gepudert, Mund und Nase atmeten statt reiner Luft das
trockene Pulver ein, welches Zunge, Hals und Lunge aus-
dörrte. Zwar trafen sie unterwegs mehrmals auf Brunnen,
deren silberklares, sprudelndes Wasser die durstigen Soldaten
schon im Geiste hinuntertranken; allein nur sehr wenigen
wurde es [33] verstattet, aus Reih' und Glied treten und die
Feldflasche füllen zu dürfen; die Mehrzahl mußte, ohne zu
murren, gehorsam vorüberziehen. In Schweiß gebadet, von
Schmerzen gefoltert, müde und matt langte August endlich
mit seinen Kameraden in dem Dorfe an, welches ihnen, um
Mittag zu machen, angewiesen war. [. . .]
[43] Sobald ihm die Zeit dazu vergönnt wurde, schrieb er, wie
folgt, an seinen Vater:

»Geliebter Vater!
[. . .] Polen ist, mit Ausnahme der Städte, ein wahres Schwei-
neland. Denke Dir nur: kein Bauernhaus hat einen Schorn-
stein. Darum sind die Wohnstuben beständig mit einem
erstickenden Qualm angefüllt, der durch kleine Luftlöcher,
welche etwa zwei Ellen hoch über dem Fußboden angebracht
[44] sind, sich einen Ausweg sucht. Der Dünger wird nicht auf
das Feld hinausgeschafft, sondern berghoch um das Haus
aufgehäuft, so daß dieses von einem übelriechenden Sumpfe
umgeben ist. Auf diesen Düngerhaufen sieht man ganze Reihen von Kindern sitzen, welche wirklich wie die Schweine
aufwachsen. Sie und ihre Eltern, sowie die Knechte und
Mägde kann man kaum ohne Ekel betrachten. Ihre Haut ist
mit einer dicken Schmutzrinde überzogen, und alle starren
von Ungeziefer. Wie werden sich die Franzosen wundern,
wenn sie diese Quartiere beziehen sollen! Da will ich doch
lieber im freien Felde bivouakieren, was wir schon einigemal

versucht haben. In den Mantel gewickelt, legt man sich dann mit dem Kopfe auf den Tornister; das Deckbett ist der Himmel mit seinen blinkenden Sternen und unser Wecker der frische Morgenwind. Dieser schüttelt einen freilich tüchtig ab, und um nicht das kalte Fieber davonzutragen, muß man schon einen gehörigen Schluck Branntwein zu sich nehmen, um so mehr, da der Kaffee fehlt. Aber außer dem trinke ich keinen Schnaps. Auch habe ich mir weder das Fluchen noch Tabakrauchen angewöhnt, obschon mich meine Kameraden deshalb auslachen. Das Beten und Kirchengehen ist zwar bei den Soldaten ganz und gar nicht Sitte, doch vergesse ich nicht, meinen Morgen- und Abendsegen sowie mein Tischgebet täglich zu sprechen. [...]«

[82]                        *Die Schlacht.*

[...]
[83] Es war am 5. September 1812, als gegen Abend der Donner der Kanonen den Anfang der Schlacht verkündete. Luft und Erde erbebten von dem furchtbaren Knallen. In solcher Nähe hatte August noch nie schießen gehört. Bald rot, bald blaß wurde er vor Angst. Sein Regiment lagerte auf der Erde so ruhig und unbesorgt, als gehe es das Schießen ganz und gar nichts an. Die Soldaten aßen, tranken, scherzten, lachten und ruhten. Diese Teilnahmlosigkeit machte ihm das Herz noch bänger. Er flüchtete zu Hoier. Beruhigend sagte dieser, als er des Knaben leises Zittern bemerkte: »Dieses Schießen geht uns noch nichts an. Es gilt nur der Schanze auf dem linken Flügel. Mehr Blut aber wird die feindliche Hauptschanze kosten. Diese müssen wir durchaus erobern und das Dorf Borodino auch.«

»Und dann?« fragte August.

»Dann«, fuhr Hoier fort, »liegt uns kein Hindernis mehr im Weg, um in Moskau einziehen zu können.«

»Und dann?« fragte August weiter.

[84] »Dann wird Frieden und wir gehen wieder heim.«

»Daheim hatten wir ja aber schon Frieden. Warum mußten wir denn erst so weit marschieren und so viele Menschen opfern? Wir konnten es ja viel leichter haben.«

»Davon verstehst du gar nichts. Krieg muß einmal sein, und nicht umsonst ist der große Komet voriges Jahr am Himmel gewesen.«

»Ich denke, Napoleon hat den Krieg angefangen und nicht der Komet?«

»Nun ja doch! Aber der Komet hat ihn doch verkündigt und angezeigt, daß es unseres Herrgotts Wille sei.«

»Der Komet kann ja nicht reden; wie kann er denn da Krieg verkündigen?«

»Dummer Schnack! Dazu sind die Prophezeiungen da.«

»Wer prophezeit denn? Der liebe Gott nicht, der Komet nicht, also doch wohl nur Menschen, die uns etwas weismachen.«

»Du bist ein Grundtöffel!« zürnte Hoier und wandte sich ab.

August aber sprach für sich: »Ich bleibe doch dabei, daß nur die Menschen auf den unschuldigen Kometen schieben, was sie selbst eingebrockt haben. Nur ausreden wollen sie sich, nur ihre Sünden beschönigen.«

Endlich schwieg der Kanonendonner. So weit das Auge sehen konnte, flammten Wachtfeuer, um welche die Krieger lagerten. Schlafen konnte keiner vor Erwartung der Dinge.

»Ob du wohl morgen um diese Zeit noch leben [85] wirst?« dachte August bei sich selbst und versank in wehmütige Erinnerungen. Langsam schlich die Nacht dahin, und mancher Soldat schloß endlich doch erschöpft die müden Augenlider, vielleicht zum letztenmal, zu einem kurzen Schlummer. Die Feuer verlöschten; stiller und stiller wurde es; nur die anrufenden Wachtposten und hie und da ein wieherndes Roß unterbrachen die allgemeine Ruhe, die freilich nur eine scheinbare war. Denn ohne geweckt worden zu sein, erhoben sich alle Krieger schnell von ihrem Lager, als ein matter, grauer Schimmer das Herannahen des blutigen Tages verkündete. Die Flintenpyramiden wurden aufgelöst; alle Soldaten traten unters Gewehr. Die Offiziere untersuchten deren Beschaffenheit, sowie die Haltung ihrer Untergebenen. Der Oberst durchschritt die Reihen, Ermahnungen zur Tapferkeit und Treue gebend. Der Feldwebel verlas die Liste seiner Compagnie, worauf »los« kommandiert wurde. Strahlend kam die Sonne heraufgezogen. Diesmal sollte sie nicht Fruchtbarkeit und Segen, sondern Blut und Vernichtung über die Gefilde bringen. Heute sangen keine jubilierenden Lerchen ihrem Schöpfer ein Danklied in den blauen Lüften. Erschrocken waren sie vor der zahllosen Menge der fremden Krieger und dem Kanonendonner geflohen. Dumpf dröhnte der letztere hier und drüben von Zeit zu Zeit durch den leichten Morgennebel. Erwartungsvoll harrten die Scharen des Aufrufs zur Schlacht. Da kam Befehl, sofort das Schlachtfeld durch aufzuwerfende Schanzen sicher zu stellen. Ein unabsehbares Gewühl war die Folge davon. Noch ehe der Tag sich neigte, [86] erhoben sich hinter tiefen Gräben schnurgerade Erhöhungen von Erde, welche fast kein Ende nahmen.

Kampflos verstrich die zweite Nacht. Desto schrecklicher begann der Blutarbeit mit dem dritten Morgen. Zwölfhundert feuer- und todspeiende grobe Geschütze machten die Erde erbeben. Der Himmel schien zu brennen. Pfeifend flogen einzelne Todesboten über Augusts Regiment dahin, welches, das Gewehr beim Fuß, bewegungslos stand. Der junge Tambour befand sich jetzt in einem nie empfundenen Zustande. Alle Muskelbänder schienen wie gelöst zu sein, so daß die Glieder willenlos gegeneinander schlugen. Obgleich er erst gefrühstückt hatte, war ihm doch so ekel, so leer im Magen, daß ihm der Mund voll Wasser lief. Der kalte Angstschweiß troff ihm vom Gesicht, und vor den Augen schwirrten dunkle Schatten mit langen Schwingen vorüber.

Dem jungen Leutnant, den die Leser bereits aus der Erzählung kennen, schien ebenso zu Mute zu sein. Mit zitternden

Händen setzte er die Schnapsflasche an die bleichen Lippen, was die nahestehenden Soldaten spöttelnd bemerkten.

»Unser milchbärtiger Herr Leutnant hat das Kanonenfieber!« raunten sie einander zu.

Ja wirklich, ein Fieber, ein sehr heftiges war es, was auch unsern August abschüttelte. Jetzt setzten sich die vorderen Massen der Krieger in Bewegung. Immer weiter nach hinten rückte dieselbe fort. Schon erreichte sie das zunächst stehende Regiment. Gleich mußte die Reihe auch an August kommen. Die Offiziere schnallten ihre Wehrgehänge fester, die Gemeinen hoben ihre [87] Tornister einige Zoll höher; alles wartete gespannt auf das Kommandowort. Dies erfolgte. Mit aller Kraft seiner gewaltigen Stimme schrie der Oberst: »Gewehr in Arm! Gewehr zur Seite! Fällt's Bajonett! Marsch!«

Die Regimentsmusik spielte einen begeisternden Marsch auf, dessen Klänge jedoch nur von den Nächststehenden gehört wurden. August hätte mit seinen Lippen keinen Ton hervorbringen können.

Die Geschwindigkeit des Schrittes, welche im Anfange nur mäßig gewesen war, verdoppelte sich mit jeder Minute. Keiner der Soldaten vermochte das Ziel zu erkennen, nach welchem sie strebten. Sie erblickten bloß die dunklen Massen ihrer Kameraden vor sich, welche Lücken bekamen und wieder zusammenrückten. Alle Aussicht war durch den dichten Pulverdampf versperrt. Jetzt hieß es: »Sturm gelaufen!«

Die Musik schwieg plötzlich. Augusts Thätigkeit begann nunmehr. In kurzem Trabe hinter seiner Compagnie herlaufend, schlug er bei jedem Schritte: trum, trum, trum, trum auf seine Trommel.

Mit einem Male krachte ein fürchterliches Wetter herein. August spritzte es brühwarm ins Gesicht; er stolperte über einen im Wege liegenden Gegenstand und schlug zur Erde. Als er sich schnell aufhaspelte, sah er den Boden mit Toten und Sterbenden bedeckt und die dichte Kriegermasse vor sich völlig zerstreut.

»Kolonne geschlossen!« schmetterte der Oberst. »Vorwärts, Kinder!«

Die gelichteten Scharen rückten wieder zusammen, [88] und über ihre gefallenen Kameraden hinwegsteigend, stürmten sie vorwärts.

Ein Windstoß, welcher den dichten Rauch auf eine Sekunde hinwegtrieb, ließ August in einiger Entfernung eine hohe Schanze erkennen, auf welcher die feindlichen Kanoniere eben ihre Geschütze luden. Ein Augenblick noch – und unzählige Feuerströme blitzten auf. Bevor August den sie begleitenden Donner vernahm, fühlte er sich hingeworfen und mit schwerlastenden Körpern bedeckt, welche ihm alle Aussicht benahmen. Die Sinne schwanden ihm – er ward ohnmächtig. Abermaliger Kanonendonner erweckte ihn. Seine Lage war noch dieselbe und ward ihm überaus lästig. Keins seiner Glieder vermochte er zu bewegen. Ob und wie er verwundet sei, konnte er nicht ergründen.

In dem Bemühen, die ihn zwängenden Gegenstände über sich hinwegzuschieben, vernimmt er ein fernes Getöse nie gehörter Art, das mit jedem Augenblicke an Stärke wuchs. Die Erde erdröhnt; ein ununterbrochener, dumpf rollender, stärker und näher kommender Donner, dem des Geschützes oder eines Gewitters völlig unähnlich, berührt des Erschrockenen Ohr. Ihn begleitet ein Rauschen wie das eines Wasserfalles oder eines Hagelschauers. In seiner Nähe angelangt, verwandelt sich dasselbe in das Klirren vieler tausend Ketten. Ja, sicher ist es das wütende Heer, welches jetzt über ihn dahinbrauste. Anhaltend fühlte er sich gepreßt, gequetscht von den auf ihm liegenden Körpern, die gleichwohl leblos waren und nur selbst empfangene Eindrücke wiedergaben.

[89] Es waren die sächsischen Kürassier- und Gardereiterregimenter, welche in Sturmesflug über das Schlachtfeld jagten und der großen Schanze zueilten.

Noch einmal spieen deren Geschütze ihr mörderisches Feuer über die Stürmenden aus, dann schwiegen sie. Die Schanze war genommen – die Schlacht gewonnen.

August aber lag wieder besinnungslos. Wie lange, wußte er
nicht anzugeben. Ein heftiger Ruck an seinem Arme machte,
daß er zu sich kam. Er fühlte sich von seiner Bürde befreit und
sah das Tageslicht wieder. Als er seine Augen aufschlug,
erblickte er einen Franzosen vor sich, der sich bemühte, ihm
die Montur vom Leibe zu ziehen. Verwundert fragte er nach
der Ursache davon. Unwillig brummte der Soldat, daß er ihn
für tot gehalten und sich als seinen Erben betrachtet habe.
Sofort wandte er sich zu einem andern Leichnam, um ihn
auszuplündern.

August aber schaute entsetzt um sich. Schichten- und haufen-
weise lagen die Toten umher. Viele waren schon entkleidet,
alle aber unkenntlich geworden durch Wunden, Blut und
Rosseshufe. Er selbst war durch ein Wunder dem Tode entgangen. Als seine getöteten Kameraden über ihn weggefallen
waren, hatten ihre Gewehre ein schützendes Lager über ihn
gebildet, so daß weder die ganze Schwere der Leichname,
noch die darüber springenden Pferde ihn hatten treffen können. Sonst wäre er entweder erstickt oder erdrückt
worden.

Mit zerrissenem Leibe lag dort seines Obersten Pferd; er
selbst aber war nicht zu entdecken. Auch nicht einen lebenden Kameraden gewahrte er, den er [90] hätte befragen können. Ganz mutlos wankte er dem Orte zu, wo sein Regiment
erst gestanden hatte. Die große Trommel desselben, von einer
Kanonenkugel durchlöchert, bezeichnete den Platz, wo
wahrscheinlich die Musiker zuletzt gewesen waren. [ . . . ]

Arm in Arm schritten sie nun der großen Schanze zu, welche
so vielen Tausenden das Leben gekostet hatte.

[91] »Ich möchte nur wissen«, sprach August, »weshalb sie so
auf das Ding erpicht waren. Hatte man vielleicht große
Schätze darin aufgehäuft oder sonst eine wichtige Sache verborgen?«

Vor toten Menschen und Pferden gelangten sie kaum hinauf.
Ganze Bäche Blutes rieselten herab. Abgeschossene Köpfe,
Arme, Beine lagen wie gesäet umher.

In der Schanze gab es weiter nichts, als Erdwälle, Gräben mit toten Menschen angefüllt, zersplitterte Kanonenräder und Verwundete. Letztere waren jammervoll anzuschauen. Ein russischer Offizier, dem das Haupt fast bis auf die Nase herab gespalten war, lallte mit sterbender Stimme noch leise Worte.

»Was spricht der Arme?« fragte August Marie mitleidig.

»Er bittet im Namen Gottes um einen Schluck Wasser!« versetzte Marie schluchzend.

Ihm diesen letzten Wunsch zu gewähren, sieht August suchend umher. Ha! dort stehen zwei Franzosen bei einem Verwundeten. Vielleicht haben sie einen Trunk für den Ärmsten in ihrer Feldflasche. Schnell springt er hin zu ihnen. Über dem neuen Anblick vergißt er den soeben gehabten. Ein Russe mit zerschmettertem Arme und verwundetem Fuße sitzt auf der Erde. Vor ihm stehen zwei Franzosen, sich bemühend, ihm die Uniform vom Leibe zu reißen. Ein Ärmel ist schon heruntergezogen; der andere widersteht ihrem Beginnen, denn die zerschmetterte Knochenröhre stemmt sich beim Ellenbogen in das Tuch. Schmerzlich brüllt der Gemarterte unter den Griffen der Barbaren. Taub [92] gegen sein Flehen, trennen sie mit dem abgezogenen Ärmel Haut und Knochen voneinander, um sich in den Besitz eines elenden Kleidungsstückes zu setzen. Wie verpestet flieht August ihre Nähe. [...]

Eilig wollten sie den Ort des Grauens verlassen. Eine große, glänzende Reiterschar, den Kaiser Napoleon an der Spitze, hemmt ihre Schritte. Letzterer kam, das Schlachtfeld zu beschauen. Mit einem Gesichte, kalt und ernst wie Marmor, ritt er über Tote, Sterbende und Verwundete dahin. Keine Miene ver-[93]zog er bei dem Stöhnen, Jammern und Schreien der Krieger, welche ringsumher lagen.

Mit einem Fernglase besah er die ganze Gegend.

»Ein schöner Sieg!« hob einer der Generale an, die an seiner Seite ritten. »Die Schanze und das Dorf unten wurden tapfer

verteidigt, doch beide genommen. Fünfzigtausend Tote und
Schwerverwundete decken die Walstatt.«

»Fünfzigtausend Tote um eines Erdhaufens und eines nieder-
gebrannten Dorfes wegen!« sprach August leise. »Welch ein
teurer Preis!« [ . . . ]

Die Nacht kam, der Mond ging auf. Er aber verbarg sich
hinter dunklen Wolken; es war, als mochte er nicht die Erde
bescheinen, welche das Blut ihrer Kinder in Strömen getrunken hatte. Viele Tausende von Sterbenden wimmerten und
stöhnten in die stille Mitternacht hinaus und flehten um einen
schnellen Tod und um Erlösung ihrer, ach! unbeschreibli-
chen Qual. Da kam der bleiche Sensenmann und löschte – wie
der [94] Küster die Lichtlein in der Weihnachtsmette – ein
Lichtlein nach dem andern aus. Es schlossen sich die müden
Augen; die Glieder streckten sich; die Wunden hörten auf zu
bluten. Aber auch viele gab es, die nicht ersterben konnten,
wo der Faden des Lebens wie Eisendraht fest hielt. Taub
gegen die Verzweiflung schritt der Tod an ihnen vorüber, sie
erst nach mehreren Tagen erlösend.

Auf der Schanze lag Freund und Feind brüderlich beisammen
gebettet. Viele saßen sogar mit dem Rücken gegeneinander
gelehnt auf der hohen Brustwehr, gleich Lebenden auf das
Schlachtfeld herabschauend. Die Sonne bleichte ihre Gebeine, welche die Raubvögel und die Verwesung vom Fleisch
entkleidet hatten; mit ihrem Haupthaar spielte der Wind, und
ihre zahllosen Gerippe zeugten von der so bewunderten
Größe des Eroberers.

Die Mütter aber, welche die vielen Gebliebenen unter ihrem
Herzen getragen, mit Schmerzen geboren, mit Sorgen groß
gezogen hatten, riefen Ach und Wehe über den Mörder
herab. Die Geister der Erschlagenen wurden versammelt zu
den Hunderttausenden, welche sein Ehrgeiz bereits geopfert
hatte, um einst im Gericht gegen ihn zu zeugen. [ . . . ]

[128] »[ . . . ] Und nimmer kehre der schlimme Krieg mit seinen
Plagen wieder!«

FRANZ FRIEDRICH ALEXANDER HOFFMANN

*Hundertundfünfzig moralische Erzählungen für kleine Kinder*

1842; 3., verb. Aufl. 1848

[147]                    *Der Strickstrumpf.*

Die kleine Hermine lief den ganzen Tag auf der Straße umher
und hatte nie Lust, etwas zu lernen. Sie war schon fünf Jahr
alt und konnte noch nicht einmal stricken, ja sogar noch nicht
einmal eine Schleife binden. Hundertmal des Tages befahl ihr
die Mutter, sich ruhig hinzusetzen und ein wenig zu lernen,
aber Hermine wollte nicht darauf hören. Ehe sich's die Mutter versah, war sie aus der Stube heraus, lief in den Garten
[148] hinab oder auf die Straße, und ließ sich nicht wieder
blicken.
Das machte der Mutter viele Sorge. Eines Tages ging Hermine zu ihrer Gespielin Ida. Sie fand noch mehr Kinder bei
ihr. Alle saßen um einen kleinen Tisch herum, waren fleißig,
strickten Strümpfchen und plauderten dabei. Hermine setzte
sich zu ihnen und wollte mit ihnen vergnügt sein.
Ei, sagte Ida, wo hast du denn dein Strickzeug, Hermine? –
Ich habe keins, erwiderte sie, denn ich kann noch nicht strikken, und will's auch nicht lernen. Als die andern kleinen
Mädchen das hörten, rückten sie ihre Stühle weit von Herminen weg, und Ida sagte: Höre, Herminchen, wenn du so faul
sein und nichts lernen willst, dann sprechen wir nicht mehr
mit dir und du kannst allein bleiben.
Hermine blieb ruhig sitzen und lachte. Bald darauf trat aber
Ida's Mutter in die Stube, und brachte einen Teller schöner
großer Aepfel herein. Ach, die sahen so lieblich und rothbak-
kig aus, daß den Kindern das Herz im Leibe lachte, als sie
[149] hörten, wer die Aepfel verzehren sollte. Jedes fleißige
Kind bekommt einen, sagte die Mutter, wer aber faul gewesen ist, erhält nichts.

Da gab sie jedem Kinde einen Apfel, und Herminen keinen. Diese mußte zusehen, wie es sich die andern so wohl schmekken ließen. Da schämte sie sich, und als Niemand sich um sie bekümmerte, ging sie zu Hause und bat ihre Mutter mit Thränen, ihr doch einen Strickstrumpf zu geben, sie wolle von jetzt an fleißig sein. Bald hatte sie das Stricken gelernt, denn sie gab sich recht viele Mühe, und als sie ein Paar Tage darauf wieder zu Ida ging, nahm sie das Strickzeug mit, und erhielt ihren Apfel so gut wie die andern kleinen Mädchen. Da war sie glücklich und freute sich über ihren Fleiß.

## Die Rettung.

Leopold hatte sich im Garten der Mutter zu Füßen gesetzt, hielt die kleinen Hände gefalten im [150] Schooße und hörte aufmerksam auf das, was ihm die Mutter erzählte. Sie sprach vom lieben Gott.

Alles, was du siehst, sagte sie, hat der liebe Gott gemacht. Hier die schönen rothen, blauen und gelben Blumen hat er wachsen lassen, die großen Obstbäume, von denen die süßen Birnen und Aepfel kommen, die dir so gut schmecken, sind des lieben Gottes Werk, den blauen Himmel über dir hat er gewölbt, die Sonne, den Mond und die funkelnden Sterne hat er erschaffen. Der liebe Gott hat dir deine Mutter und deinen Vater gegeben, und wacht Tag und Nacht mit seinen Engeln über dir, daß dir nichts Böses geschieht. Willst du den lieben Gott dafür auch recht lieb haben?

Ja, Mütterchen, von Herzen will ich ihn lieben, sagte Leopold, und jeden Abend und Morgen will ich zu ihm beten und ihn bitten, mich gut und fromm zu machen.

Wenige Tage darauf ging Leopold mit seinem Vater und einigen Kameraden in den Wald. Die Kinder liefen im Gebüsch umher, freuten sich und [151] wurden muthwillig. Leopold kletterte auf einen hohen Felsen, und jauchzte laut, als er seinen Vater und die Kameraden tief unter sich erblickte.

*Die Sparpfenninge*

Der Vater erschrak, als er Leopold auf dem Felsen sah, und rief ihm zu, sogleich herabzukommen. Leopold wollte gehorchen, plötzlich aber glitt er aus und stürzte an der steilsten Seite von dem Felsen herab.

Der arme Vater glaubte schon, er wäre todt. Als er aber an die Stelle kam, wo Leopold herunterstürzte, siehe! da hatte ihn ein Baum mit seinen dichten Zweigen unbeschädigt aufgenommen, und Leopold war frisch und munter. Der Vater half ihm vom Baume herab, und ging mit ihm nach Hause. Die Mutter aber sagte: Leopold, der liebe Gott hat dich sichtbar beschützt, wenn du nicht ein frommes Kind wärest, würdest du gewiß gestorben sein.

Leopold dankte dem lieben Gott für seine Rettung und blieb ein frommer guter Knabe, der seinen Eltern viele Freude machte.

[152] Den Felsen vergaß er in seinem ganzen Leben nicht.

### Die freundliche Pauline.

Du glaubst gar nicht, was unsere Pauline für ein liebes Mädchen ist, sagte die Mutter zum Vater. Was ich ihr heiße, thut sie immer gern und mit fröhlichem Gesicht. Noch nie habe ich sie mürrisch gesehen.

Pauline spielte eben auf der Straße mit andern Kindern und war sehr vergnügt.

Komm herein, Pauline, rief die Mutter zum Fenster heraus, du sollst einen Weg ausgehen.

Augenblicklich ließ Pauline vom Spiele ab und kam schnell gesprungen. Ihr Gesichtchen sah freundlich aus, und sie war nicht im Mindesten verdrießlich, obwohl sie im Spielen gestört wurde.

Wo soll ich hingehen, liebe Mutter? fragte sie munter. – Hier dieses Körbchen trage zur Tante Karoline, gib es ihr, und komm schnell wieder zurück.

[153] Pauline nahm das Körbchen, setzte ihren Hut auf und

machte sich fröhlich auf den Weg. Es war sehr heiß, und die Sonne brannte. Pauline achtete das aber nicht, sondern brachte der Tante das Körbchen, grüßte sie freundlich und wollte schnell wieder fort. Die Tante ließ sie aber noch nicht gehen, sondern schloß einen Schrank auf, nahm eine Schachtel heraus und schenkte Paulinen eine Hand voll Zuckerwerk.

So ganz umsonst sollst du den weiten Weg in der Sonnenhitze nicht gemacht haben, liebes Herzchen, sagte sie, und gab ihr noch einen Kuß obendrein.

Pauline dankte der guten Tante, lief fröhlich nach Hause und gab ihrem kleinen Bruder die Hälfte ihrer süßen Bonbons davon.

Sagt, war das nicht ein freundliches Kind? Wollt ihr nicht auch so werden? Thut es, und alle Menschen werden euch lieb haben, wie Paulinen.


FRANZ FRIEDRICH ALEXANDER HOFFMANN

*Geschichtenbuch für die Kinderstube*

1844; 3. Aufl. 1856


[10]                              *Die eitle Sophie.*

Nicht leicht konnte man ein hübscheres kleines Mädchen finden, als Sophie. Ihr schönes, glänzendes und langes Haar, ihre hellen blauen Augen, ihre rothen Bäckchen, und der frische kleine Mund nahmen beim ersten Anblicke für sie ein, und man liebte sie schon, ehe man nur ein [11] Wort mit ihr gesprochen hatte. Ihr heiteres freundliches Wesen trug noch mehr dazu bei, ihr die Liebe vieler Menschen zu verschaffen und zu erhalten.

So lange Sophie klein war, blieb sie so liebenswürdig und
artig. Als sie aber größer wurde, wurzelte ein böser, häßlicher
Fehler in ihrer Seele ein, ein Fehler, der nur durch eine harte
Fügung Gottes wieder ausgerottet werden konnte; Sophie
wurde eitel.

Die unaufhörlichen Lobsprüche all' ihrer Bekannten über
ihre Schönheit verdrehten ihr das kleine Köpfchen, und sie
lauschte den Schmeicheleien mit nur zu willigem Ohre. Ja, sie
forderte dieselben heraus, indem sie sich ein höchst keckes
und gefallsüchtiges Benehmen angewöhnte, welches die
Augen der Menschen auf sich ziehen sollte.

Sophiens Mutter war eine verständige Frau, und der falsche
Weg, den Sophie einschlug, um die Herzen zu gewinnen,
mißfiel ihr. Sie ließ es daher nicht an Vorstellungen und
Ermahnungen fehlen, die aber nicht mit so günstigem Ohre
aufgenommen wurden, als die Lobeserhebungen der fremden
Leute, die dem unverständigen Kinde so sehr den Kopf verdrehten, daß es äußere Schönheit für das Wünschenswerthe-
ste und höchste Gut im Leben hielt.

Anstatt ihren Geist auszubilden und mit nützlichen Kenntnissen zu bereichern, wandte Sophie ihre Zeit dazu an, sich zu
putzen und zu schmücken, und die Erhöhung [12] ihrer
Schönheit durch tausendfache Mittel zu befördern. Unzählige Male im Laufe des Tages ging sie zu ihrem Spiegel, bewunderte sich selbst, und freute sich, daß der liebe Gott sie so
schön erschaffen habe.

Mit bekümmertem Herzen sah die Mutter den verderblichen
Fehler der Eitelkeit mehr und mehr sich in dem Herzen
Sophiens einnisten, und es betrübte sie, daß keine Ermahnung, keine Vorstellung ihn einschränken, viel weniger aus-
rotten konnte.

»Du wirst es einst bereuen, über der Pflege der äußeren
vergänglichen Schönheit die ewigen und unvergänglichen
Schätze des Geistes vernachläßigt zu haben«; sagte sie eines
Tages, als sie Sophien, wie gewöhnlich, vor dem Spiegel
fand.

Sophie lachte über diese Warnung, ohne sich weiter darum zu bekümmern.

Jahre vergingen, und noch immer war Sophie ihrer Schönheit halber in der ganzen Stadt berühmt. Aber nur sehr wenige Menschen gab es, die sie liebten und schätzten. Die Weisen und Verständigen vermieden sie, und nur Narren und Dummköpfe streuten ihr noch Weihrauch und sagten ihr Schmeicheleien. Sophiens Eitelkeit und Gefallsucht, die auf nichts als äußerlichen Vorzügen beruhten, raubten ihr die Zuneigung aller ihrer Freundinnen.

Gerade um diese Zeit war es, daß eine schreckliche Krankheit, die Blattern genannt, in der Stadt ausbrach, [13] und es dauerte nicht gar lange, so wurde auch Sophie davon ergriffen. Sie fühlte bald Frost bald Hitze in den Gliedern, mußte sich zu Bett legen, und wurde bald so gefährlich krank, daß sie gänzlich die Besinnung verlor, und die Aerzte an ihrer Genesung verzweifelten. Dennoch bezwang ihre gute Natur die Macht des Uebels, und sie genas, obwohl langsam. Wochen vergingen, ehe sie das Bett wieder verlassen konnte.

Der erste Gang, den sie mit schwachen und wankenden Füßen zu thun wagte, führte sie an den Spiegel. Einen Blick warf sie hinein, stieß einen gellenden Schrei aus, und sank ohnmächtig zu Boden.

Der eine Blick hatte ihr gezeigt, daß ihre Schönheit unwiederbringlich dahin war, und der abschreckendsten Häßlichkeit Platz gemacht hatte. Die vormals glänzend weiche und weiße Haut war jetzt von tiefen Narben zerrissen und durchfurcht, und häßliche, brennend rothe Flecken verunzierten das ganze, früher so reizende Gesicht.

Der Schrecken und Abscheu Sophiens vor sich selbst war so groß, daß sie von Neuem in ein heftiges Fieber verfiel und abermals am Rande des Grabes schwebte. Sie erholte sich zwar wieder, aber nur langsam, denn ihre beste Kraft war mit dem Verluste der Schönheit von ihr gewichen. Jetzt bedauerte und beklagte sie, ihre Zeit nicht besser angewendet zu haben, denn da ihre Schönheit nun dahin war, und Geistesvorzüge

den Verlust nicht ersetzten oder vergessen ließen, wurde sie
in [14] allen Gesellschaften übersehen und zurückgesetzt, und
fühlte sich im höchsten Grade unglücklich. Kaum vermochte
es der liebevolle Trost ihrer Mutter, sie einigermaßen zu erheben und zu beruhigen. Ganz zufrieden und glücklich ward sie
nicht mehr, so lange sie lebte.

[20]                        *Die Puppen.*

Emma wäre ein niedliches und liebenswürdiges kleines Mädchen gewesen, wenn sie nicht den Fehler gehabt hätte, über
jede Kleinigkeit zornig zu werden, und in der Heftigkeit
allerlei unbesonnene Streiche zu machen. Recht häufig
kränkte sie in der Hitze des Eifers ihre kleinen Freundinnen,
besonders wenn diese über irgend eine Sache nicht gleicher
Meinung mit ihr waren, oder sich gar herausnehmen wollten,
ihr zu widersprechen. Noch häufiger fügte sie sich aber durch
ihre Heftigkeit selbst Schaden zu, wie das folgende Beispiel
zeigen wird.
Sie selbst und ihre Freundin Adelheid hatten zum Weih-
nachtsfeste jede eine wunderhübsche Puppe bekommen, über
welche sie sich außerordentlich freuten. Die Puppen waren
reizend gekleidet, und, was die Hauptsache war, der Kopf
derselben bestand aus feinem Porzellan, und war ausneh-
mend schön bemalt.
Gleich nach dem Feste besuchte Adelheid ihre Freundin
Emma, und brachte ihre Puppe mit, die gebührend bewundert ward. Emma holte darauf auch die ihrige, und die beiden
kleinen Mädchen spielten damit wohl eine Stunde lang. Endlich sagte Emma:
[21] »Höre Adelheid, meine Puppe gefällt mir doch besser, als
die deinige.«
»Warum?« fragte Adelheid. »Mich dünkt, sie wären gleich
schön.«
»Das wohl«, erwiederte Emma; »aber ein Unterschied ist

doch darin. Der Kopf der deinigen ist hohl, *der* meiner aber nicht.«

»Ach, lieber gar!« rief Adelheid. »Sie sind ganz gleich. Wenn dein Puppenkopf nicht hohl wäre, so müßte er doch schwerer sein, als meiner, und das ist nicht der Fall. Wiege sie nur beide in der Hand.«

Emma wog die Puppen, und entschied von Neuem für ihre Behauptung. Adelheid wollte gleichfalls von ihrer Meinung nicht abgehen; sie stritten hin und her, und Emma wurde bald so heftig, daß sie alle Besonnenheit verlor.

»Sieh, ich will dir beweisen, daß ich Recht habe«, rief sie. »Wenn mein Kopf hohl ist, so wird er zerspringen, wenn ich damit gegen den Ofen schlage. Ist er aber nicht hohl, so bleibt er ganz. Gibst du das zu?«

»Ja, das muß ich zugeben«, erwiederte Adelheid. »Doch aber mögte ich dir nicht rathen, die Probe zu machen, denn sie würde zu deinem Schaden ausfallen.«

»Das wollen wir doch erst sehen!« rief Emma heftig, und sprang auf.

Vergebens wiederholte Adelheid ihre Warnung. [22] Emma nahm die Puppe, schlug kräftig den Kopf derselben gegen die eiserne Ofenplatte, und sah zu ihrem Schrecken, daß der arme Kopf alsbald in hundert Stücke zersprang.

Jetzt war die Heftigkeit vorüber und die höchste Betrübniß an ihre Stelle getreten. Emma weinte und klagte über ihren Verlust, und die kleine Adelheid war boshaft genug, sie noch obendrein zu verspotten.

»Siehst du wohl, daß ich Recht hatte!« sagte sie höhnisch. »Ein anderes Mal glaube mir hübsch, und halte dich nicht für gar zu klug.«

Sie nahm ihre Puppe und ging davon. Emma aber weinte noch lange, und nahm sich vor, in der Folge ihre heftigen Leidenschaften zu unterdrücken. Sie that es, und befand sich wohl dabei; ihr hübscher Puppenkopf aber war dahin, und sie bekam keinen anderen von der Mutter.

THEKLA VON GUMPERT

*Mutter Anne und ihr Gretchen*

1852

[1]                              *Die Hütte.*

Vor dem Stadtthore stehen einige hübsche Häuser, die von
freundlichen Gärten umgeben sind und wohlhabenden Familien gehören, daneben sieht man aber auch kleine unansehnli-
che Hütten, in denen arme Leute wohnen. Eine dieser kleinen
Hütten sieht aus als wäre sie für eine große Puppenfamilie
gebaut, man kann sich kaum denken, daß Menschen darin
leben; sie hat eine Thür auf der einen Seite, ein Fenster auf der
andern. Das ganze Häuschen ist nämlich nichts weiter als eine
einzige Stube, Flur, Küche, Kammer sind gar nicht darin. In
dieser Hütte wohnt der Ziegelstreicher Jonas mit seiner Frau
Anne und ihrem muntern kleinen Gretchen. Das Kind ist ein
Jahr alt, immer lustig, jauchzt und lacht den ganzen Tag, alles
macht ihm Spaß, selbst wenn der [2] Vater niesen muß lacht es
laut auf, als ob er es nur ihm zum Vergnügen thäte. Gretchen
lernt erst gehen, an der Mutter Hand kann sie schon ein paar
Schritt machen; aber gewöhnlich rutscht sie nur auf der Erde
herum, manchmal richtet sie sich allein empor und steht auf
den schwachen kleinen Füßen, aber dann kugelt sie gewöhnlich um; wenn sie sich weh thut weint sie ein paar Thränchen,
doch ist das selten der Fall, sie fällt ja nicht hoch herab und oft
lacht sie laut auf, als ob sie ein Kunststück gemacht hätte.
Gretchen lernt auch erst sprechen, sie sagt nur erst »Muh!«
und »Mäh!« das heißt Kuh und Schaf, und »pappen« das heißt
essen, und »Uff«, das heißt Muff. Muff ist eine wichtige Person im Hause, ich erzähle von ihm später.
Mutter Anne ist nicht immer des Ziegelstreichers Frau gewesen, sie hat früher als Kindermädchen bei einer reichen Familie gedient. Diese Dienstjahre haben ihr großen Nutzen

gebracht, denn sie hat viel gelernt. Erstens gut nähen und
waschen und plätten, aber auch noch etwas Wichtiges außer-
[3]dem, nämlich wie es eine Mutter anfangen muß, um ihre
Kinder glücklich zu machen. Die Frau, bei welcher Anne im
Dienst stand, dachte, obgleich sie reich sei an Geld und anderen sichtbaren Gütern, ihre Kinder müssen sich erst Reich-
thümer sammeln, sie meinte nämlich den Reichthum im Herzen, den der liebe Gott hinein legt, wenn man seinen Willen
thut. Diese gute Mutter bemühete sich also ihren Kindern zu
lehren, wie man Gottes Willen erkennen und erfüllen kann.
Anne, welche Kindermädchen war, sah das immer mit an und
dachte, solch eine Mutter segne gewiß der liebe Gott, und als
sie sich später mit Vater Jonas verheirathete und ihr Gretchen
geboren wurde, dachte sie gleich an die reiche Frau, bei der sie
gedient hatte, und sagte zu ihrem Jonas: es ist ganz gleich ob
man Geld hat oder nicht, seine Kinder kann man doch so
erziehen, daß sie glücklich werden, ich will es mit meinem
Gretchen machen, wie jene gute Mutter mit ihren Kindern,
dazu gebe mir Gott seinen Segen!«


[36]                    *Gretchen lernt stricken.*


Was soll das kleine Mädchen den ganzen Tag anfangen? Die
Mutter arbeitet vom frühen Morgen bis zum späten Abend,
das Kind kann nicht immer spielen, es soll auch schon etwas
lernen. In die Schule gehen? o nein, dazu ist Gretchen viel zu
jung; aber sie soll stricken lernen. Mutter Anne trägt zwar im
Sommer nicht täglich Schuhe und Strümpfe, Gretchen auch
nicht, aber am Sonntag, wenn sie das Feiertagskleid anziehen,
dann werden auch die Füße bekleidet und im Winter während
der Kälte gehen sie gar nicht barfuß, also Strümpfe müssen da
sein. Mutter Anne strickt fleißig; manchmal mitten in der
Nacht, wenn sie nicht schlafen kann, nimmt sie ihr Strickzeug
vor, es wird recht gut sein für sie, [37] wenn ihr erst Gretchen
eine Hülfe ist. Doch einen Strumpf kann das kleine Mädchen

nicht gleich stricken, was denn aber, wenn es kein Strumpf sein soll? »Schau ein Mal«, sagt Mutter Anne am Sonntag früh, als Gretchen sich die Strümpfe anzieht, »da bindest du dir ein Stück Bindfaden um den Strumpf, das ist häßlich, du mußt dir ein Strumpfband stricken.« Also ein Strumpfband, ja das ist leicht. Gretchen ist neugierig, wie wohl ein Strumpfband aussehen wird und am Montag nach dem Mittagessen läßt sie der Mutter keine Ruhe mehr, sie muß den Kasten aufmachen und Baumwolle suchen und zwei dicke Stricknadeln. Zu Gretchens Freude hat Anne ein rothes Knäulchen Baumwolle im Kasten gefunden und als die Maschen auf den Nadeln stehen, meint das Kind, es seien lauter rothe Männchen, die, wenn man strickt, von einer Nadel auf die andere springen, es ist sehr komisch anzusehen! bei Anne geht es hop, hop, hop, ganz schnell, bei Gretchen aber schleichen sie nur langsam herüber, denn Gretchen kann noch nicht so rasch stricken. Wie lang [38] muß denn ein Strumpfband sein? – so lang wie Gretchens Arm. Es wird wohl viele Wochen dauern ehe es fertig wird? Wie viel muß denn Gretchen täglich stricken? zehn Nadeln, das heißt, zehn Mal haben die rothen Männchen alle Tage hin und her zu wandern. O, wenn das so schnell geht, da wird bald ein Strumpfband fertig sein, ja, und dann kommt das zweite, denn Gretchen hat doch zwei Füße.

Der Muff wundert sich recht, daß Gretchen strickt, er sitzt oft vor ihr und sieht zu, wie die rothen Männchen sich bewegen; aber er weiß eigentlich nicht was das bedeutet, er sieht so neugierig aus, und würde gewiß fragen, wenn er nur reden könnte; doch er begreift es auch nicht, wenn man es ihm auch erklären wollte. Gretchen merkt recht gut, daß er neugierig ist und zeigt ihm, daß ihre Strümpfe mit Bindfaden festgebunden sind, und erzählt ihm, daß sie bald zwei ganz lange Bänder fertig haben wird, aber er macht so ein dummes Gesicht dazu, daß man schon gleich sieht, er versteht nichts davon.

[39]                    *Die gefallene Masche.*

Manchmal ist Gretchen recht artig, wenn sie strickt; aber zuweilen kommt sie nicht von der Stelle, die rothen Männer kriechen dann nur ganz langsam von einer Nadel auf die andere. Gretchen macht dann auch ein recht häßliches Gesicht, die Stirn zieht sich kraus, die Lippen schieben sich vor und manchmal fallen auch große Tropfen aus den Augen, daß die Maschen ganz naß werden. Mutter Anne scherzt in solchem Falle erst über die trägen Männchen, die so langsam gehen, aber wenn Gretchen unartig ist, dann hilft der Spaß nicht immer, und manchmal geht die vorgeschobene Lippe nicht eher zurück, als bis Anne dem Kinde ein paar Klapse auf die trägen Hände gegeben hat. Eines Tages ist es aber recht schlimm! die Mutter spinnt, daß das Rad nur so schnurrt, Gretchen aber will nicht vorwärts, sie hält die Nadeln still, nur wenn Anne sie anruft, hebt sie eine Maschen [40] ab, dann hält sie wieder still; zupft an der Lippe, zupft an der Nase. »Frisch! vorwärts!« sagt Anne, »sieh nur, der Muff will hinaus, mit dir spielen, aber du mußt erst die Zahl fertig strikken.« Gretchen sieht den Muff an; aber statt zu arbeiten, kratzt sie hinter den Ohren. Muff knurrt an der Thür, Gretchen läßt das Strickzeug fallen und will mit ihm hinauslaufen. »Nein, daraus kann nichts werden«, sagt Anne, »hebe die Arbeit auf und stricke deine Zahl!« Gretchen hebt die Arbeit auf, aber hält sie still. Die Mutter steht auf und öffnet die Thür, Muff springt bellend hinaus und Gretchen fängt an zu weinen. »Wenn du nicht gleich artig bist«, sagt Mutter Anne, »dann muß ich die trägen Hände schlagen, daß sie wieder vorwärts gehen mit der Arbeit«; aber Gretchen ist ganz ungezogen und schreit laut ohne zu gehorchen und nun muß freilich die Mutter strafen. O das ist recht traurig und klaps, klaps geht es, bis die Händchen ganz roth sind, und dann muß Gretchen noch hinter den Kasten in den Winkel. Sie schämt sich sehr und denkt: wenn nur [41] der Vater nicht grade jetzt nach Hause käme, und wie gut, daß der Muff nicht in der

Stube ist, der würde mich auslachen! Geschwind besinnt sich
Gretchen, geht zur Mutter, fällt ihr um den Hals und will
stricken. Das ist gut, die Mutter verzeiht gleich und das Kind
nimmt die Arbeit schnell vor; aber nun zittern die Hände, sie
thun auch weh und rutsch, da liegt ein Männchen unten, eine
Masche ist von der Nadel herabgefallen. Gretchen erschrickt,
will sie aufheben; aber sie versteht es nicht und rutsch, rutsch
spaziert das Männchen immer tiefer herunter. Wie das aussieht! grade wie die Leiter am Nachbarhause; auf der letzten
Sprosse ganz unten sitzt das Männchen. Mutter Anne merkt
Gretchens Verlegenheit, aber sie schilt gar nicht, Gretchen ist
ja jetzt nicht unartig. »Kann denn das Männchen wieder die
Leiter hinauf kriechen?« frägt das Kind ängstlich. »Ja freilich«, erwiedert Anne, »ich will ihm helfen, sieh her, jetzt
steigt es herauf, eine Sprosse, wieder eine, wieder eine, – – bis
– – oben, da ist's auf der Nadel: nun lasse es nicht wieder her-
[42]unter gleiten.« Der Vorfall mit der Leiter hat Gretchen
ganz aufgeheitert, sie strickt mit freundlichem Gesicht ihre
Zahl fertig, die Mutter giebt ihr einen Kuß, macht ihr die
Thür auf, daß sie hinaus gehen kann, und sie springt fort zu
Freund Muff, der sie bellend begrüßt, sie streichelt sein zotti-
ges Fell und sagt ganz leise: »lieber Muff, ich will dir nicht
erzählen, was jetzt in der Stube geschehen ist.«


### Gretchen giebt Unterricht.


Gretchen ist nun schon ein großes Mädchen, wenn sie grade
steht, reicht sie mit der Nase auf das Fensterbrett. Die Mutter
sagt ihr auch immer, daß man sehr artig sein müsse, wenn
man so groß sei; sie wird in einigen Jahren ja schon in die
Schule gehen, Nachbars Peter geht schon in die Schule und
reicht mit der Stirn doch erst an seines Vaters untersten We-
stenknopf. Gretchen betet jetzt auch schon alle Tage; seitdem
sie im Walde von selbst auf den Gedanken [43] gekommen ist
mit dem lieben Gott zu sprechen, seitdem thut sie es, wenn sie

Der liebe Gott spricht auch.

aufsteht und zu Bett geht. Die Mutter erzählt ihr auch viele
schöne Geschichten von Menschen die recht großes Vertrauen zum lieben Gott hatten, zum Beispiel von Noah und
seinen Söhnen, die in der Arche gerettet wurden, von Abraham der seinen geliebten Isaak opfern sollte, und so viele
Andere. Diese Geschichten werden hier nicht mitgetheilt,
denn Kinder, die dieses Buch lesen, kennen sie wohl schon
oder müssen ihre Eltern bitten, sie ihnen zu erzählen. – Alle
Eltern wissen wer Noah und Abraham waren, und wenn sie
es vergessen hätten, so brauchen sie nur so ein großes Buch
aufzuschlagen, wie das ist, welches Mutter Anne in ihrem
Kasten verwahrt hat, und nachlesen. Es ist in jeder Familie
wohl so ein Buch, wenigstens doch in allen Familien, wo die
Geschichte von Gretchen gelesen wird. Gretchen hat es sehr
gern, wenn die Mutter erzählt; aber das geschieht nur alle
Sonntag, Anne sagt, das Kind könne noch nicht in die Kirche
gehen, da solle es sich wenigstens gewöhnen, [44] am Sonntag
eine hübsche Geschichte vom lieben Gott zu hören. Eines
Abends sitzt das kleine Mädchen vor der Thür und spielt mit
einer Puppe, nämlich mit einem Stückchen Holz, das sie in
ein Läppchen gehüllt hat wie ein Wickelkind; sie hat jetzt
immer so eine Holzpuppe, dem Kartoffelkind ist ja schon
längst der Kopf abgebrochen. Sie hat aber ihr Holzspänchen
eben so lieb wie damals die Kartoffel, und fährt es auf einem
alten Schachteldeckel spazieren und singt es in Schlaf, auch
muß es gewöhnlich mit in ihrer Wiege die Nacht zubringen.
Als sie jetzt so vor der Thür sitzt mit dem eingewickelten
Spänchen, fällt ihr ein, sie müsse dem Kinde Unterricht
geben, und sie spielt es sei Sonntag, und sagt: »höre Puppe,
heute arbeite ich nicht, es wird bald läuten, bim bam, bim
bam, so – nun kommen die Leute aus der Kirche, nun ist
Mittag, wir haben auch schon gegessen und nun Puppe paß
auf, jetzt erzähle ich dir eine Geschichte, wie die Mutter mir
erzählt. Es war einmal ein Mann der hieß Abraham, und der
hatte eine alte Frau, die hieß Sara – wie hieß [45] der Mann?
antworte doch – Abraham hieß er, nun sprich, wie hieß er?

Aber höre doch zu, Puppe, du hast dich ja umgedreht, ich
sehe die Mutter immer an, wenn sie erzählt, sitze doch grade,
kannst du denn blos liegen? Also der Abraham, aber nein,
Puppe du bist zu dumm! dir erzähle ich die schöne
Geschichte nicht, geh fort! du bist doch nur ein Stück Holz!«
Gretchen wirft das gescholtene Wickelkind unter die Bank
und springt davon.

### Sei nicht böse.

Mutter Anne hat es von Weitem mit angesehen, wie Gretchen
ihre Puppe unterrichtet und dabei ungeduldig geworden ist.
Sie spinnt vor der Thür und hält nun ihr schnurrendes Rad
still und ruft ihr klein Mädchen heran. »Warum hast du denn
deine arme Puppe unter die Bank geworfen?« frägt sie bedau-
ernd. »Weil sie so dumm ist«, antwortet Gretchen. »Kann
denn ein Stück Holz vernünftig sein?« – [46] »Nein.« –
»Warum denn nicht.« – »Es kann nicht, weil es Holz ist.« –
»Wer muß denn aber vernünftig sein?« – »Der Mensch.« –
»Ja, das habe ich dir sehr oft gesagt, daß der Mensch das
einzige Geschöpf ist, dem der liebe Gott Vernunft gegeben
hat, also wie konntest du denn böse werden auf deine Holzpuppe? war es vernünftig von dir, zu verlangen sie solle dich
ansehen und aufpassen?« – »Nein.« – »Wer war also dumm?
die Puppe?« – »Nein, ich.« – »Ja freilich, mein Gretchen war
dumm und mir thut die arme Puppe leid, du hast sie ja lieb,
wie kannst du sie denn unter die Bank werfen? sie macht dir
so viel Spaß, kleine Mädchen spielen gern mit Puppen, sie
sollen sie aber auch niemals mißhandeln.« Gretchen schämt
sich sehr bei dieser Vorstellung der Mutter, freilich hat sie
ihre Puppe lieb und pflegt sie wie ein lebendes Kind, die
Puppe und der Muff sind ihr fast gleich werth, sie erlaubt
auch dem Muff niemals die Puppe zu beißen, und ein Mal, als
er sie mit den Zähnen erfaßt, und mit ihr in den Teich
gesprungen war, hat sie bittere Thränen geweint. [47] Sie steht

jetzt einige Augenblicke vor der Mutter still und blickt von
der Seite nach der Stelle hin, wo sie mit der verstoßenen hölzernen Schülerin gesessen hat, dann schnell springt sie hin,
bückt sich unter die Bank, da liegt das gekleidete Spänchen
dicht an die Mauer gelehnt, Kartoffelschalen und Kehricht
um dasselbe herum. Gretchen hebt es auf, küßt es zärtlich
und sagt leise: »Puppe, sei nicht böse!« dann geht sie in die
Stube, hüllt noch ein Läppchen um sie herum und legt sie in
ihre eigene Wiege und singt: »su, su, su! mach die Augen zu,
su, su, su.«

[108]                      *Die reiche Frau.*

Im großen Hause gegenüber ist eine Veränderung vorgenom-
men worden, das kleine Mädchen nämlich, welches von den
Geschwistern immer die Kugel genannt wird, hat eine Erzieherin bekommen, sie soll französisch sprechen lernen und
sonst noch einige Stunden nehmen. Nun hat diese Erzieherin
geäußert, es sei nicht gut ein Kind allein zu unterrichten, die
Kleine würde mehr Freude am Lernen finden, wenn sie eine
Mitschülerin hätte. Die Mutter des Zöglings ist eine reiche
Frau, sie hat wohl genug Geld, um ein fremdes Kind in das
Haus zu nehmen und es den Unterricht der Erzieherin mitge-
nießen zu lassen. Des Ziegelstreichers Gretchen wäre so
grade recht, sie ist mit der Kleinen in gleichem Alter; ein
freundliches Kind, das immer sehr reinlich aussieht und recht
artig zu sein scheint. So arme Leute, denkt die reiche Frau,
werden überglücklich sein ihre Tochter so gut unterrichtet zu
[109] sehen, sie schickt zu Annen herüber und läßt sie bitten
ein Mal zu ihr zu kommen. Anne weiß gar nicht, warum die
Dame sie zu sprechen wünscht, aber sie bindet eine frischge-
waschene Schürze um, zieht die Sonntagsjacke an und geht in
das schöne Haus. Es gefällt ihr recht wohl darin, die Treppen
sind so breit und hell und ein Teppich liegt auf den Stufen,
von unten bis oben herauf. Ein Diener meldet sie an und führt

sie durch einen prächtigen Saal, wo rothe Sammetgardinen hängen und vergoldete Spiegelrahmen und Kronleuchter glänzen, alles ist herrlich bis hin in das kleine Stübchen der reichen Frau. Anne sagt: »guten Tag liebe Dame«, und diese nickt freundlich mit dem Kopfe. »Sie haben ein hübsches kleines Töchterchen«, sagt die reiche Frau, »ich habe sie immer mit Vergnügen beobachtet, sie scheint ein liebes Kind zu sein.«

»Mein Gretchen«, erwiedert Anne, »ist ein liebes Kind, ja gewiß, unartig manchmal wie alle Kinder; aber ich bin ganz zufrieden, daß sie grade so ist wie sie ist.«

[110] »Mein jüngstes kleines Mädchen«, fährt die Dame fort, ist mit ihr in gleichem Alter und hat mir oft gesagt, sie finde Gefallen an der kleinen Ziegelstreichers Tochter und möchte manchmal mit ihr spielen. So habe ich den Plan, dieses Kind zu mir zu nehmen, oder wenn Euch das lieber ist, sie den Tag über hier zu haben, sie kann mit meinem kleinen Mädchen Stunden nehmen, bei uns essen und mit ihm spielen. Wenn Ihre Tochter vierzehn Jahr alt ist, will ich sie nähen lernen lassen und sie kann dann wieder bei Ihnen wohnen und sich ihr Brod verdienen.«

Mutter Anne steht einen Augenblick nachdenkend da, ihr Gretchen Spielgefährtin des vornehmen Kindes und in dem reichen Hause, wo alles so kostbar aussieht! das ist ein glänzendes Anerbieten, sie überlegt; aber nach wenigen Minuten erwidert sie entschlossen: »Liebe Dame, was Sie thun wollen, mag Ihnen recht herrlich scheinen, weil wir arme Leute sind, unser Gretchen aber ist unser einziges Glück. Geld haben wir nicht, doch viel Liebe im Herzen; gute Dame, [111] Sie haben sechs Kinder, Sie möchten doch wohl aber keines verschenken, glauben Sie, ein Mutter- und Vaterherz kann auch in der Brust der Armen schlagen! Was wollen Sie aus meinem Kinde machen? Sie wollen sie an ein Leben gewöhnen, das sie später entbehren muß; bis zum vierzehnten Jahre soll sie in prächtigen Stuben wohnen, schöne Kleider tragen, Braten und Kuchen essen, dann soll sie wieder zurück in die Hütte um

einen Leinwandrock anzuziehen, und trocken Brod zu essen?
Bis zum vierzehnten Jahre soll sie gelehrtes Zeug lernen und
französisch reden, dann aber soll sie sticheln und sticheln, um
ihr bischen Brod zu verdienen? Und was das schlimmste ist,
heute hat uns unser Kind lieb und kennt nichts Höheres als
von Vater und Mutter Gottesfurcht zu lernen, in den schönen
Kleidern könnte sie sich des armen Ziegelstreichers schämen,
wenn er sie mit den Lehmhänden anrühren will, und könnte
die Mutter auslachen, wenn sie auf ihr ›parle vou französisch?‹ nicht antworten kann. Nein, gute Dame, ich darf auf
Ihren Vorschlag nicht eingehen, [112] Gott hat uns das Kind
geschenkt und unser muß es bleiben, ich gebe es nicht hin um
alles Gold der Erde.«

AUGUST CORRODI

*Für mein kleines Völklein*

1856

[27]                    *Der Geiger.*

Du kannst den alten Dorfgeiger, den Reie Jock, nicht wohl
gekannt haben, liebstes Kind, denn er ist schon mehr als dreißig Jahre todt und schläft jetzt im Kirchhof, zu äußerst an der
Mauer. Er war der letzte, den man im alten Kirchhof begrub;
jetzt hat's einen neuen.
Das war ein sonderbarer Mensch, dieser Reie Jock, und seine
Frau war sonderbar und alle seine Kinder waren sonderbar,
bis sie starben, und der welcher alle überlebte, war der sonderbarste von allen. Und sein Name war auch sonderbar. Er
hieß nämlich Reie Jocks Gnazi. Es waren vier Buben gewesen, und die hatten alle geigen können, so gut als man's auf

dem Lande können muß; aber in einem Stadtconcert wär's nicht recht gegangen.

Wie nun die ganze Familie des Reie Jocks starb und der Geiger allein übrig blieb, sagte der Gnazi zu sich selber: »Hör', Gnazi, das ist langweilig, immer auf dem Dorf zu sitzen; du willst dir die Welt ein wenig ansehen und auch anderswo geigen, denn du brauchst dich nicht zu schämen, du kannst's!« –

Und Reie Jocks Gnazi steckte seine Geige in den Sack, sagte behüt' euch Gott, und ging aus dem Dorfe fort.

Er war ein großer Jüngling und hatte prächtig rothes Haar und viele Sommersprossen im Gesicht, nicht nur im Früh-[28]ling, sondern das ganze Jahr, und kleine grüne Aeuglein. Es ist nur schade, daß wir ihn auf dem Bildchen nur von hinten sehen können.

Und so ging er durch viele Länder und spielte in den Dorfschenken zum Tanz, und machte lustige Witze dabei. Denn Reie Jocks Gnazi war ein witziger Mensch, und konnte noch besser schwatzen fast, als geigen.

Nun war das ein ganz lustig Leben, aber es verleidete ihm doch auf die Länge und er wollte einmal eine große Stadt sehen. Da kam er auch vor das Haus, das wir auf dem Bildchen sehen, und geigte den Kindern viel vor. Und wie er so geigte, hörte es der Sohn des Hauses oben aus dem Fenster, und weil er selber ein lustiger Herr war und auch prächtig geigen konnte, ging er hinab zum Reie Jocks Gnazi und sprach mit ihm.

Nun war aber an jenem Abend ein großes Concert in der Stadt und es war ein Geiger da, der konnte am allerallerschönsten geigen auf der ganzen Welt und fast noch schöner als Gnazi. Da sagte der Herr zu ihm, zum Gnazi, er wolle ihn diesen Abend mitnehmen und er solle sich jetzt noch etwas waschen und seine prächtigen Haare kämmen. Und das that des Reie Jocks Gnazi und der alte Kutscher half ihm dabei und lieh ihm eine Weste und Stiefeln; denn die seinigen hatten fürchterlich Hunger und sperrten das Maul auf.

Und nun gingen sie mit einander in den Concertsaal und Reie

Jocks Gnazi mußte sich zuhinterst an die Wand stellen, da wo die Paucken sind; dort konnte er es auch gut hören.

Nun ging die Musik an und dann kam der fremde Geiger, der war ein langer hagerer Mann, mit schwarzem Haar und Bart, und hatte einen Frack und eine weiße Weste.

»Ja«, dachte Reie Jocks Gnazi, »wenn der schön spielt, [29] so macht's nur die Weste!« Es war ihm aber doch nicht ernst. Und jetzt fing der Geiger nach einem tiefen, tiefen Compliment, wobei sein langes Haar den Boden berührte, an zu geigen. Er geigte fort und fort. Anfangs lächelte Reie Jocks Gnazi und dachte, bis hieher könnt ich's auch noch; aber nur weiter. – Es kam immer kunstreicher, immer herrlicher, das war gerade wie wenn Engel singen würden und es ward einem ganz wehmüthig und traurig um's Herz. Dann kam's wieder lustig heran, wie hüpfende, spielende Kinder, und dann wieder voll und groß wie eine Orgel.

Reie Jocks Gnazi hörte mit aufgesperrtem Mund zu, und verwandte kein Auge von dem Geiger. Der Schweiß trat ihm auf die Stirn, er vergaß alles um sich her, ging immer weiter vor und kam bis zu dem Director. Der sah ihn bös an, und winkte ihm, fortzugehen; Reie Jocks Gnazi hörte es nicht. Der Geiger spielte immer schöner, immer herrlicher, es lief dem Burschen bald siedendheiß, bald eiskalt über den Rükken, und als der Geiger nun zum Schluß kam und noch einmal alle seine Kunst vollständig losließ, alles lautlos dasaß und die Damen fast weinten, da auf einmal konnte sich der Gnazi nicht mehr halten, er sprang auf den Geiger zu, packte ihn bei den Schultern und wirbelte schreiend, jauchzend und weinend mit ihm im Kreise herum, stürmte dann, ohne daß ihn jemand halten konnte, aus dem Saal, eilte heim, zertrat seine Geige mit den Kutscherstiefeln zu vielen hundert Splittern und sprang in die Nacht hinaus über die Felder.

Reie Jocks Gnazi war närrisch geworden und kein Mensch weiß, wie es weiter mit ihm ging, ob er noch lebt, oder todt ist.

Es ist aber besser, wenn er todt ist, er wäre ja doch nur unglücklich immer.

# Nationalerzieherische Schriften

*Der Beginn der deutschen nationalerzieherischen Kinder-
und Jugendliteratur fällt in das erste Jahrzehnt des 19. Jahrhunderts. Er läßt sich auf das Jahr genau festlegen: 1806, das
Jahr der Niederlage Preußens in Jena und Auerstedt. Die Formen der nationalerzieherischen Schriften werden von bereits
bestehenden Gattungen übernommen, soweit sie für die
moralische Belehrung geeignet sind. Es ergibt sich jetzt eine
Konzentration auf nur eine sittliche Maxime, der alle anderen
Tugenden untergeordnet werden: Erhaltung und Stärkung
des Vaterlandes. Durch Vorstellungen der literarischen Spät-
und der politischen Romantik beeinflußt, werden in sprung-
haft steigender Anzahl Schriften produziert, die der Erwek-
kung des Geschichtsbewußtseins dienen, den Begriff Vaterland konkretisieren und somit die Herausbildung eines selbstbewußten nationalen Charakters fördern sollen. Diese Entwicklung verläuft interessanterweise keineswegs zeitversetzt,
sondern ganz parallel zu den Entwicklungen in Politik, Gei-
steswissenschaften und Literatur für Erwachsene, zu dem Bau
von »Nationaldenkmälern« und dem Propagieren des Tur-
nens durch Friedrich Jahn.*
*Historische Erzählungen, geschichtliche Werke, Biographien
und Lebensbilder großer Deutscher, Schlachtenbeschreibun-
gen, Anekdoten, Spruchweisheiten und Kinderlieder*[1] *sollen
nationale Begeisterung hervorrufen. Der Patriotismus der
zehner Jahre steigert sich in den folgenden Jahrzehnten
schnell zu einem emotional und irrational durchsetzten Sen-
dungsbewußtsein, zu nationaler Hybris bis hin zu aggressiven
Eroberungsgelüsten. Mit Schlagworten wie Brüderlichkeit
und Opfer, Volkstreue und Gottestreue werden zunächst*

---

1 Vgl. beispielsweise in dem Band »Kinder- und Jugendliteratur der Romantik«, hrsg. von Hans-Heino Ewers, Stuttgart 1984 (Reclams Universal-Bibliothek, Nr. 8026 [7]), S. 94 (Ernst Moritz Arndt, »Des Knaben Schwur«)
und S. 146 (August Heinrich Hoffmann von Fallersleben, »Turnerlied«).

*Anpassung, dann Unterwerfung des Individuums unter die kollektive nationale Idee gefordert. Die Begeisterung, die zunächst ein konkretes Ziel in der Wirklichkeit besaß – Befreiung von dem Joch der Franzosen, von der Fremdherrschaft, Schaffung eines geeinten deutschen Staates –, wandelte sich auch in der Kinderliteratur schnell zu der sehr viel abstrakteren Bereitschaft, Ergebenheit zu üben, Aufopferung und Disziplin, um eines fernen Tages das Ziel deutscher Größe zu erreichen. Während vieler Jahrzehnte dominieren deshalb in unterschiedlichsten Darstellungen Helden des Schlachtfeldes wie Blücher, Gneisenau und Scharnhorst in den biographisch orientierten nationalerzieherischen Schriften.*

*Auch die Enttäuschung über das ungeeinte Deutschland, über die deutsche Misere der Restaurationszeit und ihre Kompensation in der Begeisterung für den Freiheitskampf der Griechen, dem Philhellenismus, in den zwanziger Jahren und für die nationalen Bestrebungen des polnischen Volkes 1830 finden ihren direkten Niederschlag in der Kinder- und Jugendliteratur.[2] Der Konflikt mit dem französischen Nationalismus und der Streit um die Rheingrenze seit den vierziger Jahren lassen die antifranzösische Kinder- und Jugendliteratur anschwellen. Sie reicht vom unverhüllten Franzosenhaß übelster chauvinistischer Ausprägung in den vulgärpatriotischen Kriegsbüchern bis zu den subtileren Indoktrinationen in der Unterhaltungs- wie Sachliteratur der zweiten Hälfte des 19. Jahrhunderts. Aber auch Nikolaus Beckers »Sie sollen ihn nicht haben, den freien deutschen Rhein« und Max Schnekkenburgers »Die Wacht am Rhein« fanden Einlaß in die Kinderliteratur.*

*Überblickt man die Geschichte der nationalerzieherischen Kinder- und Jugendliteratur bis zur Mitte des 20. Jahrhun-*

---

2 So beispielsweise in den Büchern von Eduard Farnow, »Bilder aus dem hellenischen Freiheitskampfe. Zur Erweckung großherziger Gesinnungen für die deutsche Jugend«, Stuttgart 1829, und »Bilder aus den polnischen Freiheitskämpfen älterer und neuester Zeit«, Reutlingen 1834.

*derts, dann zeigt sich, daß die Entwicklungen und Ausfor-*
*mungen während der Restaurations- und der Reaktionszeit*
*die Grundlage für eine Gattung geschaffen haben, die sich*
*allen Wechselfällen der deutschen Geschichte mühelos anpas-*
*sen konnte.*

JOHANN CHRISTIAN LUDWIG NIEMEYER

*Neue Winterabende für die deutsche Jugend*

1815

[2]                    [Heinrich Hagenau]

Der älteste Sohn des Herrn *Hagenau* hieß *Heinrich*, funfzehn
Jahr alt, gedrungen, kräftig und gewandt, von blauen Augen,
blonden Locken, kühnem Anstand, ehrlich und lustig. Er
wünschte, ein Forstmann oder ein Kriegsmann zu werden,
oder eins nach dem andern, wenn es sich so passen wollte.
Der Va-[3]ter hatte auch nichts dawider, weil sein Heinrich
nach Geist und Körper sich wohl dazu schickte. Der wackere
Bursche liebte sein deutsches Vaterland und alle Ehrenmän-
ner desselben aus alter und aus neuer Zeit unbeschreiblich.
Wenn genannt wurden die Namen: Kaiser *Karl* und *Heinrich*
und *Otto* und *Friedrich Rothbart* und *Rudolf von Habsburg*
und *Maximilian* und *Joseph* und *Franz*, und König *Friedrich*
und *Friedrich Wilhelm*, und wenn erklangen die Namen der
andern Helden: *Hermann* aus uralter Zeit, und *Blücher*,
*Wrede*, *Schwarzenberg*, *Bülow*, *Kleist*, *Tauentzien*, *York*,
*Borstell*, *Oppen*, *Thümen*, *Scharnhorst*, *Gneisenau*, *Lichten-*
*stein*, *Nostiz*, *Hirschfeld*, *Körner*, *Sück*, *Wedel* und so vieler
andern, und besonders aller der herrlichen Prinzen von *Preu-*
*ßen*, von *Würtemberg*, von *Mecklenburg*, von *Homburg* aus
der neuesten Zeit, o so verklärte sich jedesmal sein Gesicht,

und er schien [4] um einige Zolle größer zu werden; jede
Muskel spannte sich und er stand flugs so keck da, als wollte
auch er alle Widersacher des edlen deutschen Vaterlandes ins
freie Feld herausfordern. Er konnte sich nicht zufrieden
geben, daß er für dieses Mal noch zu jung gewesen war, um
den Ehrenkampf mit ausfechten zu helfen. Sonst kam kein
Neid in seine Seele; aber jetzt konnte er es nicht lassen, seine
beiden Vettern, *Hermann* und *Ludwig*, in der Stille zu benei-
den, die bei *Leipzig* jeder eine Kanone erobert und sich das
eiserne Kreuz erworben hatten. – Die alten Geschichten von
den herrlichen Helden des deutschen Vaterlandes wußte er
allesammt auswendig. Der gute Vater selbst und daneben der
redliche Pastor im Dorfe waren seine Lehrmeister, und an
den besten Büchern fehlte es auch nicht. Die neuen Geschichten hatte er so ziemlich aus den Zeitungen erfahren, die er mit
einem wahren Heißhunger verzehrte. Hin und wieder war
auch wol ein Kriegsmann durch's Dörfchen gekommen.
Dann [5] wurde gleich die beste Flasche Wein hervorgeholt,
und da hättet ihr den Heinrich sehen sollen, wenn er mit den
großen, freudeblitzenden Augen und den glühenden Wangen
dem Erzähler gegenüber saß und ihm jedes Wort vor dem
Munde wegfing, und dann unterweilen aufsprang, und in die
Hände klatschte, und in der Stube umhersprang, und dann
auf das Wohl der Helden anklingelte, und nicht müde werden
konnte mit Fragen und Zuhören. – Auch Bildnisse der Helden und Bilder von Kriegsgeschichten sammelte er sich; aber
die Deutschen mußten auf derselben ihre Feinde überwinden,
sonst mochte er die Bilder nicht leiden, und wenn sie noch so
schön gemalt waren. Er selbst zeichnete ganz artig und hatte,
als er noch jünger war, sein halbes Taschengeld an Kreide und
Röthel gewandt, um die großen Männer und Thaten der
Deutschen an allen Thorwegen und Planken des Gutes abzu-
schildern. Jeden Deutschen machte er aber wenigstens halb so
groß, als den Römer, den Hunnen, den Türken oder gar den
[6] Franzosen. Diese letztern konnten allemal den Deutschen
ganz bequem zu Pferde zwischen den Beinen durchreiten,
wie durch einen Thorweg.

[*Vorbereitung zum Feldzug*]

[126] Die Flamme knisterte lustig im Ofen; alle saßen wohlgemuth umher. »Nun, lieber Hermann«, hub Heinrich an,
»mußt du uns endlich erzählen, wie du zuerst dein Schwerdt
ergriffen hast, um zur Befreiung des lieben Vaterlandes mit-
zuhelfen.«

H e r m a n n. Ja, heute Abend soll es dazu kommen. O! es ist
hier so vieles zu erzählen, daß man erst gar nicht auf die Reihe
kommen kann. In meinem Kopfe lebt und webt es von
Geschichten, und alles will an's Licht und drängt sich, wie an
dem Eingang eines Schauspielhauses, wo ein herrliches Stück
aufgeführt ist, bei großer Hitze. Helft mir nur immer wieder
zurecht, wenn ich auf Seitenwege [127] gerathe. Es wird das
noch oft genug geschehen. Doch nun geschwind zur Sache.
Ich meldete mich als *freiwilliger reitender Jäger*. Der *Jäger*
war nun wohl gleich da; aber das *Pferd* fehlte noch.

W i l h e l m. O! wäre Königsberg uns nur ein Bisschen näher gewesen, ich hätte dir mit Freuden meine Schecke angeboten;
die läuft wie der Wind.

H e r m a n n. Dein guter Wille verdient meinen herzlichsten
Dank; aber auch in Königsberg fand sich ein wackerer Wilhelm. Ich hatte, nachdem ich mir Kleidung und Waffen gekauft, noch 50 Rthlr. übrig. Mit diesem kleinen Schatze ging
ich auf den Roßmarkt. Ich handelte um 2, 3 Pferde; aber sie
waren für mich armen Schlucker alle viel zu theuer. Auf einmal rief ein wohlgekleideter Mann auf einem stattlichen Braunen mit vier weißen Füßen mich an: »Wollen Sie nicht einmal
mein Pferd probiren?« Ich antwortete: mein Herr, probiren
[128] will ich es wol; aber aus dem Kaufen wird nichts werden.
Ihr schönes Pferd ist noch fünf Mal so viel werth, als jene
andern, die aber für meine kleine Kasse dennoch schon bei
weitem zu theuer waren. – »Nun!« erwiderte der edle freundliche Mann, »das Probiren haben Sie ja umsonst!« Er stieg ab,
reichte mir den Zügel, ich schwang mich auf den Braunen und
tummelte ihn. Ei! welch ein herrliches Thier. – »Ihr Pferd ist

wunderschön«, rief ich aus, »aber auch gewiß wunder-
theuer!« – »Wohlan!« erwiderte der Unbekannte, »gefällt
Ihnen der Braune, so behalten Sie ihn!« – »Für meine armseli-
gen 50 Rthlr.?« fragte ich sehr kleinlaut. Der Unbekannte
sagte: »Nein! nicht für 50 Rthlr.; aber mir zum Andenken
und für das Vaterland und den König und die gute heilige
Sache!« – Mit diesem Worte hatte sich der edle Mann unter
der Menge der Menschen verloren, und ich habe ihn nie wie-
dergesehn, obwol sein Bild immerdar vor meiner Seele
schweben wird.

[129] A l l e. O, welch ein vortrefflicher Mann! welch ein äch-
ter Preuße!

H e r m a n n. Ihr könnt euch unmöglich eine Vorstellung von
dem heiligen Eifer machen, welcher dort in allen Seelen
glühte. – Ich will euch nur ein Paar Stücke zum Besten geben.
Eines Tages traf ich den Regierungsrath Kl–g aus Marienwer-
der, den ich kennen zu lernen schon früher Gelegenheit
gehabt hatte, auf der Landstraße, wie er mit einem schweren
Bündel neben dem Postwagen her keuchte. Natürlich fragte
ich ihn voller Verwunderung, wie er zu dieser ganz besondern Art zu reisen käme? – Der brave Mann, schon ein vier
und vierziger, antwortete mir: »Mein junger Freund, ich habe
mich entschlossen, freiwilliger Jäger zu Fuß zu werden. Da
ich aber bisher ein ungeübter Fußgänger war, so laufe ich jetzt
neben dem Postwagen her, um mich an die Märsche zu
gewöhnen, und trage dabei 60 Pfund Sand auf dem Rücken,
damit künftig Tornister, Patrontasche und Büchse mir nicht
beschwerlich werden.« – [130] Und nun noch Eins! Der Haus-
knecht in demselben Hause, wo ich wohnte, Namens Friedrich *Lange*, zog mit vielen andern das Loos, ob er zur Landwehr kommen sollte, oder nicht. Er zog eine Null, und man
sagte ihm: »Er sei frei und könne zu Hause gehen!« – »Was?
frei?« rief der Mann, »ich will aber in den Krieg und die
Franzosen schlagen helfen!« – Man machte ihm begreiflich,
daß er als Stellvertreter für einen andern eintreten und 100
Rthlr. verdienen könnte. »Ich will aber kein Geld für meine

Schuldigkeit!« sagte er, »ich will meine gesunden Glieder und mein Leben nicht für Geld verkaufen, sondern ich will Alles für meinen König und für mein Vaterland umsonst in die Schanze setzen!« – Und so trat er ein in die Reihe der übrigen herrlichen Helden. [ . . . ]


[*Schlacht bei Bautzen*]


[174] H e i n r i c h. Aber was wurde nun daraus, da Bonaparte euch immer auf dem Fuße nachfolgte? Nicht wahr, da kam die Schlacht bei *Bautzen*?

H e r m a n n. Richtig! Seht hier auf diesem kleinen Raum bei *Wurschen* und *Bautzen* blieben wir fest stehen auf Bergen und hinter Schanzen, und machten uns bereit, den Franzosen wiederum einige derbe Streiche zu versetzen, [175] wenn sie so keck sein und heran kommen würden. Am 20sten und 21sten Mai waren sie richtig da, und brachten auch noch die *Sachsen* mit gegen uns. Da sie uns nun an Menge sehr überlegen waren, machten sie allerlei Anstalten, links und rechts um uns wegzugehen und uns in den Rücken zu kommen, während dessen eine andere große Menge von ihnen uns von vorn angriff. Da hättest du sehen sollen, mit welcher Wuth sie gegen unsere Berge und Schanzen Sturm liefen. Ganze Hügel von Todten thürmten sich auf, indem wir immer in die dichten Schwärme hineinschossen. Aber Bonaparte verließ sich auf seine Menge, trieb immer neue und wieder neue Haufen heran, und andere große Schaaren schickte er links und rechts um unsere Seiten herum; seht hier auf der Karte, rechts bei *Preilitz* und *Malschwitz*, und links bei *Basankwitz*. Er wollte uns von Böhmen und Schlesien abschneiden und nach Berlin und der See hinabschieben. Das aber durften wir nicht abwarten. Unsere weisen Führer beschlos-[176]sen also, für dieß Mal dem Gefecht ein Ende zu machen und uns in eine sichrere Gegend zu leiten. Unterdeß würde dann neue Mannschaft aus Preußen und Rußland herbeikommen und wir zuletzt den

Franzosen auch an der Zahl gleich werden. Dann aber waren sie verloren, das merkten wir wohl, da wir Wenigen ihnen schon so harten Verlust zugefügt hatten und sie uns nicht viel hatten anhaben können. – Aber da sitzt der *Ludwig* so still und hört in aller Seelenruhe zu, als ginge ihn diese ganze Schlacht nichts an, und er ist doch dießmal auch schon dabei gewesen. Höre er, mein Freund, erzähle er einmal flugs sein Scharmützel mit den vier französischen Schützen und den zwei Husaren!

L u d w i g. Aber Hermann, ich habe dich schon oft gebeten, du sollst mich nicht quälen, daß ich etwas von mir selbst erzählen muß.

H e i n r i c h. Nun, lieber Vetter, wenn du nicht zu deinem verdienten Ruhm es erzählen willst: so erzähle es wenigstens uns zur Liebe.

[177] A g n. u. M a t h. Ja, guter Ludwig, uns zur Liebe!

L u d w i g. Jetzt muß ich; denn diesen artigen Jungfern darf ich nichts abschlagen.

A g n e s. Ei seht mir doch den galanten Vetter! Man merkt's, er ist in Paris gewesen.

H e i n r i c h. Nun, macht nur keine Flausen dazwischen! – Guter Ludwig, erzähle! erzähle von den vier Schützen und den zwei Husaren!

L u d w i g. Ich stand, als die Franzosen gegen *Bautzen* herankamen, auf einem Vorposten. Gegen mir über fanden sich vier französische Schützen ein. Ich sahe voraus, daß einer von diesen vieren mich zuletzt nothwendig treffen würde, wenn ich nicht ein ganz besonderes Hülfsmittel fände.

M a t h i l d e. Du hättest da weg und den fatalen Kerlen aus dem Wege gehen sollen. Einer gegen vier – das ist nichts.

H e i n r i c h. Ei was! Ein Preuße geht nicht von dem Posten, wo er hingestellt ist, hin-[178]weg. Sprich nicht so wunderlich, Mathilde, und störe den Vetter nicht in seiner Erzählung. Also, lieber Ludwig, was machtest du nun?

L u d w i g. Ich stand in einer offenen Ebene, bemerkte aber nicht weit von mir einen großen Ameisenhügel und etwas seitwärts einen breiten Distelbusch. Auf den Ameisenhügel stellte ich meine Mütze, und hinter den Distelbusch legte ich mich auf den Bauch. Nun ging der Scharmützel los. Die Franzosen feuerten nach meiner Mütze, denn sie dachten, mein Kopf stecke darin; ich aber feuerte nach ihren Köpfen. Es dauerte nicht lange, so hatte ich drei niedergestreckt, und der vierte lief davon. Meine Mütze hatte indessen ein Paar Klapse bekommen. Das schadete aber nichts; war doch der Kopf heil geblieben! – Kaum hatte ich die Schützen mir vom Halse geschafft, siehe! so kamen zwei Husaren daher gesprengt und pfeilschnell auf mich zu. Ich faßte den Ersten auf 300 Schritt. Er purzelte vom Pferde. Den war ich los; aber der Zweite wollte den Ersten rächen und mir [179] nicht Zeit lassen, wieder zu laden. Indeß hatte ich doch die Patrone schon in der Büchse, und nur das Pulver noch nicht auf der Pfanne. Jetzt war er mir nahe, warf sein Pferd bald links, bald rechts, und hieb und stach mit Blitzesschnelligkeit auf mich ein. Nun wurde die Sache fast schlimm; indessen ich dachte, bist du nun schon mit fünfen fertig geworden, so soll es ja mit diesem sechsten auch wohl gehen. Ich faßte also die Büchse mit der linken und den Hirschfänger mit der rechten Hand, und machte nun, wie der Husar sich auch wenden mochte, allezeit Front gegen ihn. So fing ich mit meiner Büchse wenigstens ein Mandel Hiebe auf, die alle meinem Körper zugedacht waren; dem Pferde aber versetzte ich mit dem Hirschfänger einige derbe Hiebe über die Nase, so daß es scheu wurde und der Husar es nicht mehr recht an mich heranbringen konnte. Diesen Augenblick benutzte ich, schüttete schnell Pulver auf und bauz! da lag auch mein Husar im Sande.

[180] H e i n r i c h. Bravo! – Nun das Stückchen will ich mir merken und bei Gelegenheit Gebrauch davon machen.

V a t e r. Hier seht ihr, meine Söhne, wie in den größten Gefahren derjenige sich zu helfen und zu retten weiß, der die Besinnung und den Muth nicht verliert. Wahrlich, man muß euch loben, ihr trefflichen Helden, wenn ihr auch aus übergroßer Bescheidenheit das Lob nicht annehmen wollt.

Hermann. Wir thaten nichts als unsre Schuldigkeit, und
das ward uns um desto leichter, da unsere Fürsten selbst uns
überall mit ihrem glänzenden Beispiele vorangingen und wir
ihnen nur nachzufolgen brauchten.

HEINRICH EDUARD MAUKISCH

*Teutonia*

1839

[193]                *Die französische Revolution.*

Ihr werdet Euch nicht wenig wundern, meine jungen
Freunde, in der Ueberschrift zu diesem Abschnitte ein Wort
zu erblicken, welches auf die Darstellung einer merkwürdigen Begebenheit des Auslandes hindeutet, da ich Euch doch
versprochen habe, nur Darstellungen aus der vaterländischen
Geschichte zu liefern. Allein der Einfluß, welchen jenes
große, weltgeschichtliche Ereigniß in's besondere auf unser
deutsches Vaterland gehabt hat, macht es nöthig, die Ursachen und die einzelnen wichtigsten Begebenheiten jenes Zeit-
abschnittes kennen zu lernen.
[194] Die vielen Kriege, welche Frankreich von jeher mit
andern Ländern geführt hatte, die ungeheure Verschwendung, die sich viele von den französischen Königen hatten
zu Schulden kommen lassen, hatten das Land mit schrecklichen Schulden und Abgaben belastet. Die willkürlichen
Bedrückungen, die sich die letzten Könige gegen das französische Volk erlaubten, hatten dieses mit Unwillen und
Haß gegen die regierende Herrscherfamilie erfüllt. Da kam
Ludwig XVI. auf den Thron. Alle Hoffnungen des schwer
gedrückten Volkes ruhten auf diesem Einzigen, der als Prinz
vielfache Beweise von Herzensgüte und Wohlwollen gegen

# TEUTONIA

## Deutschlands wichtigste Ereignisse
und
## das Leben seiner berühmtesten Männer,
in
## leichtfasslichen Erzählungen für die Jugend

dargestellt
von
## E. MAUKISCH.

pag. 89.

Fortsetzung von Germania.

Berlin, Verlag von Winckelmann u. Söhne.

seine künftigen Unterthanen gegeben hatte, und den diese im
Drange ihres gerechten Wunsches nach Erleichterung des
unerträglichen Joches den *Ersehnten* genannt hatten. Allein
Ludwig war viel zu schwach, die Kräfte seines Geistes viel zu
beschränkt, als daß er dem Verderben, welchem der Staat
entgegen schritt, hätte Einhalt thun können. Während er
Alles that, um die schrecklichen Abgaben, die den Fleiß des
armen Unterthanen zu Boden drückten, zu mindern, während er sich in seiner Lebensweise auf's höchste einschränkte,
überließen sich die Prinzen und andere Große des Reiches
den kostspieligsten Vergnügungen, drückten die Adeligen
ihre Unterthanen auf das grausamste, trieb die mächtige
Geistlichkeit die unerschwinglichen Abgaben von den armen
Bürgern und Bauern auf's unerbittlichste ein, und Ludwig
selbst besaß nicht Kraft des Geistes, nicht Entschlossenheit
genug, um diesem Unwesen Einhalt zu thun. Immer größer
ward die allgemeine Noth, immer höher stieg die Unzufrie-
denheit des Volkes und kündigte sich hier und da schon durch
lautes Murren an. Der König, redlich aber unentschlossen,
hoffte zuletzt, daß Abgeordnete aus allen Ständen den
schlimmen Zustand des Landes verbessern würden. Aber die
Nationalversammlung (so nannten sich die Abgeordneten des
Bürgerstandes), auf [195] welche das Volk seine ganze Hoffnung setzte, erlangte bald ein solches Ansehen, daß sie mächtiger, als der König wurde. Sie hob alle Vorrechte des Adels
und der Geistlichkeit auf, während der Pöbel, der alten Fesseln ledig, Gewaltthätigkeit auf Gewaltthätigkeit häufte. Die
Bastille, ein schreckliches Gefängniß, wohin früher alle die
gebracht worden waren, die man beschuldigt hatte, sich
gegen das königliche Ansehen vergangen zu haben, wurde
von dem wüthenden Volke gestürmt, die Gefangenen befreit
und im Triumphe davon geführt. Der König, welcher sich bei
den immer mehr zu Paris überhand nehmenden unruhigen
Auftritten nach *Versailles* zurückgezogen hatte, ward mit
Gewalt von dem Pariser Pöbel nach dieser Stadt zurückge-
holt. Der unglückliche Fürst wußte nicht, wem er sich in

dieser Verwirrung anvertrauen sollte, denn nicht alle Stånde wollten die allgemeinen Lasten mit tragen, besonders aber stråubte sich der Adel und die Geistlichkeit heftig gegen alle Neuerungen. Unterdeß hatten sich einzelne kůhne Menschen durch allerhand Kunstgriffe der Gemůther des gemeinen Volkes bemåchtigt, und ůbten auf dasselbe einen großen Einfluß aus. Eine Partei unter den Abgeordneten, die Jakobiner brachten es bald dahin, daß alle Gůter des Kőnigs und der Geistlichkeit eingezogen, und alle Klőster im Lande aufgehoben wurden. Sie verkůndigten überall Freiheit und Gleichheit, und fanden unter den geringeren Volksklassen einen großen Anhang. Es wurden Freiheitsbåume in Stådten und Dőrfern gepflanzt, Freiheitsmůtzen getragen, und wer nicht mit diesen Menschen übereinstimmte, wurde als ein Bůrgerfeind gemißhandelt. Tausende von wohlhabenden Familien verloren ihr Vermőgen, viele ihr Leben; man machte sie verdåchtig, sie wurden ausgeplůndert, oder ohne Untersuchung hingerichtet. Niemand war seines Lebens sicher; Niemand konnte die Nacht ruhig schlafen, ohne fůrchten zu můssen, vor die Blutrichter ge-[196]schleppt und sofort zum Tode verurtheilt zu werden. Ein neu erfundenes Instrument, die Guillotine, wurde zu den Hinrichtungen angewendet. In den reichen Stådten des Landes wůtheten die Jakobiner am schrecklichsten. Da wanderte eine große Menge Franzosen aus; freilich wohl viele, die den Armen gedrůckt und die erpreßten Abgaben verschwelgt hatten, die aber, als es darauf ankam, fůr den Kőnig und das Vaterland etwas zu geben oder zu thun, sich aus dem Staube machten; aber auch nicht wenig Gutdenkende, die sich und ihre Familie nicht anders zu retten wußten, da man ohne Unterschied plůnderte, mißhandelte und mordete. Unter diesen Unruhen und Grausamkeiten suchte der Kőnig, der schon mehrmals in Lebensgefahr gewesen war, zu entfliehen. Er wurde aber auf seiner Flucht entdeckt, nach Paris zurůckgebracht und streng bewacht. Dies geschah im Jahre 1791, ein Jahr nach dem Tode Kaiser Josephs II. Der Bruder dieses letzteren, Leopold, hatte nun

den östreichischen Kaiserthron bestiegen. Da nun eine östreichische Prinzessin an den unglücklichen König von Frankreich verheirathet war, so beschloß der Kaiser Leopold, das
französische Volk durch die Gewalt der Waffen zu zwingen,
ihren König in seine Rechte wieder einzusetzen. Zu diesem
Zwecke schloß er mit dem Nachfolger Friedrichs des Großen, dem König Friedrich Wilhelm II. von Preußen, ein
Bündniß gegen Frankreich. Die verbündeten Heere drangen,
da ihnen keine hinlängliche französische Armee entgegengestellt werden konnte, in Frankreich ein, und der Oberan-
führer derselben, der Herzog von Braunschweig, erließ ein
Manifest gegen die Empörer, in welchem gedroht wurde,
Paris zu erstürmen und darin keinen Stein auf dem andern zu
lassen. Allein dies war die Sprache nicht, die bei den aufgeregten Gemüthern des französischen Volkes hätte Eingang finden können. Vielmehr ward durch diese unüberlegte Maaß-
regel die höchste Er-[197]bitterung gegen alle auswärtigen
Mächte bei den lebhaften Franzosen aufgeregt. Schaarenweise strömten die Söhne Frankreichs den Fahnen ihres
Vaterlandes zu, um die schon tief in dasselbe eingedrungenen
Fremdlinge abzuwehren. [ . . . ]


[214]  *Weiterer Fortgang der französischen Revolution.*


Es wird Euch nicht unangenehm sein, meine jungen
Freunde, wenn ich Euch aus der Geschichte jener großen
Ereignisse in Frankreich noch Einiges mittheile. Außerdem
ist aber auch einige Kenntniß derselben nöthig, wenn ihr die
meisten nachfolgenden Begebenheiten, die unser deutsches
Vaterland betreffen, verstehen wollt.
Nach dem Tode des unglücklichen Königs, Ludwigs XVI.,
fühlten sich seine grausamen Mörder an keine Menschlichkeit, an kein Gesetz mehr gebunden. Die blutgierigsten und
grausamsten Ungeheuer hatten die ganze Gewalt an sich
gerissen, und unterdrückten die, welche zwar ebenfalls ihre

Freiheit behaupten, dabei aber doch gesetzmäßiger und
menschlicher verfahren wollten. *Danton*, *Robespierre* und
*Marat* waren die Namen der drei Schreckensmenschen, wel-
che das Volk mit dem Henkerbeile der Guillotine [215] regier-
ten, und Jeder war unwiederbringlich verloren, der diesen
Ungeheuern nur einigermaßen verdächtig war, Gesinnungen
zu hegen, die mit den ihrigen nicht ganz übereinstimmten.
Doch auch das Ende dieser Auswürfe der Menschheit nahte.
Der schreckliche Marat ward von einer heldenmüthigen
Jungfrau, Charlotte Corday, mit einem Dolche erstochen.
Danton ward von Robespierre selbst angeklagt und hingerichtet, und endlich ereilte auch den letzteren, als er eben
neue blutige Maaßregeln anordnete, sein verdientes Schicksal. Er ward von einem der furchtbaren Gerichte, welche er
selbst mit seinen Mordgehülfen errichtet hatte (Revolutions-
tribunale genannt) zum Tode verurtheilt, und durch die Guillotine hingerichtet, nachdem der feige Tirann einen ohn-
mächtigen Versuch gemacht hatte, sich selbst den Tod zu
geben. Er war es vorzüglich, welcher den unglücklichen
König zum Tode brachte; auf seinen Antrieb war es haupt-
sächlich geschehen, daß auch die Königin Maria Antoinette,
eine östreichische Prinzessin, so wie auch die Prinzessin
Elisabeth, Schwester Ludwigs XVI., hingerichtet wurden.
Mit ihm hörte die rechte sogenannte Schreckensregierung in
Frankreich auf. Männer von milderer Gesinnung traten an die
Spitze der Regierung, die sie mit Umsicht und Kraft gegen die
Versuche der Schreckensmänner und Jakobiner leiteten. Wie
nun die Regierung des neuen Freistaats an Kraft und Festigkeit gewann, so führten die französischen Feldherren ihre
Truppen zu Kampf und Sieg, so daß bald alle Mächte, die sich
gerüstet hatten, mit Feuer und Schwert die Revolution zu
vertilgen, und die vertriebene Königsfamilie in ihre Rechte
wieder einzusetzen, genöthigt wurden, Frieden mit Frankreich zu schließen. Derjenige, welcher am meisten dazu bei-
trug, war *Napoleon Bonaparte*, ein Mann, der während eines
Zeitraums von beinahe zwanzig Jahren einen entscheidenden

Einfluß auf unser deutsches Vaterland gehabt [216] hat. Aus
diesem Grunde wird es nicht ohne Nutzen sein, und, wie ich
glaube, auch mit den Wünschen mancher meiner jungen
Leser übereinstimmen, wenn ich Euch in einem besonderen
Abschnitte Einiges von dem Charakter und den Schicksalen
dieses merkwürdigsten Mannes der neuesten Zeit mittheile.
An seinen Namen knüpft sich die Erinnerung an die tiefste
Schmach und Erniedrigung des deutschen Vaterlandes,
zugleich aber das Gedächtniß an seine höchste Erhebung.
[...]


[*Befreiung*]

[405] Nachdem Napoleon Bonaparte von der großen Schau-
bühne der Welt, auf der er so lange Zeit die erste Rolle spielte,
hatte abtreten müssen, gewannen alle Verhältnisse bald eine
andere Gestalt. Es galt nur noch einen kurzen Kampf, so
rückten die verbündeten Heere zum zweitenmale in Paris ein,
der vertriebene König von Frankreich kehrte dahin zurück,
und dem früher geschlossenen Frieden wurden noch neue
Bedingungen zugefügt, die für seine Dauer mehr Sicherheit
gaben.
Nun erscholl das Segenswort: Friede! durch alle deutsche
Gauen, und nach jahrelanger trüber Knechtschaft schlug
jedes deutsche Herz wieder freier in dem Bewußtseyn der
ruhmreich wieder erkämpften Unabhängigkeit. Und wohl
uns, daß die gütige Vorsehung uns Fürsten zu Führern gab,
die mit Weisheit erkannten, was uns Noth that; dies war die
Erhaltung des Friedens. Nach einem heftigen Sturme toben
die wild aufgeregten Wellen noch lange gegen einander,
gleich als könnte das einmal entfesselte Element sich nicht
mehr unter der alten Ordnung beugen. So auch in Europa
nach den Stürmen, die der kühne Eroberer heraufbeschworen
hatte. Bald hier, bald da erhoben Empörung und Krieg aufs
neue ihre Schlangenhäupter, und es fehlte nicht an listigen

Versuchern, die uns in den verderblichen Strudel hinabzulokken strebten. Doch Deutschland zeigte, daß es der Hůlfe des Höchsten werth war, wodurch dieser seine Bestrebungen mit einem glücklichen Erfolge gekrönt hatte. Kräftig wurden die Versucher zurückgewiesen, und täglich wuchs die Liebe der Unterthanen zu ihren Fürsten, [406] täglich offenbarte sich die liebevolle Fürsorge der Fürsten für ihre Völker. Handel und Gewerbe, Wissenschaften und Künste erhoben sich mit Macht aus dem Verfall, der sie bedrohte, und ein heiteres Glück lächelt uns entgegen.

Möge der Allmächtige uns dies erhalten, das ist der Wunsch, mit dem ich von Euch, meine jungen Freunde, Abschied nehme, und wenn meine Erzählungen etwas dazu beigetragen haben, Euch auf Euer Vaterland stolz zu machen, wenn Ihr durch sie erkannt habt, daß treue Anhänglichkeit an Fürst und Vaterland unsere schönsten Tugenden sind, dann will ich mich reichlich belohnt halten.

PHILIPP JAKOB BEUMER

*Biographieen berühmter Männer*

1844

[114]        *Gebhard David von Scharnhorst.*

[. . .] *Gebhard David von Scharnhorst*, wurde im Jahre 1756 den 10. Nov. zu Hämelsen, im Königreich Hannover geboren. Seine Eltern bewohnten ein Pachtgut daselbst, sie zogen aber später auf ein anderes Gut zu Bothmar. Der alte *Scharnhorst* hatte manche Ungerechtigkeiten zu erdulden, und wurde sogar in einem langwierigen Prozeß verwickelt, der ihm große Summen kostete. Er konnte seinen lernlustigen

Sohn nur in die dortige Dorfschule schicken, und bestimmte
ihn deshalb ebenfalls zum Landwirthe. Der junge *Scharnhorst* erreichte so das 15. Lebensjahr, fleißig und folgsam
seinen Eltern in allen Stücken. Der Feierabend aber und der
Sonntag brachten ihm die angenehmsten Stunden. Der Prediger zu Bothmar hatte nämlich dem lernbegierigen Jünglinge
einige Bücher über den *siebenjährigen* [115] und den *österreichischen Erbfolge-Krieg* geliehen; in diesen die herrlichen
Thaten der glorreichen Helden zu lesen, war seine angenehmste Beschäftigung. Oder er eilte zu einem alten, invaliden
Unterofficier, der in Bothmar wohnte und der den siebenjährigen Krieg mitgemacht hatte, und horchte stundenlang auf
die Erzählungen des alten Kriegers. Wie schlug da das
jugendliche Herz, wenn von *Ziethen*, *Seidlitz* und dem alten
*Fritzen* erzählt wurde! Soldat, Soldat zu werden, das war der
einzige Wunsch unsers Jünglings, und der Gedanke, auch
einst als Unterofficier, höher stiegen seine Wünsche noch
nicht, Vorposten zu befehligen, durch Muth und Tapferkeit
sich auszuzeichnen, begeisterten ihn schwärmerisch. Wieder
ein Beispiel, mein junger Leser, daß oft das Große und Be-
deutungsvolle einen kleinen, unscheinbaren Anfang nimmt.
Wer hätte es glauben sollen, daß ein armer invalider Unterofficier zur Bildung eines Generals beitragen würde?
Die äußeren Verhältnisse der Familie *Scharnhorst* erfuhren
um diese Zeit eine große Veränderung; denn der langwierige
Prozeß wurde gewonnen und dem Vater fiel damit das Ritter-
gut Bordenau zu. Der alte *Scharnhorst* änderte nun sogleich
seinen Vorsatz, seinen Sohn zum Landwirthe zu bilden, und
da er die Liebe seines Sohnes zum Soldatenstande wol kannte,
so war er darauf bedacht, ihn in die Militairschule zu *Wil-
helmstein*, im Steinhüder Meere, zu bringen. Der Graf *Wilhelm zu Schaumburg-Lippe-Bückeburg*, der Stifter dieser
Anstalt, prüfte jeden aufzunehmenden Zögling selbst. Nun
fand es sich, daß unser [116] *Scharnhorst* nicht die nöthige
Vorbildung hatte; allein da der Graf den gesunden, kräftigen
Geist des Jünglings kannte, so verweigerte er ihm den Eintritt

nicht. Er fand sich auch in seinen Erwartungen nicht getäuscht; denn *Scharnhorst* war ein Muster eines unermüdlichen Fleißes. Neuere Sprachen, Geschichte und Geographie,
höhere Mathematik, Physik und die Kriegswissenschaften
waren die Lehrgegenstände, womit sich der junge *Scharnhorst* beschäftigen mußte. Obgleich diese Gegenstände seine
Thätigkeit sehr in Anspruch nahmen, so wußte er doch auch
noch Zeit zu gewinnen, seine Liebe zu den schönen Wissenschaften, und namentlich zu der Dichtkunst zu befriedigen.
Die Schriften von *Göthe*, *Young* und von *Claudius* (der
Wandsbecker Bote) wurden fleißig gelesen und erwärmten
und belebten seinen Sinn für das Schöne und Wahre. Nachdem *Scharnhorst* fünf Jahre in der Anstalt verweilt und sich
die Achtung und Liebe seiner Lehrer und Vorgesetzten
erworben hatte, wurde er als Conducteur angestellt. Im Jahre
1777 starb sein Gönner, der edle Graf *Wilhelm* von der Lippe,
und *Scharnhorst* trat in die Dienste seines Vaterlandes Hannover. Der General *Estorf* stellte ihn in seinem Dragoner-
Regimente als Fähndrich an, und da der General in ihm den
wissenschaftlich gebildeten Soldaten erkannte, so gab er ihm
den ehrenvollen Auftrag, sämmtlichen Unterofficieren und
selbst Officieren dieser Truppen-Abtheilung Unterricht zu
ertheilen. Der Dienst der Reiterei sagte unserm jungen Krieger nicht zu, weshalb er später zur Artillerie überging und
schon 1780 zum Lieutenant befördert wurde. [117] *Scharnhorst* begnügte sich nicht damit, seine Truppen in den Waffen
zu üben und denselben den nöthigen Unterricht zu ertheilen,
sondern er trat auch als Schriftsteller auf. Er schrieb mehrere
treffliche Bücher über Kriegskunst und erfand Fernröhre, für
den Kriegsdienst brauchbar. Seine Tüchtigkeit wurde bald
allgemein anerkannt. Er wurde zum zweiten, und bald darauf
zum ersten Lehrer an der Kriegsschule zu Hannover ernannt.
Im Jahre 1782 wurde er zum Staabscapitain ernannt und 1783
erhielt er als Commandeur eine reitende Batterie.
Die Kriegsfurie der französischen Revolution sollte unserm
*Scharnhorst* bald Gelegenheit verschaffen, zu zeigen, daß er

nicht nur ein Mann des Wortes, sondern auch ein Mann der That sei. 1793 bis 1795 begleitete er den General *Hammerstein* während der Feldzüge in Holland und Belgien. Letzterer vertheidigte das schlecht befestigte *Menin* und als man sich gegen die überlegene Zahl der Franzosen nicht mehr halten konnte, gab *Scharnhorst* den Rath, sich, mit den Waffen in der Hand, einen Weg durch den Feind zu bahnen. Welch' ein kühnes Unternehmen! Der General ging auf diesen Rath ein und *Scharnhorst* traf alle Vorsichtsmaaßregeln, und – das Wagestück gelang. [...]

[118] Selbst während der Feldzüge hatte *Scharnhorst* mehrere Schriften ausgearbeitet, einen Beweis seiner rastlosen Thätigkeit. Das Verdienst des edlen Mannes trat immer mehr hervor, was die baldige Ernennung zum Oberst-Lieutenant bekundet. Es sollte für ihn nun bald eine wichtige Aenderung eintreten. Der Herzog *von Braunschweig* hatte seine Schriften gelesen und die Beweise seines Muthes und seiner Tapferkeit waren ihm nicht fremd geblieben; weshalb der Herzog den König von Preußen auf den ausgezeichneten Mann aufmerksam machte und ihn dringend empfahl. Der König machte ihm das Anerbieten, im preußischen Heere Dienste zu nehmen. *Scharnhorst* ging auf diesen Vorschlag ein und wurde als Oberst-Lieutenant beim dritten Artillerie-Regimente angestellt. Im Jahre 1801 wurde er in den Generalstab versetzt und hielt in Berlin Vorlesungen für Officiere. [119] 1804 wurde er in den Adelstand erhoben. *Napoleons* Macht stieg von Tag zu Tag und mit ihm sein Uebermuth. Preußen wurde gezwungen, die Waffen zu ergreifen. *Scharnhorst* begleitete den Herzog von Braunschweig, der den Hauptbefehl über die preußische Armee führte. Bei Auerstädt wurde *Scharnhorst* zweimal verwundet. Wie wir wissen, wurde die preußische Armee an diesem unglücklichen Tage gänzlich geschlagen. Der Oberbefehlshaber war schwer verwundet, das Commando mußte einem Andern übergeben werden. *Scharnhorst* schloß sich an *Blücher* an, und begleitete diesen bis Lübeck. [...]

Das Ende bei Lübeck ist uns auch bekannt. *Scharnhorst* hat die Beschwerden des Rückzuges getragen, er ertrug auch nun standhaft das Schicksal der Gefangennehmung. Durch *Blücher's* Bemühung wurde er aber bald ausgewechselt und trat deshalb bald wieder in Thätigkeit. Er eilte nach Preußen und bei Eilau [120] stand er wieder mit in den Reihen der Kämpfenden. Der Friede zu Tilsit machte einstweilen dem Kriege ein Ende. *Scharnhorst* wurde *Generalmajor*, und *Friedrich Wilhelm III.*, dessen Vertrauen und ganze Achtung er besaß, ernannte ihn zum Präsidenten der Commission zur neuen Einrichtung des Heeres. Hier war *Scharnhorst* auf seinem Platze. Weise Aenderungen, herrliche Einrichtungen wurden durch *Scharnhorst's* Thätigkeit in's Leben gerufen. Namentlich war es die Organisation der Landwehr, wodurch er dem Vaterlande unberechenbare Dienste leistete. Durch sie wurde er der Waffenschmidt deutscher Freiheit. Als die große Stunde schlug, griff er mit besonnenem Eifer auf das Thätigste ein. Das französische Joch abzuwerfen, und Frieden und Freiheit wieder zu erringen, war das Ziel seines Bemühens. Im Frühjahr des Jahres 1813 erschien er als Chef des Generalstabes mit dem Heere *Blücher's* in Sachsen. Nur den Morgen der Freiheit sollte er sehen, so war es in den Sternen beschlossen. Bei Lützen wurde er schwer verwundet, eine Kartätschkugel traf ihn am Schenkel. Nicht der Wunde achtend, eilte er im Auftrage seines Königs nach Prag und Wien. Doch, wo *Schwerin* seine Heldenseele ausgehaucht hatte, sollte auch *Scharnhorst* sterben. Der 28. Juni 1813 ist sein Todestag. Auf dem Kirchhofe der Invaliden ruhen die Gebeine des edlen Mannes, und ein schönes Denkmal ziert seine Grabstätte. Das Andenken dieses weisen und tapfern Mannes zu verewigen, ließ *Friedrich Wilhelm III.* eine trefflich gearbeitete Bildsäule von carrarischem Marmor auf dem Königsplatze aufstellen. [121]

Nun stehe einen Augenblick stille, lieber Leser. Denke zurück an den kleinen Knaben eines schlichten Landmannes, wie er neben einem alten Invaliden sitzt und sich Ge-

schichten vom alten *Fritzen* erzählen läßt, und dann blicke
hin, auf den vollendeten Helden, dessen Werke und dessen
Ruhm der Zahn der Zeit nicht zernagen wird. Wie wurde aus
dem kleinen Knaben ein so großer Mann? [...]

[133]            *Karl Theodor Körner.*

Nachdem wir unsern Lesern eine Reihe Helden vorgeführt
haben, die alle durch Rang und Stand für das Vaterland von
großer Bedeutung waren, wollen wir nunmehr die Lebensge-
schichten einiger Helden mittheilen, die nicht durch Titel und
Würden, wol aber durch wahren Heldenmuth glänzen und
die durch den Tod, den sie für das Vaterland starben, sich eine
bleibende Stelle in der Geschichte gesichert haben. Wir eröffnen diese Reihe mit *Karl Theodor Körner.* Er wurde zu Dresden am 30. September 1791 geboren, in einer durch Wissenschaft, Kunst und Sitte ausgezeichneten Familie. Schon frühe
zeigte sich bei ihm Sinn und Lust zur Dichtkunst, und da im
Schooße seiner Familie sich ihm die schönste Gelegenheit
darbot, seinen muntern, wißbegierigen Sinn mit allen Kenntnissen, welche das Leben des wahrhaft Gebildeten schmük-
ken, zu nähren, so entwickelte sich der Knabe zur Freude
seiner Angehörigen. Als er das 17. Jahr erreicht hatte, besuchte er die berühmte Bergakademie zu *Freiberg*, und dann
die Universitäten zu *Leipzig* und *Berlin*, wo schon 1810 die
erste Sammlung seiner Gedichte erschien. Hierauf ging er
nach *Wien*, wo seine entschiedene Bestimmung für die Dichtkunst sich in mehreren Stücken für die Bühne, unter welchen
das herrliche Heldenstück: »Zriny«, [134] ihm glänzenden
Ruhm erwarb, an das helle Licht trat. Aber ein so kräftiger
Geist konnte nicht bloß durch Bildwerke, die er schuf für die
Ergötzung, gestillt werden, sondern sehnte sich nach ritterli-
chen Thaten für das wirkliche Leben. Die Gelegenheit bot
sich dar, und wurde von ihm stracks feurig und freudig ergriffen.

Das Dichten und der Glaube wurden That. Der Barde drang in's Schlachtgewühl, nicht als Lobsänger, sondern als Theilhaber der Wunden. *Friedrich Wilhelm III.* Aufruf an Deutschland drang tief in *Körner's* edle Seele. Die Schmach des Vaterlandes hatte schon längst seine Brust mit bitterem Wehe erfüllt; darum säumte er keinen Augenblick, die Leyer mit dem Schwerte zu vertauschen. Wie *Körner* dachte, und wie sein Herz bewegt war in dieser großen Zeit, mag ein Auszug aus einem Briefe an seinen Vater beweisen. Er schrieb:

»Deutschland steht auf! Der Preußische Adler erweckt in allen treuen Herzen durch seine kühnen Flügelschläge die große Hoffnung einer deutschen Freiheit. Meine Kunst seufzt nach ihrem Vaterlande. Laß mich ihr würdiger Jünger sein! Jetzt, da ich weiß, welche Seligkeit dem Leben reifen kann; jetzt, da alle Sterne meines Glückes in schöner Milde auf mich niederleuchten, jetzt ist es, bei Gott, ein würdiges Gefühl, das mich treibt, jetzt ist es die mächtige Ueberzeugung, daß kein Opfer zu groß sei für das höchste, menschliche Gut, für *seines Volkes Freiheit* – *Eine große Zeit will* große Herzen, und fühl' ich die Kraft in mir, eine Klippe sein zu können in [135] dieser Völkerbrandung; – ich muß hinaus und dem Wogensturme die muthige Brust entgegendrücken. Soll ich in feiger Begeisterung meinen siegenden Brüdern meinen Jubel nachleiern? – Ich weiß, Du wirst manche Unruhe erleiden müssen; die Mutter wird weinen, – Gott tröste sie! – Ich kann's Euch nicht ersparen. Daß ich mein Leben wage, das gilt nicht viel; daß aber dies Leben mit allen Blüthenkränzen der Liebe, der Freundschaft und der *Freude* geschmückt ist, und daß ich es *doch wage*, daß ich die süße Empfindung hinwerfe, die mir in der Ueberzeugung lebte, Euch keine Unruhe, keine Angst zu bereiten, daß ist ein Opfer, dem nur ein solcher Preis entgegengestellt werden darf.«

»Wem sollten nicht«, sagt des Dichters Biograph, *Amadeus Wendt*, »bei diesen Aeußerungen des Heldenjünglings, der

ohne äußere Aufforderung, und lediglich dem innern Triebe
folgend, diesen ernsten Entschluß faßte, diese Worte seines
*Juranitsch* im Trauerspiele Zriny einfallen:

> »Ich möchte untergehen wie ein Held
> Im frischen Kranze meiner kühnsten Liebe.«

Und *Körner* verließ die anmuthigste Lage, deren er sich
damals in Wien als Kaiserlicher Hofdichter, und noch mehr,
als Bräutigam einer seiner würdigen Geliebten erfreute, kam
im März 1813 in Schlesien an, trat am 19. März, in der Kirche
zu *Rochau*, unter die *Lützow*'schen Büchsenjäger, und be-
geisterte alle gleichgestimmten, deutschen Jünglinge durch
seine herrlichen, [136] kraftvollen Kriegslieder, (Leyer und
Schwert) auf's Höchste. Er stieg durch seiner Genossen ein-
stimmige Wahl bald zum Officier, trat hierauf in die Reiterei
der Schaar, begleitete den Major *Lützow* als Adjutant auf
dessen kühnem Zuge nach Thüringen in dem Rücken des
Feindes. Die *Lützow*'schen Jäger wurden bald der Schrecken
der Feinde; denn jene waren es, die Kriegsvorräthe erbeuteten, die wichtige Briefe auffingen, die die Stellung des französischen Heeres auskundschafteten und an die Verbündeten überbrachten. *Napoleon* hatte beschlossen, dieses ganze
Corps zu vernichten. Als der Waffenstillstand abgeschlossen,
kehrte *Lützow* von seinem Zuge zurück, um sich mit seiner
Infanterie wieder zu vereinigen. Er ahnete nichts Uebeles,
zumal da es Waffenstillstand war. In der Nähe von Leipzig
aber wird er plötzlich von einer großen Uebermacht umringt
und angegriffen. *Körner* wurde abgeschickt, um Erklärung
eines solchen Benehmens zu verlangen, aber statt aller Antwort hieb der feindliche Anführer auf ihn ein, auf *ihn*, der
nicht einmal seinen Säbel gezogen hatte, und also gleichsam
waffenlos war. *Körner* konnte den Hieb nicht pariren und
wurde schwer in den Kopf verwundet. Er sank zurück, raffte
sich aber sogleich wieder auf, und sein schnelles Roß brachte
ihn glücklich in den nächsten Wald. Mit Hülfe eines Kameraden suchte er seine Wunden zu verbinden, als ein feindlicher

Erstürmung von Issy.

Trupp auf sie zuritt. Die Geistesgegenwart hatte den Helden-
jüngling nicht verlassen, denn er rief in den Wald hinein mit
starker Stimme: »*Die vierte Escadron soll vorrücken.*« Der
Feind [137] ließ sich täuschen, und zog sich schnell zurück.
Die Dunkelheit der einbrechenden Nacht sicherte den
Schwerverwundeten vor Entdeckung. *Körner* wurde mit großer Anstrengung und unter vielen Schwierigkeiten von seinem Freund nach Karlsbad gebracht, wo er unter der liebrei-
chen Pflege der Frau Kammerherrin *Elise van der Recke* und
der sorgfältigen Behandlung des Hofraths *Sulzer* bald soweit
genaß, daß er wieder zu seinem Corps abgehen konnte. Mit
erneuter Kraft griff er zu den Waffen und feuerte durch Wort
und That seine Genossen an. In dieser Zeit dichtete er das
herrliche Lied: »*Das Volk steht auf, der Sturm bricht los!*« Am
25. August ordnete *Lützow* abermals einen Streifzug im Rükken des Feindes an. Noch an demselben Tage erreichte man
ein Gehölz bei *Rosenberg*, wo man im Verstecke die Kund-
schafter erwarten wollte. Voll Todesahnung sang hier der
herrliche Jüngling sein *Schwertlied*: »Du Schwert an meiner
Linken«, – es war sein letztes Lied, sein Schwanengesang. In
der Morgendämmerung des 26. Augusts schrieb er es in sein
Tagebuch. Eben las er es einem Freunde vor, als das Zeichen
zum Angriffe gegeben wurde. Um sieben Uhr nämlich bemerkte man einen Zug Wagen unter starker Bedeckung von
feindlichem Fußvolk. Auf der Straße von *Gadebusch*, nahe
am Gehölze, eine halbe Stunde westlich von *Rosenberg*, kam
es zum Gefechte. *Körner* sprengte an *Lützow's* Seite gegen
des Feindes linke Flanke an. Der Feind lief aber über eine
schmale Ebene davon, und warf sich in das nahe vorliegende
Gebüsch von Unterholz. *Körner* war unter den Ver-[138]fol-
genden einer der Ersten. Mit nur allzu stürmischem Muthe
setzte er dem Feinde nach, der aus seinem Hinterhalte einen
Hagel von Kugeln ·entgegensandte. *Körner* – ach! – sank
zuerst; nicht weit von ihm Graf *Hardenberg*. Die tödtliche
Kugel war dem Heldendichter, durch seines Rosses Hals, in
den Unterleib gedrungen, hatte Leber und Rückgrat verletzt,

Schlacht an der Katzbach.

und nach wenigen Minuten hörte er auf, zu athmen. Seine
Gesichtszüge zeigten keine Spur einer schmerzhaften Empfindung. Seine trauernden Freunde senkten den mit Eichen-
laub bekränzten Sarg unter einer mächtigen Eiche bei dem
Dorfe *Wöbbelin* in die mütterliche, deutsche Erde, für die er
so wacker gekämpft hatte. In den Stamm des Baumes ward
sein Name eingeschnitten. Nachmals hat der Vater des Helden diese Stelle durch ein aus Eisen gegossenes Denkmal
(Leyer und Schwert, mit einem Eichenkranze umwunden,
auf einen Altar gestellt) geschmückt. Auf der Vorderseite liest
man folgende Inschrift: »Hier wurde *Karl Theodor Körner*
von seinen Waffenbrüdern mit Achtung und Liebe zur Erde
bestattet.« Auf der Rückseite: »*Karl Theodor Körner*, geboren zu Dresden am 23. Sept. 1791, widmete sich zuerst dem
Bergbaue, dann der Dichtkunst, zuletzt dem Kampfe für
Deutschlands Rettung. Diesem Berufe weihete er Schwert
und Leyer, und opferte ihm die schönsten Freuden und Hoffnungen einer glücklichen Jugend. Als Lieutenant und Adjutant in der *Lützow*'schen Freischaar wurde er bei einem
Gefechte zwischen *Schwerin* und *Gadebusch* am 26. August
1813 schnell durch eine feindliche Kugel [139] getödtet.« Für
die übrigen Seiten hat man aus seinen Gedichten folgende
passende Stellen gewählt:

»Dem Sänger Heil, erkämpft er mit dem Schwerte
Sich nur ein Grab in einer freien Erde.«

>»Vaterland! Dir woll'n wir sterben,
>Wie Dein großes Wort gebeut.
>Uns're Lieben mögen's erben,
>Was wir mit dem Blut befreit.
>Wachse die Freiheit der deutschen Eichen,
>Wachse empor über unsern Leichen!«

AUGUST WILHELM GRUBE

*Federzeichnungen aus dem sittlichen und religiösen*
*Leben der Völker*

1863

[*Sprichwörterschatz des deutschen Volkes*]

[232] Das müssen wir aber am Schluß dieser Skizze noch her-
vorheben, daß der Sprüchwörterschatz des deutschen Volkes
ausgezeichnet dasteht durch christlich-religiösen Sinn, sittliche Tüchtigkeit und lebensfrohen Humor, der auch in Noth
und Armuth das Gottvertrauen bewahrt und den Muth nicht
sinken läßt. Gott verläßt keinen Deutschen nicht – Gotteszei-
ger gehen langsam, aber richtig – das Gute leidet Noth, aber
nicht den Tod. Kein anderes Volk hat das evangelische Wort:
Selig sind die Armen, denn das Himmelreich ist ihr! so tief im
Gemüthe erfaßt (besser arm in Ehren, denn reich in Schanden! Armuth ist ein ehrlich Ding, wer damit umgehen kann!
Gut macht Muth, der ist gut; Armuth, Demuth, die ist besser!), keins ist aber auch so arbeitslustig und fleißig, wie das
deutsche Volk. Morgenstunde hat Gold im Munde! Müßig-
gang ist aller Laster Anfang! Arbeit gewinnt das Feuer aus
dem Steine! Frisch gewagt ist halb gewonnen! Kurzer Flachs
gibt auch einen Faden! Der Wille thut's! Nach gethaner
Arbeit ist gut ruhen! Solche Sprüchwörter zeigen uns das
Volk als ein arbeitstüchtiges, wenn es nicht schon in dem
einen Wort »faul« läge, das den Thaten- und Arbeitsscheuen
mit dem in Fäulniß übergegangenen stinkenden Körper ver-
gleicht. Der deutsche Arbeiter ist überall zu finden, er hat den
Russen zu seiner Bildung verholfen, wie er dem [233] Nord-
amerikaner einen kernhaften Ackerbestand gibt; als Matrose
auf den Wellen der Salzfluth, als Bergmann in den Tiefen der
Alten und Neuen Welt, als Handwerker und Künstler – in
allen Verhältnissen ist er der tüchtige und zuverlässige Arbei-

ter. Denn sein Wahlspruch ist zugleich: Ehrlich währt am
längsten! und was der gewandtere gleißnerische und doppel-
züngige Welsche nicht von sich sagen kann, der Deutsche
kann's mit Stolz: Ein Wort ein Mann!

AURELIE

*Der Lese-Abend bei Elisabeth*

1865

[93]                    *Die Moritz-Bündler.*

[ . . . ]
[96] Brüder, so zärtlich sie auch ihre Schwestern lieben
mögen, pflegen eine ungalante Offenheit zu behaupten, die,
wenn sie nicht in ganz ungerechten Tadel ausartet, oft ein sehr
heilsames Gegenmittel ist für all' die schönen Dinge, die man
andererseits jungen Mädchen sagen zu müssen glaubt, in der
Ueberzeugung, sie werden schon wissen, wieviel sie sich
davon ohne Schaden aneignen dürfen. Moritz machte keine
Ausnahme von anderen Brüdern; aber, obwohl er scharf
beobachtete, so geschah es doch mit dem Auge wahrer Liebe,
die gern die Schwestern untadelhaft geseh'n hätte, und so
rügte er sanft und scherzend auf eine nie verletzende Weise.
Zumal war ihm darum zu thun, alles Angenommene, Unna-
türliche, womit sich junge Mädchen so unnöthig zu belasten
pflegen, von den Schwestern abzustreifen. Am [97] unange-
nehmsten waren ihm die vielen Fremdworte aufgefallen, mit
denen zumal Elisabeth, der Mode huldigend, ihre Rede
durchflocht. Moritz machte förmlich Jagd auf solche Worte,
wie: »famos, delicios, süperb, afrös, horribel, gracios, admi-
rabel«, durch welche Elisabeth allein ihre Anerkennung oder
Verachtung auszudrücken im Stande schien.

»Sag' mir um's Himmels willen, bestes Schwesterchen«, so fragte er sie einmal, »weßhalb Dir unsere deutschen Ausdrücke nicht anstehn, um zu sagen, daß Du etwas entzückend, prachtvoll, scheußlich, abschreckend, anmuthig findest?«

»Aber Moritz«, entgegnete Elisabeth, »es thut's ja alle Welt!«

»Kann das jemals ein Grund sein«, fragte der Bruder, »etwas Abgeschmacktes nachzumachen? denke nur, wie lächerlich es klingen würde, wollte ein Franzose sagen: »Cette demoiselle Elisabeth est véritablement allerliebst«, oder »on dit que ce site est wundervoll.«

Die Schwestern mußten über die Vorstellung lachen; aber Elisabeth gab sich doch nicht gefangen: »ein Franzose hätte das auch gar nicht nöthig«, sagte sie.

»So? und weßhalb haben denn *wir*'s nöthig? ist die deutsche Sprache etwa ärmer?«

»Nun freilich!« rief Elisabeth keck, »ärmer und auch nicht so biegsam.«

»Mein liebes Schwesterchen«, sagte Moritz, »es ist gut, daß Du kein Gelehrter bist; denn als solchen hätte Dich die Behauptung um allen Kredit gebracht, während eine junge Dame schon bisweilen einen argen Irrthum aussprechen darf, ohne daß es ihrer Liebenswürdigkeit den mindesten Abbruch thut, zumal, wenn sie uns das Vergnügen erlaubt, sie eines Bessern zu belehren.« [...]

[99] »Hochgeehrtes Auditorium! Ich stehe hier als Gegner meiner Schwester Elisabeth, und als Vertheidiger der Behauptung, daß es nicht nur überflüssig sei, sondern lächerlich und geschmacklos, wenn wir, den Reichthum unsrer Sprache mißachtend, Fremdwörter, zumal französische, suchen, um unsre Gedanken und Empfindungen angeblich deutlicher und besser ausdrücken zu können. Ich behalte mir vor, bei Zeit und Gelegenheit meinen Zuhörern eine ansehnliche Liste all' der Worte zu überreichen, welche die deutsche Sprache vor anderen Sprachen voraushat und die namentlich

französisch gar nicht wiederzugeben sind. Vorläufig nur ein
paar Beispiele, wie sie mir gerade einfallen. Schwester Elisabeth, kannst Du mir sagen, Du kluges Mädchen, wie »*klug*«
auf französisch heißt?«

»Klug?« rief Elisabeth lachend. »Mein Gott, Moritz, Du *bla-
mirst* Dich ja ganz entsetzlich: »klug« hat man ja zwan-
zigmal.«

»Nun? ich verlange nur *eine* Uebersetzung.«

»Spirituel!«

[100] »Das heißt: geistreich.«

»Also sensé.«

»Das ist: verständig.«

Elisabeth sah sich Hilfe suchend um; aber Alle strebten vergebens, das entsprechende Wort zu finden.

»Hat mir das geehrte Auditorium vorläufig das Wort »klug«
freigegeben?« fragte Moritz.

»*Vorläufig* ja; und mit dem Vorbehalt, es später vielleicht
einzulösen«, rief Elisabeth.

Moritz sann einen Augenblick nach und fragte dann:

»Wie wären die Worte ›gescheut‹ und ›sinnig‹ wohl zu übersetzen?«

Alles blieb stumm. »Gibt's nicht!« rief endlich der Papa.

Moritz fuhr fort: »lieblich, innig, jugendlich, behaglich?«

Niemand konnte sich auf die gleichen Worte besinnen.

»Ich werde die Lieblichkeit, Innigkeit, Jugendlichkeit und
Behaglichkeit auch wieder zu mir stecken müssen«, sagte der
Redner; »aber die Gemüthlichkeit, wie ist's mit der und über-
haupt mit dem Gemüth beschaffen?«

Mariette räusperte sich, verschluckte aber alsobald wieder ihr
»coeur«, wohl fühlend, daß das doch nicht für Alles herhalten
könne. Indessen hatte sie einmal den Anlauf genommen zu
reden, und äußerte daher mit schwacher Stimme, Herr
Moritz halte sich aber auch zu sehr im Gebiet der *Sentimentalität* auf, wo allerdings die Deutschen den Vorrang haben
möchten.

»Hm!« rief der junge Mann, »nennen Sie den Begriff des

Gemüthes sentimental oder, um unseren guten deutschen
Ausdruck zu brauchen, empfindsam?«
Mariette stotterte verlegen:
»Nein, durchaus nicht; aber ich meinte nur« . . . .
[101] »Mariette wollte nur sagen«, unterbrach Margarethe,
sich der Freundin annehmend, »daß die Franzosen keine
Gefühlsmenschen sind wie wir Deutschen, und daß wir grade
auf *dem* Gebiete reicher an Worten für unsre Empfindung
sein müssen.«
»Nun, wenn das Fräulein Mariechens Meinung ist, – verzeihn
Sie, ich kann unmöglich ein deutsches junges Fräulein
›Mariette‹ nennen« – die Mädchen lachten, – »dann will ich
doch sehn, ob ich Sie nicht überzeuge, daß wir überhaupt
auch für die feine Unterscheidung mehrerer in der Hauptsache übereinkommender Begriffe meist verschiedene Worte
haben, wo die Franzosen mit Einem, also auch nur mit einem
allgemeineren Begriff sich begnügen müssen. Sie werden
zugeben, daß die ›große Nation‹ nicht sanftmüthiger ist als
wir; dennoch hat sie kein Wort für Grimm, Ingrimm und
Groll; ›ich grolle ihm‹ können sie nur ganz abgeschwächt
wiedergeben: ›je lui garde rancune‹.«
»Ingrimm ist: colère!« sagte Adelaide.
»Nein«, fiel die Mutter ein, »das ist: Zorn.«
»Fureur!«
»Ei bewahre«, sagte Moritz, »dafür haben wir: Wuth.«
»Nun, courroux!« rief Elisabeth.
Moritz schwieg etwas betroffen. »Aber nein«, sagte er,
»courroux ist viel zu vornehm für den täglichen Verbrauch
und kann ›Grimm‹ und ›Ingrimm‹ nicht ersetzen. Wir sagen
ja sogar: eine grimmige Kälte; wie wollte man das ausdrücken?«
»O, das ist nur geschickte Ausflucht«, rief die Schwester;
»diesmal warst Du gefangen. Du bist wie die Franzosen
sagen: au bout de ton latin.«
»Noch lange nicht«, erwiderte Moritz lachend, »und um
schnell von der Kälte in die Wärme mich zu retten, wie heißt:
glühen, glühend?«

[102] Allgemeine Stille.

»Aber mein Himmel, sie müssen doch ›glühen‹ haben«, sagte die Mutter; »man wird ja ein glühendes Eisen benennen können.«

»Man sagt: un fer rouge«, entgegnete der Vater; »freilich höchst prosaisch gegen unser *Glühen*.«

[ . . . ]

[103] »Ja, selbst die *Sehnsucht* fehlt ihnen, mit der unser deutsches Bewußtsein anfängt und aufhört. Ueberhaupt dies Wort ›Sucht‹, die Sucht zu glänzen z. B., welche die Franzosen doch so wohl kennen, ist nicht französisch auszudrücken; denn le désir ist doch nur der Wunsch. Ach, was fehlt ihnen nicht noch Alles: Einseitigkeit sogar – und doch sind sie gerade einseitig –, sie haben nicht Wahn, wähnen, walten – so unentbehrliche Worte, nennt sie mir doch.«

Alle schwiegen.

»[ . . . ] Ich will aber meine gefälligen Zuhörerinnen nicht durch weitere Beispiele ermüden; ich behalte mir's, wie schon gesagt, vor, einmal eine ganze Liste unübersetzbarer Worte unsrer Sprache an Schwesterchen Elisabeth kniend zu überreichen, um durch noch mehr Beweise ihren irrthümlichen [104] Glauben zu widerlegen, unsre Sprache könne, ihrer Armuth wegen, der fremden Einschiebsel nicht entbehren. Gelingt es mir aber, mein ganzes Auditorium zu überzeugen, daß eine mit Fremdwörtern so buntgeflickte Rede ebenso geschmacklos als überflüssig sei, ja, daß es ein *Unrecht* nicht nur an unsrer Sprache, sondern an uns selbst, daß es ein sittliches Vergehen wird« . . . .

»O Moritz, Moritz«, rief die Mutter, »jetzt verdirb nicht den guten Eindruck Deines Vortrags durch Uebertreibungen! ich will Dich gleich durch das Sprüchwort strafen: qui dit trop, ne dit rien!«

»Ich habe nicht mehr gesagt, als was ich zu rechtfertigen vermag, liebste Mutter.«

»Laß doch hören«, rief der Vater schelmisch nickend, »ich glaube, er wird am Ende wieder Recht behalten.«

Die Moritzbündler

»Nun«, fuhr Moritz fort, »da ich bewiesen habe und noch beweisen werde, daß man nicht aus Armuth zu fremden Worten greift, so muß ein andrer Grund dafür vorhanden sein« . . . .

»Schlechte Gewohnheit – Mode!« rief Adelaide.

»Gut, ich danke Ihnen, Fräulein Adelheid, – entschuldigen Sie meine Kühnheit, auch *Sie* umzutaufen, – ich danke Ihnen, daß Sie mir bereits einräumen, es sei eine *schlechte* Gewohnheit; aber den Grund, weßhalb die Gewohnheit so allgemein und, wie Sie sagen, *Mode* wurde, – dies Wort Mode haben *wir* in der That nicht: Begriff und Wort stammen jenseits des Rheins her, – also den Grund sind wir einander noch schuldig, und ich glaube, ich weiß ihn . . . . aber beiläufig fällt mir ein« . . . .

»Nicht soviel Seitensprünge, Moritzchen«, rief Elisabeth, »Du bist uns jetzt den Beweis schuldig, weßhalb es nicht nur eine lächerliche und schlechte Gewohnheit, sondern ein todeswürdiges Verbrechen ist« . . . .

[105] »Dies waren zwar meine Worte nicht«, sagte Moritz; »allein, wenn's auch kein todeswürdiges Verbrechen ist, – *todeswürdig* kannst Du mir schon wieder nicht anders als in Umschreibung übersetzen, liebes Lieschen, – so wirst Du zugeben müssen, daß es keine leichtwiegende Sünde ist, zu der Entsittlichung seiner Nation beizutragen; und *daß* dies geschieht, wenn wir durch einen fremden Geist den Geist der Wahrhaftigkeit in unsrer schlichten Sprache nach und nach verdrängen helfen, ist unzweifelhaft. – Ja, *schlicht* ist der Geist unsrer Sprache. Doch halt! haben die Franzosen das Wort ›schlicht‹? ich glaube nicht; wie kämen sie auch dazu! Aber zur Sache: *schlicht*, sagte ich, ist unsre Sprache, und es läßt sich der vollen Bedeutung ihres Ausdrucks nichts abhandeln und zusetzen. *Das* ist der eigentliche Grund, weßhalb wir gern zu fremder Aushilfe greifen, wenn wir aus geselliger Höflichkeit, oder um die Unterhaltung durch Uebertreibung zu würzen, lügen zu müssen glauben; und wahr ist's: der Franzose lügt mit *Grazie*. Ich bediene mich seines verfängli-

chen Wortes ›Grazie‹; denn Anmuth ist zu gut, man kann nicht mit Anmuth lügen. [. . .]«

[107] »Nun wahrhaftig«, begann lachend die Mutter, »ich lasse mich belehren von meinem lieben Sohn, und meinerseits schwöre ich den Gebrauch aller Fremdwörter ab.«

»Wir auch, wir auch!« riefen die jungen Mädchen lebhaft. Moritz sprang händeklatschend von seinem Katheder herab.

»Nun jubilire nicht vorzeitig«, sagte der Vater. »Soll die gute Sache siegen gegen die verjährte Gewohnheit, so müssen wir Pfänder einlösen lassen für jeden Abfall und Rückfall.«

Der Vorschlag ward einstimmig angenommen. Mariette und Adelaide, die von dem Tage an erklärten, sie wollten »Marie« und »Adelheid« genannt sein, und in ihrer Familie sowohl als unter ihren Freunden zahlreiche Proselyten für die gute Sache machten, brachten, schon durch das öftere Versprechen ihrer Bekannten und Anverwandten bei Nennung ihrer Namen, den Armen – denn für die Armen war natürlich die Kasse bestimmt – zahlreiche Beiträge ein. Ihrerseits bekehrten Moritzens Schwestern unter ihren Freundinnen nach und nach die schlimmsten Spötterinnen und eigensinnigsten Anhängerinnen der Mischmasch-Sprache; es entstand ein solcher Eifer für die gute Sache unter allen jungen Mädchen, daß auch die Alten angesteckt wurden und man das Sprüchwort umkehren mußte und sagen: wie die Jungen zwitscherten, so sangen die Alten.

[108] Der Moritz-Bund – nach dem Bruder so genannt – blüht noch, und bringt den Armen der Stadt noch immer eine schöne Einnahme, zumal durch die Zinsen der ersten zurückgelegten Summe; denn jetzt werden die Pfänder seltner und seltner, und nur durch Neuhinzugetretene noch zeitweilig vermehrt. Ein Hauptgewinn aber bleibt den Mitgliedern selbst, und zwar *der*, daß sie durch die Gewöhnung, den Geist ihrer edlen Muttersprache zu ehren und zu pflegen, ihre eigne Geistes- und Herzensbildung mächtig fördern. Fühlen meine Leserinnen nicht auch Verlangen, dem Moritz-Bund beizutreten, wenn sie nicht vielleicht schon zu derselben Fahne geschworen haben? [. . .]

[213]        *Vaterlandsliebe eines jungen Mädchens.*

Weiße Haare sind oft ehrwürdig, aber ganz besonders müssen die einer jetzt betagten Dame, Nanny von Schmettau, denen so erscheinen, die da wissen, welche Berühmtheit diese einst [214] blonden Haare zu ihrer Zeit erlangten. Wodurch? Das sollen die jungen Leserinnen gleich hören. Als 1813 der König von Preußen, Friedrich Wilhelm der Dritte, seinen berühmten Aufruf an alle seine Unterthanen ergehen ließ, meldete sich wieder zum Kriegsdienst der damals wegen langer Krankheit pensionirte, kaum genesene Oberst von Schmettau auf Bergel. Der König schlug sein Gesuch ab. »Erhalten Sie sich Ihrer zahlreichen, unversorgten Familie«, so lautete die königliche Antwort. Dem Oberst blieb nur übrig, mit den Seinen auf andre Weise thätig zu wirken, und mit liebenden, opferbereiten Herzen legten er und die Seinigen alles Entbehrliche nieder auf den Altar des Vaterlandes. Der Oberst brachte seine echte Schärpe, seine silbernen Sporen, seine goldne Uhr u.s.w., die Mutter ihre silbernen Leuchter, ihre Zuckerdose, ein altes Erbstück, die drei ältesten Töchter all' ihr Geschmeide. Die Mutter packte Alles eigenhändig in eine Kiste, die mit einem ganzen Wagen voll Getreide vom Vater selbst nach Breslau gebracht werden sollte. Die vierzehnjährige Tochter Nanny allein stand mit leeren Händen, aber thränenvollen Augen neben der Mutter und fragte vergebens nach dem Werthe aller der geringen Habe, die sie besaß. Nichts davon lohnte der Mühe, es nach Breslau zu schicken. Da plötzlich fiel ihr ein Gedanke bei, der ihr liebliches Gesicht mit lichter Freude übergoß. »Ach Mutter«, rief sie, »jetzt weiß ich etwas, ich bin nicht gar so arm, als ich glaubte. Sieh doch! wenn Ihr mein Haar verkaufen ließet? Du weißt ja wie die Menschen sich immer wundern, daß es so lang und stark ist? ach, liebe Mutter, erlaube mir doch, es abzuschneiden!« und Nanny ließ ihre langen Flechten herab und betrachtete sie mit der Freude, die ein Kaufmann an seiner preiswürdigen Waare haben mag.

Die Mutter lächelte gerührt, aber trotz aller Vaterlands-
[215]liebe wollte sie doch nicht gleich darein willigen, den
schönsten natürlichen Schmuck ihres Kindes unter der
Scheere fallen zu sehn; doch Nanny flehte mit heißen Thränen so lange, bis die Eltern nachgaben. Der Vater nahm innig
gerührt sein Kind mit nach Breslau, und bei einer befreunde-
ten Familie, dem Banquier Meier, wurde Alles besorgt,
indem der Friseur der Madame Meier, Herr Hamik mit
Namen, die Haare abschnitt und fünf Thaler dafür bezahlte.
Das Anerbieten des Herrn Meier, aus seiner Kasse zweihundert Thaler statt der armen Haare geben zu wollen, schlug
Nanny mit den Worten ab: »Dies Geld hätten dann Sie, und
ich wieder nichts gegeben.«
Ein damals bekannter Schriftsteller, der Hofrath Heun, der
mit der Vertheilung der Gelder betraut war, hörte von dem
seltnen Geschenk, und gab den Auftrag, die Haare vom Friseur zurückzukaufen, um sie besser zu verwerthen: er ließ
daraus Ringe, Armbänder, Uhrketten und Halsbänder anfer-
tigen, die an viele Vaterlandsliebende, welche die Geschichte
der Haare kannten, zu unglaublich hohen Preisen verkauft
wurden. Nanny hatte davon keine Ahnung, und erfuhr erst
viel später, welchen reichen Beitrag das Opfer ihres blonden
Haares gebracht hatte.
Nanny von Schmettau lebt noch jetzt unverheiratet, aber
hochgeehrt bei ihren Geschwistern in Kösen an der Saale.

# Tiergeschichten

Die Tiergeschichte des 19. Jahrhunderts entwickelt sich aus der Fabel, dem Volks- und Kinderlied und – nicht verwunderlich bei dem großen Sachinteresse jener Zeit – aus dem Abschnitt über das »Reich der Tiere« in den zahlreichen Naturgeschichten. Belehrende Elemente jener Gattungen aufgreifend, entsteht zum einen als eine Sonderform der moralischen Erzählung die moralische Tiergeschichte. Symbolische und allegorische Bedeutungen, wie sie noch der Fabel eigen sind, werden aufgegeben, und ganz unverschlüsselt stellt sich die Tiergeschichte in den Dienst der moralischen Erziehung. So fordern beispielsweise Geschichten gegen das Laster der Tierquälerei zur allgemeinen Rücksichtnahme auf und führen exemplarisch vor, wie gutes Verhalten belohnt, schlechtes aber bestraft wird. Neben der moralischen Belehrung setzt sich in diesen Tiergeschichten aber auch ansatzweise eine realistische Darstellung von Eigenheiten und Verhalten verschiedener – heimischer wie exotischer – Tiere durch.

Zum anderen entsteht die mehr sachkundliche Tiergeschichte, in der die betont wirklichkeitsgetreue Beschreibung die moralischen Elemente zurückdrängt. In diesen Geschichten verbinden sich Elemente der Naturgeschichte, der Hauswirtschaftslehre, aber auch der Völkerkunde mit unterhaltenden Elementen. So gibt es Tiergeschichten, die Bearbeitungen naturwissenschaftlicher Darstellungen sind, wobei die Fiktionalisierung das Sachkundliche unterschiedlich stark überdecken kann. Den Gegenpol nehmen die populärwissenschaftlichen Werke für junge Leser ein, die das Sammeln und Bestimmen verschiedener Tierarten, z. B. Käfer oder Schmetterlinge, auf systematische Weise, fast im Stil eines Elementarbuches, propagieren. Kurze Tiergeschichten liefern dann nur den Anreiz, sich mit den naturkundlichen Themen zu beschäftigen.

*Daß das Tier über die sachliche Belehrung hinaus in den Vordergrund rückt, ist nicht zuletzt auch Ausdruck des Harmoniestrebens gerade der Biedermeierzeit, die ihre Ideale auch im Tierreich vorgelebt zu sehen glaubt: aufopfernde Mutterliebe, ein liebevoll zusammenlebender Familienverband unter Leitung eines alten, erfahrenen Tieres, verspielte Freude an der Natur und zugleich ernsthafte Vorsorge für Notzeiten. Von politischen, sozialen und ökonomischen Schwierigkeiten kann sich die Tiergeschichte zudem am mühelosesten von allen Gattungen fernhalten, was auch zu ihrer Beliebtheit bis in unsere Tage beiträgt. Biedermeierliches Denken hat aber auch noch andere Auswirkungen auf die Entwicklung der Tiergeschichte: Einflüsse der Fabel und der sachlichen Darstellungen mit all ihrem Anspruch an Vernunft und Aufklärung werden zunehmend zurückgedrängt zugunsten einer stark gefühlsmäßigen Sehweise. Verniedlichung und Anthropomorphismus haben hier ihre Wurzeln.[1] Tier und Kind scheinen einerseits eine Einheit zu sein, was deren Ungebundenheit, Natürlichkeit und Unzivilisiertheit betrifft, doch andererseits scheut man auch vor zu weitgehenden Parallelisierungen zurück, weil eine zu starke Betonung des Wilden und Unsozialen den pädagogischen Ordnungsbestrebungen kraß zuwiderläuft. So wird häufig das Lob des freien und ungebundenen Tieres wieder eingefangen in Beschreibungen und szenischen Darstellungen der Domestizierungsversuche von Tieren. So kommt ein herrschaftsfreies Naturschönes weder bei der moralischen noch bei der sachlichen Tiergeschichte in den Blick.*

---

1 Die Fabeln Heys, die diesen Prozeß auffällig dokumentieren, befinden sich in dem Band »Kinder- und Jugendliteratur der Romantik«, hrsg. von Hans-Heino Ewers, Stuttgart 1984 (Reclams Universal-Bibliothek, Nr. 8026 [7]), S. 471–474, 476 f.

FRANZ FRIEDRICH ALEXANDER HOFFMANN

## Hundertfünfzig moralische Erzählungen für kleine Kinder

1842; 3. Aufl. 1848

[159]                    *Das Vogelnest.*

In Waldmanns großem Hofe stand ein blühender Flieder-
strauch. Wenn Paul und Emilie sich darunter setzten und mit
einander plauderten, da sahen sie zuweilen, daß ein allerlieb-
ster kleiner Vogel, der einen Grashalm oder einen Strohhalm
im Schnabel trug, geflogen kam, in dem Fliederbusche umher
hüpfte und bald darauf wieder davon flog. Ein anderer Vogel
saß den ganzen Tag auf einem Baume daneben, und sang und
zwitscherte vom frühen Morgen an bis zum Abende.

Höre, Emilie, sagte Paul eines Tages, das ist ein Stieglitzpär-
chen, was sich ein Nest baut.

Und richtig, so war es auch. Sie suchten [160] und entdeckten
das Nest, schauten hinein und fanden vier niedliche kleine
Eier darin. Voller Freude liefen sie zum Vater und zeigten
ihm das Nest.

Das ist ja allerliebst, sagte der Vater. Rührt es nur nicht an
und stört die kleinen Thiere nicht, sondern seid hübsch still
auf dem Hofe, sonst fliegen die Stieglitze davon. Später will
ich Euch, wenn ihr gehorsam seid, eine Freude damit machen.

Die Kinder gehorchten, hielten sich ruhig und schlichen
jeden Tag nur einmal zu dem Neste. Immer fanden sie den
Stieglitz darin, der sie mit klugen Augen anschaute und sich
nicht im Mindesten fürchtete. Eines Morgens waren aber die
Eier verschwunden, und an ihrer Stelle piepten vier kleine
Stieglitze im Neste. Das war eine Lust für die Kinder. Der alte
Vogel brachte den Kleinen Futter im Schnabel, sie wurden
groß und schön, und bald waren sie so weit, daß sie fliegen
konnten.

Da kaufte der Vater einen schönen Vogelbauer von Messing-
draht, gelb und glänzend, nahm die kleinen Vögel aus dem
Neste, fütterte sie [161]vollends groß und schenkte sie dann
seinen Kindern.
Die sollen Euch gehören, sagte er, weil ihr so gehorsam gewesen seid. Hättet ihr aber die Stieglitze gestört, so wären sie
fort geflogen und nie wieder gekommen.
Paul und Emilie freuten sich königlich über die allerliebsten
Vögel, hingen sie vor ihr Fenster, und hörten häufig ihrem
Gesange zu. Oft sagten sie dann: wie gut ist es doch, wenn
man recht gehorsam ist.

AMANDA HOPPE-SEYLER

*Eine Kätzchengeschichte*

1846; 7. Aufl. [1870]

[5]                                    I.

Zu Freiburg im Thüringer Lande,
Wohl an der Unstrut grünem Strande,
Da ist ein Garten und drin ein Haus,
Da gehen Leute ein und aus.
Vier Kinderlein mit frohem Sinn,
Die wohnen in dem Hause drin;
Doch wenn die Sonne scheint so schön,
Dann mögen sie lieber zum Garten gehn,
[6]    Mögen da springen und mit den vielen
Schönen bunten Blumen spielen.
Mocht freilich nur leider zu oft begegnen,
Daß es im Garten thät stürmen und regnen;
Da mußten sie wohl in der Stube bleiben

Und sich drinnen die Zeit vertreiben.
Dann haben sie sich in die Ecke gesetzt
Und sich dabei gar höchlich ergötzt
An wunderschönen, langen Geschichten,
Die Muhme Elsbeth konnte berichten.
Dann saß auch immer Frau Miesekatze
Am Ofen auf ihrem Lieblingsplatze,
Schnurrte ein Liedchen in guter Ruh
Und hörte den schönen Geschichten zu;
War schon alt und hochbetagt,
Und wohl erfahr'n in der Mäusejagd,
[7]    Seit vielen Jahren im Hause gewesen
Und hatte die Ratten und Mäuse gefressen;
War nicht, wie manche Katzen wohl sind,
Naschhaft, falsch und boshaft gesinnt,
Mochte nicht gerne die Kinder kratzen,
Gab ihnen weiche und sanfte Tatzen,
War nicht zornig, noch wild und unbändig,
Sondern gesittet, sanft und verständig,
Machte keinem Menschen Verdruß,
War eine Katze, so wie sie sein muß.
Drum hielten die Kinder sie auch in Ehr'n,
Gönnten das Plätzchen am Ofen ihr gern,
Mochten sie nur liebkosen und streicheln,
Ließen sie schnurren und murren und schmeicheln.


[8]                        II.

Auch hatte sie noch zwei Kinderlein,
Das waren zwei Kätzchen, gar zierlich und fein,
Mit glatten, weichen Fellchen bedeckt,
Das eine schneeweiß, das andre gefleckt.
Das waren gar lustige Miesekätzchen,
Machten possierliche Sprünge und Sätzchen,
Rannten wie närrisch wohl her und hin,
Hatten nur tolle Streiche im Sinn.

Wenn am Ofen die Frau Mama
Saß gar still und verständig da,
Sind die Kleinen gekommen mit Hast,
Haben sie leis mit den Pfötchen befaßt,
Haben sie hier und dort gerupft,
Sacht an Ohren und Schwanze gezupft,
[9]     Mochten ihr keine Ruhe lassen,
Sollte mit ihnen spielen und spaßen.
Dann hat sie sachte sich erhoben,
Sich lang gestreckt, den Schwanz nach oben,
Dann haschten die Kleinen danach mit Springen,
Wollt's auch nicht immer auf's beste gelingen,
Drehten sich rings im Kreise herum,
Fielen dabei wohl um und um,
That sie doch dieses nicht sehr verdrießen,
Mochten noch lange des Spiels genießen.
Und mit liebevollem Sinn
Schaut Frau Miese auf sie hin,
Läßt sich still von ihnen necken,
Mag sie dafür schmeicheln und lecken.
Und der Miesekätzchen Spiel
Auch den Kindern wohlgefiel;
[10]     Ihre tollen Streiche machten,
Daß sie herzlich drüber lachten;
Sprangen mit die Kreuz und Quer,
Und die Kätzchen hinterher.
Doch Muhme Elsbeth konnt' die beiden
Mieskätzchen nicht besonders leiden,
War'n zu wild ihr und unbändig,
Nicht gesittet und verständig,
Und wie die Alte wohlerzogen,
Drum war sie ihnen nicht gewogen;
Und da sie's weiße gar erhascht,
Wie's aus dem Töpfchen Milch genascht
Und es noch obendrein zerbrochen,
Da hat sie drauf gar streng gesprochen:

»Der Katzen sind zu viel im Haus,
Sie treiben uns noch selbst hinaus;
[11]    Die weiße kann man so nicht brauchen,
Wird nie zum Mäusefangen taugen;
Ich werde Nachbars Fritzen sagen,
Er soll sie in die Unstrut tragen,
Daß sie darin ersaufen muß,
So macht sie mir nicht mehr Verdruß.«
Die Kinder baten wohl über die Maßen,
Man möchte ihr doch das Leben lassen,
Doch Muhme Elsbeth blieb dabei,
Daß sie so gar zu unnütz sei,
Sie hört der Kinder Bitten nicht,
Und streng das Todesurteil spricht:
»Wird Morgenrot den Himmel färben,
Dann soll das weiße Kätzchen sterben.«

[12]    III.

Indessen saß auf ihrem Platze
Am Ofen dort die alte Katze
Und hatte still auf alles acht,
Was Muhme Elsbeth thut und sagt.
Sie hat die Kleinen doch so lieb,
Drum sitzt sie jetzt gar sehr betrübt,
Sie hätte lieber's eigne Leben
Fürs kleine Kätzchen hingegeben,
Und überlegte drum gar sehr,
Wie's liebe Kind zu retten wär'.
Und wie das weiße Kätzchen liegt
Dicht an die Mutter angeschmiegt,
[13]    Und alle sonst hinausgegangen,
Hat sie zu reden angefangen:
»Mein Kind, was heute du gethan,
Steht einem Kätzchen nicht wohl an,
Hast deine Mutter sehr betrübt,

Die euch doch gar so herzlich liebt.
Nun will man dich nicht länger haben
Und in der Unstrut dich begraben.«
»Ach«, fiel das arme Kätzchen ein,
»Ach, soll es schon gestorben sein?
Ich bin ja noch so jung und klein,
Mag mich so gern des Lebens freu'n.
Ich werde ja gewißlich nun
Und nimmermehr es wiederthun,
So wird man mir es schon verzeih'n,
Und wird doch nicht so grausam sein,
[14]    Ins tiefe Wasser mich zu tragen?«
So fuhr sie lange fort zu klagen.
Drauf sprach Frau Miese, die Mama,
Als sie ihr Kind so traurig sah:
»Du weißt noch nicht, mein liebes Kind,
Wie grausam oft die Menschen sind.
Du jammerst freilich mich gar sehr,
Doch ist's nun nicht zu ändern mehr,
Dein'n Tod man schon beschlossen hat,
Drum hör' nun deiner Mutter Rat:
Geh von uns weg, verlaß das Haus,
Geh in die weite Welt hinaus,
Von Thür zu Thüre frage an,
Ob man ein Kätzchen brauchen kann,
Das nähen kann und spinnen fein,
Waschen und putzen flink und rein.
[15]    Eh' ganz vorüber ist die Nacht,
Wenn alle noch im Schlafe liegen,
Dann wollen wir ganz leis und sacht
Zusammen durch den Rinnstein kriechen;
Wenn dann der helle Tag anbricht
Und man auf deinen Tod wird denken,
Dann findet man mein Kätzchen nicht
Und muß ihm schon das Leben schenken.«

## IV.

Gesagt, gethan. Da ohne Sorgen
Die Leute schlafen bis zum Morgen,
Da haben sich im Mondenlicht
Die Kätzchen unterdes vergnügt,
[16]    Und halten unten in dem Haus
Zuletzt noch einen Abschiedsschmaus.
Und alle Muhmen, Basen, Tanten,
Gevatterinnen und Bekannten
Sind aus der Nachbarschaft gekommen,
Denn da sie allzumal vernommen,
Weiß Mieschen sollt' von dannen gehn,
So wollten sie's noch einmal sehn.
Und jede giebt auf ihre Weise
Ihm gute Lehren mit zur Reise,
Und aufmerksam horcht Mieschen hin;
Ihm ist so feierlich zu Sinn,
Es küßt die lieben Muhmen alle
Und fühlet wohl zum erstenmale
Die Thränen in sein Auge kommen,
Da Abschied sie von ihm genommen.
[17]    Drauf spricht Frau Miese: »Nun wohlan!
Man folge mir! ich geh' voran.«
Zum Rinnstein geht das gute Tier,
Und alle Katzen folgen ihr.
Drauf sieht man eine nach der andern
Durchs Loch hinab zum Hofe wandern.
Und als der Morgensonne Strahlen
Mit Gold die höchsten Dächer malen
Da stehen an der Gartenthür
Die Katzen allzumal, und hier,
Geküßt, gedrückt von allen Seiten,
Thut Mieschen nun von ihnen scheiden,
Zieht ihres Weges einsam, stumm,
Sieht oft sich noch im Gehen um

Und schaut zurück wohl nach dem Garten,
Wo noch die andern Katzen warten,
[18] Ihm nachzublicken oben von der Hecke,
Bis es verschwunden um die Straßenecke.
Drauf gehn sie alle wieder fort
Zurück an ihren alten Ort.


V.

Mieskätzchen klopft ans erste Haus,
Da guckt 'ne Frau zum Fenster 'raus;
Es hebt zu ihr empor die Augen:
»Ach könnt Ihr nicht ein Kätzchen brauchen?
Kann waschen, putzen und spinnen fein
Und halte das Haus Euch von Mäusen rein,
Miesekätzchen heiße ich,
Liebe Frau, behaltet mich!«
[19] »Ich, Katzen?« ruft die Frau mit Hast,
»Die sind mir in den Tod verhaßt,
Ich mag sie nicht von ferne sehn.«
Drauf läßt sie's arme Kätzchen stehn,
Schlägt 's Fenster zu, so daß es klirrt.
Mieskätzchen, ganz beschämt, verwirrt
Und traurig gehet weiter dann
Und klopft am nächsten Hause an;
Da öffnet ihm die Magd die Thür.
»Ach braucht Ihr nicht ein Kätzchen hier?«
Hat es gar ängstlich sie gefragt.
»Was, Katzen!« ruft die grobe Magd,
»Ich müßte doch wohl närrisch sein,
Wenn ich noch Katzen ließe ein;
Wir haben so naschhafte Tiere
Schon selbst im Hause ihrer viere
[20] Und können keine weiter brauchen.«
»Ach!« spricht mit Thränen in den Augen
Mieskätzchen leise vor sich hin,

»Sie weiß schon, daß ich naschhaft bin;
Wie hart muß ich doch dieses büßen,
Daß es nun schon die Leute wissen.
Was hilft mir's, daß ich weiter lauf'?
Nun nimmt mich keiner bei sich auf.
Und wollte ich nach Hause gehn,
So wär' es gar um mich geschehn;
Drum ist da weiter nichts zu thun.«
Von Haus zu Hause geht es nun,
Und wer die Thür ihm aufgemacht,
Dem hat es seinen Spruch gesagt,
Doch nicht ein einz'ger hat Erbarmen
Mit dem Kätzchen, mit dem armen.
[21]    Ob's auch so schöne Worte gab,
So weisen sie's doch alle ab;
Es muß noch froh sein, wenn es nicht
Noch gar Fußtritte hat gekriegt.


## VI.

Schon nahen die heißen Mittagsstunden
Und noch hat's Herberg' nicht gefunden,
Setzt immer noch die Reise fort
Von Thür zu Thür, von Ort zu Ort.
Die Sonne immer heißer brennt,
Da ist das Städtchen bald zu End',
Und Kätzchen geht mit trübem Sinn
Noch immer seines Weges hin;
[22]    So traurig, wie man nur kann sein,
Und müd' und hungrig obendrein,
Daß es kaum weiter gehen kann,
Kommt es am letzten Häuschen an.
»Ach«, denkt's, »nun ist es mit mir aus,
Ich bin ja nun am letzten Haus.«
Es klopft nur leis, und aus der Thür
Guckt ein alt Mütterchen herfür.

Gar kläglich redet es sie an,
Ob sie ein Kätzchen brauchen kann.
»Ach«, spricht die Frau, »daß Gott erbarm'
Ein Kätzchen? ich bin selbst so arm,
Weiß nicht, wovon ich leben werde,
So lang ich noch bin auf der Erde.
Bliebst du bei mir, wär's dein Verderben,
Wir müßten beide Hungers sterben.

[23]    Doch dauerst du mich gar zu sehr,
Du scheinst so hungrig, so komm her!
Ich ess' ja warme Suppe eben,
Da werd' ich dir die Hälfte geben.
Komm her und iß das Töpfchen leer!
Hätt ich's, gäb ich dir gerne mehr.«
Mein Kätzchen läßt sich nicht lang bitten,
Kommt schnell herbei mit leisen Schritten,
Hat bald das Töpfchen ausgeleckt,
So köstlich hat's noch nie geschmeckt.
Dann geht's zur Frau, bedankt sich schön,
Um weiter seines Wegs zu gehn.
Kaum tritt es wieder aus dem Häuschen,
Da rennt vorbei: husch! husch! ein Mäuschen;
Mein Kätzchen fängt's im vollen Lauf
Und frißt's mit Haut und Haaren auf.

[24]    Und weil es gar so müde war,
Nimmt's die Gelegenheit schnell wahr,
Steigt flink auf einen Apfelbaum,
Schläft ein und hat ein'n schönen Traum.
[ . . . ]


[26]                 VIII.

Doch hat es sich schön ausgeruht
Und wieder frischen, frohen Mut,
[27]    Steigt flink von seinem Baum herunter,
Fühlt sich ganz neu gestärkt und munter;

Mit leichtem Sinn, in schnellem Lauf
Springt es den Schloßberg nun hinauf.
Da oben steht ein altes Schloß
Mit rundem Turme, dick und groß,
Und nur 'ne kleine Thüre dran.
Da klopft sogleich mein Kätzchen an,
Und in dem Augenblicke stund
Vor ihm ein großer, schwarzer Hund.
Vor Schreck dies große Tier zu sehn,
Bleibt starr und stumm das Kätzchen stehn.
Drauf fragt der Hund, was sein Begehr
Allhier in diesem Schlosse wär'.
Da faßt das Kätzchen wieder Mut,
Und fragt ihn, wer hier wohnen thut.

[28]   »Prinzessin Rosa wohnet hier«,
Antwortet drauf das gute Tier.
»Dann fragt bei Eurer Herrin an,
Ob ich sie wohl jetzt sprechen kann!«
Hat's Kätzchen ihm darauf gesagt.
Da hat der Pförtner angefragt,
Und unser Miesekätzchen wird
In einen schönen Saal geführt,
Da sitzt gar wunderschön und hold
In weißem Kleid, gestickt mit Gold,
Und auf dem Kopf 'ne Rosenkrone,
Prinzessin Rosa auf dem Throne.
Gar schüchtern tritt's zu ihr heran
Und hebt sogleich sein Sprüchlein an;
»Könnt Ihr nicht ein Kätzchen brauchen?
Mag zu aller Arbeit taugen,

[29]   Kann waschen, nähen und spinnen fein,
Halte Euch Stuben und Kammern rein,
Miesekätzchen heiße ich,
Prinzessin schön, behaltet mich!«
Die sieht mit liebevollem Sinn
Auf unser Miesekätzchen hin,

Das nicht den Blick zu heben wagt.
Drauf hat sie so zu ihm gesagt:
»Du scheinst ein artig Kind zu sein,
Und ich bin grade so allein,
Mein Herr Gemahl ist seit drei Wochen
Gar weit fort in den Krieg gezogen,
Drum magst du gerne bei mir bleiben,
Und mir recht schön die Zeit vertreiben.
Hier auf dem rosasamten Kissen
Kannst du dich ruhn zu meinen Füßen,
[30]  Man wird dir bringen gute Speisen,
Und Miss Käthchen sollst du heißen;
Bist du fleißig, flink und rein,
Sollst du meine Zofe sein,
Sollst mich überall begleiten,
Und nicht gehn von meiner Seiten.«

## IX.

Drauf winkt Prinzessin ihren Pagen,
Das Abendessen aufzutragen,
Und Prinzessin hat beim Essen
Auch Miss Käthchen nicht vergessen.
Ein blankes, weißes Tellerlein,
Das mußte für Miss Käthchen sein,
[31]  Da hat sie stets ihm vorgelegt
Von dem, was sie zu essen pflegt.
Und da Miss Käthchen nun gesehn,
Wie gut es ihr hier sollte gehn,
Hat sie ferner auch nicht mehr
Sich geängstigt gar zu sehr
Vor den großen Dienerscharen,
Welches lauter Hunde waren,
Fing an, allerhand Geschichten
Aus der Heimat zu berichten,
War gar froh und wohlgemut,

Zeigte ihre Künste gut,
Was sie konnt' für Sprünge machen,
Daß sie mußten herzlich lachen.
Wo Prinzessin geht und steht,
Auch Miss Käthchen mit ihr geht.

[32]  Und je länger's bei ihr blieb,
Desto mehr gewann sie's lieb;
Mochte nichts von allen Dingen
Nunmehr lassen vor sich bringen,
Wenn es nicht Miss Käthchen war,
Die ihr alles reichte dar.
Ging zum Garten sie hinunter,
Sprang Miss Käthchen flink und munter
Ein paar Schritte schon voraus,
Machte schnell die Thüren auf,
Suchte dann im schönen Garten
Von den besten Blumenarten
Einen wunderschönen Strauß
Für die liebe Herrin aus,
Und mit innigem Vergnügen
That Prinzessin daran riechen.

[33]  Ist die Kaffeestund' erschienen,
Muß Miss Käthchen sie bedienen,
Und gar zierlich und mit Freuden
That den Kaffee sie bereiten,
Und darauf geschickt und fix
Mit 'nem wohlanständ'gen Knicks,
Wenn er gut bereitet war,
Reicht sie ihn Frau Rosa dar.


X.

Doch Tag für Tag, mit stillem Sehnen,
Und auch gar oft mit heißen Thränen,
Hat Prinzessin dran gedacht,
Was ihr Herr Gemahl wohl macht.

[34]    War ihr doch recht angst und bange,
Daß er blieb so schrecklich lange.
Miss Käthchen zwar versucht wohl dann,
Sie zu zerstreu'n, so gut sie kann,
Doch immer will's ihr nicht gelingen,
Auf andre Dinge sie zu bringen.
Dann hat gewöhnlich sie befohlen,
Daß man den Wagen sollte holen;
Dann stieg Prinzessin ein gar schnell,
Miss Käthchen folgt ihr auf der Stell',
Der Kutscher steigt vorn auf den Bock
Und außerdem im gelben Rock
Stehn noch zwei Diener hinten auf
Und einer sitzt noch oben drauf,
Sechs Pferdchen sind davor gespannt,
Die haben pfeilschnell über Land,

[35]    Als wär' sie durch die Luft geflogen,
Die schöne Kutsche fortgezogen.
Gar weit wohl über Thal und Höh'n,
Durch Wald und Wiesen, Sumpf und Seen,
Hat man doch stets den Weg genommen
Dahin, woher der Prinz sollt' kommen,
Und ist dann stets, zwar unversehrt,
Doch immer einsam umgekehrt.
Doch einst, als diese kleine Reise
Man machte nach gewohnter Weise,
Da hört man in der Ferne schon
Trompetenklang und Trommelton.
Wie jubelt man so hoch, so laut!
Nach allen Seiten wird geschaut,
Da sieht man von dem Walde her,
Aufziehn den Prinzen und sein Heer;

[36]    Die Waffen blinken schon von ferne
Im Sonnenschein wie gold'ne Sterne.
Ein paar Minuten sind vergangen,
Da hält man schon sich fest umfangen;

Der böse Feind, er ist bezwungen!
Den Sieg, wir haben ihn errungen!
Drum wollen wir uns herzlich freu'n
Und in die Heimat ziehen ein,
Drum laßt uns in den Wagen steigen! –
Zum allerersten Mal muß jetzt
Miss Käthchen ihrem Prinzen weichen,
Der sich zu seiner Herrin setzt.
Sie steigt nun in des Prinzen Wagen,
Da sitzt sein treuer Adjutant,
Und hundert weiße Rößlein tragen
Den Zug im Fluge durch das Land.

[37]     Doch wie erstaunt Miss Käthchen itzt,
Da neben ihr im Wagen sitzt
Derselbe Kater schwarz und schön,
So wie sie damals ihn gesehn
In ihrem schönen Mäusetraum,
Als sie geschlafen auf dem Baum,
Der sie gar freundlich unterhält,
Ihr von dem blut'gen Krieg erzählt.
Miss Käthchen horcht in guter Ruh
Aufmerksam den Geschichten zu,
Hat ihres Kummers drüber gar vergessen,
Daß sie bei ihrer Herrin nicht gesessen;
Und da nun schon mit lautem Schall
Verkündeten die Wächter all',
Daß der Prinz, ihr Fürst und Herr,
Siegreich heimgekehret wär';

[38]     Da der Wagen angehalten
Vor dem Schloßthor, vor dem alten,
Da wunderte man sich gar sehr,
Daß schon der Weg zu Ende wär'.
Doch sind alle abgestiegen,
Um daheim sich zu vergnügen,
Wollen nun bei Wein und Braten
Ruh'n von ihren Heldenthaten.

Das Miss Käthchen liegt zu Füßen
Ihrer Herrin auf dem Kissen,
Und Herr Kater steht dabei,
Dienet seinem Herrn treu.

[39]                    XI.

Und nach sieben frohen Tagen
Läßt der Prinz den Dienern sagen:
Reitet nach den Burgen allen,
Ladet Fürsten und Vasallen
Morgen nach dem Friedenthale
Ein zum großen Siegesmahle.
Und Prinzessin Rosa läßt
Laden zu dem Hochzeitsfest,
Denn Herr Kater ist nunmehr
Käthchens Eh'gemahl und Herr.
Früh morgens, da die Sonn' aufgeht,
Ein schön bespannter Wagen steht
Vor der Muhme Elsbeth Haus
Und die Kinder kommen 'raus;
[40]  Auch Frau Miese wird getragen
Nach dem schönen großen Wagen.
Sie alle sind gar schön geschmückt,
Wie sich's für Hochzeitsgäste schickt,
Muhme Elsbeth steigt voran,
Die vier Kinder folgen dann,
Und zuletzt steigt hinterdrein
Das gefleckte Kätzchen ein.
Das Horn erklingt, die Peitsche knallt,
Daß laut das Echo wiederhallt,
Die Kinder frohe Lieder singen,
Die muntern Pferdchen lustig springen,
Der Wagen fliegt in einem Nu
Dem lieben alten Schloßberg zu.
Am letzten Häuschen ist man bald,

Da macht man erst noch einmal Halt,
[41]    Da kommt das alte Mütterlein
Und steigt mit in den Wagen ein,
Es muß doch auch beim Feste sein,
Sich mit den Hochzeitsgästen freu'n.
Drauf geht es in gemess'nem Lauf
Den Weg zum alten Schloß hinauf,
Dann fährt man ohne Aufenthalt
Hindurch zum schönen grünen Wald.
Schon tönt von fernher Lustgesang,
Erschallt des Jagdhorns froher Klang,
Die Vöglein stimmen auch mit ein,
Die Sonne strahlt mit hellem Schein,
Und jedes Herz schlägt in der Brust
So froh, so frei, so voller Lust.


[42]                    XII.

Da man nun angekommen ist,
Hat man gar herzlich sich begrüßt.
Wie war Frau Miese hoch beglückt,
Da sie ihr liebes Kind erblickt.
Und Miss Käthchen that desgleichen
Große Freud' und Wonne zeigen,
Hielt ihr Schwesterlein umfangen,
Hat erzählt, wie's ihm ergangen,
Wie sie in das Schloß gekommen
Und Herr Kater sie genommen,
Und als man sich genug begrüßt,
Sich satt geherzet und geküßt,
[43]    That man sich auf den Rasen strecken
Und ließ sich's Frühstück köstlich schmecken.
[. . .]

AMALIE WINTER

*Freundschaft zwischen Kindern und Thieren*

1846; 2. Aufl. 1850

*[Franz und seine Vögel]*

[72]
> Nützt dir durch seinen Tod ein Thier,
> So laß es schnell ihn leiden!
> Nützt lebend dir's, gönn' ihm dafür
> Ein nöth'ges Maß von Freuden!
> Dies bist du ihr, der Creatur,
> Dem großen Vater der Natur
> Und deiner Ruhe schuldig.

[73] Das Interesse, welches Franz für alle Thiere hegte, hatte ihn vermocht, auf die verschiedenen Vögel in der Umgegend aufmerksam zu werden; er kannte sie alle, so auch ihre Lebensweise und Nahrung, und baute auf diese Kenntniß seinen Lebensplan. Während des Winters verfertigte er ein großes Vogelhaus von Weiden und Schilf; es war hoch und luftig; er malte es sogar an, und es sah aus wie ein wahrer Palast.

Als das Frühjahr herankam, begann er auf alle Vögel Jagd zu machen. Er erkletterte die Bäume, um sie aus den Nestern zu holen, auch stellte er Fallen. Freilich sträubte sich oft sein weiches Herz gegen dieses Verfahren, oft fiel ihm das Vers-chen seiner Kindheit ein:

> »Knabe, ich bitt' Dich, so sehr ich kann,
> O rühre mein kleines Nestchen nicht an!
> O sieh nicht mit Deinen Blicken hin!
> Es liegen ja meine Kinder drinn,
> Die werden erschrecken und ängstlich schrei'n,
> Wenn du schau'st mit den großen Augen herein.«

> Wohl sähe der Knabe das Nestchen gern;
> Doch stand er behutsam still von fern.
> [74]    Da kam der arme Vogel zur Ruh',
> Flog hin und deckte die Kleinen zu.
> Und sah so freundlich den Knaben an:
> »Hab' Dank, daß Du ihnen kein Leid gethan.«

Er mußte ihnen aber Leid zufügen, den armen Vögeln, es galt ja die Existenz seiner Mutter und Schwester; auch übte er seinen selbstgewählten Beruf auf die mildeste Weise. Er stellte nie Sprenkel und Fallen während der Brutzeit aus – damit nicht etwa eine Brut verhungern müsse. – Dann ließ er auch immer ein Junges oder auch zwei im Nest, damit die alten Vögel sich nicht gar zu verwaist fühlen sollten.

Bald war sein Vogelhaus gefüllt; er hatte Finken, Zeisige, Rothkehlchen, Amseln, Hänflinge, Meisen, Holztauben, Elster, ein ganzes geflügeltes Völkchen. Bald mußte er noch mehrere Vogelhäuser errichten, weil er die Vögel nicht alle in demselben Behälter beherbergen konnte. – Man wird sich wundern, wo er das Geld zu den verschiedenen Auslagen, die im Anfang sein Unternehmen erheischte, hergenommen. – Das Fräulein von Stein hatte ihm ein Goldstück gegeben zu Vogelfutter, und dieses hatte er in seinen Geldbeutel gesteckt.– Er hatte es nicht gern wechseln wollen und immer von seinem Taschengeld das nöthige Futter für Frifri gekauft. Am Tage vor dem Brand, als er auf das Vogelschießen ging, hatte er seinen Geldbeutel eingesteckt, und da er in der unglücklichen [75] Nacht dieselben Kleider wie Tags vorher anzog, hatte er den Beutel mit dem Goldstück gerettet. – Er hatte es immer wechseln wollen, seit die Familie in Armuth war, doch immer wenn er es wegtragen wollte, war von irgend einer Seite eine Sendung von Lebensmitteln oder Kleidungsstücken eingelaufen, die die Trennung von dem Goldstück unnöthig machte. Jetzt aber, als es einer Unternehmung galt, die sein und seiner Familie Zukunft sicherte, jetzt – mußte es fort.

Er suchte nun die den Vögeln angemessene Nahrung, er

machte ihnen Nester, pflanzte in die Mitte seiner Vogelhäuser kleine Büsche, worauf sie sich ausruhen konnten, er studirte ihre Sitten und ihre Gewohnheiten, um ihren Bedürfnissen zuvorzukommen. Bald besaß er auch die schönste Vögel-sammlung, und nun begann er mit seiner Schwester von Schilf kleine Käfige zu fertigen, worin sie die Vögel alle Sonntag auf den Markt nach Hamburg trug. Sie verdienten zwar wenig, aber dieses Wenige war doch die Frucht großer Mühen, und indem sie sich selbst alle möglichen Entbehrungen auferleg-ten, vermochten sie ihrer Mutter einige Annehmlichkeiten zu bereiten, wofür die arme Frau sie freudig segnete.

Franz war indeß viel zu gescheidt und erfindungsreich, um es dabei bewenden zu lassen. Er besaß den Ehrgeiz, sich selbst sein und seiner Familie Glück verdanken zu wollen. [...]

[78] Daß diese zwei so ganz verschiedenen Thiere so friedlich mit einander gehaußt hatten, brachte Franz auf den Gedan-ken, zwei andere feindliche Geschlechter in Freundschaft zu verbinden; zu diesem Behuf nahm er eine sehr junge Angora-katze und erzog dieselbe mit den Vögeln zusammen; er lehrte ihr, sich von den Vögeln zu picken, sie auf sich herumhüpfen zu lassen; er dachte sich auch aus, daß die Vögel eine Art von Krieg gegen die Katze führen sollten; da sah man die Finken, Rothkehlchen, Zeisige in gedrängten Reihen auf die Katze losmarschiren und um die Wette singen, schreien, pfeifen und mit den Schnäbeln nach der schönen weißen Bianka – so hieß die Katze – einpicken. Im Anfang behielt sie ihre Fassung, dann aber nahm sie die Flucht, sodann kehrte sie um, sich wüthend stellend, dann flohen die Vögel unter verzweiflungsvollem Geschrei. Endlich, beim gewohnten Signal, hörte aller dieser Lärm auf, die Katze setzte sich in die Mitte des Vogelhauses, schüttelte, leckte, [79] kratzte sich mit vollkommener Würde, und die kleinen geflügelten Kämpfer flatterten hin und wieder, wiegten sich auf den Bäumen und ließen die schönsten Lieder ertönen.

Dieses neue Schauspiel von feindlichen Geschlechtern, wel-che seit Erschaffung der Welt sich bekriegend gegenüber gestanden hatten und jetzt friedlich mit einander lebten, zog eine große Menge an, und Franz nahm vieles Geld ein. Außer dieser Einnahme verkaufte er auch diejenigen Thiere, denen er seine Kunststücke gelehrt hatte. Endlich war der kleine Knabe so weit gekommen, als er wünschte, und konnte von seinen eigenen Mitteln nicht nur mit den Seinen anständig leben, sondern auch seiner Mutter eine bequeme Existenz bereiten.

Er ging indeß noch weiter; er lehrte Rebhühnern militärische Schwenkungen; er nahm deren zehn aus demselben Nest; nachdem er sie gezähmt hatte, spannte er einige an kleine Kanonen und lehrte ihnen dieselben zu ziehen. Andere steckte er in kleine Soldatenuniformen und hing ihnen Säbel um. Diese neuen, noch nie zuvor gesehenen Artilleristen manöverirten auf höchst komische Weise um die kleinen Kanonen auf Franzens Commandowort. Die Einen zündeten an einem Kohlenbecken, welches man ihnen vorhielt, kleine Lunten an und schossen die Kanonen ab, ohne bei dem Knall im Geringsten zu erschrecken. Sie blieben regungslos stehen wie alte Soldaten. Später vervollkommnete er [80] seine Erfindung so weit, daß die Schaar der Rebhühner in Abtheilungen zerfiel, deren eine den Dienst der Kanonen verrichtete, während die andern, mit kleinen Säbeln bewaffnet, auf die Artilleristen einstürzten. Letztere ergriffen die Flucht; bald aber jagten sie auch wieder die Angreifenden vor sich her, nahmen ihre Kanonen und schossen auf die Flüchtlinge, deren einige wie todt niederfielen, während andere so schnell als möglich flohen, manche hinkten, als seien sie verwundet, und andere schrieen kläglich. Plötzlich ließ Franz aber wieder die Trommel ertönen, und Sieger und Besiegte, Todte und Verwundete flatterten vergnügt zusammen und spielten und freuten sich um die Wette.

Unter diesen außerordentlichen Rebhühnern gab es eins, welches noch viel bewunderungswürdiger war als die andern. Dieses hieß Rosoletta; es folgte seinem Herrn auf allen Schritten wie ein Hund. Wenn Franz ausging, setzte es sich ihm auf die Schulter, und in der Stadt flog es ihm von Haus zu Haus nach, im Feld von Baum zu Baum. Wenn es ja einmal seinen jungen Herrn verlor, so brachte ein Pfiff von ihm es gleich wieder zurück. Es war Franz gelungen, sich aus Rosoletta bei Abrichtung der andern Vögel einen Gehülfen zu erziehen; sie war ihm was der Hund dem Schäfer ist; wenn ein Vogel sich entfernte, so brachte Rosoletta mit einigen Flügelschlägen ihn wieder zurück. Wenn einer von den in der Volière versammelten Vögeln den andern in der Ruhe störte, so züchtigte Roso-[81]letta den kleinen Sünder, und oft wurden ihre Schnabelstreiche ganz ernstlich, wenn er es nicht hinderte.

Franz hatte einen sehr hübschen Finken mit ganz besonderer Aufmerksamkeit und Sorgfalt aufgezogen, und als dessen Erziehung vollendet war, wollte er ihn zu bedeutendem Preis verkaufen, als der Zögling, die Freiheit der Felder und Wälder dem prächtigsten Käfig vorziehend, einen unbewachten Augenblick benutzte, um die Flucht zu ergreifen. Franz war sehr bekümmert über diesen Verlust; vergebens suchte er nach allen Seiten, vergebens rief er früh und Abends; fünf Tage waren verflossen, und er hatte alle Hoffnung, je den Flüchtling zurückzuerhalten, aufgegeben, als am sechsten Tage eines Morgens er Rosoletta sah, wie sie von Baum zu Baum einen Vogel jagte, welcher schrie und umsonst zu entkommen versuchte. Wie groß war sein Erstaunen, als er im Flüchtling den niedlichen Finken erkannte, welcher, als er sah, daß die Freiheit ihm doch geraubt sei, ganz beschämt vor der Thür der Volière ankam und ganz gegen seinen Willen den frühern Platz darin wieder einnahm. Rosoletta triumphirte und erhob einen Siegesgesang, indem sie mit den Flügeln schlug und Franz, zum Zeichen ihrer Freude, mit dem Schnabel pickte.

Franz hatte nun das Ziel seiner Wünsche erreicht, und Mutter und Schwester eine ehrenvolle Existenz verschafft.

AGNES FRANZ

*Buch der Kindheit und Jugend*

1850

[19]                     *Seltene Freundschaft,*
                              *oder:*
                     *Bello und Miezchen.*

Bello, der Haushund, wohnte mit einem Kätzchen unter
*einem* Dache. Sie sahen einander täglich, erhielten ihr Futter
auch zu gleicher Zeit. Bello aber hatte einen guten Appetit,
und wenn sein Teller geleert war, so kam er zu Miezchen
zu Gaste. Erst wehrte das Kätzchen sich tapfer, und machte
einen krummen Rücken; aber zuletzt räumte sie ihrem zudringlichen Gefährten das Feld, und sah, von einem Schränk-
chen herab, gelassen seinen Verwüstungen zu.
Eines Tages hatten böse Kinder das Kätzchen gefangen und
Miezchen dabei einen Knaben scharf in's Gesicht gehauen.
Darüber war die ganze Rotte in solche Wuth gerathen, daß sie
[20] das arme, kleine Thier in einen schmutzigen Rinnstein
warfen, es jämmerlich schlugen und zuletzt mit Füßen traten.
– Miezchen schrie, was es konnte, aber bald verstopfte ihm
das strömende Blut Augen und Nase, – es glaubte zu sterben,
und stieß nur noch ein leises Gewinsel hervor.
Da erscholl plötzlich ein lautes Gebell, und wie ein Sturmwind flog der redliche Haushund auf das klägliche Miau seiner kleinen Tafelgenossin herbei. Mit fürchterlicher Wuth
stürzte er auf die grausamen Kinder, bis sie schreiend und
heulend auseinander flogen. Nun aber zog er behutsam das
Kätzchen aus dem Schlamme, beleckte seine Wunden und
trug es dann vorsichtig mit der Schnautze in's Haus. Hier,
wo seine Hütte stand, legte er Miezchen auf's Stroh, und
hörte nicht auf mit Winseln und Lecken, bis es ein Zeichen
des Lebens von sich gab. – Nun legte er sich, stillvergnügt,

dicht an des Kätzchens Seite, wärmte seine erstarrten Glieder und hielt es mit seinen Pfoten umfaßt.

Da der Hund weder am Abend noch am andern Morgen zum Vorschein kam, so glaubte man, er sei krank geworden. Man brachte ihm seine Mahlzeit in die Hütte, und das war es eben, was Bello gewollt. Er theilte nun die besten Bissen mit seinem Pflegling und hörte nicht auf, ihn zu liebkosen und zu putzen, bis er wieder auf die Beine kam und mit ihm zugleich die Hütte verließ.

Da entdeckte man das verlorne Kätzchen an Bellos Seite, und er begleitete es, wie der Hirt sein krankes Schäfchen führt. – Bald ward die Geschichte bekannt, und da man sie unter die Naturmerkwürdigkeiten zählte, so ward die That des guten Hundes sogar in die Zeitungen gesetzt.

FRANZ FRIEDRICH ALEXANDER HOFFMANN

*Geschichtenbuch für die Kinderstube*

1856

[93]          *Die kleine Thierquälerin.*

Luischen, obwohl sonst ein recht gutes Kind, hatte die grausame Gewohnheit an sich, jedes Thier, welches ihr in den Wurf kam, zu necken und zu quälen. Ihrem Kanarienvogel zupfte sie zuweilen aus Muthwillen die Federn aus, ihr Wachtelhündchen, das fromme Thier, zerrte sie an den Ohren, bis es heulte, andere Hunde warf sie mit Steinen, angebundene Pferde stach sie mit spitzigen Stecken, und ließ, mit einem Worte, kein Thier ungeschoren. Ihre Mutter bemerkte diese Untugend mehrere Male, und stellte ihr das Verabscheuungswerthe derselben vor.

[94] »Die Thiere, die größten wie die kleinsten, sind so gut Gottes Geschöpfe, wie du selbst«, sagte sie, »und wenn du wüßtest, wie klug und gescheut manche Thiere sind, so würdest du dich schämen, dem kleinsten Wurm ein Leid zuzufügen.«

»Ach, Mutter, die Thiere sind Alle dumm!« erwiederte Luise.

»Keineswegs, mein Kind!« sagte die Mutter. »Viele gibt es, die einen fast menschlichen Verstand besitzen. Ich brauche dir nur den Elephanten und den Hund zu nennen, welche schon unzählige Beweise von außergewöhnlichen Fähigkeiten gegeben haben.«

»Bitte, erzähle mir ein paar solche Geschichten«, sagte Luise.

»Sehr gern«, erwiederte die Mutter, »wenn du mir versprichst, künftighin kein unschuldiges Thierchen mehr zu plagen.«

»Ja, das versprech' ich dir, liebste Mutter!« rief Luise, und die Mutter erzählte:

»In Ceylon, einer Ostindischen Insel, wo die Elephanten zu verschiedenen Arbeiten, welche die menschlichen Kräfte übersteigen würden, verwendet werden, waren einst einige Leute beschäftigt, in einem großen Walde Bauholz zu fällen. Die behauenen Stämme sollten von Elephanten an Ort und Stelle geschleppt werden, und diese waren zu diesem Ende mit ihren Hütern in die Waldung geschickt worden.

[95] Die Leute befahlen den Elephanten, die Balken vermittelst ihrer Rüssel auf einen großen Rollwagen zu heben. Die Balken aber waren so schwer, und die Räder des Wagens so hoch, daß trotz aller Anstrengung die klugen Thiere nicht im Stande waren, das Holz auf die Achsen zu laden. Die Arbeiter mußten endlich die Sache aufgeben, sich zu einander setzen, und berathen, auf welche Weise das Hinderniß gehoben werden könne.

Während nun die Leute Rath hielten, berathschlagten die Elephanten auf ihre Weise ebenfalls. Plötzlich befahl der größte

von ihnen durch Zeichen seinen Kameraden, sie sollten ein
Paar Balken zu den Hinterrädern des Wagens schleppen und
unter dieselben schieben, so daß der Wagen auf der einen
Seite hoch, auf der andern niedrig zu stehen kommen
mußte. Dieß geschah, und das Mittel erreichte vollkommen
seinen Zweck. Die Elephanten nämlich schleppten ohne weitere besondere Befehle die Balken herbei, schoben sie mit
ihren Köpfen auf der schrägen Fläche des Wagens in die
Höhe, und beluden diesen auf solche Weise in wenigen Minuten.

Hier hast du den besten und klarsten der Beweise, daß die
Elephanten klüger waren, oder doch wenigstens sich besser
und schneller zu rathen und helfen wußten, als die Menschen.«

»Das ist freilich wahr, liebe Mutter«, sagte Luise.

[96] »Jetzt ein Beispiel von der Selbstverläugnung des Elephanten«, sagte die Mutter. »Ein Kornac oder Führer des
Elephanten in Ostindien mußte eines Tages, um ein noth-
wendiges Geschäft abzumachen, sein Haus verlassen, als
gerade außer ihm und seinem jüngsten Söhnchen, einem
Knäblein von anderthalb Jahren, Niemand weiter im Hause
zugegen war, der die Obhut über das Kind hätte übernehmen
können. Der Kornac entschloß sich kurz. Er nahm sein Kind
mit sammt den Betten aus der Wiege, legte es seinem Elephanten zu Füßen, gab dem Thiere einen Fliegenwedel in die
Hand, und befahl ihm, dem Kleinen die Fliegen abzuwehren
und ihn zu bewachen.

Der Elephant nahm den Wedel an, bewegte ihn zum Zeichen
des Gehorsams über dem Kinde hin und her, und gab durch
dieses Zeichen den sichersten Beweis, daß er den Befehl seines
Kornac verstanden habe.

Dieser ging ganz beruhigt davon. Nach zwei Stunden erst
kam er wieder, und fand sein Kind zu den Füßen des Elephanten noch schlafend. Das treue Thier hatte fort und fort
den Fliegenwedel geschwungen, und sein Wächteramt so
vortrefflich ausgeübt, daß auch nicht ein einziger Muskito

dem Kinde nahe gekommen war, während es selber von
den Stichen der blutdürstigen Insekten viel hatte leiden
müssen.

Eine Flasche Arack belohnte die Treue des guten [97] Ge-
schöpfes, das solchen Lohn gewißlich in vollem Maße verdient hatte.

Meinst du wohl, Luise, daß ein Dienstbote solcher Verläug-
nung fähig gewesen wäre?«

»Nein, Mutter, das bezweifle ich«, erwiederte Luise.

»Höre weiter«, fuhr die Mutter fort.

»Ein englischer Schiffskapitän hatte einen Pavian an Bord,
der um seiner Zahmheit und Artigkeit willen so wohl gelitten
war, daß er frei umherspringen und selbst in die Kajüte des
Kapitäns kommen durfte.

Eines Tages stand der Kapitän auf einer Kanone und blickte in
das Meer hinaus. Plötzlich hörte er hinter sich ein lautes
Geschrei, wendet sich um, und sieht seinen Sohn, ein Kind
von etwa fünf Jahren, in Thränen. Der Pavian hatte ihm sein
Vesperbrod weggenommen, und verzehrte es im Angesichte
des Jungen mit vielem Appetite.

Der Kapitän, ärgerlich über diese Spitzbüberei des Affen,
sprang von der Kanone, griff nach einem Tauendchen, versetzte dem Pavian ein paar derbe Hiebe, und nahm ihm die
Reste des geraubten Butterbrods wieder ab.

Ein paar Tage darauf befand sich der Kapitän abermals auf
Deck. Der Pavian stand an den Mastbaum gelehnt, und der
Knabe kam aus der Kajüte heraufspaziert, und hielt wiederum ein ansehnliches But-[98]terbrod auf den Fingern.
Kaum gelangte er in die Nähe des Affen, so schnappte dieser
ihm von Neuem das Butterbrod weg, der Knabe schrie, und
der Kapitän schaute sich nach dem Geschrei um. Kaum
bemerkte der Pavian den ernsten Blick des Schiffsherrn, so
fuhr er zusammen, und gab in demselben Augenblicke willig
das Butterbrod an seinen rechtmäßigen Eigenthümer zurück.

Du siehst daraus, daß der Pavian sich der vor Kurzem empfangenen Strafe erinnerte, und schnell überlegte, daß er sich einer neuen Züchtigung nur dadurch werde entziehen können, wenn er freiwillig seinen Raub zurückerstattete.

Du selber hättest es schwerlich besser machen können, als der Pavian.«

»O ja, Mutter«, entgegnete Luischen schalkhaft lächelnd; »ich hätte es doch besser gemacht.«

»Und wie, mein Kind?«

»Ei, ich hätte dem Kleinen das Butterbrod gar nicht noch einmal weggenommen!«

»I nun, das wäre allerdings kürzer und besser gewesen«, versetzte ebenfalls lächelnd die Mutter. »Dafür aber bist du auch ein kleiner vernünftiger Mensch, der seine Leidenschaften zu beherrschen verstehen muß. Von den Thieren muß man nichts Unmögliches, das heißt, nichts verlangen, was geradewegs ihrer Natur zuwiderläuft.

[99] Nun aber vernimm noch ein Beispiel von der Rache, welcher ein gequältes und mißhandeltes Thier fähig sein kann.

In den Spanischen Besitzungen Amerika's gibt es wilde oder vielmehr verwilderte Pferde, welche auf den endlosen Prairien dieses Landes in großen Heerden frei umherschweifen, und je nach dem Bedürfniß der Einwohner von diesen eingefangen werden. Sind sie in die Gewalt des Menschen gelangt, werden sie auf folgende Weise gezähmt: Der Pferdejäger führt sie hinab an das Meeresufer, sattelt und zäumt sie daselbst zum ersten Male, und besteigt sie sodann mit Sporen versehen, deren scharfe und spitzgezackte Räder fast einen Zoll lang sind.

Sobald nun das Thier einen Versuch macht, den Reiter aus dem Sattel zu werfen, stachelt dieser das Thier in das flache Wasser, und jagt es so lange im Galopp darin herum, bis der arme Gaul bis zum Umsinken erschöpft ist.

Dieß wird mehrere Male, und zwar so lange wiederholt, bis das Thier sich fügsam zeigt, und nun als ein sogenanntes zugerittenes Pferd vom Eigenthümer benutzt oder verkauft werden kann.

Ein Pflanzer auf den Westindischen Inseln besaß ein solches Pferd, und ließ es von einem Negerjungen täglich ein paar Stunden reiten, um es vollends an Sattel und Zaum zu gewöhnen. Eines Tages aber [100] wurde das Thier wild, und ging durch. Der Junge verlor Besonnenheit und Steigbügel, und fiel in den Sand. Das galoppirende Pferd rannte noch eine Strecke weit vorwärts; dann aber hielt es an, drehte um, lief im Karriere zurück, und schlug den armen Negerjungen, welcher seine Besinnung noch nicht wieder erlangt hatte, so lange mit den Vorderhufen auf den Kopf, bis es ihm den Schädel zerschmettert und ihn getödtet hatte.

Das war die Rache für die Grausamkeit, mit welcher das Thier zur Knechtschaft gezwungen worden war.«

»Das ist ja schrecklich!« rief Luise entsetzt aus.

»Ja, schrecklich ist es«, bestätigte die Mutter, »und liefert wenigstens den Beweis, daß die Thiere sehr wohl fühlen, wenn sie gequält und gemißhandelt werden. Merke dir's, damit auch du deine Neckereien künftig unterläßt.«

»Nie wieder will ich Thiere quälen!« rief Luise, und hielt Wort.

# Reisebeschreibungen

*Die Reisebeschreibungen der Biedermeierzeit setzen zunächst die während der Aufklärung entwickelten Themen und Formen fort. Wie im 18., so ist auch im beginnenden 19. Jahrhundert die Reisebeschreibung die Gattung der Kinder- und Jugendliteratur, die den größten Realitätsgehalt besitzt; es scheint sogar, als übernehme diese gegen Verinnerlichung und Realitätsflucht gefeite Gattung in der Biedermeierzeit eine kompensatorische Rolle: Wenn schon in der Realität das Kleine, Unbewegte und Heimische vorherrscht, dann soll wenigstens in der Literatur, sei sie dokumentarisch oder fiktiv, das Großartige, Bewegungsvolle und Ungeahnte sich entfalten können. Noch immer verbreitet sind anfangs die pädagogischen Reisen, die Erzieher mit ihren Zöglingen, Väter mit ihren Kindern unternehmen, wobei in zunehmendem Maße nur die Söhne mit auf die Reise genommen werden, während die Töchter bei der Mutter im Hause bleiben. Auf diesen Reisen werden gelegentlich auch Orte mit von Philanthropen gegründeten Erziehungsanstalten besucht, die mittlerweile jedoch ihren Glanz eingebüßt haben.*

*Im Verlauf des 19. Jahrhunderts werden immer seltener gesellschaftliche oder gar explizit politische Themen, wie etwa noch bei Campe, erörtert. Die Informationen aus Deutschland oder fernen Ländern und anderen Kontinenten verlieren ihren engagierten pädagogisch-staatsbürgerlichen Zuschnitt. Sie beschränken sich entweder auf die Mitteilung eines schon recht standardisierten Kanons kultureller Eigentümlichkeiten oder aber auf unverfängliche, neutrale Sachbeschreibungen. Manche Reisebeschreibungen für junge Leser ähneln frühen Formen moderner Reiseführer. Über die Reisebeschreibung – vornehmlich von Reisen durch England – hält der Topos »Errungenschaften der Technik« Einzug in das Kinder- und Jugendbuch. Die Objektbeschreibungen nehmen teilweise so viel Raum ein, daß zwischen Reisebeschreibung und Sacherzählung kaum noch unterschieden werden kann.*

Südamerika-, Afrika- und Australien-Reisen verdrängen all-
mählich die über Jahrzehnte hinweg populär gebliebenen
Südseefahrten. Einen auffallend breiten Raum nehmen seit
der Mitte des 19. Jahrhunderts die nördlichen Regionen ein:
Island, Grönland, Nordpol. Besonders bei diesen Reisebe-
schreibungen wird deutlich, daß nicht mehr die Auseinandersetzung mit neuen Kulturen, mit anderen Menschen und
Sozialsystemen im Vordergrund steht, sondern die Frage der
Naturbeherrschung. Aber auch die Art der Begegnungen mit
Bewohnern fremder Länder und Kontinente verändert sich:
Sie verlieren zunehmend an Toleranz und Friedfertigkeit.
Der Kampf mit der Natur und die feindschaftlichen Ausei-
andersetzungen mit Einheimischen treten in den Vordergrund, wodurch ein neues Genre der Kinder- und Jugendliteratur vorbereitet wird. Der abenteuerliche Reisebericht leitet
über zum exotischen Abenteuerbuch, einem Genre, dem nur
wenige Jahrzehnte später Karl May zur ungeheuren Popularität verholfen hat.
Als besonderes Subgenre läßt sich des weiteren die Auswande-
rergeschichte ausmachen. In ihr werden, besonders nach den
schweren Hungerjahren um 1816 und um 1846, die Erlebnisse
von Auswanderern nach Amerika während der Überfahrt
und auf der Suche nach einer neuen Heimat geschildert.
Häufig, so etwa bei Dielitz und Gräfe, sind die Reisebeschreibungen für junge Leser Bearbeitungen von wissenschaftlichen
Reiseberichten oder populären, aber für Erwachsene ge-
dachten Reisedarstellungen. Die Qualität der Adaptionen
schwankt stark; die Spannbreite der Bearbeitungen reicht
vom bloßen Austausch einzelner »schwieriger« Wörter bis zur
vollständigen Transponierung in eine altersgemäße Sprache.
Beliebt sind auch Sammelbände oder großangelegte Reihen-
werke, in denen, oft ohne jede Systematik, Reisebeschreibungen unterschiedlichster Qualität vereint sind. Das bloß kommerzielle Interesse an diesen Werken ist häufig nicht zu übersehen.
Wie vielfältig Formen und Themen der Reisebeschreibung

*im 19. Jahrhundert sind, wie unterschiedlich die jeweilige
Mischung von Naturgeschichtlichem, Ethnologischem und
Abenteuerlichem ausfällt, verdeutlichen schon die geläufigen
Titel dieser Gattung: Reisebilder, Land- und Seebilder, Skiz-
zenbuch, Naturbilder, Völkergemälde, Kosmoramen, Pan-
oramen, Entdeckungsfahrt, Zonenbilder, Streifzüge.*

LEOPOLD CHIMANI

*Das Landleben oder Lustreisen der Familie Friedheim
in ländliche Gegenden*

1821

[8]           *Abreise am Morgen.*

Die Familie *Friedheim* hätte schon einige Mahle gern weitere
Spatziergänge gemacht, um die Allmacht, Güte und Weisheit
in der neu belebten Natur zu bewundern, und ihr Herz dan-
kend zum Schöpfer und Geber alles Guten zu erheben; aber
noch immer hatten dringende Geschäfte den Vater verhindert, eine Lustwanderung nach *Burgdorf* zu Herrn
*Wahlman*, der dort ein Landhaus bewohnte, mit den Seinigen
zu machen, wie er den Kindern schon längst versprochen
hatte.
Endlich kam der längst erwünschte Tag, an welchem sich der
Vater von allen Amtsverrichtungen lossagen konnte, und den
er ganz seinen Kindern schenken wollte. Das herrlichste Wetter begünstigte die Lustreise, und die Thurmuhr hatte noch
nicht fünf geschlagen, so waren schon alle drey Kinder auf
den Beinen. *Isabelle* hatte die zwey Brüder geweckt; denn die
Sehnsucht nach dem Vergnügen, das sie am folgenden Tage
genießen sollte, hatte sie kaum bis zur Morgendämmerung
schlafen lassen.

Schnell hatten sich die Kinder angekleidet, und mit ihren Aeltern den Morgensegen gebethet. Ihre Freude wurde noch vermehrt, als ihnen die Mutter sagte, daß auch sie heute ihnen auf der Lustreise Gesellschaft leisten wolle. Die Kinder klatschten in die Hände, und schmiegten sich freudig an die Mutter, um sie zu bitten, daß sie eilig das Frühstück bringen lasse, welches auch geschwinder als sonst verzehrt wurde.

*Otto* brachte dann dem Vater Hut, Stock und Handschuhe, *Isabelle* war um die Mutter beschäftiget, um ihr das Halstuch umzugeben, und *Eduard* [9] stellte sich reisefertig an die Thür. Der Vater erinnerte, daß, so heiter auch der Morgen sey, es doch nicht überflüssig seyn dürfte, daß sie sich mit Regenschirmen versahen, weil das April-Wetter so veränderlich sey, daß es selbst zum Sprichworte geworden ist.

Otto both sich an, einen Schirm zu tragen, den zweyten nahm der Vater anstatt des Stockes, und so ging es zur Thür und zum Stadtthore hinaus.

### Empfindungen am Morgen.

Der Morgen war noch kühl; der Vater ermunterte die Kinder, Anfangs etwas schneller zu gehen, um sich zu erwärmen, und als sie vor der Stadt die in ihrer Pracht aufgehende Sonne, das schöne Grün der Wiesen, welches mit gelben und weißen Blümchen besäet war, und die mit Blüthen bedeckten Bäume sahen, erhob sich ihr Herz zur lauten Freude. »O wie herrlich, o wie schön ist dieser Anblick!« riefen sie, »welch einen herrlichen Morgen hat uns der liebe Gott heute bereitet.«

Da nahm der Vater ehrerbiethig den Hut von dem Haupte, blickte gen Himmel, und stimmte das Morgenlied an, welches alle mit gerührten Herzen sangen:

> Lobt den Herrn! Die Morgensonne
> Weckt die Flur aus ihrer Ruh,
> Und der ganzen Schöpfung Wonne
> Strömt verjüngt uns wieder zu.

Lobt den Herrn! In frühen Düften
Lobet ihn der Wiesen Flor;
Auf den Bäumen, in den Lüften
Lobet ihn der Vögel Chor.

Lobt den Herrn! Auf grünen Triften
Brüllt das Vieh ihm seinen Dank.
Hier im Staub, wie in den Lüften
Tön' ihm froh der Lobgesang.

[10]         *Die Lerche in der Luft.*

»O hören Sie, lieber Vater«, sagte *Isabelle*, wie die Lerche in
unsern Morgengesang eingestimmt hat; sehen Sie nur, wie sie
sich trillernd hoch in die Luft erhebt; wie sie im Bogenförmi-
gen Fluge herum gaukelt, und singend bald in eine ungeheure
Höhe steigt, daß sie dem Auge kaum mehr sichtbar ist, bald
sich in schiefer Linie herab läßt. Jetzt steigt sie wieder senk-
recht in die Höhe, jetzt fällt sie eben so wieder herab, und
immer singt sie frohlockend im lauten Geschwirre.
*Vater.* Auch sie freuet sich des schönen Frühlingsmorgens,
und ist froh in ihrer Heimath, in welche sie vermuthlich erst
vor einigen Tagen, von den erwärmenden Sonnenstrahlen
angelockt, zurück gekehrt ist.
*Eduard.* Ist sie denn nicht auch im Winter bey uns?
*Otto.* Nein, lieber *Eduard.* Die Lerchen scheuen die Kälte,
und würden auch bey uns im Winter, wenn alle Felder mit
tiefem Schnee bedeckt sind, vor Hunger umkommen müssen;
denn damahls finden sie keine Insecten, keine Sämereyen,
von denen sie sich nähren.
*Eduard.* Wo zieht denn die Lerche hin, wenn es bey uns kalt
wird?
*Otto.* Schon im September und October, wenn die Felder
ganz leer sind, versammeln sich die Lerchen in ungeheure
Schaaren, und wandern, bevor es bey uns noch reifet, in wär-
mere Länder. Sie ziehen weit über das Meer fort, bis in den
heißen Welttheil nach Afrika.

*Isabelle*. Weiß man denn dieses gewiß?

*Otto*. Die Seefahrer sehen sie oft Schaarenweise über das Meer fliegen. Oft lassen sich die Lerchen auf ein Schiff nieder, welches ihnen begegnet, um auf der [11] weiten Reise auszuruhen; in *Malta* und in den Inseln des mittelländischen Meeres sieht man oft ganze Schaaren Lerchen ankommen, um dort einige Zeit der Ruhe zu pflegen; dann ziehen sie weiter ostwärts bis nach den Küsten von Syrien und Ägypten, ja sie wandern noch weiter bis nach Nubien und den Küsten des rothen Meeres in Abyssinien. Wenn wir nach Hause kommen, will ich euch auf der Landkarte die Länder zeigen, in welcher die Lerchen den Winter zubringen, und ich will euch den Weg weisen, den sie dahin nehmen.

*Vater*. Mich freuet es lieber *Otto*, daß du deinen Geschwistern so viel von der Lerche erzählen kannst. Wer weiß, wo diese Lerche, welche uns jetzt durch ihren Gesang so angenehm ergötzt, den Winter zugebracht hat? Müssen wir nicht die Weisheit und Güte des Schöpfers in diesem kleinen Thiere bewundern? Er sorgt für alle Geschöpfe. Da die Lerche bey uns im Winter durch Kälte und Hunger umkommen müßte, so hat ihr der gute Gott den natürlichen Trieb und auch die Kraft in ihre Flügel gegeben, daß sie in die entferntesten warmen Länder über Berge und Thal, über Flüsse und Seen, und selbst über das unübersehbare Weltmeer zieht. Wer hat ihr den Weg dorthin vorgezeichnet? Wer geleitet sie wieder zu uns her? Wer hat sie gelehrt, die Reise zeitlich vor dem Winter und damahls anzutreten, wenn sie durch die reichliche Nahrung im Sommer gestärkt, am kraftvollsten zu der weiten Wanderung ist, und Mangel und Hunger auf der endlangen Reise am leichtesten ertragen kann? Wie vorsichtig tritt sie die Reise in Gesellschaft mehrerer an, damit eine die andere warnen und beschützen kann. Sehen wir nicht in allem diesen die weisen Einrichtungen des allmächtigen Schöpfers, der für das unbedeutendste Thier, so wie für sein Ebenbild, den Menschen, sorgt. [ . . . ]

[14]                    *Das Veilchen.*

*Otto* wollte weiter reden, als ihm die immer geschäftige
*Isabelle*, welche einige Schritte voraus geeilt war, mit dem
Rufe: »Veilchen, eine Menge Veilchen sind da!« plötzlich
unterbrach.
*Otto* und *Eduard* eilten zu ihr, und sieh da! ein Dornstrauch
war um und um mit lieblich duftenden blauen Veilchen
umstellt, welche bescheiden mit ihrer Blumenkrone aus den
grünen Blättern und dürrem Laube hervorragten, und einen
angenehmen Geruch verbreiteten. Alle waren geschäftig
mehrere davon zu pflü-[15]cken, um dem Vater und der Mutter ein Sträußchen zu binden.
»Seyd mir gegrüßt«, sprach der Vater, »ihr ersten Kinder des
Frühlings; auch euch haben die erwärmenden Strahlen der
Sonne aus dem Schooße der Erde hervorgelockt. Durch euch
verkündiget uns der gütige Schöpfer die Ankunft des Frühlings; ihr seyd uns gleich angenehm durch eure schöne indig-
blaue Farbe wie durch euren lieblichen Duft!

> Von allen Blumen auf der Flur
> Lieb' ich euch holde Veilchen nur,
> Die ihr, in dunkles Laub gehüllt,
> Mit Balsamduft die Lüfte füllt.
> Zufrieden, – ob euch niemand sieht,
> Wie reitzend und wie schön ihr blüht –
> Wenn eurer Düfte Lieblichkeit,
> Der Farbe Schönheit uns erfreut,
> Seyd ihr bescheiden, süß und mild
> Der *echten Demuth* Ebenbild!
> [...]

[18]        *Veilchenduft kann schädlich werden.*

Während dieses Gespräches hatten die Kinder rund herum
alle Veilchen rein abgepflückt, und waren beschäftiget die
Sträußchen für Vater und Mutter zu binden. *Isabelle* gab den
Zwirn dazu her; denn sie hatte bey allen Spaziergängen auf
der Mutter Rath zur guten Vorsorge immer Nadel und Zwirn
mitgenommen, wenn vielleicht etwas an der Kleidung zer-
reiße, und auch dieses Mahl hatte sie darauf nicht vergessen.
Die Sträußchen wurden den Aeltern übergeben, und noch
hatte *Isabelle* die Schürze von den lieben Veilchen, welche die
Brüder in dieselbe gegeben hatten, halb voll. »Diese alle will
ich nach Hause tragen«, sprach das Mädchen, »und in unser
Schlafzimmer legen; da werden sie einen angenehmen Duft
verbreiten!«
»Das thu ja nicht, liebes Kind«, sprach der Vater. »So angenehm der Geruch der Veilchen im Freyen ist, so scharf und
betäubend wird er, wenn man eine Menge derselben in verschlossene Zimmer bringt, zumahl wenn diese eng, wie euer
Schlafgemach, sind. Die Ausdünstungen derselben betäuben,
und können den Tod verursachen: denn neben dem wohlrie-
chenden Dufte dünsten die Veilchen eine Stickluft (Stickgas)
aus, welche sie in Menge bey sich führen, und die zum Einathmen untauglich ist. Hört folgende Trauergeschichte:
[19] Ein Mädchen pflückte einst eine Menge Veilchen, welche
sie auf einem Teller in ihr Schlafzimmer stellte, das klein, und
bey der noch rauhen Witterung mit Doppelfenstern und
Doppelthüren gut verschlossen war. Das Mädchen ging unbesorgt zu Bette, und schlief ein.
Um Mitternacht ging die Mutter in das Zimmer, um etwas zu
hohlen, und fand ihr armes Kind sinnenlos und in den heftig-
sten Zuckungen im Bette liegen. Von Schrecken ganz betäubt, konnte die Mutter die Ursache dieser schrecklichen
Zufälle sich nicht erklären. Sie schickte nach dem Arzte.
Doch ehe dieser kam, war das Mädchen unter fortwährenden
Zuckungen schon verschieden.

Der Arzt entdeckte sogleich, daß das Mädchen durch die Ausdünstungen der Veilchen erstickt sey; er wendete alle Mittel zur Wiederbelebung des Kindes an; aber vergebens; es war ohne Rettung todt. [. . .]

[20]                      *Der Ackersmann.*

Wie die kleine Gesellschaft lustwandelnd den Weg weiter fortsetzte, entdeckte *Eduard* von ferne zwey Ochsen, die den Pflug den Acker endlang zogen. Hinten drein ging der Ackersmann, und drückte die Pflugschar tief in die Erde, welche dadurch in großen Schollen aufgerissen wurde.
Besonders gefiel dem Knaben, wie die Furchen eine neben der andern der Länge nach im Acker gezogen waren. Nur wenige Schritte hinter dem Ackersmanne versammelten sich eine Menge schwarzer Saatkrähen, welche wacker mit ihren langen Schnäbeln in die Erde pickten, und dem Pfluge ohne Scheu zu folgen schienen. Nebenbey erhoben sich wieder Lerchen schwirrend in die Luft, und zwitscherten ihren frohen Morgengesang.
*Eduard* fragte, was denn dieser Mann dort auf dem Felde thue?
»Dieser Mann dort«, sprach der Vater, »den du hinter dem Pfluge gehen siehst, bestellt sein Feld; er ackert, um dann den Samen in die Erde zu säen, aus welchem die Saat hervorkeimt, die in Halme und Aehren aufschießt, und uns die Feldfrüchte, Weitzen, Rocken, Gerste, Hafer u. d. gl. bringt. Du siehst nun hier einen Menschen in der ehrwürdigen, aber von so vielen stolzen Städtern gering geachteten Beschäftigung begriffen, das Erdreich zur Hervorbringung der uns un-
[21]entbehrlichen Getreidearten vorzubereiten. Denn glaube mirs, der Landmann, Ackersmann, Bauer oder wie du ihn nennen magst, ist eine sehr wichtige Person im Staate, der im Schweiße des Angesichtes die Erde bearbeitet, damit sie uns jene Früchte liefere, ohne welche wir nicht leben können.

Das Mehl, aus welchem Brot gebacken, und so viele wohlge-
schmacke Speisen bereitet werden, die wir täglich genießen,
wird aus den Körnern gemahlen, welche uns der Landmann
von seinen Äckern liefert. Viele andere Früchte, Gemüse,
Erdäpfel, Krautköpfe, Obst und die meisten Eßwaaren kommen von ihm. Er zieht Geflügel, Mast- und Schlachtvieh für
uns, und nimmt bey seiner sauren Mühe mit einem geringen
Nutzen vorlieb.

JOHANN HEINRICH MEYNIER

*Reise durch Deutschland*

1821; 3., verb. Aufl. 1837

*[Frankfurt am Main]*

[1,317] Munter rollte unser Wagen durch die Vorstadt *Sachsen-
hausen*, die an dem linken Mainufer liegt, und größtentheils
von Gärtnern, Fischern, Handar-[318]beitern bewohnt wird,
die ihrer Rohheit wegen in übelm Ruf stehen.
Wir fuhren über die schöne 400 Fuß lange steinerne Brücke,
durch welche die Stadt Frankfurt mit dieser Vorstadt verbunden ist. – Diese alte ehemalige Reichs- jetzt freie deutsche
Stadt hat 48,000 Einwohner, unter welchen sich viele Juden
befinden, die zum Theil bedeutende Häuser errichteten. So
haben z. B. die Herren von Rothschild hier ihren Sitz und
leiten von Frankfurt aus die größten Geldgeschäfte Eu-
ropas.
Die Straßen von Frankfurt sind, wie in den meisten alten
deutschen Reichsstädten unregelmäßig und eng in der Alt-
stadt; die Zeil, die neue Mainzerstraße und einige andere
zeichnen sich dagegen durch Schönheit und Regelmäßigkeit

aus. Unter den Gebäuden der Stadt ist unstreitig das merk-
würdigste der Römer, der den großen Kaisersaal, das ehemalige Wahlzimmer der Kurfürsten und das Archiv umschließt,
in dem die goldne Bulle aufbewahrt wird, die Kaiser Karl IV.
(1365) gab. In diesem Saale, der in jedem Deutschen großartige Erinnerungen wecken muß, sahen wir in gothischen
Nischen die Bildniße der deutschen Kaiser von Conrad I. bis
zu dem letzten, dem jüngst verstorbenen Kaiser Franz II. Es
scheint hohe Zeit gewesen zu seyn, daß das alte deutsche
Reich zusammenbrach, denn der Kaisersaal hat für keine
Nische mehr Raum. Ehemals empfing in demselben der neu-
gewählte Kaiser [319] die Huldigung der Stadt, jetzt feiert die
Schuljugend in ihm jährlich ihre festlichen Aufzüge; so
ändern sich die Zeiten.
Der Römerberg vor dem Rathhause sah einst bei den Kaiser-
wahlen wunderliche Festlichkeiten, hier brut man einen ganzen Ochsen öffentlich am Spieße und schlug sich um die
Beute; hier strömte aus dem Doppeladler eines Springbrun-
nens Wein, von dem der Erbschenk dem Kaiser schöpfte; hier
warf der Erzschatzmeister die Krönungsmünze unter das
Volk, und füllte der Erzmarschall dem Kaiser ein silbernes
Maas mit Hafer. Kein deutscher Kaiser schien seine Würde
mit Recht zu besitzen, wenn nicht das Volk auf dem Römer-
berge bei seiner Wahl sich um den Kopf des Stieres und den
Beutel des Erzschatzmeisters in heißem Kampfe gestritten
hatte. [. . .]
[320] Die Gegend um Frankfurt ist, obgleich nicht großartig,
doch lieblich und fruchtbar. Kleine Hügel schwellen hier und
da sanft empor in der reizenden Ebene, die, so weit das Auge
reicht, von Obstbaumalleen durchschnitten ist. Apfelbäume
von ungewöhnlicher Größe senken an der Straße ihre frucht-
schweren Aeste bis zur Erde herab, gleich als wollten sie ihr
ihre Erstlinge zum Dankopfer bringen. Nirgends gewährt die
weite Ebene den einförmigen, ermüdenden, tödtenden An-
[321]blick der ungeheuern Flächen im nördlichen Deutschland. Der herrliche Mainstrom breitet sich ruhig wie ein See

vor den Augen aus, und die Schifflein fahren auf seiner Spie-
gelfläche auf und nieder wie Weberschifflein. Reizende
Hügel, mit Reben oder Fruchtbäumen bepflanzt, bekränzen
den Strom und spiegeln sich in seinen Gewässern. Alles an
seinen lieblichen, süßeinladenden Ufern verräth ein gemüth-
liches, ruhiges, selbstgenügendes Daseyn.

Die Stadt ist mit schönen Gärten und Landhäusern, Spaziergängen und andern angenehmen Anlagen umgeben. An
Sonn- und Feiertagen werden von den Einwohnern auch
Ausflüge nach weiter entfernten Belustigungsorten, wie z. B.
dem Sandhof, dem Forsthause, nach Hanau, Wilhelmsbad
u. s. w. gemacht. Der Sandhof und das Forsthaus sind Gast-
höfe, eine Stunde von Frankfurt am linken Mainufer, der eine
an, der andere in einem schönen Lustwäldchen. Hier hatten
wir Gelegenheit den Frankfurter Bürger, so wie er ist, in
seiner ganzen Lustigkeit und Fröhlichkeit zu beobachten.
Wir glaubten uns nach Wien in den Prater zurück versetzt. –
Ueberall bemerkten wir an den Frankfurter Bürgern, sowohl
in ihrem Anzug als in ihrem Benehmen, sehr viel Wohlhaben-
heit und einen gewissen Grad von Bildung. Ihre Söhne und
Töchter tanzten nicht minder zierlich und kunstmäßig, oft
mit noch mehr Anstand als die Töchter und Söhne der Vornehmen.

[322] Das behagliche Leben der Frankfurter ist meistens die
Frucht ihres Fleißes und des blühenden Handels. Dem
Künstler und Handwerker werden seine Arbeiten von den
Kaufleuten in Menge abgenommen und gut bezahlt. Wer also
Trieb zur Thätigkeit und Geschicklichkeit besitzt, dem kann
es an einem Ort, wie dieser, nicht leicht an einem ansehnlichen Verdienste fehlen. Der größte Reichthum aber ist hier,
wie in allen großen Handelsstädten, bei den Kaufleuten. In
Frankfurt sind mehrere Häuser, die Millionen besitzen, und
bei manchem Geschäfte, das sie unternehmen, Hunderttau-
sende gewinnen.

Den größten Theil ihres Wohlstandes verdankt diese Stadt
dem Main, der sie in Verbindung mit dem Rhein und dem

Meere setzt, und die Zufuhr und Ausfuhr aller Waaren erleichtert. Ein einziges Mainschiff kann mehr tragen, als fünf hundert Pferde zu ziehen vermögen, und doch kann es von weniger als zehn Menschen regiert werden, dahingegen die Leitung und Verpflegung von fünf hundert Pferden über zwei hundert Menschen erfordert. Die Wasserfracht ist daher viel wohlfeiler als die Landfracht, und deswegen können auch alle Waaren, die zu Wasser ankommen, wohlfeiler verkauft werden, als andere.

Eine zweite Ursache von Frankfurts Wohlstand sind seine jährlichen großen Messen, die von einer unzähligen Menge Kaufleuten und Käufern aus den entferntesten Ländern besucht werden.

[323] Zu keiner Zeit ist Frankfurt interessanter, als zur Meßzeit. Das Gewühl der Handelnden, das Gedränge auf den Marktplätzen, die Lebhaftigkeit auf den Straßen, das bunte Gemisch von großen Handelsherren und kleinen Krämern, von vornehmen Leuten und Beutelschneidern, Marktschreiern, Gauklern gewährt dem Auge des Beobachters ein sehr abwechselndes, anziehendes, täglich neues Schauspiel. Als wir in Frankfurt verweilten näherte sich die Zeit, wo diese wichtige Handelsstadt dem deutschen Zollvereine sich anzuschließen entschlossen war. Man hoffte von dieser Verbindung das Beste für Frankfurt und das ganze Vaterland.

Ich habe schon erwähnt, daß wir zu Frankfurt nirgends lieber lustwandelten, als an den Gestaden des Mains, wegen der Lebhaftigkeit, die hier zu Wasser und zu Lande herrscht. [. . .] Ganz besonders interessant war die Abfahrt des Marktschiffes, das täglich von Frankfurt nach Mainz abgeht, und wir konnten der Versuchung nicht widerstehen, eine Strecke darauf den Main hinab zu [324] schwimmen, um auch zu sehen, wie es in seinem Innern zugeht.

Bei dieser Wasserpartie fiel uns das Bild eines Hahnes auf, das auf der Mainbrücke stand. »Ich sehe es Ihnen an, sagte ein alter Obsthändler von Bornheim, daß Sie sich über den Hahn wundern, der auf der Brücke stolziert. Das hat er verdient um die Brücke, ohne ihn wäre sie nie zu Stande gekommen. Sehen Sie, der Baumeister konnte mit dem Bau zur rechten Zeit nicht fertig werden und mußte zuletzt ein Pact mit dem Satan schließen. Ich will die Brücke vollenden, sagte der Urian, aber der erste, welcher über sie geht, muß mein seyn. Der Baumeister gestand dies zu und in Einer Nacht war das Werk der Hölle fertig. Der Satan harrte nun auf seinen Lohn, allein kaum graute der Morgen, so trieb der Baumeister einen dürren Hahn über die Brücke, ehe sie noch jemand betrat. Der Böse hatte sein Spiel verloren, rächte sich aber doch indem er zwei Löcher in die Brücke brach, die man jetzt noch sieht und Niemand ausfüllen kann!« – »Schweig doch still sagte ein Sachsenhäuser, was gehen der Hölle die Löcher an der Brücke an. Man hat sie gelassen, um in Kriegszeiten dem Feinde leicht den Uebergang verwehren zu können.«

In den nächsten Umgebungen Frankfurts fanden wir östreichische und preußische Truppen, welche aber keineswegs eine drohende Stellung gegen den alten [325] Sitz der deutschen Kaiser behaupteten, sondern allein zum Schutz der Ordnung aufgestellt waren, nachdem im Jahre 1833 Meuchelmörder einen Versuch gemacht hatten, mehrere in den frankfurter Gefängnissen festgehaltene Verbrecher zu befreien.

AMALIA SCHOPPE

*Die Auswanderer nach Brasilien oder die Hütte am*
*Gigitonhonha*

1828

[1]                    *Erste Abtheilung.*

1.

Ihr habt gewiß schon oft davon gehört, meine theuren,
geliebten Kinder, daß aus dem mit Menschen fast überfüllten
Europa, dessen Boden kaum mehr die erforderliche Nahrung
für die Vielen hervorzubringen vermag, Leute nach andern
Weltheilen, namentlich aber nach Amerika, auswandern,
um dort unter einem andern Himmelsstriche das zu suchen,
was ihnen in der Heimath zu fehlen begann, nämlich Nahrung und hinreichenden Unterhalt.
[2] Viele dieser Armen haben sich freilich in ihren fröhlichen
Erwartungen und oft allzu hoch gespannten Hoffnungen
getäuscht gesehen, denn statt ein glücklicheres Loos zu finden, fanden sie Mangel, Elend und Sclaverei, während Andre
wieder weit über ihre Erwartung glücklich wurden.
Unter den Ländern in Amerika, wohin Europäer, durch
wirklich drückenden Mangel oder durch Auswanderungs-
sucht getrieben, ihre Zuflucht in neuerer Zeit zu nehmen
pflegen, steht Brasilien oben an.
Dieses große Reich in Süd-Amerika, zum Theil zwischen den
Wendekreisen gelegen, also unter dem von der Natur in Hinsicht der Vegetation am meisten begünstigten Himmelsstriche, hat einen Flächeninhalt von mehr als 100,000 Quadratmeilen, wovon kaum 1000 angebaut sind, und bietet so den
Auswanderern große Hoffnungen für ihr Fortkommen
dar.
Früher war dieses ungeheure Reich nur eine Provinz des in

Europa nicht eben bedeutenden Königreichs Portugal, und wurde von Vicekönigen und Statthaltern regiert. Seit dem Jahre 1822 hat sich Brasilien jedoch von Portugal gänzlich [3] losgesagt, und der Kronprinz dieses letztern Landes ist als Kaiser von Brasilien unter dem Namen Peter I. feierlich ausgerufen und anerkannt worden, so daß dieses Reich jetzt einen von Europa durchaus unabhängigen Staat bildet, dessen wachsende Größe vielleicht dereinst ganz Süd-Amerika furchtbar werden kann.

Wenn die Bevölkerung in Europa nun fast allzu stark für diesen, im Vergleich mit Amerika, sehr kleinen Welttheil ist, so leidet Brasilien dagegen einen großen Mangel an Einwohnern, denn man zählt nur 4,221,000 Menschen auf seine 100,000 Quadratmeilen Flächeninhalt, und so ist die gegenwärtige Regierung stets darauf bedacht, Fremde, besonders Europäer, in das Land zu ziehen, die sie zum Theil mit großen Versprechungen dahin lockt, welche aber selten erfüllt werden.

Trotz dem, und nach so vielen traurigen Erfahrungen, welche von den unglücklichen Auswanderern gemacht worden sind, gehen doch noch jährlich viele, viele Schiffe mit Männern, Frauen und Kindern ab, die ihr Glück in Brasilien suchen wollen, und mancher junge Mann hat wohl von golde-[4]nen Bergen geträumt, indem er mit fröhlichem Muthe ein Schiff bestieg, das Auswanderer nach dem gepriesenen Brasilien brachte; Mancher setzte wohl seine letzte Habe daran, um nur die Kosten der Ueberfahrt, die ziemlich bedeutend sind, bestreiten zu können.

2.

Nicht Wandrungssucht, nicht Uebermuth war es, die Vater *Riemann*, einen fleißigen, wackern Landmann in Würtemberg, zu dem Entschlusse trieben, mit den geliebten Seinigen die theure Heimath, den väterlichen Boden zu verlassen, um in der Ferne ein ungewisses Glück zu suchen.

Mißwachs, Hagelschlag und Viehsterben hatten nach und nach den einst so blühenden Wohlstand dieser Familie völlig untergraben, und jetzt stand Vater Riemann wieder vor seinen Getreidefeldern, die ein Hagelschlag verwüstet hatte. Die grünen, reich gefüllten Halme lagen alle am Boden; auch nicht ein einziger war dem Verderben entgangen und aufrecht stehen geblieben. Diese Felder waren die letzte Hoffnung der Armen [5] gewesen, denn wenn der Ertrag derselben reichlich ausfiel, so konnten sie sich noch retten und durften nicht allein auf hinlängliche Nahrung im Laufe des Jahres für sich rechnen, sondern auch noch auf einen kleinen Ueberschuß hoffen, um einen Theil der seit zwei Jahren schuldigen Pacht abtragen zu können, denn Vater Riemann besaß kein eigenes Grundstück, sondern hatte ein solches nur von einem reichen Gutsherrn gepachtet; nur die kleine, unscheinbare Hütte mit dem unbedeutenden Gemüsegärtchen war ein Erbtheil seines Vaters, und auch diese war bereits sehr verschuldet, weil stets sich erneuende Unfälle ihn gezwungen hatten, Geld darauf aufzunehmen, oder anzuleihen. [ . . . ]

[7] Eben wollte er sich jetzt wieder nach Hause begeben, als er in der Ferne singende Stimmen hörte; es waren Männer, Frauen und Kinder, die das jetzt überall verbreitete Volkslied sangen:

> »Brasilien ist nicht weit von hier,« u. s. w.

wodurch sie sich gleichsam zu ihrer mühevollen, beschwerlichen Wanderschaft aufzumuntern schienen.

Es dauerte nicht lange, so sah er den Trupp, etwa aus 70 bis 80 Leuten jedes Alters und Geschlechts bestehend, her-[8]ankommen. Alle trugen Bündel auf dem Rücken, Einige solche auch unter dem Arm. Mütter führten ihre kleinern Kinder, die kaum fort konnten, liebevoll an der Hand und baten die Andern, nicht so schnell zu gehen, um nicht mit den armen Kleinen zurückbleiben zu müssen. Starke, rüstige Bursche zogen kleine Karren und Wagen, worauf in bunter Unordnung mancherlei Geräth gepackt war; einige Hunde, die

treu ergebenen Begleiter der Menschen, folgten dem Zuge
und hielten sich immer an der Seite ihrer Herren, die sie auch
im Unglück nicht verlassen wollten, manchem Menschen zur
Beschämung, der nur so lange ein treuer Begleiter auf der
Lebensreise bleibt, als das Glück seinem Freunde lächelt. Alle
gingen baarfuß, theils des leichtern Fortkommens wegen,
theils um das Fußzeug zu schonen. Einige alte Männer rauch-
ten aus kurzen, schwarz gebrannten Pfeifen; Kinder nagten
an Brodrinden, ihnen von dem frommen Mitleid in den Dörfern gereicht, durch die der Zug gegangen war, und wo
Armuth herrschte, wie unter ihnen. Ein muntrer Bursche
hatte seine Rohrflöte hervor-[9]gezogen und spielte im Fort-
wandeln die Melodie des oben angeführten Volksliedes,
wozu Andere sangen.
Der Zug ging dicht an Vater Riemann vorüber, und freund-
lich grüßte Jeder den wackern Landmann.
»Wohin geht Euer Weg?« fragte der Greis einen robusten
Mann in den besten Jahren, der eins seiner Kinder, einen
Säugling, auf dem Arme trug, während das andere, ein hüb-
scher, rothbäckiger Knabe, munter neben ihm hertrabte.
»Unser Lied sagt es Euch«, antwortete ihm der Mann, einen
Augenblick bei ihm stillstehend.
»Also nach Brasilien?« fragte Riemann weiter.
»Ja, nach Brasilien; hier müßten wir ja verhungern, denn der
Boden will uns nicht mehr ernähren; da wollen wir denn
unser Glück in dem Lande suchen, wo Haufen von Gold und
Silber hell am Tage liegen sollen, wie Viele uns versichert
haben. Nun, finden wir denn auch das nicht, so wissen wir
doch gewiß, daß Land genug – und überflüssig – für fleißige
Hände da ist, und daß wir dort nicht zu verhungern brauchen.«
[10] »Wo schifft Ihr Euch denn ein?« war Riemanns Frage,
dessen Seele plötzlich wie durch einen Lichtstrahl erhellt
wurde.
»In Holland, wo Schiffe in Menge bereit liegen, um Auswanderer nach der neuen Erde zu führen. Doch gehabt Euch

wohl; die Andern sind schon weit voraus und ich muß eilen, um sie wieder einzuholen!«

»Gott segne Eure Wanderschaft!« rief Riemann ihm nach. »Danke! danke!« erscholl es zurück, und bald war der bunte Zug seinen Augen entrückt, weil er um einen Hügel gebogen war, der den Eingang des weiter hinunter liegenden Thals versperrte.

»Nach Brasilien!« sagte Riemann bei sich, indem er in Gedanken versunken den Rückweg zu seiner Hütte antrat. »Ich muß mir die Sache näher überlegen und dann? – Wer weiß, ob Gott mir nicht den Weg zur Rettung durch diese Leute gezeigt hat!«

[11]                                 3.

»Kinder«, sagte Vater Riemann, als er zu den Seinen in die Hütte trat, die an den Zügen seines Gesichts abnehmen wollten, ob alle Hoffnung für die Ernte verloren sei, »Kinder, der Hagelschlag hat unsre schönen Saatäcker gänzlich verwüstet, und an eine Ernte ist dieses Jahr nicht für uns zu denken. . . . . . . [. . .]

[12] Ihr wißt, daß der Kaiser von Brasilien fleißigen Leuten, die in sein Land kommen, Unterstützung angedeihen läßt, ihnen Boden zum Bebauen, ja selbst Getreide und Ackergeräth schenkt, weil sein großes Reich nicht genugsam bevölkert ist, und überdieß die Eingebornen wenig vom Ackerbau verstehen. . . . . . .«

»Nun, Vater, was wollt Ihr mit diesen Reden?« unterbrach ihn sein ältester Sohn Conrad, ein wackrer, rüstiger Bursche, indem er den Vater mit forschenden Augen ansah.

»Ich wollte Euch nur vorschlagen, meine Kinder«, fuhr Riemann fort, »diese Hütte und alles Ueberflüssige zu verkaufen, für den Erlös unsre Schulden zu bezahlen – denn als ehrliche Leute wollen wir von hier gehen – und uns für den Ueberrest des Geldes sämmtlich nach Brasilien hinüberschiffen [13] zu lassen, wo wir, wenn wir fortwährend fleißig und

brav sind, im Schweiße unsers Angesichts unser Brod wohl
finden werden.«

»Das ist ein guter, vernünftiger Vorschlag, Vater!« rief Conrad feurig, denn wie alle junge Leute, hatte er den Trieb in
sich, ferne, unbekannte Gegenden sehen zu wollen; und
zudem, was hatte man denn in der Heimath zu erwarten, als
Noth und Elend?

Margarethe aber und die andern Kinder – denn eine Frau
hatte Riemann schon seit Jahren nicht mehr – schlugen die
Augen nieder, und ein Seufzer stahl sich aus ihrer gepreßten
Brust. Ach! es schien ihnen so schwer, sich von der geliebten
Heimath, von dem theuren Boden zu trennen, der sie werden
sah! Ihr Gårtchen sollten sie verlassen, in dem sie jeden
Strauch gepflanzt hatten; den einzigen Kirschbaum, dessen
Früchten sie jedes Jahr mit solcher Sehnsucht entgegen gesehen; die Hollunder-Laube, die ihnen Schutz und Kühlung
gab, wenn sie nun von der heißen Feldarbeit heimkehrten und
ein Viertelstündchen im Schatten derselben ruhen konnten;
ach! [14] und mehr als alles dieses betrübte sie der Gedanke,
auch das Grab der theuren, früh dahingeschiedenen Mutter
nicht mehr sehen, es alljährlich nicht mehr am Todestage
derselben mit frischen Blumen und Kränzen schmücken zu
sollen!

Vater Riemann errieth, was in ihren Herzen vorging, und
auch er seufzte; dann aber sprach er nach einer ziemlich langen, bedeutungsvollen Pause:

»Ich weiß, was Ihr Andern mir einzuwenden haben könnt;
aber ich sehe nur noch diesen Weg der Rettung für uns, denn
betteln, Kinder, betteln können wir ja doch nicht, und Arbeit
ist für uns in dieser ganzen Gegend nicht zu finden, die mit
Menschen allzusehr schon überfüllt ist.« [ . . . ]

[15]                    *Zweite Abtheilung.*

1.

Die Hütte, so wie Alles, was nur irgend noch entbehrt werden konnte, war jetzt von Vater Riemann verkauft worden; er bezahlte alle seine kleinen Schulden, nahm von seinen Nachbarn und Freunden Abschied, wobei es nicht ohne recht viele Thränen abging, denn Alle liebten und schätzten den braven, guten Mann, und ermahnte dann die Seinen, sich auf die Trennung von der geliebten Heimath gefaßt zu machen, denn der Tag sei da, wo sie diese verlassen wollten.

Nachdem Riemann Alles bezahlt und berichtigt hatte, blieb ihm noch eine Summe von 300 Thalern übrig, und mit dieser sollten fünf Personen, außer Margarethens Säuglinge, nicht nur die Reise nach Holland, sondern auch die Ueberfahrt nach dem fernen Brasilien bestreiten; tief auf seufzte der Greis, wenn er dieses, nach Verhältniß so geringe, Geld ansah; doch ließ er den Muth nicht sinken, auch jetzt fest auf Gott vertrauend.

[16] »Du, Conrad«, sprach er zu seinem ältesten Sohne, als nun alle Anstalten zur Abreise getroffen waren, »Du, als der Rüstigste von uns, magst vorausgehen und für uns Plätze auf einem zu Amsterdam liegenden Schiffe bedingen, denn dort, wie ich weiß, gehen diejenigen ab, welche Auswanderer nach Süd-Amerika bringen; wenn wir dann nachkommen, ist Alles bereit, und wir können dann vereint unsre Fahrt antreten. Hier hast Du zehn Thaler; mit diesem Gelde wirst Du gewiß die Reise machen können.«

»Vater«, rief Conrad, »ich bedarf nicht der Hälfte von diesem Gelde; Gott soll mich bewahren, eine so große Summe zu verbrauchen!«

»Nimm sie immerhin an, mein Sohn«, sagte der Vater; »was Du übrig behältst, kommt uns ja späterhin wieder zu Gute.«

Conrad widersprach nicht länger, steckte das Geld ein, nahm seinen Bündel, nebst dem seiner Schwester Margarethe, die den ihrigen nicht fortbringen konnte, weil sie ihren Säugling zu tragen hatte, auf den Rücken und trat wohlgemuth [17] seine Reise an, etwas langsamer von den Uebrigen gefolgt, denn wenn auch seine jüngere Schwester Anna und sein Bruder Wilhelm, die funfzehn und siebenzehn Jahr alt waren, schnell genug gehen konnten, so erlaubte doch das Alter dem Vater nicht, so rüstig vorwärts zu schreiten, wie er, und auch Margarethe wurde durch ihre theure Bürde, ihren geliebten Säugling, zu bedächtigern Schritten angehalten.

Auf dem Hügel vor dem Dorfe standen Alle still und blickten noch einmal nach der geliebten Heimath hin, die sie nun wohl nie mehr im Leben wiedersehen sollten.

Margarethens Blicke hingen an der großen Linde vor dem Pfarrhofe, wo sie ihren geliebten verstorbenen Mann zuerst gesehen, und unter deren kühlen Schatten sie in fröhlicher Jugend so manchen Tanz an Sonn- und Festtagen gemacht hatte. Vater Riemann schaute noch einmal auf den Kirchhof zurück, unter dessen Erdhügel sein getreues Weib, die liebevolle Mutter seiner Kinder, die Gefährtinn früherer, glücklicherer Tage, den ewigen Schlaf schlief, und die Blicke Annens und Wilhelms hingen an dem geliebten Gärtchen, in dem der [18] uns bekannte, von ihnen mit eigner Hand gepflanzte Kirschbaum mit seinen schönen, rothen Früchten stand, die hell im Glanze der eben aufgehenden Sonne schimmerten.

»Jetzt kommt!« sagte der Vater, den Seufzer zurückdrängend, der seine Brust hob; »kommt, Kinder, wir werden sonst noch ganz wehmüthig; es ist besser, wir scheiden schnell von hier!«

»O hartes, hartes Schicksal!« rief Margarethe, eine Thräne, die heiß über ihre Wange rollte, mit der flachen Hand abtrocknend. [. . .]

2.

Nach vielen Mühseligkeiten und Beschwerden langte man [19] endlich in der großen, berühmten Stadt Amsterdam, der zweiten Handelsstadt der Welt, an. Vater Riemann begab sich, nachdem er ein schickliches Obdach für die Seinen gefunden hatte, nach dem Hafen, in dem viele Schiffe lagen und wohin er Conrad beschieden hatte, von dem er vermuthen durfte, daß er schon lange vor ihnen angelangt sein würde.

Er hatte sich hierin auch nicht getäuscht, denn in einem am Strande auf- und abwandelnden Jünglinge erkannte er sogleich seinen Sohn und eilte auf ihn zu.

»Wie steht es, Conrad, hast Du ein Schiff für uns gefunden, und sind die Preise nicht allzu hoch?« fragte er ihn, ihm die Hand herzlich drückend.

»Es ist Alles schon abgemacht«, entgegnete ihm Conrad, einen Seufzer mit Gewalt zurückdrängend, der in seiner Brust emporstieg. »Für zweihundert Thaler, die habt Ihr doch noch, Vater? – für zweihundert Thaler nimmt uns ein Capitain, dessen Schiff segelfertig liegt, nach Brasilien hinüber.«

»Wie, für zweihundert Thaler, mein Sohn?« entgegnete ihm der überraschte Vater. »Die Summe ist sehr gering, [20] weit geringer, als ich erwartet hatte; hast Du dem braven Mann denn auch gesagt, daß wir fünf Personen, außer Margarethens Säugling, sind?«

»Er weiß Alles, mein Vater, und nimmt uns für das Geld mit; nur müssen wir gleich an Bord gehen, denn das Schiff wartet nur auf günstigen Wind, um die Anker zu lichten und in See zu stechen.«

»So billig hätte ich mir die Ueberfahrt nicht gedacht«, sagte der Vater; »ich glaubte mit den 250 Thalern, die ich noch habe, kaum für die Kosten zu reichen, und jetzt habe ich noch 50 Thaler übrig; nun, das ist Gottes Segen, mein Sohn; der Capitain muß ein christlicher Mann sein!«

Conrad seufzte, indem der Vater diese Worte sprach, und
wendete das Gesicht ab, um die Thränen zu verbergen, die
seinen Augen entströmten.

»Was ist Dir, Conrad?« fragte der Vater, dem seine große
innere Bewegung nicht entging. »Du warst erst der Freudig-
ste zu dieser Reise; solltest Du jetzt anders darüber denken?
sollte sie Dir leid sein?«

[21] »O nein, Vater, gewiß nicht! Ich weiß, daß nur sie uns
wird retten können, und trete sie so gern an«, entgegnete ihm
Conrad, sich zusammennehmend und die Thräne im Auge
zerdrückend, die sich in dasselbe drängte. »Kommt«, fuhr er
fort, »laßt uns jetzt meine Geschwister aufsuchen und dann
so schnell als möglich an Bord gehen; das Schiff könnte sonst
ohne uns absegeln, und es möchte uns dann nicht leicht sein,
eine eben so wohlfeile Ueberfahrt wieder zu bedingen.«

Vater Riemann fand diesen Vorschlag ganz vernünftig und
führte Conrad nach der Herberge, wo die Uebrigen ängstlich
auf die Rückkehr des Vaters und Bruders harrten.

Die Zeche wurde bezahlt, Jedes nahm sein Bündelchen, und
man trat den Weg zum Strande an. Gegen eine geringe Vergü-
tung brachte ein Boot sie an den Bord des Schiffes *Aurora*, auf
welchem die Ueberfahrt bedungen war. Es war schon ganz
mit Auswanderern angefüllt, die zum Theil auf, zum Theil
unter dem Verdecke lagen und der Abfahrt mit Ungeduld
harrten.

»So, seid Ihr wirklich da?« fragte der Capitain der [22] Aurora, ein Mann von einem wilden, abschreckenden Ansehn,
unsern Conrad. »Sind das Die, für welche Ihr die Ueberfahrt
bedungen habt?« fuhr er fort, auf Conrads Vater und
Geschwister zeigend. »Doch keinen Schritt weiter an Bord,
bis Ihr mir baar die Ueberfahrtskosten entrichtet habt. Man
kann sich mit solchem Gesindel nicht genug in Acht nehmen,
und beim Teufel, so vorsichtig ich auch bin, so werde ich
doch oft von ihm über's Ohr gehauen.«

»Ich habe das Geld«, entgegnete ihm Conrad ernst; »aber
Gesindel, wie Ihr uns zu nennen beliebt, sind wir nicht, son-

dern ehrliche Leute, die ihren Verpflichtungen treu nachkommen werden.«

»Das muß ich erst sehen«, sagte der Capitain mit einem widrigen, grinsenden Lachen. »Mit dem Munde sind alle Eures-
gleichen ehrlich und brav, aber wenn's an's Klappen geht, ich
meine, an's Bezahlen, dann zeigt es sich, was man von ihnen
zu halten hat.«

»Vater, gebt mir Euren Geldbeutel, ich will mit dem Manne
richtig machen, wenn Ihr es erlaubt«, sagte Conrad [23] zu
diesem, der vor Unwillen und Schrecken über den unwürdi-
gen Empfang gänzlich verstummt war.

»Da, nimm, mein Sohn«, sagte Riemann endlich, den ledernen Gurt, welchen er um den Leib trug, abschnallend und
den Geldbeutel hervornehmend; »nimm, und mache Du mit
dem Manne richtig.«

Conrad folgte jetzt dem Capitain, der voran ging, in dessen
Cajüte, zahlte ihm die zweihundert Thaler aus, und unter-
schrieb dann ein Papier, das dieser ihm schweigend vorlegte,
wobei eine heiße Thräne auf dasselbe niederträufelte.

»Ihr scheint mir ein gar empfindsamer Bursche zu sein«, sagte
der Capitain, sein Weinen bemerkend; »das wird nicht gut zu
dem Stande passen, dem Ihr künftig angehören sollt. Zum
Teufel mit den Thränen, junger Mensch! überlaßt die den
Kindern und alten Weibern, und das sage ich Euch, macht
mir nur nicht solch ein Ojemine-Gesicht, wenn wir nun zu
*Rio** [24] ankommen, denn dann möchte ich einen schlechten Markt mit Euch thun!«

»Fürchtet das nicht, Herr Capitain«, entgegnete ihm Conrad;
»es sollen die letzten Thränen sein, die ich über mein Unglück
vergieße. Ich bin ein Mann, und will mich auch als solcher
betragen; mein guter Vater hat mich gelehrt, das Unvermeidliche mit Geduld und Standhaftigkeit zu ertragen.«

»Nun, das ist vernünftig, junger Mensch«, sagte der Capitain, das vor ihm auf dem Tische aufgezählt liegende Geld

---

* *Rio Janeiro*, die Haupt- und Residenzstadt Brasiliens, wird von Schiffern und
  andern Personen oft bloß *Rio*, der Kürze wegen, genannt.

einstreichend und in einen Schrank verschließend. »Aber hört, noch ein Wort! Ihr habt da einen Bruder, der auch schon ein hübscher, ansehnlicher Bursche ist; ich glaube, er giebt Euch an Größe und Stärke wenig nach – wie wär's, wenn Ihr den beredetet – versteht sich, auch heimlich, denn Euer Alter würd's wohl nicht leiden, wie Ihr mir gesagt habt – wenn Ihr ihn beredetet, mir auch ein solches Papier zu unterschreiben, wie Ihr es eben unterschrieben habt?«

»Gott soll mich behüten, meinen Bruder auch in die [25] Sclaverei zu führen!« rief Conrad, mit dem Ausdruck des Abscheu's und Entsetzens auf dem Gesichte.

»Es versteht sich von selbst, daß Ihr das nicht umsonst thun sollt«, fuhr der Capitain fort, ohne sich abschrecken zu lassen. »Ich zahle Euch für die Unterschrift funfzig Thaler zurück, funfzig schöne, blanke Thaler.«

»Nicht um tausend würde ich es thun«, entgegnete ihm Conrad fest; »denkt nicht weiter daran, und begnügt Euch damit, mein Blut und Leben mir abgekauft zu haben.«

»Ich lege noch zehn Thaler zu, denn der Bursche gefällt mir«, sagte der Capitain, seinen Geldschrank öffnend und einen schweren Beutel hervorziehend.

»Bemüht Euch nicht weiter, ich habe Euch schon geantwortet.«

»Ich zahle Euch siebenzig Thaler für die Unterschrift« –

»Und wenn Ihr mir zehntausend bötet, es wird nichts daraus!«

»Nun, so scheert Euch zum Teufel, Ihr seid ein alberner Gesell!«

[26] Conrad verließ jetzt die Cajüte und kehrte zu den Seinen zurück, die mit Aengstlichkeit seiner harrten.

»Ist alles in Ordnung?« fragte ihn der Vater; »dürfen wir hier bleiben?«

»Ja, alles ist wie es sein soll«, entgegnete ihm Conrad; »man wird gleich kommen, und uns unter dem Verdeck Raum für uns selbst und für unsre Sachen anzeigen.«

Nach einer Weile kam auch wirklich der Schiffsmeister und gebot ihnen, ihm in den Raum hinab zu folgen.

3.

Der Platz, welcher Jedem angewiesen wurde, war nicht breiter als fünf Fuß, und die Länge hatte nur sieben Fuß; in diesem mußten sie sich bewegen, essen, schlafen, trinken, ja selbst ihre Sachen aufbewahren. Die Luft war drückend heiß und verpestet, denn noch an siebenzig andre Auswanderer, zum Theil aus dem niedrigsten, schlechtesten Gesindel bestehend, waren in diesem Schiffe und theilten den Raum mit ihnen. Die Speisen, welche man ihnen reichte, waren sehr schlecht und [27] halb verdorben, denn überall wurde nur auf Ersparung gesehen.

Aus dem Schiffszwieback, der einen Haupttheil ihrer Nahrung ausmachte, krochen die Würmer hervor, und ehe man ihn genießen konnte, mußte man diese erst allemal herausklopfen. Zu Mittag bekamen sie gekochte Hülsenfrüchte, als getrocknete Erbsen und Bohnen, in denen ein Stück ranzigen Specks gekocht war, wovon Jeder ein ganz kleines Stückchen erhielt, das man aber wegen seines üblen, salzigen Geschmacks kaum genießen konnte.

Wasser, und noch dazu verdorbenes, war fast ihr einziges Getränk, und doch würden sie sich noch glücklich geschätzt haben, wenn es ihnen nur in gehöriger Menge gereicht worden wäre; aber fast immer mußten sie den entsetzlichsten Durst leiden, noch mehr erregt durch die salzigen Speisen, die man ihnen gab.

Still und geduldig wie immer ertrug Vater Riemann diese Leiden, sich mit der Hoffnung tröstend, daß sie doch nun bald ein Ende nehmen müßten; als aber Margarethens Säugling [28] erkrankte, weil die unglückliche Mutter nicht mehr Nahrung genug für ihn hatte, da füllte sich sein Auge mit Thränen des Kummers, da betete er:

»Ist's möglich, so nimm diesen Kelch von mir!«

Aber der himmlische Vater fand es für gut, sie noch mehr zu prüfen; Margarethens Säugling, ein holder, lieber Knabe, bis-

her die einzige Wonne der Mutter, ihr süßester Trost, die
Freude des guten Großvaters, starb an den Folgen des Man-
gels an Nahrung und frischer, gesunder Luft, und Margarethe
mußte sehen, wie man die kleine Leiche auf ein Brett band
und in die See hinab ließ, den Fischen zur Speise.

Welche Thränen flossen da nicht aus dem Auge der Mutter,
wie erbangte das Herz des liebenden Großvaters! wie still
waren die übrigen Kinder!

Dann sagte Vater Riemann wieder: »Herr, dein Wille ge-
schehe!« und die Uebrigen beteten es nach.

Auch nicht ohne Gefahr war diese Reise, denn, schon der
Küste Brasiliens nahe, erhob sich ein mächtiger Seesturm; das
Schiff wurde wie ein leichter Ball von einer Seite zur andern
[29] geworfen und schwankte fürchterlich. Die Lage der
armen Auswanderer war um so schrecklicher, da der Capitain
sie mit Gewalt in den Raum zurücktreiben ließ, und diesen
mit festen Riegeln verschloß, weil er sich vor ihrem Geschrei
und Gejammer oben auf dem Verdeck – wohin sie in ihrer
Angst geflüchtet waren – fürchtete, und von ihnen in seinen
Geschäften gestört zu werden glaubte, welches auch so
unrecht nicht war, denn bei solchen Gelegenheiten muß der
Führer eines Schiffs seine ganze Besonnenheit zusammen zu
halten suchen.

Schrecklich aber war die Lage der Eingesperrten, denn durch
das Schwanken des Schiffs wurden sie immer von einer Seite
zur andern geworfen, und fanden nirgends einen festen Halt.
Kisten, Koffer, mitgenommenes Hausgeräth stürzte auf sie,
und verursachte ihnen gefährliche Wunden, Quetschungen
und Beulen; dazu wurden Viele von jener abscheulichen
Krankheit ergriffen, die unter dem Namen der Seekrankheit
bekannt ist, und ich kann Euch, meine Geliebten, aus eigener
Erfahrung versichern, daß kaum eine andre ihr an Schmerz-
haftigkeit gleich kommt.

[30] »Gott hat es wohl gemacht«, sagte Margarethe, als ein
augenblicklicher Stillstand in dem Wüthen der empörten Elemente eintrat, »Gott hat es wohl gemacht, meinen armen

kleinen Anton vor diesem Unfalle zu sich zu nehmen, denn
würde er nicht vielleicht einen schmerzhaftern Tod gefunden
haben, wenn er jetzt noch lebte? Wie hätte ich das kleine hülf-
lose Geschöpf halten, wie es vor dem Zerschmettern gegen
die Wände des schwankenden Schiffs beschützen sollen? Ja,
der Name des Herrn sei gelobt in Ewigkeit!«

KARL GRUMBACH

*Die Reisemappe*

1828

[I,54]        *London in ganz neuester Zeit.*

Der Kanal unter der Themse.

Wer will nicht von einem Augenzeugen hören über das Werk
von einer Größe, Festigkeit und Schönheit, das noch den
spätesten Enkeln als Denkmal einer Zeit zeugen wird, in welcher Männer lebten, die Riesenplane nicht nur zu entwerfen,
sondern auch auszuführen wußten? Ich schreibe hier wörtlich ab, was ich an der Baustätte über den *Kanal unter der
Themse* in das Notizenbuch bemerkte. Dieser Kanal wird
gewiß das non plus ultra. Man fing das Werk damit an, daß
auf dem rechten Themseufer, nahe am Wasser, eine runde,
senkrechte Vertiefung, wie unsere Brunnen sind, gegraben,
und fest ausgemauert wurde. An 85 Stufen führen hinunter.
Nun begann man erst das horizontale Eingraben zweier
gewölbten Hallen, die eine feste Mauer von Quadersteinen
scheidet. Sobald so weit hineingegraben ist, daß ein Bogen
gespannt werden kann, so wird auf der Stelle das Gewölbe
gebaut, [55] und dadurch jedem möglichen Einsturze vorge-
beugt. Wirklich (den 29. September 1826) sind sie 40 Fuß

unter dem Hochwasser, und schon segeln die Masten über den Häuptern der Arbeiter. Der Aussage eines Aufsehers zu Folge werden wöchentlich 10 bis 14 Fuß gefertiget. Der Blick in die Hallen, in denen Gaslichter flimmern, ist der Anblick des gestirnten Himmels in sehr finstrer Nacht. Die über der Erde am Eingange angebrachte Dampfmaschine arbeitet für eine Schaar menschlicher Hände. Sie zieht allen Schutt herauf, läßt alle Steine hinab u.s.w., und fördert so den Tag der Vollendung. Wie viele Zweifel und Widersprüche hat nicht dies Werk schon veranlaßt! Mancher sah' es als einen Versuch an, der die Ausgeburt des Tollsinns sey. Wer aber an der Stelle war, Techniker oder nicht, und die einfach scheinende glückliche Idee, nach der das Kunstwerk durchgeführt wird, kennen lernte, bei dem fällt aller Zweifel an der Ausführung weg. Der Einfachheit in der Anlage ungeachtet bleibt dies nie erhörte Unternehmen das einzige in seiner Art, das in großem Zeitenstrome stets ein Gegenstand des Anstaunens verbleiben wird.

## Die Gaslichter.

Wenn in andern Städten nur bei hochfestlichen Anlässen Illuminationen veranstaltet werden, und wenn sich Jeder bemühet, die Zahl der Talglichter [56] zu vermehren, um den gefeierten Tag in die Stunden der Mitternacht zu verlängern; so steht London jeden Abend in seinem Lichtglanze. Sobald die Dämmerung eintritt, fangen die Gaslichter in den hängenden Stadtlaternen an zu brennen, und geben das Beleuchtungssignal. Nun vermehren sie sich in allen Richtungen und in einer halben Stunde steht die Stadt in blendendem Strahlenschimmer. Das reine, sanftzitternde Lichtchen, millionenzählig in den verschiedensten Figuren in allen Kaufläden leuchtend, giebt Allem, was am Tage nur schön war, jetzt einen zauberischen Anstrich. Durch die Reflexe angebrachter Spiegel wiederholen und verlängern sich die ohnehin so malerisch schön geordneten Waaren in den tiefsten Läden bis zu unabsehbaren, in weit entferntem Hintergrunde zusammen laufenden Perspektiven. Der Neuling weiß sich Anfangs kaum zu fassen. Er wird so sehr überrascht, daß er sich, den menschlichen Wohnungen entrückt, in jene Feenschlösser versetzt glaubt, von denen des Dichters Einbildungskraft fabelt.

### Die Wasserleitungen.

Eben so bewundernswerth, wenn sie auch keinen Glanz verbreiten, sind die Wasserleitungen. Es ist eine erstaunliche Aufgabe, in *solcher Stadt* Vorrichtungen zu treffen, daß nicht nur in jedem, auch dem kleinsten, Häuschen, bis an das äußerste [57] Ende, das Waschwasser aus dem messingenen Krähnchen sprudelt, sondern daß in manchen Gebäuden die Röhren bis über das flache Dach hinaufgetrieben sind. Das Wasser zum Trinken – weit besser, als man es nach Londons natürlicher Lage erwarten konnte – wird aus hinlänglich zahlreichen, in den Straßen angebrachten Brunnen geschöpft. Eine jährliche mäßige Abgabe, die der Hauseigenthümer entrichtet, bringt und unterhält ihm Licht und Wasser.

HEINRICH AUGUST MÜLLER

### Die Lust- und Kinderreise durch das malerische Thüringen

1838

### [Reisevorbereitungen]

[1] Ist's auch ganz gewiß, daß wir eine Reise machen? fragte Heinrich seinen Vater. – Wenn es von mir allein abhängt, erwiederte Herr Pilger, der ein wohlhabender Kaufmann war, so unterbleibt die Reise nicht, von der Du Dir so viel

254 *Reisebeschreibungen*

Vergnügen versprichst. Du weißt es ja, daß ich gewohnt bin, ein gegebenes Versprechen zu halten.

Aber, so fragte Ernst, der zweite Sohn, wohin, in *welches Land wollen wir denn reisen?* [...]

[2] – Ich denke, erwiederte der Vater, wir machten eine kleine Streiferei durch Thüringen. Es ist mein Geburtsland, an dem ich immer noch mit großer Vorliebe hange. Da ruhen meine theuern Eltern und Geschwister im Grabe; da lebte ich eine glückliche Kindheit; da finde ich noch liebe Jugendfreunde; da könnt Ihr Schönes und Merkwürdiges sehn. Wollt Ihr das? Zwingen will ich Euch dazu nicht, Ihr könnt frei wählen. ... Alle Kinder baten zugleich: nach Thüringen laß uns reisen, es ist das Land, von dem Du uns oft erzählt hast! ... Da giebt es hohe Berge, sprach Heinrich, den Inselsberg, die Wartburg, den Aethersberg, den fabelhaften Kyffhäuser und große schauerliche Wälder. – Und gar Vieles noch, was Ihr nicht gesehn, wo-[3]von Ihr noch nichts gehört habt. In einem Monat können wir die Reise bequem enden und das verspreche ich, angenehm und nützlich wird sie für Euch sein.

Als die Knaben von dem Glücke sprachen, was sie erwartete und vielen Freuden entgegen zu gehn glaubten, die sie noch nicht genossen hatten, da belehrte sie der Vater also: ohne Beschwerden und Unannehmlichkeiten werden wir unsere Reise nicht fortsetzen. Wir können uns in einer unbekannten Gegend verirren; die Nacht kann uns überraschen, und wir müssen unter freiem Himmel bleiben; ein Ungewitter mit Regengüssen kann uns treffen, dem nicht auszuweichen ist. Früh müßt Ihr aufstehen; Hitze ertragen und wenn Ihr dürstet, ist oft kein Quell da, den Durst zu löschen. Wenn wir eine Stadt nicht erreichen können, müßt Ihr auf einem harten Strohlager liegen; da man in mancher Dorfschenke für die Gäste keine Betten hat. Das tägliche Fahren ermüdet und man muß es aushalten. Macht Euch gefaßt, Vieles entbehren zu müssen, was Ihr hier, ohne Abzug, findet. Geduld, Ausdauer lernt man auf einer Reise. Durch Unmuth und Verdruß würdet Ihr das Vergnügen schmälern und Euch das Beschwerliche unerträglicher machen. Meidet vor allen Dingen jede Gefahr, vor der ich Euch warne und wagt nicht unvorsichtig. Gegen Fremde seid höflich, daß sie Euch, als wohlgesitteten Kindern, freundlich begegnen.

Der heitere Himmel; die helle Sonne, deren Licht kein Wölkchen trübte, verhieß einen heitern Tag. Schon des Morgens um drei Uhr waren Alle reisefertig. Wie freute sich die Mutter über die rüstigen muntern Knaben. Mit Allem, was sie für die Reise auf dem Wagen fort-[4]bringen konnten, hatten sie ihre Lieben reichlich ausgestattet. Wehmütig schied sie mit ihrer Tochter Marie von ihnen und sagte: der gütige Gott führe Euch gesund in meine Arme zurück! Seid auf Alles recht aufmerksam, was Euch der Vater zeigt, damit Ihr mir's erzählen könnt und macht ihm lauter Freude.[...]


[114]                        *Schnepfenthal*

[...]
[115] Der Muth der Knaben wurde auf dem Wege nach Schnepfenthal auf eine schwere Probe gestellt und es war ihnen, als Kindern zu verzeihn, daß sie sie nicht bestanden. Ernst aber zeigte sich doch noch als den Beherztesten. Als sie in der größten Angst waren und die Furcht vor einer möglichen Gefahr sich ihrer bemächtigt hatte, da sagte der Vater ernst: macht denn Zaghaftigkeit das Uebel kleiner? Muth überwindet die Gefahr, in welcher der Feige umkömmt. Man muß ein unverschuldetes Ungemach ruhig ertragen. Ihr seid Preußen und könnt zittern? Was werdet Ihr ausrichten, wenn Euch das Herz, im Angesichte des Feindes ängstlich schlägt? Man muß seine Sache Gott empfehlen, seine Pflicht thun und wenn es gilt und Großes gewonnen werden kann, nicht an die Erhaltung eines Lebens denken, was nur mit Schimpf und Schande erkauft werden und mit Ehren nicht gerettet werden kann. Die Alten sagten schon: es ist süß – und ich

setze hinzu – es ist rühmlich und geboten, für's Vaterland zu sterben.

Als man eine Stunde gefahren war, schaute man den Gipfel des Inselsbergs nicht mehr, der in dicke Gewitterwolken gehüllt war. Nach einer Weile sah man es in den dunkeln Wolken, die sich, wie große Gebirgsmassen über einander schoben, blitzen, ohne den Donner zu hören. Wollen wir nicht in dem nächsten Dorfe einkehren? fragte der Kutscher, ich fürchte, das Gewitter kömmt uns näher. – Lieber Peter, es ist noch nichts zu fürchten, sagte Herr Pilger, fahre nur zu. Das Gewitter steht uns noch sehr fern und kann nach einer andern Gegend hinziehn. – Aber, Herr Pilger, Sie wissen es auch, daß die Wolken schneller fliegen, als ein Vogel. Eine Gefahr, die man [116] fürchtet, muß man vermeiden. – Auch die Lebensgefahr, fragte Ernst, wenn man einen Menschen retten kann, oder ein Soldat ist? – Peter brummte in den Bart und sprach: Du hast auch immer Gegenrede. Soll ich denn nie Recht haben? – Darüber wirst Du doch nicht zürnen, sagte der gutmüthige Herr Pilger, wenn Ernst die Wahrheit sagt?

Die Augen waren oft nach dem Gewitter gerichtet und weil es stille zu stehn schien, fuhr man durch mehrere Dörfer, ohne anzuhalten. Peter sagte: ich glaube es nun selbst, daß wir bis Schnepfenthal kommen, ohne daß uns ein Regentropfen auf die Nase fällt. ... Aber es hatten sich Alle geirrt, wenn sie dem Gewitter zu entgehen glaubten. Sie waren zwischen dem letzten Dorfe und Schnepfenthal, als mit Sturmesschnelle das Gewitter angeflogen kam. Es erhob sich ein Wind, der mit jedem Augenblick stärker wurde und, da es lange nicht geregnet hatte, Staubwolken vor sich her trieb. Da man so weit vom Dorfe, wie von Schnepfenthal entfernt war, so willigte Herr Pilger nicht in Peters Rath, nach dem Dorfe zurückzufahren. Hätte er nur das gethan, so wäre er den Aeußerungen der Angst über eine große Noth entgangen. Er ließ den Wagen umkehren, um nicht länger den Staubwolken ausgesetzt zu sein, und befahl dem Kutscher, so lange stille zu halten, bis der Sturm, der fast zu einem Orkan anwuchs, vorüber sei. Daß man aber dem Gewitter selbst nicht entgehen könne, dessen war man gewiß.

Die Kinder hatten noch nie ein Ungewitter unter freiem Himmel erlebt. Herr Pilger dachte in sich, daß auch diese Erfahrung ihnen heilsam sei. Sie waren ängstlich, Herrmanns Gesicht erblaßte und er sagte: wenn wir nur [117] nicht vom Blitze getroffen werden? Wären wir doch, wie es Peter wollte, in dem Dorfe geblieben? Die Mutter und Marie weinen sich todt, wenn wir nicht wieder kommen. [...]

Der Sturm ließ nach, die Staubwolken verschwanden im Nu, als sich ein so heftiger Platzregen ergoß, als ob eine Wolke niederströmte. Nur weniger Minuten bedurfte es, als das Wasser unter dem Wagen hinfloß und die Pferde bis über die Knie in demselben standen.

Mit ängstlicher Stimme sagte der Kutscher laut: das ist ein Wolkenbruch! Wenn uns der Blitz nicht erschlägt, so werden wir im Wasser ersaufen. – Verdrießlich sagte Herr Pilger zu ihm, da seine Kinder zagten und klagten: ach wir ertrinken! Du, alter Narr, kennst es nicht, was ein Wolkenbruch ist und redest davon. Es ist ein Platzregen. Bei einem Wolkenbruche schüttet eine Wolke auf ein Mal ihre [118] Wassermasse aus, als ob das Wasser von einer Höhe, wie bei einem Wasserfall, herabstürzte.

Der Regen ließ bald nach, statt dessen aber fing der Donner fürchterlich zu brüllen und zu krachen an. War es doch, als ob große Feuerklumpen niederfielen und auf den Blitz folgte sogleich der Schlag. Die Kinder jammerten laut. Geheimes Schrecken hatte auch Herr Pilger ergriffen und er konnte kaum so viel Gewalt über sich gewinnen, daß er sagte: wir sind in Gottes Hand, er kann's nicht böse mit uns meinen! sein Walten zeigt uns immer seine Vaterliebe.

Jetzt fuhr ein Blitz, unfern des Wagens in die Erde, dem ein so lautes Donnerkrachen folgte, daß Alle, wie betäubt, waren. Da rief der Vater aus: der Tod ist uns nah' laßt uns beten! Zum Beten konnte man aber nicht kommen, da die Pferde wild wurden, die der nahe Blitz scheu gemacht hatte, kurz mit dem

Wagen umdrehten, welcher umgestürzt wäre, wenn der Kutscher den Zügel nicht kräftig genug führte und lenkte. Im
sausenden Gallopp liefen die wilden Thiere ins Feld hinein
und kein Arm war stark genug, sie zu halten. Die Angst,
geschleift zu werden, lenkte die Aufmerksamkeit vom Gewitter etliche Minuten ab; das schnelle Laufen der Pferde
unter dem Blitzen und Donnern, vermehrte aber auch die
Lebensgefahr. Herr Pilger schrie dem Kutscher zu: halte
doch die Pferde an! halte an! Ich kann's nicht! Ich kann's
nicht! antwortete Peter. Endlich, als ihre Kraft matt wurde,
und sie auf dem durchweichten Brachfelde die Last nicht
schnell fortziehn konnten, standen sie plötzlich, wie vom
Donner gerührt, still. Was ist das? fragte Herr Pilger erschrocken. [119] Sind die Pferde niedergefallen? – Nein, nein,
sie stehn still, weil sie nicht mehr fortkönnen und keinen
Othem haben.
Noch blitzte es; ferner aber rollte der Donner; ein heiteres
Leben kehrte in die Seelen zurück; man glaubte, die Gefahr
sei vorüber, aber man hatte den rechten Weg verloren, war
auf dem Ackerfelde, konnte ihn nicht wieder finden, da dunkele Regenwolken den Himmel verschlossen, daß kein Lichtstrahl die Erde erhellte. Der Kutscher sagte: was fangen wir
nun an? Wir sind in der Irre? [...]
Der Kutscher fand es für gut, da die Pferde sehr erhitzt waren
und eine Erkältung ihnen schaden konnte, langsam zu fahren.
Als es aber immer dunkeler wurde, stieg er vom Wagen, faßte
das Sattelpferd am Zügel und zog sich's langsam nach. Das
Gehn in dem fetten und durchnäßten Boden wurde ihm so
beschwerlich, daß ihm der Schweiß von der Stirn lief. Auf ein
Mal sagte er: ich habe den Weg gefunden! Diese Worte machten die Reisenden im Wagen so glücklich, als die Schiffer, die
nach einer langen gefahrvollen Fahrt, wieder Land sehn. Der
Himmel klärte sich auf; Sterne funkelten, man fuhr in der
Hoffnung getrost weiter, irgend ein Dorf zu erreichen, wo
man ein Nachtquartier finden konnte.
Die Herzen wurden ruhiger, froher sogar, weil die [120] große

Gefahr vorüber war. Der Vater sagte: welchen Dank sind wir Gott schuldig, daß er in der Todesgefahr unser Leben gnädig bewahrte! Das konnte unsere Klugheit und Kraft nicht; der mächtigste Fürst hätte es nicht vermocht. [...]
Licht! Licht! rief der Kutscher jetzt und vor uns ein hoher Berg, von dem es herscheint! Als man etwa noch eine halbe Stunde gefahren war, kam man vor einem großen Hause im Thale an. Ein Mensch stand vor der Thür. Als man ihn fragte, was dies für ein Ort wäre, erhielt man die erfreuliche Antwort: Schnepfenthal. Die Knaben sprangen fröhlich aus dem Wagen; die Gefahr war bald vergessen und groß war ihre Freude, daß sie die Nacht über nicht unter freiem Himmel zubringen durften. Wie bedauerte man sie, daß sie bei dem Gewitter und dem Regenguß, wo das Wasser, wie ein Bergstrom sich von den Bergen ins Thal ergoß, auf dem Felde waren. Die Wirthsleute waren ungemein artig und höflich, besonders ein alter Mann und man konnte es wohl merken, daß die Nähe einer Lehr- und Erziehungsanstalt wohlthätig auf ihren [121] Geist und ihr Herz gewirkt hatte. Der bisweilige Umgang mit den Lehrern und Schülern, hatte eine Art von Bildung auf sie übergetragen, die man anderswo nicht findet, wo man bei dem gemeinen Volke Mangel an guten Sitten, wenn auch eine gewisse Gutmüthigkeit, doch öfter Rohheit und Ungeschliffenheit antrifft. Herr Pilger hatte seinen Söhnen oft gesagt: Stand und Reichthum giebt dem Menschen nur äußere Vorzüge; aber Verstand und Herzensgüte allein erhebt ihn über das Gemeine und weist ihm einen höhern Rang an. Das sind die Unterscheidungszeichen, an denen man seinen rechten Menschenwerth erkennt. Trachtet also nach Kenntnissen; veredelt durch sie Euer Inneres, wenn ihr Euch zu der Vollkommenheit hinan arbeiten wollt, die Euch in den Augen aller Edeln geachteter macht, als es andere Güter nicht vermögen, die so mancher Unwürdige, der arm an Geist und Herz ist, besitzt. [...]
[122] Auf einem kurzen Spatziergange versetzte sich Herr Pilger in Gedanken in die Zeit zurück, wo er mit dem ehrwürdi-

gen Salzmann hier wandelte, der, wie ein weiser, liebevoller
Vater, mit ihm allein sprach und besonders davon redete, daß
der lasterhafte Mensch, der seiner Leidenschaft folgt und auf
Rosen zu gehen wähnt, sich unmerklich und gewiß dem stra-
fenden Richter naht. Die Tugend, sprach er, ist die uner-
schöpfliche Quelle reiner Freude, die, wenn sich auch die
Wetter des Unglücks über unserem Haupte versammeln, uns
klar und hell und tröstend scheint. Auf Erden schon findet
der Fromme den Himmel. Damals war es, wo er das Buch
schrieb, was er den *Himmel auf Erden*[1] betitelte, das ihm
weiche, liebende Vater- und Mutterherzen zuwandte.
Gebrauche weise, kräftig und muthig das Köstlichste im
Leben, Deine Zeit, sprach er, und schaffe in ihr edle Werke
und bilde in ihr Geist und Herz, dann kannst Du gewiß sein,
daß sie Dir die unverwelkliche Krone des Verdienstes reicht,
die dann noch grünt, wenn das Alter deinen Körper welk
gemacht hat.
Frohe und wehmüthige Erinnerungen erwachten in Herrn
Pilgers Seele! Ach, welche Schicksale hatte er erlebt, seit er
hier mit Salzmann, wie ein Sohn, an der Hand des Vaters,
wandelte! Welche Umwälzungen in der [123] Menschenwelt
hatte er seit 1797 gesehn, als er hier war und ihm die Zukunft,
wie ein süßer Traum, vorschwebte. Der Mann selbst, der zu
ihm, wie ein Weiser aus der alten Zeit, sprach, ruhte in seinem
Grabe; nur das Schöne und Gute, was er so reichlich säete,
trug über demselben die herrliche Frucht.
Bei der Rückkehr fand er seine Söhne munter und fröhlich, er
dachte: o, du glückliche, beneidenswerthe Jugend, wie leicht
giebst du dich der heiteren Gegenwart hin und gedenkest der
Unfälle nicht, die dir vor wenigen Stunden noch so gefährlich
drohten! Wären wir Erwachsene in diesem Punkte doch den
Kindern gleich, manche Freude könnten wir dann genießen,
die ein anhaltender Trübsinn verscheucht.
Als der Vater mit seinen Söhnen beim Frühstück saß, da sagte

1  *Der Himmel auf Erden*, Schnepfenthal 1797.

Heinrich: was Du uns in früherer Zeit von Salzmann und Schnepfenthal erzähltest, davon wissen wir nur noch wenig. Du bist in Deiner Jugend hier gewesen; Du hast den weisen Lehrer persönlich kennen gelernt, sei Du so gütig, uns von ihm zu sagen, was Dir noch im Gedächtniß schwebt? – Das thu' ich gern, weil es für Euch belehrend ist und dieser Ort Euch dann interessanter sein wird. Der Vater fing also zu erzählen an:

Der berühmte Salzmann wurde zu Sömmerda, einem Städtchen nicht weit von Weißensee – 1741[2] – wo sein Vater Prediger war, geboren. Nach vollendeten Schul- und Universitätsjahren wurde er ein Dorfprediger mit kärglichen Einnahmen; vier Jahre später berief man ihn an die Andreaskirche nach Erfurt. Aber er predigte vielen Leuten, die das Dunkele und Finstere lieben, zu verständig [124] und aufgeklärt und deshalb zog er sich viele Feinde zu, die er mit Sanftmuth und Liebe überwand.

Als ein wahrer Kinderfreund, fing er an, Bücher für Kinder zu schreiben, um sie zu frommen und glücklichen Menschen zu erziehen. Er legte sein Pfarramt nieder und ging nach Dessau an das Erziehungsinstitut, welches man Philantropie nannte, um ein Jugendbildner zu werden. In Dessau konnte es ihm nicht lange gefallen, er kaufte sich das Landgut Schnepfenthal und legte hier eine Erziehungsanstalt an. Wie einst Herrmann Franke[3] in Halle, so ging er mit muthiger Kraft und festem Vertraun auf Gott, daß er sein Unternehmen segnen werde, an das schwere Werk und kam glücklich zum Ziel. Dem Beharrlichen, der nach einem edeln Ziele strebt, muß es gelingen. In der Wahl ausgezeichneter Lehrer war er glücklich. Glücklich, wie im Vaterhause, in der lachenden Natur, auf den Reisen, die Salzmann mit seinen

2 Richtig: 1744.
3 August Hermann Francke (1663–1727) gründete verschiedene Erziehungsanstalten. Diese *Franckeschen Stiftungen*, Zentren des mitteldeutschen Pietismus, hatten großen Einfluß auf Erziehungswesen und Kinderliteratur in Deutschland.

Zöglingen machte, lebte hier die Jugend, die aus Deutschland, der Schweiz, England, Portugall etc. sich hier versammelte und selbst zwei Prinzen von Hessen-Philippsthal waren hier. An sechs Lehrer verheirathete er seine Töchter. Froh, wie ein Vater unter guten Kindern, so lebte er unter seinen Zöglingen, die ihn, von Dank und Liebe getrieben, ihren Vater nannten. Er hielt aber mehr auf Gesundheit und Kraft, auf reine Sitten, Menschenliebe und Brauchbarkeit fürs Leben, als auf große Gelehrsamkeit, die den Kopf anfüllt und oft das Herz leer läßt. Es fanden sich strenge Tadler; die böse Zeit des Kriegs, die Napoleon herbeiführte, machte die Eltern arm, welche große Kosten für ihre Kinder nicht mehr zahlen konnten und so verfiel die [125] heilsame Anstalt. Von mehr als 60 Zöglingen waren 1809 nur noch etliche dreißig da. Den Untergang seiner Anstalt erlebte Salzmann nicht und starb 1811 im 68sten Jahre seines Lebens.

O, Salzmann war ein edler, herrlicher Mensch, der immer nur das Beste wollte. Von ihm heißt es: »seine hohe Stirn, die würdige Haltung seines Körpers, sein patriarchalischer Anstand bezeichnete ihn, als den Herrn und Vater einer großen Familie.« Er beherrschte sich selbst und wußte die jungen Seelen mit Blicken und Worten zu regieren. Er haßte den Eigennutz; war wohlthätig und hülfreich ohne Prahlerei; ehrwürdig in seinem ganzen Wesen. Tausende segnen sein Andenken.

Bei seinem Grabe, auf dem ein Fliederbaum wächst, sagte Herr Pilger zu seinen Söhnen: Dein Todtesschlaf sei sanft! Wer so fromm gelebt hat, wie Du, der ist in der Ruhe und Friede Gottes ist sein Erbe. Möchten es Alle an Deinem Grabe erkennen; daß ein gemeinnütziges Leben die sichere Bahn zum Himmel ist. Kinder, gelobt es mir an der Gruft dieses Edeln, das Laster zu meiden im ganzen Leben und der Tugend treu zu bleiben, bis in den Tod. . . . Ueber dem Grabe Salzmanns reichten die Söhne, in großer Rührung dem Vater die Hände und Ernst sprach: im Angesichte Gottes geloben wir es Dir, im ganzen Leben fromm zu bleiben!

Alle waren so mit den Gefühlen ihres Herzens beschäftigt, daß sie die Nähe eines Greises nicht bemerkten, der hinter ihnen stand. Herrmann schrie laut auf, als er die ehrwürdige Gestalt erblickte: ach, da ist Salzmann! – Im beruhigenden Tone sagte der Greis: Der bin ich nicht; [126] aber das Andenken dieses herrlichen Mannes wird nie aus meiner Seele weichen. Viele Tugenden lernte ich an ihm schätzen, dem Menschenfreunde, der ein göttliches Leben führte. Mehr, als zwanzig Jahre, war ich sein treuer Diener und nie hat er mir ein böses Wort gesagt. Unter den Kindern war er immer am liebsten und oft hörte ich ihn sagen: sie sind meine Engel, die mein Leben erheitern, was Andere trüben. Ach, wie bescheiden war er! Kein Lob konnte seinen demüthigen Sinn erschüttern. Er erhob das fremde Verdienst und ließ das Seine wenig gelten. Im Glücke Anderer fand er seine Freude und sein Sinnen und Denken war nur immer dahin gerichtet, durch die Rede seines Mundes und seiner Schriften nützlich zu sein. Den Lohn, den er von der Welt nicht forderte, wird Gott ihm reichen. Kinder, goldene Worte hat Euer Vater gesprochen, ich habe sie gehört und verstanden, schreibt sie unauslöschlich in Euere Herzen und befolgt sie treu. Lebt wohl und reist ohne Unfall weiter.

Langsam entfernte sich der Greis, der gewiß im langen Umgange mit Salzmann diese edle Bildung erhalten hatte: denn das gute Beispiel wirkt oft mehr, als es alle Sittenlehren nicht vermögen.

Nicht genug konnte Herr Pilger die Höflichkeit und Artigkeit rühmen, mit der er sich und seine Söhne in Schnepfenthal behandelt sah. Mit der größten Bereitwilligkeit wurde ihnen alles Merkwürdige gezeigt und Salzmanns Zimmer, wo er dachte und schrieb und das reiche Naturalienkabinet, waren für sie die wichtigsten Orte.

AUGUST WILHELM GRUBE

*Taschenbuch der Reisen für Freunde der Geographie*

1858

[206]    *Die unter Anführung von Lieutenant*
*Richard Burton unternommene Somali-Expedition.*

Der schon durch seine kühne Pilgerfahrt nach Mekka und
Medinah bekannte Engländer Burton, der nicht minder vortrefflich zu erzählen als zu reisen weiß, hat in einem neuen
Werke »Erste Fußstapfen in Ostafrika«[1] Bericht erstattet von
einem zweiten kühnen Reiseunternehmen, das freilich keinen
so günstigen Ausgang nahm wie das erste.

Das Somali-Land, die ganze Ostküste Afrika's von der Straße
Bab-el-Mandeb bis einige Grade südwärts vom Kap Guarda-
fui umfassend, war bis auf die neueste Zeit unerforscht geblieben; einen Besuch der Stadt Härar[2] hatte kein Reisender
gewagt, weil man die feindselige Gesinnung der Eingeborenen gegen alle Fremde kannte. Für die Ostindische Kompagnie und den englischen Handel überhaupt war es sehr wichtig, einen Versuch zu machen, ob sich nicht auf irgend eine
Weise die Sprödigkeit der Eingeborenen überwinden lasse,
und auf Anregung der Londoner Geographischen Gesellschaft ward – nachdem Lieutenant Burton im Jahre 1854
glücklich von Arabien nach Bombay zurückgekehrt war –
Lord Elphinstone von den Direktoren der Kompagnie
ermächtigt, jenen Offizier nebst den Lieutenants Herne,
Stroyan und Speke abzuschicken, um von der englischen Sta-
tion Aden (an der arabischen Küste) in das gegenüberliegende
afrikanische Somali-[207]Land vorzudringen. Die genannten
Offiziere versammelten sich zu Aden (im Sommer 1854), aber

1 Richard Burtons (1821–90) Buch *First footsteps in East Africa; or, An explora-
tion of Harar* erschien 1856 in London.
2 Die heutige äthiopische Stadt Harar.

die öffentliche Meinung sprach sich so entschieden gegen das Unternehmen aus, daß Lieutenant Burton den Entschluß faßte, allein und auf eigene Gefahr in der Tracht eines arabischen Kaufmanns (El Hay Adullah) nach Härar zu reisen. Ende Oktober schiffte er sich nach dem Aden fast gerade gegenüberliegenden Hafen von Zeyla ein, woselbst er wiederum einen Monat lang aufgehalten wurde. Der nächste Weg von Zeyla nach Härar ist 8 Tagereisen weit, und führt die sechs ersten durch das Gebiet der Eysa, die zwei letzten durch das der Nola-Gallas; diesen Weg hielt aber der Gouverneur von Zeyla für zu gefährlich und auf seinen Rath schlug Burton den Umweg durch das Gebiet der friedlicheren Gudabursi Somal ein. Die Küstenebene, etwa 45 engl. Meilen breit, wurde in sechs Tagen durchschnitten. In der Nähe des Meeres ist diese Küste eine völlige Wüste, nach dem Innern zu wird sie aber fruchtbarer; man traf zahlreiche Kameele, Schafe und Hirtenvölker, auch räuberische Beduinen. Die Hügel, welche die Ebene begrenzen, bilden die erste Stufe zum Aethiopischen Hochlande, und erstrecken sich im Halbkreis um die Bucht von Zeyla von Tadschurrah auf der einen Seite bis Berberah auf der andern. Dieses von mannigfachen Thälern durchschnittene Hügelland bildet die nördliche Grenze des Gudabursi-Landes, das sich bis zur Prairie von Märar erstreckt. Der Stamm soll 10,000 bewaffnete Männer zählen und reich an Kameelen und Kühen sein. Es dauerte 16 Tage, bis man zur Märar-Prairie gelangte, welche die erste Hügelreihe von der zweiten trennt und zwischen 25 bis 28 engl. Meilen breit ist. Diese Steppe wird von den Beduinen der Eysa, Bertéri und Habr Awal durchzogen. Die Eysa schildert Burton als ein Gemisch von Widersprüchen, kindisch aber gelehrig, schlau aber ohne Einsicht, gutgelaunt aber jähzornig, warm von Herzen und doch befleckt durch Grausamkeit und Verrätherei. Raub und Mord gilt als Heldenthat. Mit ihren Dolchen scheeren sie sich das Haupthaar im Genick, beschneiden den Schnurrbart und reißen den Backenbart aus. Ihre Haut ist schwarz. Die Heerden bilden ihren Reichthum, Milch und Fleisch ihre Hauptnahrung. Sie treiben die Heerden stets bewaffnet aus. Die Pferde sind klein und unansehnlich. Die Eysa bekennen sich zwar zum Islam, sind aber nicht eben eifrig in der Erfüllung seiner Gebote. Dem Spiel, namentlich dem Schachspiel, sind sie eifrig ergeben; der Sand ist ihr Brett, mit den Fin-[208]gern ziehen sie die Felder; Steinchen, Holzstückchen und Kameelmist müssen die Figuren vertreten. Um die Spieler sammelt sich ein lärmender und disputirender Haufe. Höchst erfreut sind sie, wenn ein Durchreisender Neuigkeiten erzählt.

Nachdem vom 23. Dezember in wenigen Tagen die Märarsteppe durchzogen war, gelangte man zu einer Ackerbau treibenden Bevölkerung. Burton erzählt:

»Wir gelangten ziemlich rasch an's Ende des Thals, wo ein wohl betretener Fußpfad uns ankündigte, daß wir im Begriff standen, die Wüste zu verlassen. Einige engl. Meilen weiter sahen wir uns am Fuß einer Felsenmasse, die schroff aus der Ebene sich erhob. An diese natürliche Festung, Jannah-Siri genannt, knüpft sich mancher Aberglaube. Wer auf dem Gipfel des Felsen schläft, sagt man, unterliegt dem Einfluß des bösen Geistes. In der näheren oder ferneren Zukunft soll Harar zerstört werden und Jannah-Siri in eine blühende Stadt sich verwandeln. Trotz Sage und Aberglauben stieg ich hinauf, handelte aber unklug, denn man bildete sich nun ein, daß ich die Anlage eines Forts versuchen wollte, und das Gerücht davon verbreitete sich nach Härar, noch ehe ich selber dort anlangte. Auf der Plattform, von ehrwürdigen Sykomoren beschattet, fanden wir Ueberbleibsel eines Walles, mehrerer Brunnen und Häuser, deren Ruinen nun einen Zufluchtsort bildeten für Nachteulen und Raubvögel.

Nachdem wir nach einstündigem Marsche die Spitze einer Anhöhe erreicht hatten, veränderte sich der Anblick des Landes auf eine fast magische Weise. Vor uns entfaltete sich eine kleine Alpenwelt, welche auf dieser Seite die zweite Stufe des großen äthiopischen Tafellandes bildet. Die Seiten dieser Hügel waren mit schwarzen Tannen besetzt, ihre Spitzen mit rankendem Kaktus. Zu unseren Füßen, in einem tiefen Thale, schlängelte sich ein Bach, ein wahres Labsal für unsere vom Anblick der dürren Wüste ermatteten Augen, hinten am Horizont, hinter einer verworrenen Masse von Berg und Thal, zog sich eine lange blaue Linie hin, so zusammenhängend, daß sie dem Meere glich, wenn man es aus der Ferne erblickte; hinter uns glänzte, die Sonnenstrahlen zurückwerfend, die Wüste. – Wir hatten die ersten Gebiete eines civilisirten Landes betreten, wo der Mensch, auf das Hirtenleben verzichtend, sich dem Anbau der Erdscholle widmet und eine seßhafte Lebensweise beginnt. [...]

[210] Am folgenden Tage gelangten wir zu guter Zeit nach Wilensi, dem Wohnort des Gerad (Häuptlings). Dieser war jedoch abwesend, um das Zusammentreiben einer Heerde von 200 Kühen zu überwachen, die für den Emir bestimmt waren als Entgelt für das Blut eines Bewohners von Härar. Meine Begleiter wurden im Dorfe vertheilt; ich nebst zwei Gefährten in die Wohnung der hübschesten der Frauen des Gerad geführt. Sudiyah – so hieß sie – war groß, wohlgebaut und von hellbrauner Hautfarbe. Ihr Schmuck bestand in einer breiten Toba von Härar, in silbernen Ohrringen und einem Halsband von silbernen Glöckchen. Sie ließ sogleich ein Nachtlager für uns an einer bequemen Stelle herrichten und uns ein Mahl vorsetzen, das aus gekochtem Rindfleisch, Kürbissen und Kuchen bestand. Mein Aufenthalt in dieser Wohnung gestattete mir, das häusliche Leben der seßhaften Somali näher zu beobachten.

Das Innere der Gambisa ist immer sehr einfach. Sobald man die Thür hinter sich hat, die aus einer einzigen Diele geformt und in hölzerne Angeln gehängt ist, findet man einen durch geflochtene Gitter in drei Abtheilungen gesonderten Raum, für die Männer, Weiber und das Vieh bestimmt. Die Pferde und Kühe durch Fesseln zusammengehalten, sind links vom Eingang logirt und bringen in die Wohnung eine erschreckliche Menge [211] von Ungeziefer. Die Frauen nehmen die rechte Seite ein, woselbst sich ein breit aufgemauerter Feuerheerd befindet. Der hinterste Raum endlich, der zugleich wegen seiner Entfernung von der Thür der angenehmste ist, gehört den Männern. Die Balken des Dachs sind vom Rauch völlig geschwärzt; nur dann, wenn der Rauch gar zu lästig wird, öffnet man ein kleines Fenster, das bestimmt ist, ihm einen Ausweg zu verschaffen; aber man nimmt selten zu diesem Mittel seine Zuflucht, weil der Rauch ebenso wie das Fett und der Schmutz zur Erhaltung der Wärme beitragen und darum allen Wilden gefallen. Der Hausrath ist nicht minder einfach, als die Wohnung selber. Ein junger Baumstamm, dessen Zweige man als Haken zugerichtet hat, trägt die Schilde, die Lanzen lehnen an der Wand. Kleider und Alles, was sonst von den weißen Ameisen erreicht werden kann, sind an Pflöcken, die man in die Mauer getrieben hat, oder am Central-Pfeiler, welcher das Dach trägt, aufgehängt. Das Geschirr besteht aus Kürbisflaschen, die man im Rauch getrocknet hat, aus kleinen Tassen von grobem Steingut aus Härar, aus großen hölzernen Schaalen und endlich aus zierlich geschnitzten Löffeln. Das Haus, das mich aufnahm, hatte zu Bewohnern die Geradah und ihr kleines Kind, einige Sklavinnen, einen Gallas und mehrere Somali-Sklaven. So hörte ich – das Arabische ungerechnet – um mich drei verschiedene Sprachen: das Harari, Gallas und Somali.

Noch vor Tagesanbruch steht die Hausfrau auf, weckt ihre Sklavinnen und macht sich an die Zubereitung des Morgenmahls. Da der Mechanismus einer Mühle gänzlich unbekannt ist, so wird die Kraft des Armes in Anspruch genommen, um auf einer Steinplatte vermittelst einer schweren steinernen Walze, die man an beiden Enden faßt, während der Körper mit seinem ganzen Gewicht darauf drückt, das Holkus-Korn zu zerquetschen. Durch wiederholte Besprengung bildet man aus dem Mehl eine ziemlich feine Teigmasse, die man alsbald im Ofen bäckt. Demgemäß braucht man mehrere Stunden Arbeit, um einige Pfund Brod zu bekommen. Um 6 Uhr des Morgens erscheint das nahrhafte Frühstück, das in gebratenem Rind- oder Hammelfleisch und Mehlkuchen, Alles in

Fleischbrühe getaucht, besteht. Nur theilweise ist bei den Männern das Waschen gebräuchlich, aber Alle bedienen sich der Zahnbürste, bevor sie sich an's Essen begeben, da sie die Gewohnheit haben, Taback zu kauen. Nach dem Frühstück gehen sie [212] an die verschiedenen Beschäftigungen und führen das Vieh auf die Weide bis 11 Uhr, zu welcher Stunde das Mittagsmahl gehalten wird, das abermals aus Fleisch mit Brod und Kuchen aus Hirsekorn besteht. Man verachtet das Fleisch der Vögel und das Gemüse hält man für eine nur dem Vieh angemessene Nahrung. Den Tag über ist die Thür niemals geschlossen; Männer, Frauen und Kinder kommen in Masse herein und die Geradah begnügt sich, ihnen zuzuschreien, ob sie einen Affen sehen wollten? Namentlich erregt mein Trinkhorn ihre Verwunderung: einige meinen, es sei ein Straußenhals, andere es sei eine Schlange. Sudiyah dagegen, welche seinen Gebrauch kennen gelernt hat, bestürmt mich mit Bitten, ihr damit ein Geschenk zu machen. Die Sklavinnen sind ohne Unterlaß beschäftigt, das Korn zu zerquetschen, die Speisen zu kochen und mit lauter Stimme sich zu zanken. Die Männer haben geringe Arbeit. Sie bringen ihre Zeit damit hin, daß sie Taback kauen, schwatzen und ihr Haar frisiren lassen durch einen Haarkünstler von Profession. Abends kehrt das Rindvieh sammt den Pferden nach Hause zurück. Sobald die Kühe gemolken sind, beginnt man mit großem Appetit die Abendmahlzeit. Man setzt sich dann unter fröhlichem Geplauder um den Feuerheerd, um Farshü oder Hirsebier zu trinken. Mehr als einmal hab' ich dieses Getränk gekostet und fand es immer abscheulich; es steigt zu Kopfe, ohne Zweifel wegen der giftigen Rinde, mit der es gemischt ist. Man trägt es in Kürbisflaschen auf und trinkt es aus Bechern von derselben Masse. Wie die Flüssigkeit ihre berauschende Wirkung äußert, so wächst die Lustigkeit der Trinker. Am folgenden Morgen erwachen sie mit schweren Augenlidern und heftigen Kopfschmerzen; aber diese Unbequemlichkeit, die wir fürchten, weil wir ein arbeitsamer Menschenschlag sind, belästigt durchaus nicht die trägen Somalis,

denn sie treibt sie zum Schlaf und beschäftigt zugleich ihren
stets leeren Geist.« Es war der Somali-Stamm der Ghiri, dessen Bekanntschaft Burton gemacht hatte.

Die Stadt Härar wurde am 3. Januar 1855 glücklich erreicht.
Sie liegt in der zweiten Hügelreihe, welche die Ausläufer der
von N. nach S. durch das östliche Afrika sich ziehenden
Hauptkette bilden. Nach Berechnung des zurückgelegten
Weges schätzte Burton die Lage auf 9° 20′ nördl. Br. und 42°
17′ östl. L. v. Greenwich – etwa 175 Meilen südwestlich von
Zeyla. Da das Wasser schon bei 200° F. kochte, bestimmte er
die Höhe über dem Meere auf 5500 Fuß. Die Stadt zieht sich
nach Westen an [213] einem Hügel aufwärts, entsprach aber in
ihrem düsteren Aussehen keineswegs den Erwartungen des
Reisenden. Sie ist ganz unregelmäßig gebaut, die Straßen sind
steil, die Häuser sehr roh aus Granit, Lehm und Holz erbaut,
haben platte Dächer, aber kein zweites Stockwerk. Das einzige größere Gebäude ist die Hauptmoschee mit zwei Mina-
rets, gleichfalls ganz roh aufgeführt. [. . .] Von der religiösen
Zucht des Islam ist hier wenig zu spüren; Priester und Laien
berauschen sich fleißig in Meth und Farshü und der Sultan hat
sich genöthigt gesehen, eine nächtliche Straßenpolizei einzurichten, welche Trunkenbolde und Verliebte aufgreift und
mit der Bastonade bestraft. Die Frauen sind nicht häßlich und
ihr Gesicht nähert sich der kaukasischen Form. Sie tragen
blaue baumwollene Hemden mit scharlachrothen Zwickeln
auf der Brust und dem Rücken; um den Leib schlingen sie
einen Shawl aus Baumwollenstoff, um den Kopf wickeln sie
ein weißes Musselintuch, das Gesicht bleibt unverschleiert.
Sie haben eine rauhe Stimme, rauchen Taback und zechen mit
den Männern um die Wette.

Der Sultan von Härar, seiner Herkunft nach ein Galla,
behauptet vom Chalif Abubekr abzustammen und führt den
Titel: Sultan Ahmed ben Sultan Abubekr. Es war klug von
Burton, daß er sich geradezu als Engländer dem Despoten
vorstellen ließ, denn die Türken werden in Härar mehr
gehaßt als die Christen und von Englands Macht hatte man

schon hinlänglich Kunde. Burton wagte sich also in die Höhle
des Löwen; er traf ihn in einem dunkeln Gemach mit geweiß-
ten Wänden, an denen rostige Luntenflinten und blanke Ketten die einzige Verzierung bildeten. Der Sul-[214]tan, ein
bartloser Bursche von 22 bis 24 Jahren, sah kränklich aus,
gelb von Hautfarbe mit gerunzelten Brauen und geschwolle-
nen Augen. Er trug ein rothes Gewand mit Pelz verbrämt und
einen weißen Turban, der um eine rothe, kegelförmige Mütze
gewunden war. Zur Seite in zwei Reihen stand der Hofstaat,
seine Vettern und Verwandten. Von zwei Kammerherren am
Arm gehalten, wurde Burton gleichsam hingezogen vor die
sultanische Majestät und genöthigt, die hagere gelbe Hand
des Despoten zu küssen. Der Reisende gab sich für das aus,
was er war, und berief sich auf die freundlichen Beziehungen,
welche zwischen dem Gouverneur in Aden und dem früheren
Chef Abubekr bestanden haben sollen. Der Emir lächelte
gnädig und Burton durfte 10 Tage in Härar bleiben. Das
Geschenk eines schönen Revolvers an den Emir sicherte ihm
ungefährdeten Abzug und Burton athmete wieder auf, als er
die düstere Stadt im Rücken hatte.

Man hat nicht mit Unrecht Härar das Timbuktu von Ostafrika genannt; sie ist eine bedeutende Handelsstadt, bildet
namentlich den großen Markt für Gallassklaven, die über
Berbera vom Emir von Mascat gegen Reis und Datteln ausgeführt werden, und den großen Stapelplatz für Kaffee, feine
Baumwolle, Gummi, Taback und Getreide aus den Gallalän-
dern. Der Kaffee, welchen wir unter dem Namen Mocka-
Kaffee kaufen und trinken, ist nicht immer arabisches Pro-
dukt, sondern häufig afrikanisches Gewächs aus dem Galla-
Gebiet Jandschar, sieben Tagereisen westlich von Härar.
Elfenbein ist ein Monopol des Emirs. Die Tobas (Gewänder)
von Härar sind weit und breit berühmt; obwohl mit der Hand
gewoben, sind sie doch schöner und dauerhafter als die
Erzeugnisse der Maschine. In Härar wird weder Wage noch
Gewicht geduldet, und dieses Verbot kommt der Stadt zu
Gute, denn die Kaufleute betrügen die armen Hirten auf

schamlose Weise. Das Land hat am Golfe von Aden zwei
Ausfuhrmärkte: Zeyla und Berbera. Zeyla wird jedoch
wegen alter Feindschaften nicht von den Härariten besucht,
sondern nur Berbera. Dahin ziehen im Januar und Februar
zwei kleine Karawanen, am Ende des Frühjahrs aber die
große Karawane, die aus 2000 Personen und 3000 Lastthieren
bestehen soll. »Wer in Berbera befiehlt, hält Härar am Bart«,
so lautet das landesübliche Sprüchwort, und in Berbera ist
bereits der englische Einfluß wegen der Nähe Adens
mächtig.

Der gute Erfolg seiner Reise nach Härar hatte dem unterneh-
menden [215] Burton Muth gemacht, im folgenden Jahre
(1855) sich abermals nach der Somali-Küste einzuschiffen,
und wenn diese näher erforscht sei, weiter nach dem Mende-
gebirge vorzudringen, auf diesem Wege vielleicht zu den Nil-
quellen zu gelangen. Als Burton in Berbera anlangte, traf er
Alles in größter Aufregung, denn kurz zuvor war die Karawane von Härar eingetroffen und man war nur mit Handel
und Tausch beschäftigt. Den Haupthandelsartikel bildeten
500 Sklaven beiderlei Geschlechts. Am 9. April machten sich
die Beduinen zur Abreise fertig, denn ein Gewitter verkündet
den Eintritt des »Gupi« oder Somali-Moussons; in größter
Hast wurden die Kameele geladen und am 15. April war die
Stadt schon wie ausgekehrt. Die Somali Expedition, aus den
vier Lieutenants Burton, Stroyan, Herne und Speke bestehend, wartete nur noch auf den Postdampfer, um auch unver-
züglich aufzubrechen. Auf der Hügelfläche am östlichen
Ende der Bucht von Berbera hatten die Engländer ihr Lager
aufgeschlagen, innerhalb Steinwurfsweite vom Meere, und
ungefähr eine halbe engl. Meile von der Stadt. Am 18. April
segelte ein Boot in die verlassene Bucht und brachte von Aden
zehn Somali, welche Burton zu begleiten wünschten. Dieser
nahm nur vier von ihnen an, ließ aber den Kapitän und die
Mannschaft des Bootes bewirthen. Die folgende Nacht stellten sich Spione beim Lager ein, die sowohl die Engländer, wie
deren Somali-Leute zu täuschen wußten. Burton, nichts

Arges ahnend, fühlte sich so sicher, daß er bloß zwei Schild-
wachen, wie gewöhnlich, ausstellte, während die Uebrigen
ruhig schliefen.

»Zwischen 2 und 3 Uhr Morgens« – erzählt Burton –
»erweckte mich das Geschrei, daß der Feind angreife. Meine
erste Ordre richtete sich an Lieutenant Herne, er solle mit
seinem Drohpistol in der Richtung des Angriffes vorgehen;
dann befahl ich den Lieutenants Stroyan und Speke sich zu
bewaffnen und in Bereitschaft zu setzen, und ließ mir von
meinem Diener den Säbel reichen. Mittlerweile kam Lieutenant Herne hastig von hinten in's Zelt, mit der Nachricht,
daß unsere Leute, zwölf an der Zahl, mit Flinte und Säbel
bewaffnet, die Flucht ergriffen hätten, und die Feinde 150
Köpfe zählten. Lieutenant Stroyan, der in einem anderen Zelt
lag, kam nicht zum Vorschein, und wir drei übrigen Offiziere
waren genöthigt, [216] das unsrige mit den Drohpistolen zu
vertheidigen, deren Wirkung wegen der Finsterniß sehr frag-
lich blieb. Als unsere Schüsse erschöpft waren und der Feind
mit Speer und Wurfspieß uns härter zusetzte, konnten wir
unseren Posten nicht länger halten; das Zelt wankte schon
unter den Keulenschlägen, und wären wir in seine Falten
verwickelt worden, so hätte man uns ohne jeden Widerstand
erschlagen. Ich gab den Befehl zum Ausfall und sprang hinaus, den Säbel in der Faust, dicht hinter mir Lieutenant
Herne, während Lieutenant Speke den Rücken deckte. Der
erstere drang durch den Feind und kam mit einigen schweren
Keulenschlägen davon, der andere ward von einem Stein an
die Brust getroffen, niedergeworfen und zum Gefangenen
gemacht. Als ich das Zelt verließ, glaubte ich den Körper des
Lieutenant Stroyan dicht bei den Kameelen am Boden liegen
zu sehen. Mittlerweile hatten mich ein Dutzend Feinde
umringt, deren Keulen unbarmherzig auf mich losschlugen,
während meine Säbelhiebe durch die heftigen Stöße eines
Dieners unsicher gemacht wurden, der mich vorwärts trieb
und auf diese Art zu retten hoffte. Die Klinge war schon
gehoben, um ihn niederzumachen, und er stieß bereits ein

Angstgeschrei aus. In diesem Augenblicke aber sprang ein
Somali vor und warf seinen Speer, der mir in's Gesicht drang.
Ehe ihn die Strafe ereilen konnte, war der Angreifer schon
wieder verschwunden. Nun wich ich zurück, um Hülfe zu
suchen, der Feind aber hielt es gerathen, uns in der Dunkelheit nicht weiter zu verfolgen. Viele unserer Somali und unserer Diener lauerten hundert Yards von dem Gemetzel, aber
sie waren nicht zu einem Angriff zu bewegen. Der Blutverlust
brachte mich einer Ohnmacht nahe und ich mußte mich nie-
derlegen. Als der Tag grauete, bemerkten wir, daß das Boot
sich anschickte, den Hafen zu verlassen. Mit dem geringen
Rest meiner Kräfte erreichte ich die Spitze des Vorgebirges
der kleinen Bucht, wurde in das Boot gebracht und überre-
dete die Mannschaft, sich zu bewaffnen und den Schauplatz
der Niederlage zu besichtigen. Unmittelbar darauf erschien
Lieutenant Herne und nach ihm Lieutenant Speke, der zwar
aus der Gefangenschaft entsprungen, aber schlimm verwundet war. Endlich ward auch die Leiche des Lieutenant
Stroyan an Bord gebracht. Ein Speerstich war ihm durchs
Herz gedrungen, auch der Unterleib hatte einen Lanzenstich
und am Vorderkopf gähnte ein schrecklicher Hieb. Der
beklagenswerthe Offizier hatte [217] geendet, sein Körper war
steif und kalt, und wir begruben ihn am 20. in der Tiefe,
während Lieutenant Herne den Beerdigungssermon las. Der
Schmerz überwältigte uns, da wir ein Leben wie Brüder
geführt hatten.«
Es war freilich nur eine Räuberschaar, welche die Reisenden
überfallen hatte, aber die Expedition war für dies Mal verei-
telt.

*Entdeckungsreisen in der Heimat*

1866

[VI,43]                    *Braunkohlenlager.*

Albert an seinen Bruder Karl.

*Lieber Karl!*

Wir haben eine Braunkohlengrube besucht. Neben der
Straße waren ein paar Häuschen auf dem Felde und bei denselben lag ein großer, großer Haufen Braunkohle. Sie sah aus
wie Chokoladenpulver. Die Leute hatten ein tiefes Loch in
die Erde gegraben, einen Schacht. Ueber diesem Loche stand
eine Winde zum Drehen und ein langes Seil hing daran, damit
ward die Braunkohle in [44] einem Kasten aus der Erde her-
ausgezogen. Unten in der Erde waren Arbeiter, diese hackten
die Kohle los und luden sie in den Kasten. Daneben stand
auch eine lange Pumpenröhre und reichte in die Grube hinein. Eine Windmühle befand sich nicht weit davon und trieb
die Pumpe. Wenn sich die Mühle drehte, pumpte sie das
Wasser aus der Grube.
Wir haben uns nicht mit in den Schacht hinunterleiern lassen,
denn er sah gar zu schmutzig aus. Die Leute sagten: es sei
auch unten weiter gar nichts zu sehen als Braunkohle und
etwas Schlamm dazu.
Neben den Häusern war ein großer Platz. Dort rührten Männer die Braunkohlenerde mit Wasser zu einem dicken Brei an
und traten mit den Beinen darin herum. Du kannst Dir denken, wie sie aussahen, so schlimm wie die Schornsteinfeger.
Wenn der Brei gehörig durchgeknetet war, thaten sie ihn mit
den Händen in einen viereckigen hölzernen Kastenrahmen
mit vier Fächern. Der Rahmen lag auf einem Brete und dies
auf einem Tische. Dies war eine Ziegelform. Sie strichen den

Brei dann glatt, trugen ihn auf dem Brete nach dem Platze und
drehten den Rahmen an der Erde schnell um. Sie nahmen nun
das Bret und den Rahmen weg, und es lagen dann jedesmal
vier nasse schwarze Braunkohlenziegel da.

Wenn die Ziegel nach ein paar Stunden etwas abgetrocknet
und fest geworden sind, stellen die Arbeiter sie auf die
schmale Seite und nachher auf ein Lattengestelle mit einem
Regendach. Dort müssen sie ganz trocken werden. Dann
kommen aus der Stadt Wagen, laden die trockenen Braun-
kohlensteine auf und fahren sie nach der Stadt. Die Leute in
der Stadt brennen die Braunkohle im Ofen, wie wir das
Holz.

Ich habe Dir in die Schachtel auch ein Stück Braunkohle mit
hineingethan, das kannst Du in den Ofen stecken und sehen,
wie es brennt. Greif' es aber nicht mit der bloßen Hand an,
sonst bekommst Du so schmutzige Finger wie

Dein

*Albert.*

Hermann an seinen Bruder Karl.

*Lieber Karl!*

Die Botenfrau wird Dir mit diesem Briefe auch eine Schachtel
geben, in welcher mehrere Sorten Braunkohle sind. Wir
haben ein paar Braunkohlen-[45]werke besucht, die dicht an
unserm Wege lagen, und von jedem habe ich eine Probe mitgenommen.

Die Sorte Nr. 1 sieht gerade aus wie halbverfaultes, mürbes
Holz. Es ist wirklich auch Holz, aber von Nadelholzbäu-
men, die jetzt nicht mehr hier wachsen, sondern die sich jetzt
nur in Amerika finden. Sie haben hier vor alten Zeiten Wälder
gebildet, die im Wasser untergegangen und in der Erde begraben worden sind. Wir haben große Baumstücken gesehen, die
mit der Axt gespalten wurden, gerade wie gewöhnliches
Holz. Diese Stämme sind aber nicht eigentlich verfault, son-

dern verkohlt. Der Vater sagt: das frische Holz bestehe aus
Wasserstoff, Sauerstoff und Kohlenstoff. Liegt das Holz im
Wasser, so daß die Luft nicht dazu kann, so verfault es nicht.
Es trennt sich allmälig der Wasserstoff und Sauerstoff von
ihm und der Kohlenstoff bleibt allein übrig.

Die Sorte Nr. 2 sieht aus wie braune Erde. Sie brennt ebenfalls im Ofen, wenn sie gehörig getrocknet ist, nur nicht so
schön wie Holz. Sie glimmt mehr. Sie ist ebenfalls aus Holz
oder anderen Pflanzentheilen entstanden, aber dabei in Pulver zerfallen.

In dem Papiersäckchen Nr. 3 findest Du noch eine Braunkohle von gelblicher Farbe, die fast aussieht wie Lehm. In ihr
haben sich bei dem Verkohlen auch viele ölige, fettige Stoffe
erzeugt. Sie wird hier besonders in einer großen Fabrik
benutzt, um Solaröl und Paraffinkerzen daraus zu machen.
Man thut diese Braunkohle in verschlossene Gefäße und
erhitzt sie. Die fettigen, öligen Stoffe in ihr verdampfen und
der Oeldampf zieht durch ein Rohr ab. Man kühlt nachher
den Dampf und erhält eine ölige Flüssigkeit, die sehr stark
riecht und leicht brennt. Diese wird gereinigt und in verschiedener Weise behandelt, je nachdem man Oel oder Kerzen
daraus machen will.

Der Vater hat uns davon erzählt, wie die Braunkohlen früher
entstanden sind. Es ist aber zu lang, als daß ich es Dir hier
schreiben könnte. Die Botenfrau wartet schon auf den
Brief.

Du erhältst also wieder drei neue Sorten für Deine Stein-
sammlung, dazu noch viele Grüße an Alle von

Deinem

*Hermann.*

[67]                         *Die Trinkhalle.*

Albert an seinen Bruder Karl.

*Lieber Karl!*

Wir sind jetzt in der Stadt und wohnen bei dem Onkel in einem schönen, großen Hause. Es giebt hier sehr viel Neues zu sehen; ich werde Dir wahrscheinlich alle Tage einen Brief schreiben, wenn ich nicht zu müde oder zu hungrig bin.

Gestern Nachmittag kamen wir zur Stadt und waren sehr durstig. Das erste Häuschen am Stadtthore war eine »Trinkhalle«. Es war sehr niedlich aus Holz gebaut und angemalt, fast wie ein Tempelchen. An der Wand inwendig stand mit großen Buchstaben angeschrieben: »Kohlensaures Wasser, – Sodawasser, – Selterwasser«. – Auf dem Verkaufstische standen viele Gläser und dahinter war ein Mädchen, welches das Wasser verkaufte. Der Vater ließ für [68] Jeden von uns ein Glas voll einschenken und mußte für jedes Glas Wasser einen halben Silbergroschen bezahlen. Hast Du das schon einmal gehört, daß man Wasser kaufen muß! Es war dies aber kein solches gewöhnliches Wasser wie vom Brunnen, sondern »kohlensaures«. Das Mädchen hielt ein Trinkglas unter eine Messingröhre, die an einem Pfeiler am Ladentische war, dann drehte sie an einem Hahn und das Wasser lief heraus in das Glas. Dieses Wasser schmeckte wunderschön. Es kribbelte in der Nase beinahe wie Bier und auch auf der Zunge. Der Vater sagte: das Kribbeln sei von der Kohlensäure, welche die Leute in das Wasser hineingemacht hätten. Das Wasser war auch sehr schön kalt, die Leute haben Eis dabei liegen, um es abzukühlen.

Ich habe den Vater gebeten, daß er eine Flasche solches Wasser für die Mutter und für Dich gekauft hat. Die Botenfrau soll sie Euch mitbringen. Wenn Ihr das Wasser trinken wollt, so müßt Ihr den Draht abmachen, der über dem Stöpsel ist, dann springt der Stöpsel von selbst los und es knallt wie eine kleine Pistole. Die Mutter braucht aber nicht zu erschrecken, denn es ist keine Gefahr dabei. Ihr müßt das Wasser gleich trinken, so wie es eingeschenkt ist, – wenn ihr es länger stehen laßt, verfliegt die Kohlensäure und das Wasser schmeckt dann schlecht. Wohl bekomm's Euch!

Dies wünscht

Dein

*Albert.*

[143]         *Der Dampfwagen.*

Hermann an seinen Bruder Karl.

*Lieber Karl!*

Heute sind wir auf dem Dampfwagen gefahren! Da fährt es sich viel schöner als auf einem andern Wagen. Wenn wir zu Hause mit unserm kleinen Wagen fahren und den Bello vorgespannt haben, dann merkt man es jedesmal, wenn der Wagen über einen Stein geht. Du weißt, wie das rumpelte und rüttelte, als wir mit Schulze's Leiterwagen auf der neuen Straße fuhren und die Pferde Trab liefen. Wir konnten uns kaum fest genug halten und wären vor Lachen und Schütteln bald vom Wagen gefallen. Auf dem Dampfwagen merkt man dagegen gar nichts vom Stoßen, nur manchmal zittert es ein klein wenig. Die Räder laufen aber auch nicht auf der Erde und über die Steine, sondern auf glatten Eisenschienen. Die Wagenkasten liegen nicht auf den Achsen, wie bei unserm kleinen Wagen, sondern werden von starken Federn aus Stahl getragen.[144] Statt der Pferde ist der Dampfwagen (die Lokomotive) vorgespannt. Wir waren eine halbe Stunde früher auf dem Bahnhof, ehe der Zug abging, und haben uns Alles ordentlich besehen. Es war gar vielerlei Hübsches hier, ich will Dir aber blos von dem Dampfwagen erzählen.

Die Lokomotive ist aus Eisen, Kupfer und Messing gebaut. Sie steht auf 6 Rädern aus Eisen. Vier davon sind sehr groß, die zwei hintern sind kleiner. Unten ist ein Feuerloch wie in einem Kochofen. Ueber dem Feuer ist ein großer Wasserkessel, der ringsum verschlossen ist. Das Feuer brennt nicht blos unter dem Kessel, sondern es schlägt auch in vielen Röhren mitten durch das Wasser hindurch, so daß dieses immerwährend tüchtig kocht und sehr viel Dampf bildet. Der obere Theil des Kessels ist leer, dort kann sich der Dampf sammeln. Der Dampf will sich immermehr ausdehnen. Oben auf dem Kessel ist eine Klappe (ein Ventil), die durch eine stählerne Feder auf ein Loch in dem Dampfkessel gedrückt wird. Steht die Lokomotive still und es sammelt sich zu viel Dampf in dem Kessel, so kann dieser leicht entzwei springen und die Leute verbrennen. Deshalb hat man eben jene Klappe gemacht. Wenn der Dampf zu stark wird, drückt er die Klappe zurück und der überflüssige Dampf fährt heraus.

Der Lokomotivenführer kann auch den Dampf durch eine Pfeife heraus-[145]lassen; das pfeift so laut, wie kein Mensch pfeifen kann, viel stärker als die allergrößte Trompete.

An jeder Seite der Lokomotive ist wagerecht eine eiserne Büchse festgemacht, ähnlich wie eine recht große Klatschbüchse. Es ist auch ein ähnlicher Stöpsel oder Kolben darin, aber von Eisen. Die Büchse ist an beiden Seiten verschlossen.

Nun ist es so eingerichtet, daß der Dampf aus dem Kessel einmal an der einen Seite an den Stöpsel kommt und diesen vorwärts schiebt, dann kommt er von der andern Seite daran und schiebt ihn wieder zurück. So schiebt sich der Stöpsel oder Kolben immer hin und her. Von dem Kolben aus geht eine Eisenstange nach dem mittelsten großen Rade und wenn er sich hin- und herschiebt, wird das Rad umgedreht, gerade so wie unser Spinnrad.

Der Dampf hat aber eine ungeheure Kraft. Bei dem Zuge, mit dem wir fuhren, waren 20 Wagen hinter der Lokomotive angehangen. Das Gewicht der leeren Wagen war außen daran geschrieben, die meisten wogen gegen 200 Centner, alle also 4000 Ctr. In unserm Wagen saßen 30 Leute, die wahrscheinlich 25 Ctr. gewogen haben; die Leute und die Güter des ganzen Zuges mögen wol auch 1000 Ctr. betragen haben, also zusammen 5000 Ctr. Diese ganze Last zog der einzige Dampfwagen fort und zwar viel schneller, als ein Pferd laufen konnte. Rechne einmal aus, wie viele Pferde hätten vorgespannt werden müssen, wenn sie auf gewöhnlichem Wege eine solche Last hätten fortziehen wollen, und Du annimmst, daß jedes Pferd 20 Ctr. ziehen kann!

Wenn ich nach Hause komme, wollen wir einmal sehen, ob wir aus Pappe einen solchen kleinen Dampfwagen bauen können, aus Eisenblech wäre er freilich noch besser. Eine Eisenbahn können wir leicht machen; wir nehmen Holzlatten dazu. Dann machen wir auch Wärterhäuschen und Telegraphenstangen daneben; auch einen Tunnel. Der Tunnel ist nämlich ein großes Loch, welches die Leute wagerecht durch einen Berg gearbeitet und innen ausgemauert haben. Die Eisenbahn führt durch dasselbe hindurch, wie durch einen Keller, und eine Zeitlang sitzt man ganz im Finstern. Um so größer ist der Spaß, wenn es hernach auf einmal wieder hell wird.

Es grüßt Dich bestens

Dein
*Hermann.*

## Abenteuerliche und exotische Erzählungen

*Die Kinder- und Jugendliteratur des 19. Jahrhunderts bemüht sich während mehrerer Jahrzehnte, die Tradition der aufklärerischen Abenteuererzählung fortzusetzen, indem sie in den abenteuerlichen Handlungsverlauf einer Geschichte Belehrungen moralischer, naturgeschichtlicher und völkerkundlicher Art einwebt. Junge Leser sollen auf diese Weise von den als verderblich angesehenen abenteuerlich-exotischen populären Lesestoffen ferngehalten werden. Auf dieses Programm aufbauend, brachte es die Kinder- und Jugendliteratur zu einer ethnographischen Belletristik von teilweise beachtlichem Niveau.*

*Kaum ein Genre schien sich besser für die Verbindung von Unterhaltung und Belehrung zu eignen als die Robinsonade, so daß hier die biedermeierliche Kinder- und Jugendliteratur eine direkte Fortsetzung der Aufklärungsliteratur bildet. Nicht nur, daß Campes »Robinson der Jüngere« zahlreiche Auflagen erlebte – 1848 beispielsweise erschien die vierzigste –, nicht nur, daß mehr oder weniger freie Bearbeitungen von Campes Buch erschienen: viele Autoren, wie Hildebrandt und Hölder, schrieben sogar direkte Fortsetzungen zu Campes »Robinson der Jüngere« oder entwarfen, wie Grote, Schubert und Wyss, eigenständige Robinsonaden. Zu den bekanntesten Robinsonaden gehört Heinrich Laubes Übersetzung von Frederick Marryats »Masterman Ready«, die 1843 unter dem Titel »Sigismund Rüstig« erschien und bis weit ins 20. Jahrhundert hinein zu den vielgelesenen Kinder- und Jugendbüchern gehörte. Auch erschienen, besonders gegen die Jahrhundertmitte, direkte Bearbeitungen des Defoe-Textes, die sich zum Teil bewußt gegen die pädagogisierenden Adaptionen wandten und das eigenständig Literarische wieder in den Vordergrund rücken wollten.*

*Gegen Mitte des Jahrhunderts zeigt das von der Aufklärung übernommene Modell einer gleichgewichtig belehren-*

*den und unterhaltenden Abenteuerliteratur Auflösungser-
scheinungen. Die Elemente des Abenteuerlichen drängten so
stark in den Vordergrund, daß sich alles Pädagogische in einer
nur unterhaltenden Literatur aufzulösen begann. Dies muß,
und dafür gibt es besonders in der zweiten Jahrhunderthälfte
zahlreiche Beispiele, keineswegs zu anspruchsloser Trivialliteratur führen. Die Werke von Biernatzki, Dielitz, Gerstäcker,
Möllhausen und Sealsfield, die zum Teil auch Romane für
Erwachsene schrieben, erfüllten durchaus die Ansprüche des
Bildungsbürgertums an qualitätvolle und sittlich einwand-
freie Unterhaltungsliteratur für Kinder. Neben den Erzählungen und Romanen dieser im 19. Jahrhundert äußerst populären Schriftsteller erschienen, von Jahr zu Jahr zahlreicher,
Jahrbücher und Sammelbände voll abenteuerlicher und exotischer Geschichten. Häufig wurden jedoch auch recht wahllos
Erzählungen von spannenden Höhepunkten aus Reiseberichten, Berichte von Unglücksfällen und von sensationellen
Begebenheiten aneinandergereiht.*

*Die abenteuerliche Erzählung des 19. Jahrhunderts spielt, und
damit ist sie unentwirrbar mit der exotischen verknüpft,
zumeist in anderen Kontinenten; mit Vorliebe in Nord- oder
Südamerika, gelegentlich auch in Afrika, selten in Asien. So ist
diese Gattung Zeichen einer gewissen Europamüdigkeit im
Deutschland der Restauration. Die abenteuerlich-exotische
Kinder- und Jugendliteratur ist während einiger Jahrzehnte
relativ realistisch und psychologisch geschickt durchgearbei-
tet, gelegentlich bürgerlich-liberal und kosmopolitisch. Das
eurozentristische Denken, das noch in vielen Robinsonaden
vorherrschte, verschwindet; es kehrt erst mit gewissen Modifikationen in den letzten Jahrzehnten des Jahrhunderts in der
Kolonialerzählung wieder.*

LUISE HÖLDER

*Rückreise Robinsons des Jüngern nach seinem Eilande in
Begleitung seiner Kinder*

1821; 2., verb. und verm. Aufl. 1827

[41]      *Fortsetzung der Geschichte Robinsons
des Jüngeren.*

Erste Unterhaltung.

L o t t c h e n. Nun lieber Vater, was für eine Geschichte wirst
du uns denn heute erzählen?
M a l c h e n. Ja, den Kopf haben wir uns schon zerbrochen,
um zu errathen, was es seyn könnte.
V a t e r. Und wenn es die Fortsetzung der Geschichte Robinsons wäre?
A l l e. (Umgeben ihn fröhlich schmeichelnd). Ach lieber
Herzens-Vater, eine größere Freude könntest du uns ja gar
nicht machen! Wir wollen gewiß auch immer recht gut und
brav seyn.
[42] M u t t e r. Und damit euer Vergnügen vollkommen
werde, habe ich auch hier für Arbeit gesorgt, denn müssig
werdet ihr ja doch wohl nicht dasitzen wollen und zuhören?
M a l c h e n. Ich stricke an Vaters Geldbeutel.
L o t t c h e n. Ich nähe an seiner Halsbinde.
K a r l. Und ich werde alles Bemerkenswerthe in meine
Schreibtafel eintragen.
V a t e r. Auch gut. – Hier unter diesem Apfelbaum wollen
wir Platz nehmen. (Alle setzen sich.)
V a t e r. Ihr werdet euch erinnern, daß sich Robinson und
sein Freund Freitag dem Tischler-Handwerk gewidmet hat-
ten? Nun wohl, diesem künstlichen Geschäfte ergab sich
Robinson mit solchem Eifer, daß er ihm und dem Umgang

Gezeichnet von Volz.          Gestochen von Martin Esslinger.

seines alten Vaters mit Vergnügen seine Zeit opferte. Nur
dann ging er aus, wenn er es für Pflicht hielt, Freitag mit der
neuen Welt, in welcher dieser lebte, bekannt zu machen. Was
er für große Augen machte, als er unsre Straßen und hohen
Häuser sah, könnt ihr euch leicht vorstellen.

Lottchen. Ja wohl! Und wie wird ihn nicht unser Hafen
mit den vielen Schiffen, und unser schönes Zeughaus gefallen
haben.

Vater. Sein Erstaunen über die verschiedenen Waffen, die es
enthielt, war ohne Gren-[43]zen. Eine jede untersuchte er mit
dem Ausruf: Mit ihr allein wollte ich meine ganze Nation
beschützen! und dabei kam er so in Feuer, daß sich der Aufse-
her, ganz erschrocken, immer weiter von ihm zurückzog.
Robinson gab ihm wohl zu verstehen, daß sich solche Aeus-
serungen nicht schickten, allein Freitag, das Naturkind, hatte
noch nicht gelernt, den ersten Eindruck des Erstaunens über
so viele ihm unbegreifliche Dinge gewaltsam zurückzudrän-
gen. Seine Verwunderung brach unwillkührlich in die selt-
samsten Ausrufungen aus, bis sich erst nach und nach sein
Auge an das für ihn Wunderbare gewöhnte. Robinson
machte es viel Vergnügen, die Ueberraschung zu sehen, in die
ihn jeder neue Gegenstand versetzte.

Einst wollte Robinson sehen, welchen Eindruck ein Schauspiel auf Freitag machen würde, worin zwei feindliche Par-
theien gegen einander fochten. Mit gespannter Aufmerksamkeit hatte dieser bis dahin dem Gange des Spiels zugesehen;
als er aber bemerkte, daß ein Theil der Kämpfer zu weichen
begann und der Anführer gefallen war, stürzte er unaufhaltsam über Bänke und Stühle hinweg, drängte die Menschen
zurück, kletterte in einem Nu vom Paterre aufs Theater,
ergriff das Schwert des gefallenen Feldherrn, und hieb so
gewaltig ein, daß schon einige Schauspieler bedeutende [44]
Wunden hatten, ehe sie sich nur in etwas besinnen konnten.
Endlich wurde er mit Mühe von der Bühne gebracht, und als
ein Wahnsinniger der Wache übergeben. Nur durch Robin-

sons vielfache Bemühungen konnte Freitag dem Tollhaus entgehen.

M u t t e r. Robinson hätte ihm freilich vorher erklären sollen, daß ein solches Spiel nur die Darstellung einer Handlung, nicht die Handlung selbst ist.

L o t t c h e n. Nun, Väterchen, wie gings denn weiter?

V a t e r. Es kam der erste Sonntag. Noch nie hatte Freitag den Schall einer geläuteten Glocke gehört. Ihr könnt euch also kaum das Erstaunen vorstellen, das ihn ergriff, als er zum erstenmal das Geläute aller Glocken hörte. Ohne sich weiter zu befragen, stürzte er mit dem Ausruf des Schreckens: Feinde! Feinde! aus dem Haus auf die Strasse, und immer weiter fort, bis ihn endlich Robinson einholte, und ihm das Läuten zur Kirche erklärte. Als er hörte, daß dieß der Ort sei, wo man Gott öffentlich verehrte, ließ er mit Bitten nicht nach, bis ihn Robinson dahin begleitete. Aber wer beschreibt Freitags Empfindungen, als er zum erstenmal die Orgel und den feierlichen Gesang der Gemeinde hörte. Er lachte und weinte, und ward am Ende so vom Gefühl [45] der Andacht ergriffen, daß er sich niederwarf, und laut anfing zu beten; nur mit Mühe drängte ihn Robinson in einen nahen Gitterstuhl, um ihn den Augen der Menge zu entziehen. Von dieser Stunde an versäumte Freitag keine Predigt mehr. [ . . . ]

[Robinson kehrt mit seiner Familie und mit Freitag zur Insel zurück.]

[180]        Neunte Unterhaltung.

V a t e r. Lieber Freitag, sagte Miekchen, ich erinnere mich ja, daß du eine Drechselbank, Tischlerwerkzeug und auch Eisenstangen von Hamburg mitgenommen hast, und doch sehe ich von allem dem nichts, und auch keine hübschen Arbeiten, wie sie die Brüder gemacht haben. Leider! bin ich um alles gekommen. Als meine Landsleute sahen, was für ein schönes Geräthe ich damit verfertigte, bildeten sie sich ein,

daß sie, wenn sie nur das Werkzeug hätten, Alles von selbst
würden machen können, und so kam mir ein Stück um das
andere weg. Warum hast du es denn nicht eingesperrt oder
den Dieb auffangen lassen? bemerkte das vorlaute Miekchen.
Das Versperren ist bei uns nicht gewöhnlich, und Gesetze
haben wir auch nicht, die den Diebstahl verbieten; [    ]


[183]Besonders flößte den jungen Wilden der Spiegel, welcher
ihr Ebenbild zurückwarf, Anfangs eine so scheue Ehrfurcht
ein, daß sie sich erschrocken zurückzogen, und alles für Zau-
berei hielten. Nur mit Mühe konnte sie Freitag eines andern
überreden und sie überzeugen, daß eben der Vorzug der Weißen darin bestehe, geschickter als ihr Volk zu seyn. Daß die
Kinder aber durch Fleiß und Aufmerksamkeit sich diese
Geschicklichkeit eben so wohl erwerben, und solche wunderbare Dinge wie der Spiegel sei, hervorbringen könnten.
Anfangs wurden blos Hütten aus Laub für die neuen Bewohner errichtet. Aber es dauerte bei so fleißigen Händen nicht
lange, und es stand ein recht stattliches Dörfchen, mit Häusern aus Holz und Steinen erbauet, da.
Indessen wurden die Mädchen im Spinnen und Stricken
unterrichtet, und eine jede von ihnen erhielt den Auftrag, für
sich und einen der Knaben einen Anzug zu verfertigen, ein
Geschäft, das durch ihren Fleiß sehr bald ausgeführt war.
Erst als die jungen Leute anfingen, sich gegenseitig in ihrer
Sprache zu verstehen, konnte der Unterricht angefangen
werden.
Die geräumige, kühle Höhle wurde mit Tafeln [184] und Bän-
ken versehen, und zum Lehrsaal eingerichtet. [. . .]
Die Kinder waren nach ihrem Alter und ihren Fähigkeiten
in besondere Klassen eingetheilt, in welchen ihnen abwech-
selnd Lesen, Schreiben, Rechnen, Religion, Kräuterkunde,
[185] Erdbeschreibung, Welt- und Naturgeschichte, und die
noch übrigen nöthigen Wissenschaften gelehrt wurden,
auch Musik und Zeichnen lernten sie, nebst allen künstlichen

Handarbeiten, von welchen ihre Lehrer und Lehrerinnen gründliche Kenntnisse besaßen.

Ihre Speise, Kleidung und Wohnung war einfach und überaus reinlich. Auch fand kein Unterschied des Standes statt. Sie wurden mit gleicher Aufmerksamkeit und Liebe behandelt, und Alle an Frömmigkeit, Ordnung und regelmäßige Thätigkeit gewöhnt. Sie mußten sich selbst bedienen, oder wenn die Selbsthülfe nicht hinreichend war, sich gegenseitig hülfreiche Hand leisten. Immer wurden sie mit Freundlichkeit und Liebe angeredet, damit sie sich kein rauhes Wesen angewöhnten.

Vor allen zeichneten sich Mila und Guahano durch Zartgefühl, edles Benehmen und die größte Anhänglichkeit an ihre Lehrer, worunter sich auch Freitag befand, aus.

Die aufmerksamen Schüler erleichterten durch ihre schnelle Fassungskraft, und ein vortreffliches Gedächtniß den Unterricht gar sehr. Keine Laune, kein Eigensinn, der nicht geduldet wurde, erschwerte ihn.

Die Mädchen wurden mit gleichem Ernst zu häuslichen Geschäften und zur Arbeit ange-[186]halten, wobei es aber öfters sehr lustig herging; denn Miekchen wußte immer eine scherzhafte Unterhaltung anzugeben, besonders wenn sie das einförmige Spinnrädchen drehte. [ . . . ]

[188] V a t e r. Ich habe vergessen euch zu sagen, daß Robinson zum Nutzen der Insulaner, die er zu finden hoffte, verschiedene Risse und Plane zu Gebäuden mitgenommen hatte. Dieser bedienten sich nun seine Kinder zur Errichtung neuer Wohnungen, kleiner Mühlen und Wasserräder, durch welche sie mittelst Kanäle das Wasser in ihre Wiesen und Felder leiteten, was unter jenem heißen Himmelsstrich vom größten Nutzen war, und ihre Erndten, die sie zweimal des Jahres erhielten, nur um so ergiebiger machte, wodurch sie Ueberfluß an Lebensmitteln gewannen.

[189] Ueberdem errichtete Freitag eine Schmiede und verarbeitete das Eisen, welches er mitgebracht, zu allerlei Werkzeugen, wodurch es ihm ein Leichtes war, auch Weberstühle

zu machen, durch die sie Leinen- und Wollenzeuge verfertigen konnten, wozu sie die Haare von mancherlei Thieren,
besonders die der Lamas anwendeten. Ihre Heerde zu vergrö-
ßern, hatten sie auch große Umzäunungen von der schönen
Pflanze Agave, welche der Aloe ähnlich ist, gemacht. Ihre
stachlichten und gezähnten Blätter kommen unmittelbar aus
der Erde, und die grünlichgelben Blüthen, welche in trauben-
förmigen Büscheln beisammenstehen, geben dem Gewächs
ein überaus prächtiges Ansehen. Dabei dienten die langen
Stacheln an den Spitzen der daumendicken, saftigen Blätter
zu Pfeilen und Nägeln, so wie die getrockneten Blätter zum
Decken der Dächer. Ja sogar Kleidungsstücke und Leinwand
konnte davon gewebt werden; denn legt man die Blätter in's
Wasser, so verweset das Fleisch, behandelt man die zurück-
gebliebenen Fasern wie Flachs, so kann man Leinwand und
Zeuge daraus verfertigen, die wie Seide glänzen. Sogar Blonden klöppelte Agnese aus dem feinen Garn.
L o t t c h e n. Wie viel Nutzen doch ein einziges Gewächs in
der Welt bringen kann! Aber du sprichst immer nur vom
Arbeiten, lieber [190] Vater; gab es denn gar keine Spielstun-
den für die armen Kinder?
V a t e r. Der Tag war in Arbeits- und Erholungsstunden eingetheilt. In letztern übten sich die Knaben mit dem Bogen,
Vögel aus der Luft zu schießen, oder im Steigen, Laufen,
Springen und Kriegführen, entweder nach europäischer Art,
wobei Dietrich ihr Lehrer war, oder nach ihrer Landessitte,
wozu sie Freitag anführte. Auch wurden sie in Lasttragen und
andern körperlichen Beschwerden geübt, wodurch ihre Gesundheit gestärkt und erhalten wurde. Dabei suchte man
immer ihr Ehrgefühl zu schärfen, und die angeborne Liebe
zur Freiheit in ihnen zu erhalten. Doch durften ihre Spiele nie
in ein unanständiges und wildes Betragen ausarten.
Die Mädchen hingegen vergnügten sich durch andere, ihrem
Geschlechte mehr angemessene Spiele, die sie unter einander
angaben, und wobei der Tanz selten vergessen wurde. [. . .]
[194] Nach Verlauf des bestimmten Zeitraums wurde der erste

Jahrmarkt auf der Prüfungsinsel gehalten; weil man durchaus
für rathsamer hielt, den Eingang zur Felsenburg so lange verborgen zu halten, bis man sich ganz von den freundschaftlichen Gesinnungen der Indianer überzeugt haben würde.

Mit geschäftigen Händen wurden zu dieser Feierlichkeit
Zelte und Buden errichtet. In einigen waren Erfrischungen
aufgestellt, als: Getränke, Obst, Kuchen, gebratenes Fleisch,
Fische und Würste. In andern allerlei bunte Zeuge, Leinwand, gestrickte Arbeiten, Schuhe, Strümpfe, Beutel, Netze,
und hübsche Strei-[195]fen von Fillet. Auch Kleider, Wäsche,
Teller, Messer, Gabeln, Kämme und Scheeren. Dann Ta-
backspfeifen nebst Taback, Spinnräder, und noch mancherlei
Hausgeräth; auch junge Hühner und Tauben, die sich sehr
auf der Insel vermehrt hatten, waren zu haben.

Miekchen ordnete auch eine Glücksbude, mit allerlei Kü-
chengeschirr und niedlichen Drechslerarbeiten gefüllt; auch
Steck- und Nähnadeln, künstlich aus Fischgräten gemacht,
befanden sich darin, und noch gar mancherlei andere nützliche und angenehme Dinge.

Die Indianer, welche in Haufen herbeiströmten, standen wie
verblüfft bei diesem Anblick. Einige weinten und lachten;
zugleich aber griffen sie nach jedem Stück, und belächelten es
wie die kleinen Kinder. Sahen sie etwas Neues, das ihnen
besser gefiel, so liessen sie jenes fallen und langten nach diesem, und so würde bald Alles untereinander gemischt worden
seyn, wenn ihnen nicht Freitag ernstlich angedeutet hätte,
daß dieses nicht erlaubt sei. Erst als sie sich an diesen fremden
Anblick gewöhnt hatten, erhielten sie so viel Besinnung, ihre
Waaren dagegen zu vertauschen. Sie bestanden aus allerlei Gattungen Thier-, Feder- und anderm Wildbret, Schwei-
nen und Kaninchen, schönen Vögeln, als Schwänen, Pa-
[196]pageien, Wachteln und Spottdrosseln [...].

Ausser diesen schönen Vögeln hatten die Indianer auch
große, herrlich schattirte Schmetterlinge mitgebracht, wodurch Dietrich einen ansehnlichen Beitrag zu seinem Naturalienkabinet erhielt.

Agnese und Miekchen tauschten auch Röcke [197] und
Schürzchen gegen prächtige Federn ein, welche mit Schnüren
künstlich in einander geflochten waren, und unten spitzig
zuliefen, damit man sie in das Haar stecken konnte. Auch gab
es Reibeisen von gezahnten Fischrachen, und andere mit
Menschenzähnen besetzt.

L o t t c h e n. Ha, ha, ha! Diese sind gewiß unvertauscht wieder nach Haus gewandert?

V a t e r. Wahrscheinlich. Das erfreulichste von allen Produk-
ten war unsern Insulanern das Zuckerrohr und die Maniok-
wurzel, dann Ingwer, China, Tamarinde, Jalappe, und
andere medicinische Kräuter. Auch der Bambuszucker war
ihnen sehr willkommen. Er fließt als Saft aus den Knollen des
gegen 60 Fuß hohen Rohrs, welche mit Dornen und schilfi-
gen Blättern umgeben sind. Wenn der Saft von der Sonne
getrocknet ist, wird er von den Indianern *Tapaxir* genannt.
Aus dem holzigen Theil des Rohrs werden allerlei Geräthe
gemacht, und aus den Blättern Matten geflochten. [...]

[198] Als der Tauschhandel zu Aller Zufriedenheit geendiget
war, wurde das Fest mit Gesang und Tanz beschlossen. Die
Felsenburger traten in Reihen, und begannen ihn nach deutscher Sitte. Man hatte den Schülern gelehrt auf dem Blatt zu
blasen; dieses von der Flöte begleitet, gab eine so angenehme
Musik, daß die Indianer, ganz entzückt davon, in ein lautes
Geheul ausbrachen, und Tänze nach ihrer Art dazu auf-
führten.

Erst als es anfing dunkel zu werden, begaben sich Alle in ihre
Heimath zurück.

HEINRICH GRÄFE

*Atalanta. Mittheilungen aus dem Gebiete der Wahrheit*
*und der Dichtung*

1837

[III,233]     *Drei Schreckenstage auf Labrador.*

Es war an dem Ufer eines kleinen, etwa 16 englische Meilen
breiten See's, im Nordwesten des nördlichen Amerika's, wo
wir uns der Seekälberjagd und des Pelzhandels wegen nieder-
gelassen hatten. Das Gewässer des erwähnten See's ergoß sich
durch einen Fluß in einen andern größern See, und dichte
Waldungen bedeckten ringsum die Gegend. Eines Nachmittags nahm ich meine Flinte und machte einen kleinen Ausflug
in der Absicht, einiges Wild zu erlegen. Zwar befanden wir
uns schon im Anfange des Frühlings, allein der Winter war
sehr streng gewesen, und [234] der See lag noch ganz mit Eis
bedeckt. Bald gewahrte ich in der Luft einen Haufen wilder
Enten, denen ich folgte, in der Hoffnung, daß sie sich bald
niederlassen würden. Der Wind blies etwas stark, doch war
das Wetter ziemlich milde. Eine seichte Lage Schnee, die das
Eis bedeckte, erleichterte es mir, mein Federwild zu verfolgen, und ich war deshalb rüstigen Schrittes hinter ihm her.
Endlich kam ich zum Schusse, und 2 Enten fielen getroffen
nieder. Während ich die eine aufhob und der andern nachlief,
die nur verwundet auf dem Eise hinflatterte, kam ich einige
hundert Schritte weiter und fand zu meiner nicht geringen
Ueberraschung, daß das Eis an mehreren Stellen 2 bis 3 Zoll
hoch mit Wasser bedeckt war. Ich zögerte keinen Augenblick, mich zur Rückkehr anzuschicken, da ich wußte, daß
dies das Vorzeichen von dem nahen Eintritte des Thauwetters
sey, das in Amerika sehr schnell auf den Wechsel der Witterung erfolgt.
Die dichten Nebelmassen, die noch einige Augenblicke zuvor

den Himmel überzogen hatten, fingen an, sich herabzusenken, und bald folgte einem Gestöber schwerer Schneeflocken ein sehr starker Regen, während der Tag mehr und mehr sich neigte und ich das Ufer nicht mehr unterscheiden konnte. Ich blickte umher, um den Weg nicht zu verfehlen, auf dem ich gekommen war; allein die Dunkelheit nahm immer mehr überhand, und die Stille der öden Gegend wurde nur von dem Geschrei unterbrochen, das von Zeit zu Zeit der verwundete Vogel ausstieß. Es schien, als ob die ganze Natur in bangem Schweigen einem großen Ereigniß entgegenharre. Ich stand voll Ungewißheit, wel-[235]chen Weg ich einschlagen sollte, und wagte weder einen Schritt vor- noch rückwärts zu thun, als plötzlich ein Getöse sich hören ließ, das mehr und mehr dem Orte sich näherte, wo ich, von Schrecken erstarrt, mich befand. Einem dumpfen und verworrenen Gemurmel folgten donnerähnliche Schläge und ein Krachen, als wären Felsen geborsten; dann fühlte ich mit Entsetzen das Eis unter meinen Füßen schwanken, und einige Augenblicke darauf riß es sich krachend in weite Spalten auf, aus denen die Wasser des See's schäumend hervorsprudelten und halb die ganze Fläche rings umher überströmten.

Noch einmal versuchte ich es, den Weg und die Richtung nach dem Ufer zu finden; allein ich stieß bald auf eine jener Stellen von dünnem Eise, die man Luftlöcher nennt, und mußte einen weiten Umweg um dieselben machen. Indessen gewann ich doch wieder einige Fassung und beschloß mit größerer Kaltblütigkeit, keinen Schritt weiter zu gehen, bevor ich mich nicht sicher von der Richtung überzeugt hätte, die ich nehmen müßte, um der drohenden Gefahr zu entgehen. Allein wohin sollte ich mich wenden? Vergebens strengte ich meine Augen an, um das Land zu unterscheiden; nur das Geräusch des Windes in den Zweigen der Bäume verrieth mir, daß das Ufer nicht mehr fern seyn könne. Allein dichte Säulen von Schnee und Griesel wirbelten auf dem See daher und hüllten mich von Zeit zu Zeit in völlige Dunkelheit, so daß ich mich wie von einem bösen Geiste in der Irre umhergeführt sah und in die äußerste Verzweiflung gerieth. Vergebens feuerte ich einigemal meine Flinte ab, in der Hoffnung, von unsern Leuten am Ufer gehört zu [236] werden und ein Zeichen zu erhalten; Alles umsonst. Indeß nahm der Sturm furchtbar zu, und das Krachen des Eises donnerte rings um mich her. Der Kopf schwindelte mir vor Furcht und Ermüdung; ich warf meine Flinte weg und fing an, wie ein Wahnsinniger dem Winde und Regen entgegen zu rennen. Ueberall krachte das Eis unter meinen Füßen, und ich sah ein, daß mir der Tod gewiß sey, ich mochte bleiben oder fliehen.

Indeß brach die Nacht vollends herein, und erschöpft von der äußersten Ermüdung und dem Fieberwahnsinn, der mich schüttelte, warf ich mich in meinen Mantel gehüllt auf dem Eise nieder. In dumpfer Verzweiflung, jeder Hoffnung auf Rettung entsagend und des nahen Verderbens gewärtig, fühlte ich deutlich, wie die schwache Eisdecke, auf der ich lag, von dem Wasser immer dünner und dünner geleckt wurde. Gegen Mitternacht legte sich der Sturm, die Wolken zertheilten sich, und der Mond erschien am Horizont und warf ein mattes Licht in die pechschwarze Finsterniß, die seit Untergang der Sonne geherrscht hatte. Das donnernde Krachen des Eises aber dauerte noch immer fort, als ich das Eis unter mir in Bewegung kommen fühlte. Voll Entsetzen sprang ich auf und sah nun, daß die ganze Oberfläche des See's in wildem Aufruhr durch einander wogte. Es schwindelte mir vor den Augen, und Alles schien sich mit mir im Kreise herumzudrehen. Das Geheul des Windes, das Knirschen und Krachen der ungeheuren Eisblöcke, die auf einander stießen, war furchtbar. Zuweilen trafen zwei Schollen zusammen, klammerten sich an einander und dämmten andere, die hinter ihnen in die Höhe [237] trieben und sich nun über einander schoben, indem sie Pyramiden und Thürme von der wunderlichsten Art bildeten, die riesengroß aus dem Dunkel der Nacht emporwuchsen, immer höher wurden, aber plötzlich, wie

von einem Zauberstabe berührt, unter schrecklichem Getöse
verschwanden.

Der Eisblock, auf dem ich mich befand, war zum Glück sehr
groß und dick; andere kleine Schollen häuften sich um ihn her
an und bildeten allmälig einen Klumpen von 5 bis 6 Fuß
Höhe, auf dem ich nun stand und von allen Schauern der
Todesfurcht geängstigt in das grauenvolle Schauspiel um
mich her hinausblickte. Bald fing der Wind noch heftiger an
zu wehen und trieb das Eis nach der untern Ausmündung des
See's. Meine Angst hatte sich etwas gelegt, als meine Eisinsel
einen so furchtbaren Stoß erhielt, daß ich das Gleichgewicht
verlor und fast ins Wasser hinabgestürzt wurde. Nicht ohne
viele Anstrengung raffte ich mich wieder auf, und sah nun zu
meiner größten Freude, daß ich in der Strömung des Flusses
hintrieb, und daß das Wasser, das mich vom Ufer trennte,
noch einige 30 Klaftern weit mit Eis bedeckt war. Nach einiger Zögerung wagte ich es, hinüber zu springen, und flog
mehr, als ich lief, über die Eisfläche dahin, so sehr fürchtete
ich, sie möchte unter meinen Füßen weichen. Bald sah ich
mich am Ufer und in Sicherheit. Allein meine Leiden waren
hier noch nicht zu Ende. Der Tag brach an; doch nirgends
war eine Spur von Menschen oder Thieren wahrzunehmen.
Unabsehbare Waldungen breiteten sich vor mir aus, die ich
nicht zu betreten wagte, aus Furcht, mich darin zu verirren.
Ich verfolgte den [238] Lauf des Flusses, und erblickte eine
halbe Stunde später eine Rauchsäule, die sich über die Bäume
des Forstes emporhob. Sogleich richtete ich meine Schritte
nach ihr hin, und sah bald eine Gruppe von Indianern, die um
ein großes Feuer gelagert waren. Ich wurde mit einer Gleichgültigkeit aufgenommen, die mir wenig Muth einzuflößen im
Stande war; doch nahm ich in ihrem Kreise Platz, und versuchte mich in allen Mundarten, die ich kannte, verständlich
zu machen. Es gelang mir bald, ihnen mein Abenteuer zu
erzählen, das mich zu ihnen geführt hatte. Als ich zu reden
aufhörte, nahmen sie ihre Pfeifen aus dem Munde und sahen
mich mit Blicken des Zweifels an, die zu gut verriethen, wie

wenig sie meiner Erzählung Glauben zu schenken geneigt
waren. Ich bat sie, mir etwas zu essen zu geben, und nachdem
sie einige Augenblicke mit einander gesprochen hatten, reichten sie mir von ihrem Essen ein wenig, aber mit sichtbarem
Widerwillen und keineswegs mit der unter den Indianern
üblichen Gastfreundlichkeit.

Die Indianertruppe, die ich in der Stellung der gleichgültig-
sten Theilnahmlosigkeit um mich her gekauert sah, bestand
aus 5 Männern, 2 Weibern und 2 Kindern. Niemand von
ihnen schien Lust zu haben, sich mit mir in ein ferneres
Gespräch einzulassen, und ich überließ mich den sorgenvoll-
sten Gedanken. Nur einer von den Indianern heftete auf mich
einen so nachdenklich forschenden Blick, daß ich endlich
aufmerksam darauf wurde und daraus auf keine gute Vorbe-
deutung schloß. Die Rothhaut war indeß sehr zurückhaltend
und schien mich zu kennen, obgleich ich mich nicht entsin-
nen konnte, ihm irgendwo schon begegnet [239] zu seyn.
Nachmittags schickten sich die Indianer an, aufzubrechen,
und machten sich auch auf den Weg, ohne mich eines Wortes
zu würdigen. Ich sah sogleich ein, daß es ihnen nicht darum
zu thun war, mich mitzunehmen, und ich näherte mich deshalb dem Indianer, der beim Zuge vorausging, und sagte ihm,
daß ich ihm folgen würde, da ich nicht wisse, wo ich mich
befinde, und nicht allein in dem Walde zurückbleiben wolle.
Der Indianer blieb sogleich stehen, heftete seine Augen auf
mich und sagte etwas unwillig: »Wo ist Deine Flinte? Wo ist
Dein Messer? Wo ist Dein Tomahawk?« – »Ich habe sie auf
dem Eise verloren«, erwiederte ich. – »Hüte Dich«, entgegnete der Indianer, »den großen Geist durch Deine Lügen zu
erzürnen. Dieser Mann kennt Dich«, fuhr er fort, indem er
auf den Indianer zeigte, der mich so scharf ins Auge gefaßt
hatte. »Wir wissen, wer Du bist. Ihr seyd gekommen, mit uns
zu handeln, und wahrscheinlich sind Deine Brüder hier
herum in der Nähe versteckt. Entferne Dich; die Erfahrung
hat uns die weißen Männer fürchten gelehrt. Wir wollen von
Eurem Feuerwasser (Branntwein) weder verrathen noch

berauscht werden; entferne Dich, und Keiner von uns wird
Dir ein Leid zufügen.«

Ich befand mich in großer Verlegenheit, auf diese Anrede zu
antworten; ich wiederholte meine Erzählung, betheuerte die
Wahrheit meiner Worte, und versicherte, daß keiner von
meinen Gefährten in der Nähe sey, und daß sie, waffenlos,
wie ich sey, nicht das Mindeste von mir zu befürchten hätten.
Der Indianer hörte mich gelassen an, und schien zu glauben,
daß ich die Wahrheit gesagt habe. Der junge Mensch, [240] der
mich vorher mit so vieler Aufmerksamkeit betrachtet hatte,
trat nun hervor und sagte: »Der fremde Mann möge uns folgen; der Schatten meines Vaters würde mir Vorwürfe
machen, wenn ich ihn verließe. Folgt einmal dem Rathe Thakaverante's.« Der erste Indianer gab mir mit der Hand ein
Zeichen, daß ich folgen könne, und der ganze Zug setzte sich
in Bewegung. Zwar war nirgends eine Spur von gebahntem
Wege zu entdecken; allein unser Anführer zog mit uns, ohne
die geringste Unschlüssigkeit zu verrathen, mitten durch den
dichten Wald, wobei er nur manchmal ein wenig langsamer
ging, um einen Blick auf die Bäume zu werfen, dann aber mit
der frühern Schnelligkeit weiter schritt. Niemand sprach ein
Wort, und nur das Geräusch der abgefallenen Blätter unter
meinen Füßen unterbrach die Stille der Wildniß. Obgleich
von der Furcht befreit, Hungers sterben zu müssen, konnte
ich doch nicht ohne große Besorgniß an meine Lage denken;
denn die Hoffnung, nach unserer Ansiedlung zurückzukehren, schien mit jedem Schritte immer mehr und mehr zu verschwinden. Außerdem fühlte ich mich äußerst erschöpft, und
die Hindernisse, die wir auf einem solchen Wege zu überwinden hatten, vermehrten noch meine Ermüdung; allein dessen-
ungeachtet durfte ich's nicht wagen, einen Augenblick anzuhalten, aus Furcht, die Indianer aus dem Gesicht zu verlieren.

Erst nach Sonnenuntergang wurde Halt gemacht. Die Männer errichteten eine Hütte, während die Weiber ein Feuer
anzündeten. Man hatte mit Einbruch der Dämmerung einen

Rehbock erlegt, und einer der Indianer ging nun daran, das Thier auszubrechen [241] und eine Keule davon für das Abendessen zuzubereiten. Sobald das Fleisch gebraten war, setzten Alle sich um das Feuer. Jeder erhielt seinen Antheil, und ich selbst hatte mich über den meinigen nicht zu beklagen. Allein meine Gefährten blieben so stumm wie zuvor, und nachdem das Essen zu Ende war, füllten die Indianer ihre Pfeifen und fingen an, mit der größten Gleichgültigkeit zu rauchen, während sie es den Weibern überließen, die Thierfelle auf dem Boden auszubreiten, die zum Nachtlager bestimmt waren. Ich selbst setzte mich in einiger Entfernung unter einen Baum, indem ich aufmerksam die Indianer beobachtete, die sich auf ihren Thierfellen ausstreckten, um zu schlafen, und die Nacht war schon ziemlich weit vorgerückt, als auch ich in einen tiefen Schlaf versank.

Ungefähr gegen 1 Uhr des Morgens wurde ich durch eine Hand geweckt, welche sanft die meinige schüttelte, und als ich die Augen aufschlug, sah ich den Indianer vor mir stehen, der anfangs mir nicht hatte erlauben wollen, ihm zu folgen. Dieser Indianer, der sich *Utalissi* nannte, legte seine Finger an die Lippen, um mir ein Zeichen zu geben, stille zu bleiben, dann winkte er mir aufzustehen und ihm zu folgen. Ich gehorchte, und er führte mich hinter einen großen Baum in einiger Entfernung, wo die Indianer schliefen. »Fremdling, höre mich«, sagte er hier mit leiser Stimme, »ich habe versprochen, daß Dir kein Leid widerfahren sollte, und werde mein Wort halten. Thakaverante, der verlangte, daß Du uns folgen solltest, erzählte uns, sein Vater sey vor einem Jahre von zwei weißen Männern getödtet wor-[242]den, die unter Deinem Befehle stehen, und nun ist ihm in dieser Nacht zweimal der Geist seines Vaters erschienen, und hat ihm befohlen, Dich zu tödten. Zwar legte er sich wieder zum Schlafen nieder; allein wenn ihm sein Vater zum dritten Male erscheint, so wird er Dich sicher tödten. Ich rathe Dir daher, uns augenblicklich zu verlassen, wenn Du der Gefahr entgehen willst, die Dir droht.«

»Was soll ich thun?« rief ich. »Der Tod erwartet mich, ich mag nun bleiben oder fliehen; es ist mir unmöglich, den Weg nach unserer Ansiedelung zu finden.«

»Wohlan«, sagte *Utalissi*, »ich werde Dich zu retten suchen. Der Sturm hat nicht weit von hier eine alte Eiche umgestürzt, deren Wurzeln weit über das Gebüsch umher emporstehen. Du kannst sie von hier aus sehen. Halte Dich links an diesen Bäumen hin und Du wirst die alte Eiche finden. Dort erwarte mich.«

Sogleich drang ich durch das Dickicht fort und fand die bezeichnete Eiche früher, als ich gedacht hatte. [ . . . ]

[244] »Utalissi! Utalissi!« rief ich, und einen Augenblick darauf stand der Indianer vor mir. [ . . . ]

»Du hast jetzt nichts mehr zu fürchten«, sagte er, »Thakaverante ist todt, ich habe ihn erschlagen.« Ich bemerkte in diesem Augenblicke zwar einige Blutflecken auf *Utalissi's* Kleidern, allein er schien so ruhig und unbefangen, daß ich an der Wahrheit seiner Worte zweifeln wollte. »Ich täusche Dich nicht«, nahm der Indianer wieder das Wort; »vernimm, warum ich Thakaverante tödten mußte: er erwachte ein wenig nach Mitternacht, und da er Dich nicht mehr fand, so argwohnte er, daß ich Dich vor der drohenden Gefahr gewarnt. Er machte mir Vorwürfe, daß ich Dich seiner Rache entzogen habe, und ich leugnete es nicht. In seinem Zorn schlug er mich ins Gesicht. Du weißt, daß kein Indianer diese Beleidigung erträgt; ich versetzte ihm mit meinem Tomahawk einen Schlag auf den Kopf und tödtete ihn dann vollends mit dem Messer. Unsere Freunde schliefen noch in der Hütte; ich bedeckte die Leiche mit dürren Baumblättern, um sie ihnen zu verbergen und entfernte mich dann in den Wald. Einige Zeit nach Aufgang der Sonne schickten sie sich zum Aufbruch an, und riefen Thakaverante und mich. Da sie keine Antwort erhielten, vermutheten sie wahrscheinlich, daß wir vorausgegangen seyen, und machten sich gleichfalls auf den Weg. Ohne den Nebel [245] und den Sturm würde ich Dich eher gefunden haben. Ich will Dir Thakaverante's Leiche zeigen, folge mir!«

*Utalissi* gab mir hierauf ein Stück gebratenes Fleisch, und nachdem er selbst etwas zu sich genommen hatte, führte er mich zu einem Haufen von Zweigen und Blättern, die er hinwegräumte und unter denen *Thakaverante's* Leiche verborgen war. Ich bebte vor Entsetzen zurück; allein der Indianer faßte mich beim Arme und sagte mir, ich solle ihm die Leiche zum Feuer tragen helfen. »Was willst Du thun?« fragte ich ihn. »Weißt Du nicht, daß Alles, was ein Indianer besitzt, nach seinem Tode mit ihm begraben werden muß? Jeder Raub, den man an ihm begine, würde den Zorn des großen Geistes erregen.« – Nachdem wir nun die Leiche ans Feuer gebracht hatten, ordnete *Utalissi* sorgfältig die Kleider des Todten, steckte ihm den Tomahawk in den Gürtel und entfernte sich dann, um in dem Walde eine Rinde von einem gewissen Baume zu holen, womit er das Grab verzieren wollte. Ich blieb allein zurück. Die Nacht war düster und traurig hereingebrochen. Das Feuer warf nur einen matten röthlichen Schein umher. Ein tiefer Schauer ergriff mich; ich wagte kaum einen Blick um mich her und konnte das Auge nicht von der Leiche wenden, die auf dem Rücken vor mir lag; die langen schwarzen Haare verworren über die Schultern herabhängend, Gesicht und Kleider mit Blut befleckt; die Hände und Glieder krampfhaft zusammengezogen verriethen den harten Todeskampf, der diesem Leben ein Ende gemacht. So oft das Feuer mit seiner flackernden Helle die entstellten Züge des Todten überlief, war es mir, als be-[246]wege und rühre er sich, und sicher wäre ich aufgesprungen und entflohen, wenn mich nicht das eigene Entsetzen wie versteinert festgehalten hätte. Die Streitaxt *Utalissi's*, die im Walde an den Bäumen wiederhallte, brachte mich wieder etwas zur Besinnung und verscheuchte die erregten Bilder meiner Einbildung. Endlich kehrte er zurück und wir gruben dann unter einer großen Eiche ein Grab, in das wir *Thakaverante* versenkten. Dann setzten wir uns ans Feuer, um den

Aufgang des Mondes zu erwarten. *Utalissi* willigte ein, daß er mich bis zu meiner Ansiedlung begleite, wozu er sich um so bereitwilliger finden ließ, weil er wenigstens ein halbes Jahr seinen Aufenthalt wo anders nehmen mußte, um nicht *Thakaverante's* Freunden Verdacht zu geben, daß er sein Mörder sey, und ihrer Blutrache anheim zu fallen.

Nach Mitternacht brachen wir auf, setzten unsern Weg bis zum Morgen fort und kamen am Ufer des Flusses an, wo ich die Indianer getroffen hatte. *Utalissi* hatte hier bald eine Art Kanot zu Stande gebracht, und am folgenden Tage fuhren wir den Fluß aufwärts bis an den See, wo unsere Ansiedlung lag.

THEODOR GABRIEL MARIA DIELITZ

*Land und Seebilder*

1841, 8. Aufl. [1882]

[146]        *Die Indianerin unter Europäern.*

Eine neunjährige Indianerin, aus dem Stamm der Noragen, hatte sich in einem großen Walde verirrt und wurde endlich von einigen Jägern aus Cayenne gefunden. Das Kind hieß Kurami, was in der Sprache jenes Stammes »schön« bedeutet. In der That war es ein wohlgebildetes, freundliches und sanftes Mädchen, und so erklärte denn die Witwe eines reichen Pflanzers, daß sie das arme Wesen aufnehmen und erziehen wolle. Bald fand man, daß die geistigen Fähigkeiten der kleinen Indianerin ihrem schönen Äußern entsprachen, und da nichts gespart wurde, um ihre Erziehung zu vollenden, so machte sie in allen Gegenständen des Unterrichts die glänzendsten Fortschritte. In kurzer Zeit hatte sie fertig französisch sprechen gelernt und wurde nun von den besten Lehrern, die für Geld zu bekommen waren, in verschiednen Wissenschaften und Kunstfertigkeiten unterrichtet.

Zum Unglück hatte man den Fehler begangen, in ihrer Gegenwart oft von den Wildnissen ihrer Heimat und dem elenden Zustand ihrer Landsleute zu sprechen. Man hatte damit bezweckt, daß sie die Vorzüge ihrer jetzigen Lage recht deutlich empfinden sollte, aber man hatte gerade das Gegenteil bewirkt. Kurami blieb traurig, trotz aller Liebe, die man ihr bewies und schmachtete wie eine Blume, [147] die ihrem natürlichen Boden entrissen ist. Sie hatte gehört, daß ihr Geburtsland östlich von Cayenne liege, und sinnend wandte sie ihre Augen stets nach Sonnenaufgang hin. Bei allem Überfluß, der sie umgab, vermißte sie Bruder und Schwester, und mitten im Reichtum fehlte ihr alles, da ihre Mutter nicht da war.

Je weiter Kurami in ihrer Ausbildung vorschritt, je mehr ihr Bewußtsein sich entwickelte, desto größer wurde in ihr die Liebe zur Heimat, desto schmerzlicher die Sehnsucht nach Eltern und Geschwistern. Begierig las sie jede Nachricht, die über den wandernden Stamm der Noragen nach Cayenne kam, und immer lebhafter wurde ihr Wunsch, auf immer zu den Ihrigen zurückzukehren. Ihre Pflegemutter hatte längst bemerkt, daß Kurami unglücklich sei, aber sie konnte den Grund nicht auffinden. Wie konnte sie auch ahnen, daß das zarte, gebildete Mädchen sich in das Land der Wilden zurücksehne! Kurami selbst wagte es nicht, die Ursache ihres Kummers zu nennen, denn sie fürchtete für undankbar gehalten zu werden und ihre Wohlthäterin zu betrüben.

Schon längst hatte der Gouverneur von Cayenne, ein aufgeklärter, menschenfreundlicher Mann, den Plan gefaßt, die Wilden des Landes zu civilisieren. Zu dem Zweck suchte er einige derselben nach Cayenne zu locken, damit sie die Vorteile fester Wohnsitze und des Lebens in Städten und Dörfern kennen lernten. Namentlich wünschte er aus den Noragen Ackerbauer zu machen, da dieser Stamm sich unter allen Wilden des Landes durch Menschlichkeit und Treue auszeich-

nete und überdies in einer sehr fruchtbaren Gegend hauste.
Doch alle seine Versuche, sie zu einem Besuch in Cayenne zu
bewegen, blieben vergeblich, da die Noragen, wie alle Wilden, nur höchst ungern mit Europäern in Verkehr traten.
Endlich aber zwang sie die Not dazu. Es fehlte ihnen seit
längerer Zeit an Äxten, Säbeln, Flinten und andern Werkzeugen, die sie sich nicht selbst bereiten konnten. Sie nahmen
also den Vorschlag des Gouverneurs an, und der Häuptling
des Stammes schickte seinen Sohn, Namens Almiki, mit mehreren Männern und Frauen nach Cayenne.
Als sich hier die Nachricht verbreitete, daß die Noragen
kommen würden, war Kuramis Freude grenzenlos. Sie hoffte
nun Gelegen-[148]heit zu finden, zu den Ihrigen zurückzukehren, und ihre Liebe zur Heimat erwachte mit erneuter
Gewalt. Sie zweifelte nicht, von ihren Landsleuten erkannt
zu werden; denn wenn sie auch von Reichtum umgeben war
und die feinsten Kleider trug, so hatte sie doch manches von
der indianischen Tracht beibehalten; die langen Locken, die
Schnur roter Früchte um den Hals, die Korallen an den
Ohren und die Armbänder aus Seemuscheln.
Endlich kam der ersehnte Tag. Die Indianer wurden mit
Jauchzen empfangen, und die ganze Bevölkerung der Kolo-
nie lief ihnen entgegen. Die Männer waren von trefflichem
Wuchs und edlem Anstand, unter allen aber ragte Almiki
hervor. Er war bewaffnet und hatte ein gebieterisches
Äußere; doch war seine Miene melancholisch und ernst. Die
Weiber trugen Röcke von blauer Wolle und Halbstiefel von
Binsen und waren mit bunten Federn geschmückt. Zum
Gouverneur geführt, verlangten die Männer mit Ungestüm
Äxte, Flinten und andres, was sie notwendig brauchten, und
dann fingen sie gleich an von ihrer Heimkehr zu sprechen.
Der Gouverneur empfing sie mit herzlichster Freundlichkeit,
denn es war sein sehnlichster Wunsch, ihnen Geschmack an
einem geregelten Leben beizubringen. Um sie zurückzuhal-
ten, suchte er besonders ihre Schaulust zu reizen; aber nichts
konnte sie fesseln. Malereien und andre Kunstwerke ließen

sie völlig gleichgültig, und selbst die Spiegel erregten ihre Bewunderung nicht. Nur die Blase-Instrumente des Musikcorps, denen ihre eignen Bambusflöten allerdings sehr weit nachstanden, reizten ihre Aufmerksamkeit.

Kurami war vor Entzücken außer sich geraten, als sie ihre Landsleute erblickt hatte; nicht weniger erfreut waren die Noragen, ein Mädchen ihres Stammes in so prächtiger Umgebung zu finden. Alle wünschten sehnlichst, sie wieder in ihr Vaterland zurückzubringen, denn sie hatten die innigste Zuneigung zu ihr gefaßt, und auch Kurami erklärte ihnen, mit Thränen in den Augen, wie sehr sie sich nach ihrem Geburtsort und zu ihren Eltern und Geschwistern zurücksehne. Als endlich die Noragen ihren traurigen und eintönigen Gesang anstimmten, war sie fest entschlossen, die Stadt zu verlassen und zu ihrem Stamm zurückzukehren.

[149] Inzwischen war die Nacht angebrochen. Der Gouverneur hatte in einer großen Halle eine Ruhestätte für die Indianer bereiten lassen, und währenddessen rüstete sich Kurami heimlich zur Flucht. Nur eins betrübte sie: der Kummer, den ihre Abreise ihrer Pflegemutter machen würde. Endlich brach der Morgen an, und Kurami mußte allen ihren Mut zusammennehmen, um das Haus ihrer Wohlthäterin zu verlassen. Sie schrieb einen Brief an dieselbe, voll von Gefühlen tiefen Kummers und glühender Dankbarkeit: dann legte sie alle Geschenke, die sie bekommen und alle Kostbarkeiten, mit denen man sie geschmückt hatte, auf den Tisch. Noch war die Stadt in Schlummer versunken, als sie rasch ans Ufer lief, wo die Noragen schon auf sie warteten. Sie sprang in das Kanoe, man sang das Abschiedslied und ruderte im Takt den Strom hinauf. Die Männer hatten sich schon am Abend vorher, mit Geschenken überhäuft, vom Gouverneur verabschiedet. Der Wind war günstig; die Reise wurde rasch vollendet, und so erreichten alle wohlbehalten ihr Ziel.

Man kann sich den Kummer denken, den Kuramis Flucht ihrer edeln Pflegemutter bereitete. Zuerst wollte sie es gar nicht glauben, bis der Brief des Mädchens ihr jeden Zweifel benahm. Die Frau war untröstlich, denn sie liebte Kurami wie ihr leibliches Kind; doch an ein Mittel, sie von den Indianern zurückzuerlangen, dachte sie nicht, denn sie war der Meinung, Kurami habe nur eine Pflicht erfüllt, indem sie zu ihrer wahren Mutter zurückkehrte.

Fünf Jahre vergingen ohne Nachricht von der Flüchtigen, und Kurami war in Cayenne fast vergessen. Da kam zufällig ein Arzt in das Gebiet der Noragen, woselbst er eine Pflanzung angelegt hatte. Wie erstaunte er, als er in der ersten Person, die ihm hier entgegenkam, Kurami erkannte. Er trat in ihre Hütte, wo er sie von ihrer ganzen Familie umgeben fand. Ihr Gatte war Almiki, der Häuptling des ganzen Stammes, derselbe, der damals den Gouverneur von Cayenne besucht hatte. Die schönste der Noragen-Frauen war so mit dem tapfersten der Männer verbunden. Auch ihre alte Mutter hatte sie wiedergefunden, und diese lebte bei ihr. Ein paar irdene Gefäße, etwas Jagd- und Fischgerät und das rauhe Nachtlager bildeten den ganzen Hausrat.

[150] Der Arzt fragte sie, was aus allen den Talenten geworden sei, die sie in Cayenne so sorgfältig ausgebildet, und besonders erkundigte er sich nach einer sehr schätzbaren Bibliothek, die ihre Pflegemutter ihr geschenkt hatte. »Das sind meine Bücher«, erwiderte sie, indem sie auf ihre Kinder zeigte. »Von allem, was Ihr mich gelehrt habt, bewahre ich meine Erkenntnis Gottes, die mich in allen Unfällen aufrecht erhält; alles übrige hat meinen Pflichten als Gattin und Mutter Platz gemacht.« Der Arzt erinnerte sie sodann an alle Vorteile eines civilisierten Lebens und an die Vorzüge der geistigen Bildung. »Sprecht mir nicht von Eurer Wissenschaft«, antwortete Kurami; »sie erzeugt nichts als Zweifel und Unruhe. Was macht den Noragen glücklich? Sein Bogen und seine Freiheit. Meine Kinder kennen und lieben Gott, aber sie sollen nicht suchen, in die Geheimnisse der Vorsehung einzudringen. So genießen sie das Glück dieses Lebens, ohne zu grübeln und zu forschen. Klugheit, wie sie vernünftigen

Wesen nötig ist, haben wir, so gut wie ihr. Aber wir haben
auch das, was ihr so begierig sucht, die Freiheit; denn im
Schatten unsrer Wälder, im Schoße der spendenden Natur, da
ist weder Tyrannei noch Sklaverei.«

[221]                    *Eine Menschenjagd.*

Zwei von jenen kecken Abenteurern, welche in den uner-
meßlichen Ebenen des Missouri weit über die entlegensten
Wohnplätze hinaus vordringen, um Pelzwerk und Felle zu
erjagen – sie hießen Colter und Potts – hatten mehrere Tage
an einem Arme des Missouri verweilt, welcher die Gabel
genannt wird. Eines Morgens fuhren sie in ihrem Kahn ein
Flüßchen hinauf, das in jene Gabel sich ergießt, und an dessen
Mündung sie am Abend vorher ihre Fangnetze ausgespannt
hatten. Der Fluß war in sehr hohe Felsenufer eingeengt, so
daß man zu beiden Seiten keine Durchsicht hatte.
Beide Jäger ruderten ungestört vorwärts, als Colter plötzlich
ein starkes Geräusch zu hören glaubte. Sogleich rief er: »Das
sind Indianer!« und bat seinen Kameraden, aus allen Kräften
zurückzurudern und zu entfliehen. Potts sprach scherzend:
»Du läßt Dir wohl von einer Büffelherde Furcht einja-
gen?« Aber schon nach wenigen Augenblicken erhob sich
ein unmenschliches Gebrüll, und mehrere hundert Wilde
erschienen am Ufer. Sie winkten den Jägern, ans Land zu
kommen, und diese mußten gehorchen. Ehe sie noch aus dem
Kahn gestiegen waren, bemeisterte sich ein Wilder der Jagd-
flinte Colters und trug sie davon. Potts sprang ans Land,
entriß [222] dem Indianer die Flinte, gab sie seinem Kameraden zurück, stieg dann selbst wieder in das Fahrzeug und
stieß vom Ufer ab. In demselben Augenblick hörte man eine
Bogensehne schwirren und dann einen Pfeil zischen. Potts
schrie, er sei verwundet. Colter beschwor ihn, ans Land zu
steigen und sich zu ergeben, indem sonst keine Aussicht auf
Rettung sei; aber Potts wußte, daß er kein Erbarmen zu hof-

fen hatte und wollte daher sein Leben teuer verkaufen. Er
schoß seine Flinte ab und streckte einen der Wilden tot nieder. Bald darauf stürzte er selbst von Pfeilen durchbohrt.
Die Rache der Wilden kehrte sich jetzt gegen Colter, den sie
fürs erste auskleideten. Da er einige Kenntnis von ihrer Sprache hatte, so verstand er, daß sie untereinander zu Rate gingen, wie sie ihn auf recht ergötzliche Weise umbringen sollten. Einige schlugen vor, den Gefangnen als Ziel hinzustel-
len, um ihre Geschicklichkeit in der Kunst des Bogenschie-
ßens zu erproben. Der Häuptling stimmte für ein edleres
Spiel. Er faßte Colter bei der Schulter und fragte ihn, ob er ein
guter Läufer sei? Der Unglückliche kannte die Sitten der
Indianer zu gut, als daß er nicht den Grund dieser Frage
erraten hätte; man beabsichtigte, ihn zum Gegenstand einer
förmlichen Hetzjagd zu machen. Obgleich ein berühmter
Schnelläufer unter seinen Kameraden, antwortete Colter dem
Häuptling dennoch, er sei gar leicht zu überholen. Die List
gelang, und man hielt es für schicklich, ihm einen bedeutenden Vorsprung zu geben. Der Häuptling führte ihn ungefähr
vierhundert Schritte weit von dem Haufen der Wilden, ließ
ihn dann los und sagte ihm, er möge sich retten, so gut er
könne. Der arme Teufel verzog keinen Augenblick und
rannte mit all dem Eifer, welchen die Hoffnung, sein Leben
zu retten, ihm einflößen konnte. Ein fürchterliches Geheul
gab ihm zu erkennen, daß die ganze Meute hinterdrein
stürmte.
Colter flog mehr, als er lief. Er mußte selbst über seine Kraft
und Leichtigkeit staunen; allein es galt, beinahe zwei englische Meilen zurückzulegen, bevor er die Gabel des Missouri
erreichen konnte. Dies lag außer der Möglichkeit menschlicher Kräfte. Obendrein war die Wiese mit einer Unzahl
stachlichter Pflanzen bedeckt, die seine nackten Füße zerfetz-
ten, und jeden Augenblick mußte er befürchten, daß ein Pfeil
[223] ihn durchbohren würde. Er drehte nicht einmal den
Kopf um, damit der Zwischenraum, welcher ihn von seinen
Verfolgern trennte, und von dessen Behauptung sein Leben

abhing, um nichts verkürzt würde. Schon hatte er beinahe die
Hälfte der Ebene durchlaufen, als das immer schwächer wer-
dende Geheul der Wilden ihm endlich den Mut gab, sich
einmal umzusehen. Die Masse der Wilden befand sich in
bedeutender Entfernung; aber einige der besten Läufer waren
den übrigen voran geeilt und ein Wilder, der einen Wurfspieß
als Waffe führte, hatte sich Colter bis auf hundert Schritte
genähert.

Von neuer Hoffnung belebt, verdoppelte der Gehetzte seine
Anstrengungen, die so gewaltig waren, daß ihm aus Mund
und Nase Blut floß. Schon hatte er nur noch eine englische
Meile bis zum Flusse, als die Tritte des nächsten Verfolgers
ihm lauter ins Ohr tönten. Ein verstohlener Rückblick zeigte
ihm denselben nur etwa zwanzig Schritte entfernt und eben
im Begriff, seinen Wurfspieß zu schleudern. Colter hemmte
seinen Lauf, schwenkte sich um und streckte die Arme aus.
Der Wilde, erstaunt über diese plötzliche Bewegung, wollte gleichfalls Halt machen, um seinen Wurfspieß nach ihm
zu werfen; aber seine Beine verwickelten sich im Gestrüpp,
und er fiel zu Boden. Bei seinem Fall drang die Spitze des
Wurfspießes in die Erde, und der Schaft zerbrach. Ehe der
Wilde sich noch aufraffen konnte, stürzte Colter mit Blitzes-
schnelle über ihn her, entriß ihm das Stück von dem Wurfspieß, durchbohrte ihn und rannte dann mit erneutem Mut
weiter.

Als die Indianer bei ihrem toten Kameraden ankamen, verweilten sie ein paar Augenblicke, um die gewohnte Toten-
klage zu heulen. Colter machte sich diese Zeit zu nutze und
gelangte an den Saum eines Waldes von Baumwollenstauden,
der am Flusse sich hinzog. Er drang hindurch und stürzte sich
ins Wasser. So erreichte er schwimmend ein kleines Eiland,
an dessen oberem Ende das Treibholz des Stromes sich in
Menge gesammelt hatte. Colter schwamm unter diesen Haufen von Baumstämmen und tauchte nicht eher wieder in die
Höhe, als bis er eine offne Stelle entdeckte, über welche die
verschlungnen Zweige eine Art von Bedachung bildeten, so
daß er hier versteckt bleiben konnte.

Kämpfe mit Indianern.

[224] Aber bald hörte er das wütende Geschrei der Indianer am Ufer. Er sah durch das Laubwerk, das ihn bedeckte, wie sie ins Wasser plumpsten und auf die Holzmassen losschwammen. Hier suchten sie ihn lange Zeit, und der eine kam sogar in seinen Schlupfwinkel. Als aber Colter den Wilden herannahen sah, tauchte er langsam unter und kam nicht eher wieder in die Höhe, als bis der lästige Gast sich entfernt hatte. Endlich räumten die Indianer diese Gegend und schlugen eine andre Richtung ein. Colter besorgte anfangs, sie würden wiederkehren und, in der Hoffnung, ihn doch noch hier zu finden, an das Treibholz Feuer legen. Glücklicherweise kamen sie nicht auf diesen Gedanken.

Als endlich die Nacht hereingebrochen war, faßte Colter den Mut, eine bedeutende Strecke den Strom hinabzuschwimmen. Dann stieg er ans Ufer und marschierte in schnellen Schritten weiter, bis der östliche Himmel sich rötete. Bei Tagesanbruch kam er ganz erschöpft und ausgehungert zu einer Jägerstation, wo man ihm allen nötigen Beistand leistete.

CHRISTOPH HILDEBRANDT

*Robinson's letzte Tage*

1846

[13]                    *Erste Unterhaltung.*

Gleich nach dem einfachen ländlichen Abendessen eilten die Kinder in das Zimmer, um ihre Plätze einzunehmen. Sie saßen schon da, als die Eltern mit den beiden Gästen ankamen. [...]

[14] V a t e r. [...] Jetzt ist erst die Rede von Robinson und

Freitag. Ihr wißt doch noch, auf welche Art beide die Insel verließen?

Karl. Ja, auf eben dem Schiffe, das sie den Rebellen nahmen und dem rechtmäßigen Herrn wieder zustellten. Aber wo wohnte Robinson jetzt, da er seine Insel verlassen hatte?

Vater. In seinem Vaterlande, in England. Beide, er und Freitag, waren und blieben die vertrautesten Freunde.

Hannchen. Das glaube ich gern. Möchten auch wohl Freunde so geprüft sein, als diese.

Malchen. Ob Freitag wohl einen bunten Bedientenrock trug?

Vater. Schwerlich. Beide waren einander zu werth, als daß nicht die innigste Freundschaft jedes andere Verhältniß hätte aufheben sollen. Beide waren auch zu gute und fromme Menschen, als daß je eine Aenderung ihrer Denkungsart und ihres Betragens möglich gewesen wäre. Das schönste Freundschaftsverhältniß blieb da noch und wurde immer inniger, als Robinson sich verheirathete.

Hannchen. Wer? Robinson?

Vater. Ja, Robinson. Eine nicht weit wohnende, sehr reiche Wittwe wurde durch Robinson's Entschlossenheit bei einer starken Feuersbrunst gerettet. Die Dankbarkeit der Geretteten ging in innige Freundschaft und diese bald in eine eheliche Verbindung über. Robin-[15]son's Frau war äußerst reich, besaß ein reizendes Landgut und war eine Frau vom besten Herzen, von durchdringendem Verstande. [ . . . ]

Mutter. Da war ja unser alter Freund ganz glücklich.

Hannchen. Gewiß war er dies.

Vater. Nun, von dem übergroßen Glücke wollen wir noch nicht viel rühmen.

Lehrer. Giebt leider Beispiele genug, die man zum Beweise anführen kann. Robinson wird doch sein Glück nicht gemißbraucht haben? [ . . . ]

Vater. [ . . . ] Robinson verfiel in einen Fehler, in den der Glückliche sehr oft geräth, ein Fehler, vor dem man nicht genug warnen kann. Er war nicht stark genug in seinem

Glück, die Zufriedenheit zu suchen und zu finden, die ein
vom Glück Begünstigter so leicht finden kann.

K a r l. Das verstehe ich nicht ganz, Vater; gehört denn dazu
so viel Kraft und Stärke, um glücklich zu sein? [16] Ich sollte
meinen, Kraft und Stärke sei nur im Unglück nöthig, wenn
der Mensch den Muth nicht ganz verlieren und ganz elend
werden will.

M u t t e r. Nicht immer. Im Unglück wird der Mensch oft
stark. Es lehrt ihn auf neue Hülfsmittel denken; er findet bei
reiferer Ueberlegung Manches, dessen Anwendung seine
Kräfte weckt und übt, und oft kann der ruhig sein, der von
Allen als der Unglücklichste bedauert wird. [...]

V a t e r. [...] In den ersten Jahren seines jetzigen Verhältnis-
ses machte die Neuheit seines Standes ihm viel Freude. Er war
ein geschäftiger Landwirth, machte neue Pläne, bauete und
besserte seine Felder und Wiesen, legte Gärten an, führte
neue Anlagen aus; kurz, er war Muster eines thätigen Haus-
[17]wirthes, wie dies auch der fromme Freitag war. Aber
schon nach Ablauf des vierten Jahres bemeisterte sich seiner
eine unausstehliche finstere Laune. Jede noch so unbedeu-
tende Kleinigkeit störte seine sonstige ruhige Zufriedenheit;
jeder kleine Verlust in der Wirthschaft machte ihn verdrießlich, und oft mußten die, welche ihm am nächsten standen,
seine Frau und sein Freund Freitag, unter seiner finstern
Stimmung viel leiden. Besonders war seine fromme und redliche Gattin zu bedauern.

H a n n c h e n. Was spukte ihm denn im Kopfe?

V a t e r. Ihm war zu wohl. Sein Glück, um das ihn Tausende
beneideten, war ihm mit der Zeit gleichgültiger geworden;
gegen die großen Vortheile, die ihm von der Vorsehung Gottes gewährt wurden, war er kalt, und sein ganzes schönes
Verhältniß wurde ihm zuwider. [...]

H a n n c h e n. Aber was sagte denn die Frau dazu?

V a t e r. Anfänglich kannte sie den Grund seines Unmuths
nicht. Sie wollte nicht fragen, weil sie hoffte, der Trübsinn

werde sich von selbst verlieren. Da dies aber nicht der Fall war, fragte sie ihn um die Ursache.

H a n n c h e n. Nun? Und diese war?

V a t e r. Robinson gestand offenherzig: er könne das Leben auf dem Lande nicht gewohnt werden. Er [18] müsse wieder nach seiner Insel zurück, dort wolle er seine letzten Tage verleben.

M u t t e r. Das mag mir Herr Robinson nicht übel nehmen; er war ein Narr! Ein reizendes Landgut gegen eine unangebaute Insel hinzugeben –

V a t e r. Will freilich viel sagen.

M u t t e r. Tadel, bittern Tadel, verdient er gewiß. Es war unklug von ihm, so mit Undank eine gewisse glückliche Lage aufzugeben, um einer ungewissen und noch dazu gefahrvollen entgegen zu gehen. Er hätte sich nur alle die erduldeten Beschwerlichkeiten, die Angst vor den Wilden, den Mangel und die Entbehrung so vieler Bedürfnisse recht erinnern sollen; die Reiselust nach der Insel wäre von selbst vergangen. [. . .]

V a t e r. [. . .] Einige Tage vergingen; ernst und stumm war die ganze Hausgesellschaft, als Robinson mit Freitag von einem Hügel, der eine schöne weite Aussicht auf das Meer darbot, zurückkam. Der Anblick des unbegrenzten [19] Meeres; die Schiffe, die vorbei segelten, die untergehende Sonne, die den ganzen abendlichen Horizont zu vergolden schien, reizten die Begierde Robinson's so stark und mächtig, daß er Freitag um den Hals fiel und mit Heftigkeit rief: »Freund! Bruder! ich will, ich muß fort über's Meer. In einigen Tagen reise ich, und sollte ich in Nacht und Nebel heimlich weggehen!« Freitag erschrak und suchte vergebens den Mann zu beruhigen, an dessen Ruhe ihm so viel gelegen war. Freitag war in Verlegenheit; er wußte nicht, ob er der Gattin des Freundes dessen Plan entdecken sollte oder nicht. Eben so wenig war er mit sich über die Art und Weise einig, wie er dies am schonendsten thun könne.

H a n n c h e n. Das war auch eine kitzlige Commission!

V a t e r. Da trat Beiden Robinson's Gemahlin mit einem
ungemein freudeverkündenden Gesicht entgegen. Sie ließ
Beiden nicht die Zeit, sich erst nach der Ursach dieser frohen
Stimmung zu erkundigen, sondern sagte, indem sie ihrem
Manne freundlich die Hand reichte. »Höre, lieber Robinson,
meinen Entschluß. Mir gefällt es hier gar nicht mehr. Wir sind
Beide in den Jahren, in denen die Freuden unserer jüngern
Nachbaren uns nicht mehr reizen. Ich begleite Dich auf
Deine Insel; Freitag geht mit uns. Hast Du die Zeit der
Abreise etwa schon bestimmt, so sage sie mir. Wo nicht, so
wollen wir künftiges Frühjahr dazu wählen. Dabei bleibt's!
Die Hand darauf!«
Robinson konnte seinen Ohren kaum trauen, da er diese
Worte hörte. Er glaubte, die Gattin scherze mit [20] ihm oder
wolle seinen Plan von der lächerlichen Seite zeigen.
H a n n c h e n. Ich glaube das Letztere.
L e h r e r. Ich auch; es wäre doch in der That ein eigener
Scherz gewesen.
K a r l. Reisete sie denn wirklich mit?
V a t e r. Alle Anstalten wurden verabredet. Das schöne
Besitzthum sollte verkauft werden, das kommende Frühjahr
war zur Abreise festgesetzt. Pläne wurden entworfen; Robin-
son nahm sich vor, seine Insel ganz zu cultiviren, die Anzahl
der Bewohner durch freiwillige Arbeiter und Handwerker zu
vermehren, fehlende Materialien und Geräthe mitzunehmen
und wie ein Vater für das wahre Wohl der Colonie zu sorgen.
[...]
[21] A m a l i e. Wurde denn die Reise von Robinson's
Gemahlin wirklich mitgemacht?
V a t e r. Der gute Wille war da; aber die Ausführung wurde
durch eine andere unaufschiebbare Reise verhindert.
F r i t z. Nun? Und wohin ging diese Reise?
V a t e r. In die Ewigkeit. Robinson's gute Gattin erkrankte
und wurde Opfer des unerbittlichen Todes. [...]
F r i t z. Nun war Robinson frei – nicht so, Vater? nun wird
die Reise vor sich gehen. Ich freue mich darauf. [...]

[113]                          *Vierte Unterhaltung*

[115] V a t e r. [...] Doch nun zu der Geschichte unseres guten
Robinson's selbst. Wie Ihr gehört habt, war er mit seinen
beiden Schiffen und seinen neuen Colonisten glücklich dort
angekommen. Er hatte mehrere alte Bekannte wieder ge-
funden.
H a n n c h e n. Ja. Diego, Freitag's Vater.
K a r l. Vergiß Atkins, Robert und die andern Engländer
nicht.
V a t e r. Theils hatte er auf der Reise manche gute Bekannt-
schaft gemacht.
F r i t z. Wie der Geistliche und der Arzt.
V a t e r. Und gewiß viele von den neuen Colonisten. Theils
fand er aber auch Viele, die er nie gesehen und deren Bekanntschaft er erst zu machen hatte.
K a r l. Und derer waren viele. Ich will sie mal herrechnen.
Der Gouverneur Alonzo und Familie, Fernando, die spanischen Soldaten –
H a n n c h e n. Und nicht zu vergessen die Wilden, welche
sich in der Abwesenheit Robinson's angesiedelt hatten.
K a r l. Die gewiß ein ganz artiges Häuflein ausmachten.
V a t e r. Gewiß. Wir können also ohne zu übertreiben annehmen, daß jetzt über hundert Menschen auf der Insel wohn-
ten.
[116] Mit inniger Freude hatte der Altvater Robinson die Fortschritte des Guten in seinem kleinen Königreiche gesehen.
Ein großer Theil des Bodens war zu Acker und Gärten umgeschaffen; es waren neue und gute Wege und Brücken angelegt; die am Meere liegenden Sümpfe wurden zu Reiß- und
Zuckerrohrfeldern umgeschaffen; die Häuser wurden schöner und bequemer eingerichtet; die Festung wurde vergrößert
und durch neu angelegte Schanzen verstärkt. Noch waren seit
Robinson's Ankunft kaum zwei Jahr vergangen, als Alles
schon in der schönsten Verfassung war; der Geistliche schon
unterrichtete; der Arzt schon von den schönen nützlichen

Pflanzen eine kleine Apotheke eingerichtet, und jeder Handwerker schon sein Gewerbe trieb. Die musterhafte strenge
Ordnungsliebe des Gouverneurs Alonzo, die Dankbarkeit
gegen Robinson, die jeder Colonist für Pflicht hielt, hatten
auf der ganzen Insel ein festes, sittliches Betragen und eine
Einigkeit bewirkt, die zum Besten der Bewohner sehr bei-
trug. Auf Robinson's Wunsch wurde eine Art Gottesdienst
eingeführt, den der Geistliche mit den Europäern hielt und
der darin bestand, daß der Geistliche eine Versammlung in
einem schönen Thale des Waldes einrichtete, hier einige
fromme Lieder mit denen aus England gekommenen Colonisten sang, denen sich die Spanier bald anschlossen und selbst
die immer noch etwas rohen Wilden mit einer gewissen frommen Rührung beiwohnten. Es wurden Vorträge aus der Bibel
gehalten und jede Tugend zu einer heiligen Pflicht gemacht.
Keinem fiel es dabei ein, an einen Unterschied des Religions-
bekenntnisses zu denken; [117] Jeder nahm aus diesen Vorträ-
gen, was er für sein Herz heilsam hielt.
M ü l l e r. Aehnliche Gottesdienste habe ich in Nordamerika
gefunden und jedesmal mit Freuden Antheil daran genommen.
[...]
V a t e r. [...] Fast drei Jahr hatten Robinson und seine
Freunde in Ruhe und Frieden Gutes gewirkt und genossen.
Man schien ganz vergessen zu haben, daß Alonzo die Insel zu
einer spanischen Besitzung gemacht hatte, da von Madrid aus
nicht die mindeste Anstalt zur eigentlichen Besitznahme
gemacht wurde. Kein Schreiben, kein Befehl, kein Abgeord-
neter erschien, so sehr überzeugt man auch auf der Insel war,
daß jeden Tag eine dergleichen Gesandtschaft eintreffen
könne. Robinson und [118] Alonzo, die alle zu einer solchen
Feierlichkeit nöthigen Anstalten vorbereitet hatten, glaubten
nichts gewisser, als man hielte die Insel einer solchen Feierlichkeit nicht werth. Natürlich, daß man auch auf der Insel
gleichgültig dagegen wurde und am Ende gar nicht mehr
davon sprach.

H a n n c h e n. War denn den Spaniern die schöne Insel wirklich so gleichgültig?

V a t e r. Das bezweifle ich sehr. Eine schöne fruchtbare, fast zehn Quadratmeilen große Insel ist kein Gegenstand, auf den man mit Gleichgültigkeit sieht.

K a r l. Besonders da eine Festung darauf ist.

V a t e r. Niemand wußte einen Grund anzugeben. Doch weiter. Man hatte einst auf der Insel einen festlichen Tag; es war der siebzigste Geburtstag Robinson's; ein Tag, den jeder Colonist dankbar feierte. Der Morgen dieses Tages war ausgezeichnet schön; die arbeitende Klasse der Colonisten ließ die Arbeit ruhen; man beschloß, den Morgen im Freien zu feiern; und so kam es denn, daß fast die ganze Colonie in jenem schönen Waldthale am Gestade des Meeres versammelt war. Gerührt saß Robinson unter seinen vertrautern Freunden; sein Herz war tief bewegt, wenn er daran dachte, wie er vor mehr als vierzig Jahren als Schiffbrüchiger, als ein der Verzweiflung so naher Unglücklicher hier gesessen hatte. Seine Thränen flossen. Da trat Collines, der Geistliche, auf, hielt eine ergreifende Rede und stimmte dann ein frommes Danklied an, das die ganze Versammlung andächtig mitsang. Das Lied war zu Ende, als Carlos und Pietro, die beiden Söhne [119] Alonzo's, die während des Gesanges im Dickicht des Waldes sich erlustigt hatten, zurückkamen und mit Eile sich ihrem Vater, dem Gouverneur, näherten. »Vater!« sagte Pietro. »Dort unten am Busch landete ein großes mit Soldaten besetztes Boot.« – Dies fiel Allen auf, die es hörten. Pietro fuhr fort: »Unter den Aussteigenden waren einige graugekleidete Männer mit langen Bärten und einem Strick um Leibe.«

Dem Gouverneur fiel dies auf. Er gab dem nicht weit von ihm stehenden Atkins Befehl, nachzusehen. Atkins eilte nach der von Pietro bezeichneten Stelle. Alonzo und seine Freunde folgten nach dem nicht sehr weiten Platze. Sie bogen um die vorspringende felsige Waldecke und nun sahen sie –

M a l c h e n. Doch wohl nicht gar Wilde?

Vater. Je nun, viel besser waren die Ankommenden nicht,
wie Ihr in der Folge hören werdet. – Sie erblickten ein großes
prächtiges Kriegsschiff, das vor Anker lag, ein am Ufer ange-
bundenes Boot, mit dessen an's Land gestiegener Besatzung
Atkins in einer ernsten Unterredung begriffen schien. Er, als
ein Matrose, kannte entweder die feinern Sitten des gebildeten Umgangs nicht, oder glaubte, diese hier anzuwenden, sei
überflüssig.

Karl. Mit wem war er denn im Gespräch?

Vater. Zwei bärtige Mönche, wie Pietro sie vorhin beschrieben hatte, standen dicht vor ihm, indeß einige Schritte weiter
zurück ein spanischer Officier mit einem Zuge bewaffneter
Soldaten mit angezogenem Gewehr stand. – Die beiden Mönche waren ungemein [120] laut und eifrig; in ihrer Hand hielten sie ein Crucifix und einen Rosenkranz, die sie dem Atkins
unter geschreiähnlicher Stimme vor das Gesicht hielten, welche aber Atkins unter Verachtung zeigender Miene und in
eben so lauten Worten mit der Hand zurückstieß.

Der Gouverneur befürchtete einen unangenehmen Auftritt;
diesem vorzubeugen, trat er mit Robinson und den übrigen
Freunden näher. Der spanische Officier stutzte, ließ seine
Leute die im Soldatenstande gewöhnlichen Ehrenbezeigun-
gen machen und trat mit einer gewissen feinen Sitte Alonzo
näher. Dieser, ein älterer, gewandterer Officier, fragte nach
Namen und Absicht. Der Officier erklärte, daß er zu der
Mannschaft gehöre, welche, da jetzt der Frieden abgeschlossen, von der, den Spaniern übergebenen Insel feierlich Besitz
nehmen wolle. Alonzo hieß ihn willkommen und wollte so
eben ein freundschaftliches Gespräch mit ihm beginnen, als
der eine der Mönche im höchsten Zorn ausrief: »Heilige Mutter! hier herrscht Ketzerei!« Ein Ausruf, der Alle, selbst die
mit dem Gouverneur gekommenen spanischen Soldaten, in
Alarm setzte.

Fritz. Was sollte aber das heißen?

Lehrer. Die Spanier waren römisch-katholische Christen
und hielten zu jener Zeit so strenge auf die Verordnungen des

zu Rom wohnenden Oberhauptes der katholischen Kirche, des Papstes, daß sie Jeden, der nicht zu dieser Kirche gehörte, entweder um's Leben brachten, oder zeitlebens in Gefängniß hielten, oder aus dem Lande jagten. Wer nicht zu ihrer Religion gehörte, hieß ein Ketzer, gegen den man sich Alles erlaubte, [121] wenn er sich nicht bekehrte. Um diese Bekehrung zu erreichen, sandte man bei jeder Gelegenheit Mönche aus; besonders that man dies bei der Entdeckung neuer Inseln oder bei der Besitznahme solcher Länder, die früher das Eigenthum anderer Fürsten waren.

H a n n c h e n. Nahmen denn diese Leute auch gern die neue Religionsverfassung an?

L e h r e r. Nein. Oft mußte erst Gewalt gebraucht, oft sogar Menschenblut vergossen werden. Ein guter Mensch hält den Glauben, in dem er geboren ist, für heilig, und opfert sein Eigenthum und selbst das Leben für seinen Glauben auf. Erinnert Ihr Euch wohl der Bewohner einer ganzen schönen Provinz, die aus diesem Grunde ihr Vaterland verließen!

K a r l. O ja! Diese waren die Salzburger.

H a n n c h e n. Die der König Friedrich Wilhelm so väterlich aufnahm.

V a t e r. Ganz recht. – Doch weiter in der Geschichte. Der Mönch wollte mit Gewalt den ganz ruhig da stehenden und mit größter Gleichgültigkeit ihn anhörenden Atkins bekehren. Er hielt ihm den Rosenkranz und das Crucifix dicht an den Mund und befahl ihm, Beides zum Zeichen der tiefsten Ehrfurcht zu küssen. Atkins, ein roher Matrose, weigerte sich lachend; der Mönch wiederholte ungestüm sein Anmuthen. Atkins, der nicht Herr über sich genug war, seinen Unwillen zu unterdrücken, schlug die Hand des zudringlichen Mönches zurück und der Rosenkranz, wie das Crucifix, flogen auf die Erde. Der Mönch, der in diesem Zufall eine Gotteslästerung und eine absichtliche Verachtung des [122] ihm so Heiligen sah, rief dem Officier und den Soldaten zu, diesen teuflischen Spott blutig zu rächen.

H a n n c h e n. Nun? der wird doch nicht?

322 Abenteuerliche und exotische Erzählungen

Vater. Die Letztern schlugen schon an. Ein Wort des Officiers hätte Atkins und die nicht weit von ihm Stehenden, den Gouverneur, Robinson, Freitag und Pietro zu Boden gestreckt; da sah sich der brave Officier noch einmal um. Er bemerkte, daß jene Freunde näher traten und Alonzo mit gebietender starker Stimme ihm zurief, ruhig zu bleiben und seinen Soldaten zu befehlen, abzusetzen und mit Gewehr bei Fuß anzuhören, was er sagen werde. Der Officier gehorchte; eben so ruhig standen die Soldaten da, und schienen in der größten Spannung den Ausgang dieses Zwistes zu erwarten. Alonzo trat jetzt dem Officier näher, hielt mit dem würdevollsten Anstande eine Rede, welche von Muth, aber auch von Menschlichkeit zeugte, und die der vor Wuth schäumende Mönch vergebens zu unterbrechen suchte. An diesen wandte sich Robinson, verwies ihm mit männlichem Ernst seinen blinden Religionseifer, und erklärte ihm, daß er und der größere Theil der Colonisten der evangelischen Kirche angehörten, und daß er und seine Religionsverwandten Muth und Mittel genug hätten, ihren Glauben zu schützen. Wahrscheinlich galt der letzte Grund dem Eiferer mehr als alle andern, aus der Religion selbst hergenommenen Beweggründe; denn der polternde Mönch schwieg still und der Frieden –

Karl. War hergestellt; nicht so?

Vater. Schien hergestellt. Der eigentliche Be-[123]fehlshaber des Schiffes erschien nun, mit ihm die obrigkeitlichen Personen, welche jedesmal von dem Monarchen geschickt werden, die einzunehmende Provinz nach den Gesetzen des neuen Beherrschers einzurichten. Robinson sah freilich nicht gern, daß die Insel unter spanische Herrschaft gerieth; indessen da dies einmal nicht mehr zu ändern war, und da der spanische Befehlshaber in alle die von Robinson vorgeschlagenen Bedingungen willigte und seine Ehre zum Pfande setzte, daß Alles erfüllt werde; besonders da der Befehlshaber es angelobte, daß nie ein Religionsstreit entstehen und keine Glaubenspartei die andere unterdrücken sollte; der Befehlshaber

überdem ein trefflicher, menschenfreundlicher Mann war; so
hatte Robinson um so mehr Ursache, mit dieser Veränderung
seiner Insel zufrieden zu sein, da Alonzo von dem Könige
von Spanien als Gouverneur anerkannt und bestätigt wurde.
Alle die alten freundschaftlichen Verhältnisse blieben daher,
und Robinson hätte sich ganz glücklich fühlen können, wäre
nicht ein Umstand eingetreten, der unserm alten Freunde viel
Kummer machte.

M ü l l e r. Ich kann schon denken, welcher.

V a t e r. Die Uebergabe der Insel an Spanien war friedlich und
ruhig abgemacht. Jene Bevollmächtigten reiseten auf dem
Schiffe nach Europa zurück. Von der Bemannung blieb eine
kleine Abtheilung auf der Insel zurück, und wurden unter
Alonzo's Oberbefehl gegeben. Zum Unglück blieben aber
auch zwei Männer zurück, denen es am Willen, Böses zu
thun, [124] nicht fehlte, und die auch jede Gelegenheit, Unheil
zu stiften, gern benutzten. [ . . . ]

K a r l. Aber, Vater, wer waren denn diese?

V a t e r. Zwei Mönche, die beide von gleichem Haß gegen
Jeden, der den Papst nicht für das Oberhaupt der Christen-
heit ansah, erfüllt waren. Robinson, der in ruhiger Unbefan-
genheit die Folgen überdachte, die der Aufenthalt dieser Beiden auf der Insel für die Colonie haben mußte, warnte.

K a r l. Welche Folgen hätte dieser Aufenthalt aber haben
können?

M ü l l e r. Gewiß sehr wichtige. Sieh, Karl, auf der Colonie
lebten Menschen von zu verschiedener Gesinnung, Sitten,
Gebräuchen, Lebensart, als daß der Gouverneur es nicht
hätte für die erste Pflicht halten sollen, von seiner Seite Alles
zu thun, um unter diesen so verschiedenen Menschen Einigkeit und Ruhe zu erhalten. Nun kam dazu, daß unter diesen
Menschen die meisten rohe, ungebildete Leute waren, denen
Zank, Streit und Schlägerei nicht so zuwider sind, als der
gebildeten Klasse der menschlichen Gesellschaft.

[125] L e h r e r. Sehr wahr. Aber besonders ist Eins zu bemerken, und dies ist die Verschiedenheit der Religion. Robinson

selbst und Freitag waren evangelisch. Der Geistliche und der
Arzt waren reformirt; die mit Alonzo gekommenen Spanier
hielten sich zur römisch-katholischen Kirche; eben so die
Spanier, welche erst jetzt auf die Insel kamen; die durch
Robinson auf die Insel gekommenen Colonisten waren, wie
Robert, William, Atkins, Jack und Toby, Engländer und
daher Mitglieder der bischöflichen Kirche. Nun noch dazu
die ziemlich starke Zahl der Wilden, die wir Heiden nennen
können. [...]

[126] M ü l l e r. [...] Bedenken Sie nur, Alonzo war, wie alle
seine Soldaten, echt römisch-katholischer Christ, und diese
halten steif und fest an ihre Kirche, an ihren Glauben, an ihre
kirchlichen Gebräuche, und dies ist an ihnen nicht zu tadeln.
Alonzo war von Kindheit an Katholik, hatte von seiner ersten
Jugend an die falschen, harten Urtheile seiner Geistlichen
über die sogenannten Ketzer gehört; sie waren ihm zu einer
unbezweifelten Wahrheit geworden; war es daher wohl nicht
zu entschuldigen, wenn er weniger strenge gegen diese Mönche war und ihnen das Schlimme nicht zutraute, das Robinson von ihrem Betragen fürchtete? – Und nun noch Eins. Es
ist und war von jeher der Wunsch und Zweck der katholischen Geistlichkeit, sich einen starken Einfluß auf die Regierung eines Landes zu verschaffen. Ein Plan, der besonders
den Jesuiten sehr gelang. Sie konnten auf eine solche Weise
befördern, was sie befördern wollten; aber auch verhindern,
was sie unterdrücken wollten. Es konnte daher auch sein, daß
Alonzo heimlich von der spanischen Regierung den Auftrag
hatte, die katholische Religion auf der Insel zu verbreiten, die
Irrgläubigen zu unterdrücken, und dazu konnte er die Mönche recht gut gebrauchen, denen er nun durch [127] die Finger
sah, auch wenn sie etwas zu weit in ihrem Religionseifer
gingen.

M u t t e r. Gottlob! aus diesen Zeiten sind wir hinaus!

V a t e r. Ob dies wirklich der Fall sei, unterschreibe ich noch
nicht. [...]

[215]       *Achte Unterhaltung*

[221] V a t e r. [. . .] Man ging jetzt am Ufer der Bucht hinauf;
man ging um eine vorspringende Felsenwand, als man plötzlich ein auf's Land geworfenes fremdes Schiff unter sich
erblickte. Die Mastbäume waren abgebrochen und hingen an
Tauen, die der Sturm in einigen am Ufer liegenden Bäumen
verwickelt hatte. Schon der Anblick des fremden Schiffes
mußte die Aufmerksamkeit erregen; noch mehr mußte dies
der Umstand thun, daß man auf dem mit Blut bespritzten
Verdecke mehrere blutige Leichen fand, die zum Theil noch
in den erstarrten Händen Säbel und große Messer [222] hielten. Auf Befehl Robinson's sprang der gewandte Freitag vom
Felsen auf das Verdeck. Eben wollte er hinaufrufen, daß keiner von den Aufgefundenen mehr lebe, als aus dem innern
Raume des Wracks oder des gescheiterten Schiffes sich ein
Angstgeschrei hören ließ. Der Arzt, der mit Freitag hinabge-
stiegen war, riß sogleich die Klappthür des Schiffsbodens auf,
sank aber fast ohne Besinnung zurück und hielt sich an dem
Stumpf des einen Mastes; Freitag brachte ihn wieder zu sich.
H a n n c h e n. Was war denn dem Arzt begegnet?
V a t e r. Bei dem Oeffnen der Thür schlug ihm ein so durch-
dringender, fast tödtender Leichengeruch entgegen, daß er
als Arzt, dem doch Gerüche dieser Art nicht ganz fremd sein
konnten, kaum im Stande war, den tödtlichen Geruch zu
ertragen. Freitag stieg hinab. Es war stockfinster – Das Aech-
zen und Wimmern wurde immer noch gehört; da sprang Freitag auf die Seite, riß eine der Luken auf. Aber wie mußte ihm
zu Muthe sein, als der ganze Schiffsboden mit schwarzen,
nackten, zusammengebundenen Menschen bedeckt war, von
denen einige noch lebten. Freitag, der sich in allen Fällen
gleich zu finden wußte, riß nun alle Luken auf und wie
dicker Nebel zog der Qualm durch die Oeffnungen. Freitag
rief die Uebrigen; sie kamen, und hatten nun einen Anblick,
der Alles, was sie seit gestern erlebten, vergessen ließ. Von
mehr als zweihundert solcher Zusammengeschichteten waren

noch achtzehn am Leben. Alle übrigen waren todt und verbreiteten einen tödtlichen Pestgeruch. Auf Robinson's Befehl
sollten die noch Lebenden hervorgeholt werden; das [223]
Schiff mit den Leichen, deren Anblick jedes Gefühl empörte,
sollte verbrannt werden, um die Luft nicht zu verpesten.
Eben sollte der letzte Befehl vollzogen werden, als Freitag aus
dem untern Raume des Schiffes hinaufrief: »Komme noch
Jemand herunter; hier liegen verwundete Spanier und Engländer!« Mehrere der Colonie eilten hinab; man schleppte
fünf schwer verwundete und fast verhungerte Europäer an's
Tageslicht. [. . .]
K a r l. Aber, Vater, wer waren denn die Leute? War denn
Krieg?
V a t e r. Dies war der Fall eigentlich nicht. Ihr habt doch vom
Sclavenhandel gehört? Ihr wißt aus Beschreibungen, wie
schändlich und teuflisch es ist, wenn Menschen wie Vieh
gestohlen und auf Märkten wie Vieh verkauft werden. Jetzt
war der Zeitpunkt, daß mehrere Völker diesen entehrenden
Handel nicht nur nicht selbst mehr trieben, sondern ihnen
auch andern Nationen verboten. Zu diesen edlern Völkern
gehörten die Engländer, deren starke Seemacht diesem
Befehle Nachdruck gab. Sie hielten eine ansehnliche Flotte,
durchfuhren die Meere, auf denen dieser Handel getrieben
wurde; nahmen jedes Sclavenschiff weg, setzten die Sclaven
in Freiheit und hingen nicht selten die Menschenräuber am
Mastbaume auf.
Einige Tage vor dem Sturme auf Robinson's Insel begegnete
ein englisches Schiff einem spanischen, das [224] einen Haufen
gekaufter oder zusammengestohlener Schwarzer nach Amerika bringen wollte. Die Engländer verlangten, die Sclaven
frei zu machen; die Spanier weigerten sich; es kam zu einem
Gefechte, in welchem ein Theil der Engländer das spanische
Schiff enterte, oder über den Bord desselben sprang und die
Spanier niederhieb. Aber in diesem Augenblicke entstand
plötzlich das Erdbeben unter einem furchtbaren Sturm, der
das spanische Schiff an die Küste der Insel trieb und das engli-

sche in die See jagte. An die Befreiung der armen Schwarzen
dachte Keiner mehr. Angst, Schrecken und Todesfurcht
tödteten sie. [...]
V a t e r. [...] Aber wie mußte der Greis jetzt seine ganze
Kraft, [225] seine ganze Thätigkeit auf das Höchste anstrengen? Der ungeheure Schaden, den Sturm und Erdbeben verursachten, hatten die vielen Sorgen der Verwaltung schon um
ein Großes vermehrt; nun kam noch dazu die menschen-
freundliche Sorge für mehr als zwanzig Kranke. Ihr könnt
leicht denken, wie schwer dem Edlen das Greisenalter werden mußte. Indeß blieb er immer muthig und getrost, und
wenn die Bürde noch so schwer war. Sein edles Herz machte
sie leicht.
Er hatte seinen siebenundachtzigsten Geburtstag erlebt; diesen Tag feierte er jedes Mal im Kreise derer, die seit der Stif-
tung der Colonie schon um ihn waren. Natürlich war dieser
Kreis schon um ein Großes enger geworden. Viele von denen,
die mit ihm den kleinen Staat gründeten, waren nicht mehr.
Mit tiefem Schmerz sah Robinson, wie Einer nach dem
Andern zur Ruhe ging; mit dankbarem Vertrauen dachte er
dann zurück, was ihm der Vorangegangene gewesen war.
Lehrreich stärkend und tröstend waren dann seine Worte.
Heute feierte er seinen Geburtstag auf dem Lager, auf welches eine dem Schein nach leichte Unpäßlichkeit ihn gewiesen
hatte. Einige Stunden hatten die Freunde sich mit ihm unterhalten; er hatte selbst über die Thorheiten menschlicher
Wünsche gescherzt, als er über ungewöhnliche Müdigkeit
klagte. Seine Freunde schrieben dies seiner Lebhaftigkeit zu,
mit der er heute sprach; sie verließen ihn; nur sein treuer
Freitag blieb. Eine Stunde konnte vergangen sein, als Robinson wie aus [226] einem schweren Traume erwachend, Freitag
befahl, einige seiner Freunde zu rufen. Freitag eilte, diesem
Befehl nachzukommen; die Freunde traten ein – Robinson
lag wie ein sanft Schlafender entseelt auf seinem Lager.

KARL LEONHARD BIERNATZKI

*Meer und Festland*

1868

[148]        *Hinter den Dünen.*

[150] Durch die schmale Einfahrt, wo das Meer zwischen den
Dünen hindurchströmt, schwamm um diese Zeit ein offenes
Boot in die Schlucht langsam herein. Der Segelbaum, an dem
das roth angestrichene Segel, mit einem Stricke umschlungen,
fest gebunden lag, war der Länge nach darin niedergelegt.
Der hintere Bord ruhte tief im Wasser, denn dort lagen Säcke
und Kisten, soviel das kleine Fahrzeug tragen konnte, aufgehäuft. Der Vorderbug ragte höher aus der Fluth. Hier saß auf
der einzigen Ruderbank ein Mann, das Haupt vornüberge-
beugt und auf die Knie gestützt, wie schlummernd. Er hatte
die Ruder neben sich liegen und überließ den Nachen der
Strömung, welche ihn durch den engen Kanal in die Schlucht
führte. So trieb das Fahrzeug eine Zeitlang fort. Dann, als der
Zug der Strömung nachließ und es wie festgebannt mitten auf
der unbewegten Wasserfläche ruhte, erwachte der Schiffer
aus seinen Träumen. Er stand auf und zog die zottige Fries-
jacke aus, lüftete den ledernen Südwester und strich das Haar
von der Stirn. Es war ein schönes, männliches Antlitz, von
einem blonden Bart umschattet, sonnverbrannt und um die
Mundwinkel tief gefurcht, mit zwei blauen, feurig glänzenden Augen. Nachdem der Mann die Jacke ausgezogen,
streckte er sich der Länge nach im Boote aus und überließ sich
nun vollends dem Schlafe.
Mehrere Stunden vergingen. Die Sonne neigte sich den Gipfeln der Dünen zu, die Gluth wich einer angenehmen frischen
Kühle, der Himmel bezog sich mehr und mehr mit Wolken.
Es war ein Gewitter im Anzuge, was sich hier nicht wie am
Festlande durch zunehmende Schwüle, sondern durch Ab-

nahme derselben ankündigte. Schon flogen die ersten Wind-
stöße durch die tiefen Einschnitte zwischen den Dünenber-
gen hindurch und wühlten die schlummernde See im tiefen
Kessel auf. Ein feuchter Nebel verschleierte allmählig ganz
das Angesicht der Sonne, er schwamm in den höheren Luftschichten und senkte sich bis zu den Gipfeln der Sanddünen.
Die Strömung [151] im Seebecken kehrte um, die eintretende
Ebbe zog magnetisch die Fluth in die offene See, das Boot
trieb mit jeder Minute der Durchfahrt näher.
Der Schiffer erwachte und erhob sich. [ . . . ]
Der Schiffer setzte den Segelbaum seines Bootes ein, löste die
Refftaue und entfaltete das rothbraune Linnen. Kräftig griff
der Wind in die dargebotene Fläche, drückte das Boot auf die
eine Seite, so daß hier der Rand kaum eine Hand hoch über
dem Wasser hervorragte, und trieb es zwischen den Dünen
durch in die offene See.
Ganz anders war hier der Gang der Gewässer. In langen,
schmalen, scharfkantig ansteigenden Wogen rollte dumpf
brausend die See mit heftiger Strömung. Zwar wehte der
Wind, der sich allmählig verstärkte, wider den Strom, aber
nicht heftig genug, um ihn aufzuhalten. Die Wucht der
ebbenden See warf sich kühn dem unsichtbaren Hauche entgegen, der nicht mehr über sie vermochte, als den Wogen-
häuptern die weißen Schaumkronen abzureißen und die tausend und abertausend Bläschen und Tröpfchen weit umher zu
streuen. Sie selbst aber rollten ihm den gewaltigen Leib unaufhaltsam entgegen und drängten ihn aus der Tiefe, wohin er
stürzte, in die Höhe, unablässig dem mächtigen Zuge der
Ebbe folgend. [ . . . ]
[152] Auf diesem empörten Meere schwamm das Boot mit
dichtgerefftem Segel. Der Sturm warf es den Wogen entgegen, diese schleuderten es dem Sturme zu – dennoch war er
der stärkere. Er drängte das kleine Fahrzeug von Berg zu
Berg, von Thal zu Thal, und wenn einmal eine Sturzsee, die
sich darüber ergoß, es in den Schooß der Fluthen zu begraben
versuchte, der Sturm riß es wieder hervor und trieb es unab-

lässig vorwärts. Zwar krachte das Steuer, welches der Schiffer
mit beiden Fäusten gepackt hielt, zwar ächzten die Planken
unter dem ungeheuren Druck der zornigen Wellen – aber der
es führte, das schwanke Fahrzeug, mit nervigem Arm, der
übersah kundigen Auges jede Gefahr; hier ließ er es den Wel-
lenhügel hinauf-, dort in ein tiefes Wogenthal hinuntergle-
ten. Im Bunde mit dem stärkeren Sturme bezwang er das
wilde Toben des schwächeren Meeres.

Die Folge dieses, mit eintretender Ebbe erwachten Unwetters
war, daß die Ebbe keine volle sechs Stunden, wie gewöhnlich,
währte, sondern nach Verlauf von kaum vier Stunden kündigte bereits ein fernes dumpfes Donnern die nahende Fluth
an. Inzwischen war das Gewitter verstummt, desto lauter
brüllte die See. Und nun, als allmählig der steigende Fluth-
strom dem Zuge des Sturmwinds folgte und die bis dahin
diesem entgegenlaufenden Wellen zurückdrängte, nun warf
sich der Wind nach kurzen Schwankungen der Fluth entgegen, gerade als wenn er es darauf angelegt hätte, auch dieser
seine siegreiche Allgewalt zu zeigen. Bis dahin blies er aus
Südwesten. Nun sprang er ganz nach Süden um, kehrte noch
einmal wieder nach Westen zurück, dann flog er im Nu nach
Osten und setzte sich in Nordost fest. Von hier aus athmete er
so tief [153] und so schwer, daß selbst der gewaltige Fluth-
strom zu stutzen schien, ob er dem wüthenden Gegner
gewachsen sei. [. . .]

Dem Schiffer in dem kleinen Boot war gar nicht so ängstlich
zu Muthe, wie man hätte denken können. Er war von Jugend
auf mit Wind und Wogen vertraut. Obgleich es so finster war,
daß er keine Hand vor Augen sehen konnte, steuerte er doch
so sicher, als wenn es heller Tag gewesen wäre. Denn je weniger er sah, desto mehr hörte er. Sein Ohr unterschied ganz
genau an dem eigenthümlichen Rollen der Wogen und an dem
Heulen des Sturmwinds, ob er sich in der Nähe einer Inselkü-
ste oder auf hoher See befinde. Er verstand von den Naturlau-
ten so viel, daß er wußte, wo die meiste Gefahr sei, und trotz
des ungestümen Brausens der Wellen hatte er doch so viel

Gewalt über sie, daß er seinen Nachen geschickt vor dem Kentern bewahren konnte. Den Sturmwind und das aufgeregte Meer fürchtete er nicht, – aber die Menschen fürchtete er, die, welche solchen Leuten, wie er Einer war, nachstellten.

Denn er trieb ein unerlaubtes Gewerbe; die bürgerliche Ordnung nennt es so und trifft darnach ihre Maßregeln. Die Leute freilich, die von diesem Gewerbe leben, halten es für erlaubt, der Strandraub, die Freibeuterei zur See, dünkt ihnen kein Unrecht.

Der Schiffer war ein solcher Freibeuter. Wenn das Meer zur Zeit der Ebbe an den Inseln der Nordsee ein breites Vorland außerhalb der Deiche bloßlegt, dann schreitet der arme Schlickläufer, den Quersack über der Schulter, über den Schlamm der Watten, in dem er mit dem Stocke herumwühlt, um nach den Schätzen gescheiterter Schiffe zu suchen. Gewöhnlich findet er nichts, mitunter wenig, sehr selten ein werthvolles Stück. Und in der grausen Sturmnacht, wenn der wohlhabende Insulaner die Decke dicht über den Kopf [154] zieht, um das Toben der Brandung nicht zu hören, die draußen an den Deichen seiner Insel anprallt, dann schleicht der Strandräuber am Gestade hin und späht nach den Schiffstrümmern, welche die Wogen, mitleidiger oft als die Menschen, an's Ufer schleudern.

Dies Mal war unser Schiffer noch glücklicher gewesen. Er hatte sein Boot schon vor Tagesanbruch an Bord eines Wracks gebracht, das in der Nacht vorher auf eine Sandbank gerathen war. Und da hatte er denn von der Ladung sich zugeeignet, was ihm beliebte und so viel sein kleines Fahrzeug tragen konnte. Dann als der Strandvogt kam, und die Zollbeamten mit ihren Segelbooten, war er schon wieder fort. Nun galt es, dem Zollkreuzer zu entgehen, von dem er sicher wußte, daß dieser ihn suche.

Der Sturm schützte ihn nicht, denn die Bemannung des Zollkreuzers besteht aus seegewohnten Leuten, die gern solche wilde Nächte benutzen, um den Freibeutern aufzupassen,

von denen sie wissen, daß sie gerade dann ihrem Gewerbe
nachgehen. Die Finsterniß der Nacht bot ihm auch keine
sichere Gewähr, denn vom Bord des Kreuzers, der einen
Freibeuter verfolgt, steigt von Zeit zu Zeit eine Rakete auf,
die, wenn sie hoch in der Luft zerplatzt, mit ihren sinkenden
Leuchtkugeln die See in weitem Umkreise erhellt.
So geschah es auch jetzt. Noch war Mitternacht nicht vorüber, als unweit des Bootes prasselnd eine Rakete aufflog.
Einer zischenden feurigen Schlange gleich erhob sie sich bis
zu den Wolken, und mehr als zwanzig bläulich schimmernde
Sterne lösten sich dort oben und beleuchteten mit ihrem
strahlenden Lichte das Boot und den Kreuzer. Kaum waren
sie erloschen, als ein Geschütz am Bord des Kreuzers blitzte;
laut krachte der Knall, der Schiffer vernahm das Aufschlagen
der Kugel auf den Wellen dicht in seiner Nähe.
Am Vormaste des Kreuzerschiffs flogen jetzt zwei Signal-
Laternen empor, die obere mit rothem, die untere mit gelbem
Schein, und das gefürchtete Fahrzeug brauste mit vollen
Segeln, soviel der Sturm zu führen gestattete, gerade der Stelle
zu, wo das Boot schwamm. Es schien verloren, denn in wenigen Minuten schon mußte der Kreuzer es überholt haben, da
er vor halbem Winde daherbrauste.
Aber der Schiffer verlor die Geistesgegenwart nicht. Mit
einem gewaltigen Druck am Steuer zwängte er seinen Nachen
seitwärts. Donnernd sauste der Kreuzer vorüber, und das
Boot hatte Muße, in sein Kielwasser hineinzusteuern. Statt
nun von dem Kreuzer abzuhalten, fuhr der Schiffer denselben
Kurs. Er lüftete sein [155] einziges Segel, das der Sturm voll
bauschte, und lief in einigen tausend Ellen Entfernung dem
Schiffe, das ihn noch vor sich zu haben glaubte, nach. Aller
Augen an Bord des Zollkreuzers waren daher nach vorn
gerichtet und schauten über sein Bugspriet hinweg. Wieder
prasselte vom Vorderdeck eine Rakete auf, und als sie die See
beleuchtete, gewahrte man von dem Boote nichts.
Hastig stürmte das Zollschiff weiter, ihm nach das Boot.
Nach Verlauf einer halben Stunde, als man an Bord den Irr-

thum einzusehen schien, ward der Kreuzer gewendet. Dem Schiffer leuchteten die Signal-Laternen entgegen, abermals flog das schnellsegelnde Fahrzeug gerade auf ihn zu. Behende wich er zur Seite, und ohne seiner gewahr zu werden, sauste es zum zweiten Male an ihm vorüber; der Schaum der Wogen, die es mit seinem scharf gebauten Vorderbug zertheilte, spritzte zischend in das Boot.

So war der Freibeuter zweimal der Gefahr, entdeckt oder gar übersegelt zu werden, glücklich entgangen. Aber er wußte auch, daß man mit diesem mißglückten Versuche, seiner habhaft zu werden, noch keineswegs aufhören würde, ihn [zu] verfolgen. Die Nacht war noch lang, der dämmernde Tag würde ihn in solcher Nähe bei dem nachsetzenden Schiffe verrathen haben. Er mußte die Finsterniß benutzen, um aus dem Gesichtskreise des Zollkreuzers herauszukommen. Unerwartet trat ein anderes Ereigniß dazwischen, was eine neue Wendung der Dinge herbeiführte.

Der Zollkreuzer, an dessen Bord wir uns für einen Augenblick versetzen, hatte im Sturm bereits seine Bramsegel verloren und war dadurch genöthigt, die Schnelligkeit seines Laufes zu mindern. Je weniger hastig er daher nun die tosenden Wogen durchschnitt, desto ruhiger ward auch seine Besatzung, namentlich der commandirende Offizier, ein noch junger Marine-Lieutenant, der so gern seine erste Heldenthat auf dem Posten, den er erst vor Kurzem angetreten hatte, verrichten wollte, einen berüchtigten Freibeuter nämlich heimbringen. Schon war er seines Fanges so gut wie gewiß gewesen, mit seinem Nachtfernrohr hatte er selbst bei der Raketenbeleuchtung das Piratenboot wahrgenommen; die Kanone, deren Kugel dem Bootschiffer nahe vorübersauste, hatte er selbst gelöst; zwei Matrosen hatten schon Ketten bereit halten müssen, um den Gefangenen augenblicks in Eisen zu legen. Dennoch war der Vogel nicht ins Netz gegangen, vielmehr gänzlich verschwunden. Die verwünschte Finsterniß! tröstete sich der Lieutenant; sie ist an allem Schuld. Sein Bootsmann, ein auf der See grau gewordener Greis, war

[156] anderer Meinung. »Fangen wir den Burschen nicht bei Nacht, so niemals, denn bei Tage bekommen wir ihn gewiß nicht in Sicht!« sagte er.

Der Lieutenant besann sich ein wenig, dann gab er Befehl zum Umkehren. Es war kein leichtes Stück Arbeit, im Sturmesbraus die Segel umzulegen. Doch gelang es dem rechtzeitigen Commando des Offiziers und der besonderen Behendigkeit der Orlogsmatrosen. Bald furchte das Zollschiff wieder gen Süd-Süd-West durch die Wogen, von Zeit zu Zeit eine Leuchtrakete entsendend. Aber das verfolgte Boot, dessen man so gern habhaft geworden, war nirgends zu sehen. Wohlweislich hielt es sich außerhalb des Beleuchtungskreises des Kreuzers.

Inzwischen kam ein Kauffahrer des Weges, eine stattliche Brig, die der Sturm überrascht, noch ehe sie die Mündung der Elbe erreicht hatte. Der Kapitän hatte, als er Helgoland passirte, keinen Lootsen an Bord genommen, da er, ein geborner Friese von einer der Westseeinseln, sich Kunde genug zutraute, um im rechten Fahrwasser zu bleiben. Aber der Sturm hatte ihn doch seinen Kurs verlieren lassen; er war seit Jahren auf den tropischen Gewässern abwesend gewesen, hatte meistens nur zwischen Rio und Valparaiso gefahren – es war ihm doch nicht so recht heimisch mehr in der Nordsee. Von seinen Steuerleuten, gebornen Spaniern, hatte Keiner bis jetzt diese See befahren. Je mehr der Sturm an Heftigkeit zunahm, desto besorgter wurde daher der Kapitän. Die Brig lief vor dicht gerefften Segeln, und als der Sturm nun gar nach Nordosten umsprang und die Fluth zwei Stunden früher wiederkehrte als gewöhnlich, da kam der Schiffscommandeur ganz außer Fassung; er wurde an dem Wege irre, auf welchem sein Fahrzeug eilig, als habe es keine Minute zu verlieren, hinschoß.

In diesem Augenblick seiner größten Verlegenheit ließ er eine seiner Drehbassen lösen. Der Blitz des Geschützes, dem alsbald der Knall folgte, beleuchtete das Boot des Freibeuters, welches sich im Kielwasser der Brig befand. Man hielt am

Bord der Brig dafür, das Boot sei in Gefahr, machte Allarm, warf ein Tau nach dem andern aus, praite durch das Sprachrohr, aus allen Kräften bemüht, dem kleinen Fahrzeuge Hülfe zu gewähren.

Der Bootschiffer befand sich nun freilich nicht in dem Sinne in Noth, wie man an Bord des Kauffahrers wähnte. Aber er war doch in einiger Besorgniß, von dem unablässig kreuzenden Zollschiffe aufgespürt zu werden, und was ihm dann bevorstand – die Ketten, [157] allenfalls auch noch ein peinliches Verhör und Karrenstrafe auf Lebenszeit – das schien ihm gar nicht behaglich. Mit Freuden benutzte er daher die sich ihm darbietende Gelegenheit, dem Kreuzer zu entgehen, und ließ sich an Bord der Brig ziehen, während sein Boot an der Schanzkleidung des Hinterdecks befestigt wurde.

Der Kapitän war der Erste, welcher den vermeintlich dem Untergange Entrissenen begrüßte. Wie groß war seine Ueberraschung, als er in ihm einen alten Schulkameraden wiedererkannte, der nun nicht unterließ, ihn über den wahren Zusammenhang der Ereignisse aufzuklären. Dann aber übertrug der Kapitän dem so zufälligerweise gefundenen Jugendfreunde die Führung seines Schiffes, weil er wußte, daß das Steuer in der Hand eines so seekundigen Mannes eben so sicher ruhe, als in der des erfahrensten der eigentlichen Lootsen. Außer der dem Lootsen für seine Mühe und Arbeit gebührenden Summe, die nicht gering ist, weil die Verantwortlichkeit so groß und die Arbeit die pünktlichste Umsicht erfordert, versprach er ihm natürlich noch, vorkommenden Falles der Waaren in seinem Boote nicht zu gedenken, wie überhaupt nicht des unerlaubten Gewerbes, das er treibe. Ein Dienst ist des andern werth!

Und nun war der Brig und ihrer Mannschaft geholfen. In der That, es war hohe, ja die höchste Zeit gewesen, ihr Ruder kundigen Händen zu vertrauen. Schon trieb der Nordoststurm sie unaufhaltsam südlich, in die Nähe gefährlicher Sandbänke, die jetzt um so schwieriger zu vermeiden waren, als das Wasser ungewöhnlich hoch stand, doch aber nicht

hoch genug, um ein tiefgehendes Kauffahrteischiff wie die
Brig ohne Gefahr über sie hinwegzutragen. Der Schiffer, der
den Steuermann abgelöst und dem nun auch der Kapitän sein
Commando abgetreten hatte, ließ sogleich die Bramsegel entfalten, das große Marssegel halbgerefft hissen, die Raaen
brassen, dann wendete er das Ruder in Lee, und nun vor dem
Sturm aufluvend, wendete die Brig bebend wie ein Roß, das
den Löwen wittert, und flog dann vor dem Winde in einer
ihrer bisherigen Fahrt entgegengesetzten Richtung. Diese
führte sie dem nach dem Boote suchenden Kreuzer entgegen.
Die Nacht war bereits im Weichen. Zwar dämmerte der Morgen noch nicht, noch war's im Osten gleich finster wie im
Westen. Aber doch war die tiefdunkle Finsterniß im Verschwinden, der schwarze Schleier der Nacht war grau geworden, man konnte, wenn auch nur unsicher und mit Anstrengung, vom Steuer der Brig aus das Bugspriet wahrnehmen.
Dazu schien der Sturm im Be-[158]griff sich zurückzuziehen.
Er athmete nur noch in Pausen, in langen Zwischenräumen
fuhren seine wuchtigen Stöße über die Wogen, die noch in
starker Deining sich hoch über einander thürmten. Dieser
Uebergang vom stürmischen Wetter zur Windstille ist den
Schiffen gefährlicher, als der Sturm selbst. Dann fehlt den
Segeln der nöthige Druck, mit welchem sie den Rumpf den
tobenden Wellen entgegenstemmen. Dieser ist mehr denn je
ein willenloser Spielball ihrer ungezügelten Wallungen.
In diesem Augenblick tauchten die Signallaternen des Kreuzers vor dem Buge der Brig auf.
»Schiff voran!« rief die Ausguckwache an Bord der letzteren.
Es war dem, der ihr Steuer führte, erwünscht, so nahe als
möglich dem Zollkreuzer zu begegnen, der sich dann sicher
erkundigen würde, ob man vom Bord der Brig keinem offenen Boot begegnet sei. Und er hatte sich darin nicht ver-
rechnet.
Kaum waren beide Fahrzeuge einander auf etwa tausend

Ellen nahe, als vom Kreuzer eine Leuchtrakete auffuhr, die
im Herabfallen beide Schiffe glänzend erhellte, so daß man
von einem zum andern die ganze Takelage und alle Segelbe-
kleidung deutlich gewahren konnte. Der Kreuzer, der vor
dem Winde fuhr, hatte alles Linnen aufgezogen und flog mit
Sturmeseile durch die Fluthen. In kurzer Zeit war er der Brig
auf Leeseite so nahe, daß eine Verständigung möglich war.
Ein blinder Schuß von seinem Bord nöthigte den Kauffahrer
beizulegen, der Kreuzer that ein Gleiches, und nun führte der
Lieutenant selbst die Unterredung, während seine Fragen
von dem Schiffer beantwortet wurden.
»Woher?« schallte es herüber.
»Von Batavia!« lautete die Antwort.
»Wohin?« – »Nach Hamburg!« – »Loots an Bord?« – »Ja!« –
»Kein Boot gesehen?« – »Keines!« – »Gute Reise!« – »Gleichfalls!«
Wieder flogen die Segel, rasselten die Taue und die Schiffe
trennten sich. Das unvermeidliche Rencontre war für den
Freibeuter glücklich überstanden.
Nun dämmerte bald der Morgen. [ . . . ]
[159] Mit der Wiederkehr der Tageshelle ward die Hülfe des
auf der Brig als Lootse agirenden Schiffers entbehrlich. Der
Kapitän getraute sich nun allein die Untiefen und Sandbänke
vermeiden zu können. Er entließ den Kameraden, dem er zur
guten Stunde begegnet war, und fügte dem verdienten Lohne
noch ein Geschenk aus seiner Privatkasse bei. Der Freibeuter
sprang in sein Boot und stieß von der Brig ab.
Wohin sollte er nun sich wenden? Im Westen, davon war er
überzeugt, kreuzte das Zollschiff, vor ihm im Osten lag nahe
der Elbmündung die dort stationirte Lootsengalliote – beide
waren seine geschwornen Feinde; jenes, weil es Pflicht des
Marineoffiziers war, der Freibeuterei nach Kräften zu steuern, diese, weil die Lootsen auf demselben es übel vermerk-
ten, wenn ein nicht Berechtigter ihnen in's Handwerk griff.
Auch sie haßten die langen, schmalen Inselböte mit dem
einen, rothbraunen Segel.

Zuerst übersah der Schiffer seine Ladung. Davon hatte die See ihm freilich eins oder das andere Kistchen hinweggespült, aber er tröstete sich leicht über den Verlust, trug er doch ein unverhofft erworbenes Sümmchen in der Tasche. Ueberdieß fand er Ruder, Segelbaum und Segel unversehrt im Boote. Für sein Weiterkommen durfte er also nicht besorgt sein. Er legte die Ruder ein und trieb sein Fahrzeug nordwärts. Als er dann die Lootsengalliote aus dem Gesicht verloren hatte, wendete er östlich, und so lange der Tag währte, trieb auf der seichten Woge der Watten, die sich längst der holsteinischen Küste dehnen, das leichte Boot. Mit einbrechender Dämmerung hißte er sein Segel und steuerte westwärts in die offene See hinaus.

Nirgends begegnete er einem Schiffe, auch dem Kreuzer nicht. Als der Mond um elf Uhr Abends aufging, befand sich der Freibeuter in der Nähe jener Dünenschlucht, wo er die Mittagszeit des vorigen Tages zugebracht hatte. Von hier aus konnte er bei der Ebbe seine Heimathinsel zu Fuß erreichen. Daher und weil er der Ruhe bedurfte, lief er wieder in die Schlucht ein, um von dort aus seine Beute, mindestens sein Geld, in Sicherheit zu bringen. [ . . . ]

[160] Mit leichtem Ruderschlage brachte der Schiffer sein Boot auf die Schattenseite der Schlucht. Dort warf er im seichten Sandboden Anker und wußte nun für diese Nacht wenigstens sein Fahrzeug auch dem scharfsichtigsten Späherauge entrückt. Schon war er im Begriff, seine Ladung in einer Spalte der Berge in Sicherheit zu bringen, als ein lauter Knall sein Ohr traf. Der Schuß kam von einem Geschütz, und jedenfalls in nicht zu großer Entfernung. Auch mußte die Mündung der Kanone in die Schlucht hinein gerichtet gewesen sein, denn ein Echo, wegen der weichen Sanddünen freilich, an welche die Schallwellen anprallten, nur ein schwaches, wiederholte den dumpfen Laut.

Es war ein Nothsignal, auffallend freilich in dieser mondhellen, nicht stürmischen Nacht. Aber es konnte nichts andere sein. Hastig sprang der Schiffer eine Düne hinauf, von dere

Gipfel er das Meer überblicken konnte. Aber er brauchte nicht weit in die Ferne zu schauen. Am Fuße der Düne, auf der er stand, von wo eine schmale Sandbank, wie er wußte, sich weit in die See hinausstreckte, saß ein Schiff, offenbar fest, denn es lag unbeweglich und stark auf die eine Seite geneigt mit dicht beschlagenen Segeln. Schon dachte [161] der Freibeuter an die herrliche Ladung, von der er sich jetzt das beste Theil aussuchen dürfe, – als ein abermaliger Blick ihn überzeugte, daß es der Zollkreuzer sei. Er hatte sich zu nahe an die Dünen gewagt, die von denselben beschattete Fluth mußte den Steuermann getäuscht haben, daß er sich noch weiter von der seichten Küste entfernt wähnte, als er es wirklich war. So war der Kreuzer auf die Bank gerathen. Der scharfgebaute Kiel hatte sich tief in den Sand hineingerannt.

Es gab nur ein einziges Mittel, das Schiff wieder flott zu machen. Und dieß war Geduld! Wenn die Fluth kam nach reichlich vier Stunden, und dieß Mal gerade die Springfluth, dann durfte man hoffen, daß das Schiff wieder sich heben würde, aber selbst dann noch bedurfte es der äußersten Umsicht und Kunde der Tiefen und Untiefen, um es aus dem Bereiche der gefährlichen Bank zu bringen, in deren Nähe noch mehrere andere ihre lüsternen Zungen in's Meer streckten. An Bord war Niemand, das wußte der Schiffer, der dieß Manöver auszuführen im Stande gewesen wäre.

Er bedachte sich nicht lange. Hier gab es ein schönes Schiff zu retten, und mehr als Einen Menschen einer vielleicht schweren Strafe zu entziehen. Er eilte wieder die Düne hinunter, lud sein Boot aus, verbarg die erbeuteten Waaren, stieg dann in den Nachen, legte die Ruder ein und steuerte aus der Schlucht hinaus.

Inzwischen waren noch zwei andere Nothschüsse gelöst worden, und als die Besatzung des Kreuzers den Schiffer um den vorspringenden Fuß der Düne heranrudern sah, wähnte sie, es sei Einer der Insulaner, der durch die Schüsse geweckt, ihr zu Hilfe eile. Ganz irrten die Leute freilich nicht, aber daß es der sei, den sie verfolgten, kam ihnen nicht in den Sinn.

Den Seemannshut tief in's Gesicht gedrückt, die Jacke bis hoch an den Hals dicht zugeknöpft, so betrat der Schiffer den Bord des Kreuzers, wechselte mit dem Lieutenant einige Worte, und bereitwillig wurde seine angebotene Hilfe angenommen. Sogleich traf er die nöthigen Vorbereitungen. Die Schaluppe und das kleinere Boot, welche das Zollschiff führte, wurden in's Meer gelassen, mit den Matrosen bemannt und mit starken Tauen über das Hinterdeck hinaus an den Kreuzer befestigt. Ebenso ließ der Schiffer auch sein eigenes Boot festmachen, und mit zwei Ruderern bemannen. Er selbst blieb an Bord mit dem Lieutenant, um das Steuer zu regieren.

[162] Allgemach toste die Fluthwelle heran mit kräftigem Schlage. Die Planken des Kreuzers erzitterten von ihren Stößen. Aber sie löste auch den festgebannten Kiel. Langsam hob sich das Schiff und richtete sich nach und nach wieder gerade in horizontaler Lage. Nun ertheilte der Schiffer den Matrosen Befehl, aus allen Kräften zu rudern. Immer höher rauschte die See am Buge empor und nach unsäglichen Anstrengungen gelang es, das Zollschiff flott zu machen, und es in's freie Wasser zu bringen. Kaum war es darin, so schallte das Commando »Ruder auf!« Rasch wurden die haltenden Taue vom Hinterdeck gelöst und vorn am Kreuzer befestigt, während die Böte vor das Bugspriet ruderten, um dann abermals mit vereinten Kräften das Schiff in die See hinaus zu bugsiren. Von der Schnelligkeit, womit dies Manöver ausgeführt wurde, hing die Rettung des Kreuzers ab, der von dem Ruck, mit welchem er sich von der Sandbank gelöst hatte, rückwärts fortgetrieben, Gefahr lief, auf das benachbarte Riff zu gerathen. Wenige Minuten zu spät, und er hätte auf's Neue festgesessen.

Aber die Raschheit, mit der die Matrosen die Böte tummelten, während der Lieutenant selbst die Taue umlegte, überwand die drohende Gefahr. Der Kreuzer lag nach wenigen

Ein Schiffbruch auf der Bahama-Bank

Augenblicken auf zehn Faden Tiefe. Die geleistete Hilfe ward dem erfahrenen Schiffer reichlich belohnt.

Als er wieder in seinem Boote saß, und die Matrosen des geretteten Schiffes die Segel hißten, lüftete er den Hut und wünschte der Besatzung eine gute Fahrt.

»Das ist der Bursch, den wir suchen!« rief der Bootsmann.

»Laßt ihn«, erwiderte der Lieutenant, »ich habe ihn längst erkannt, er hat als braver Seemann gehandelt. Nicht jeder Freibeuter verdient den Strang. – Marssegel los! Fockbrassen backbord!«

Und der Kreuzer brauste durch die Wogen.

# Sacherzählungen

*Diese während der Aufklärung entwickelte Gattung erlebt in den ersten Jahrzehnten des 19. Jahrhunderts einen großen Aufschwung. Werden zunächst noch die dargestellten Stoffe der Naturgeschichte entnommen, wobei häufig auffällige Naturerscheinungen im Mittelpunkt stehen, so tritt schon bald eine Wendung zu den von Menschen gemachten Dingen ein. Technisches, zunächst als Wunderwerk der Ingenieurskunst, wird zum Gegenstand der Erzählungen, die sich häufig so sehr versachlichen, daß sie oft einem nüchternen, aber engagiert vorgetragenen Bericht ähneln.*

*Der Idealismus der moralischen Geschichte findet im Materialismus der um die Realien kreisenden Erzählungen seinen stärksten Gegenpol. Auch wenn sich lange Zeit noch Sacherzählungen behaupten können, die Belehrendes über die Natur nur zum Lobe der Macht und Weisheit Gottes und der von Gott so gewollten Gesellschaftsordnung vortragen und oft überdeutlich anti-aufklärerische Gesinnungen verbreiten, setzt sich doch die um Objektivität bemühte Sacherzählung durch. Für die religiös bestimmte Sacherzählung ist Natur der Ruhepunkt im wechselvollen Meinungsgeschäft des Alltags, da sie das Werk Gottes, nicht Menschenwerk ist; Studium der Natur ist Studium Gottes. Damit hat sich jedoch die religiös bestimmte Sacherzählung selbst den Übergang von der naturkundlichen zur naturwissenschaftlich-technischen Sacherzählung verbaut.*

*Anknüpfend an den Kampf des Bürgertums um Partizipation an politischer Macht setzt sich die aufklärerische Sacherzählung des 19. Jahrhunderts für eine Demokratisierung des Wissens ein, was in der zweiten Hälfte des 19. Jahrhunderts über Schlagworte wie »Bildung für alle« und »Wissen macht frei« zu einer Auseinandersetzung mit der klassisch-humanistischen Erziehungstradition führt. Bildung im Sinne Wilhelm von Humboldts wird abgelöst von einem technisch-industriell*

344     *Sacherzählungen*

*orientierten Fachwissen. Während dieser Auseinandersetzun-
gen verstehen viele Autoren die Sacherzählung als Mittler
zwischen der Fachsystematik des naturwissenschaftlichen
Unterrichts, der zwar den Geist, aber nicht das Herz beschäf-
tige, und der bloß unterhaltenden Kinder- und Jugendliteratur.*

*Vermitteln die meisten Gattungen der Kinder- und Jugendli-
teratur im 19. Jahrhundert ein Bild von fast absoluter Statik
auf allen gesellschaftlichen und kulturellen Gebieten, so werden die jungen Leser durch die Sacherzählungen plötzlich mit
einer völlig neuen Kategorie konfrontiert: mit der Dynamik.
Der Einbruch des Begriffs Fortschritt in die Kinder- und
Jugendliteratur – versinnbildlicht vor allem in Beschreibungen der Dampfmaschine – in eine scheinbar auf Ewigkeit fest-
gefügte Ordnung stellte einen dramatischen Vorgang dar, den
man heute kaum noch erahnen kann.*

*Nur wenige Jahrzehnte gelingt es der Kinder- und Jugendlite-
ratur, einigermaßen Schritt zu halten mit der technischen und
naturwissenschaftlichen Entwicklung. In dieser Zeit wandelt
sich der Bereich der Technik vom bestaunenswerten Ku-
riosum zum lebensnotwendigen Alltäglichen. Doch bleiben
alle Sacherzählungen notgedrungen populärwissenschaftlich,
das heißt, es werden innerhalb der fiktionalen Bearbeitung
nur Einzeltatsachen aneinandergereiht, nichts aber von den
Methoden und den Grundbegriffen mitgeteilt. So schwankt
auch die Sacherzählung zwischen dem reinen Sachbuch, das
sich aller literarischen Einkleidungen entledigt hat, und der
Erzählung, die nur einzelne Realien zur Stützung des vor-
herrschenden Literarischen heranzieht.*

LEOPOLD CHIMANI

*Vaterländische Merkwürdigkeiten*

1819; 2. Aufl. 1837

[V,143]     *Fürchterliche Naturerscheinung.*

Wie groß und wunderbar ist der Herr der Schöpfung in seinen Werken, und wie wohlthätig zeigt er sich oft, wenn er am
furchtbarsten erscheint! Hiervon ein Beyspiel.
Im Jahre 1713 hörte man auf dem adriatischen Meere, nicht
weit von *Venedig* ein schreckliches Brüllen unter dem Wasser, das dem Donner vieler hundert Kanonen ähnlich war.
Dabey gerieth das ganze Meer zwischen den vielen kleinen
Inseln in Bewegung, sprudelte gewaltsam in die Höhe, und
trieb große Wellen. Man hörte erschreckliche Schläge, wovon
alle benachbarten Inseln auf viele Meilen weit, wie von dem
gewaltsamsten Erdbeben heftig erschüttert wurden. Endlich
sah man Rauch und Flammen durch das Wasser aus dem
Meere steigen. Zu gleicher Zeit aber verdoppelten sich diese
fürchterlichen Schläge. Mit diesen Flammen und diesem Rau-
che wurden viele Steine und ansehnliche Felsenstücke in die
Luft geworfen, und zwar mit solcher Gewalt, daß sie einige
Meilen weit bis in die benachbarten Inseln flogen. Die
Bewohner derselben sahen sich daher genöthiget, auf andere
weit entfernte Inseln zu fliehen, um ihr Leben zu retten. So
tobte unter dem Meere ein Vulkan, der in einem fort Flamme,
Rauch, Asche und Lava auswarf.
Dieser Ausbruch des Vulkans dauerte über einen Monath
fort. Wenn er ja bisweilen einige Tage zu ruhen schien, so
fingen doch diese erschrecklichen Schläge, dieses Feuer-
speyen, Stein- und Aschewerfen bald wie-[144]der, gleichsam
mit verdoppelter Kraft an. Endlich wurde alles ruhig; die
Einwohner der benachbarten Inseln getraueten sich aber dennoch nicht, so bald wieder zu ihren Wohnungen zurück zu

kehren. Sie warteten noch vier Wochen ab, und faßten erst hierzu Muth, nachdem alles so lange ruhig geblieben war.

Als sie wieder auf ihre Inseln kamen, und nach der fürchterlichen Gegend hinsahen, wo sich ein so schreckliches Schauspiel der Natur gezeiget hatte, erblickten sie daselbst etwas Schwarzes in einem weiten Umfange über das Meer hervorragen. Es vergingen jedoch mehrere Wochen, ehe jemand so viel Herz hatte, sich auf einem Bote näher an diese Erscheinung zu wagen, um zu untersuchen, was es eigentlich sey. Endlich wagte man es, und man fand, daß allenthalben Felsen über dem Wasser hervorragten, die zum Theile ziemlich hoch waren. Diese Felsen nahmen beynahe den Raum von einer halben Meile ein. Man wagte es, auf dieselben auszusteigen, und ihr Inneres zu betrachten. Diese Felsen begränzten eigentlich eine neu entstandene Insel, in deren Mitte man eine große Ebene mit schwarzem Erdreiche, einer ausgebrannten Asche ähnlich, fand, wo allem Anscheine nach der Schlund des Vulkans gewesen war. Schon im folgenden Frühjahre fing diese Asche an, mit Gras zu bewachsen, und es war also durch diese schreckliche Naturbegebenheit eine neue Insel entstanden, worauf sich bald Menschen ansiedelten, und die nach und nach eben so gut bewohnt wurde, wie es alle übrigen Inseln des adriatischen Meeres sind. Noch waren nicht zwey Jahre verflossen, so geschah im Jahre 1715 eine wiederhohlte Vorstellung [145] jenes fürchterlichen, aber in verschiedener Hinsicht auch prächtigen Schauspiels der Natur. In einer Gegend des adriatischen Meeres, die nur wenige Meilen von der vorigen entfernt war, ereigneten sich eben die gewaltsamen Bewegungen des Meeres, eben die fürchterlichen Schläge, eben das Hervorbrechen des Feuers aus dem Meere, eben dieses grausenvolle Auswerfen der Steine, Asche und Lava, das sich viele Meilen rund herum erstreckte, und über einen Monath dauerte. Die Natur schien weiter nichts zu thun, als das vorige Schauspiel noch einmahl aufzuführen, wenn etwa die Menschen auf die erste Vorstellung ihren erstaunungswürdigen Wunderkraft nicht aufmerksam genug gewesen wären. Hieraus entstand eine neue Insel, und es vergingen nicht zwey Jahre, so war sie, wie die vorige, von Menschen bewohnt.

[146]      *Fürchterlicher Sturmwind in Wien.*

In der Nacht vom 30. September auf den ersten October 1807 erhob sich in *Wien* und auf einer Strecke von mehreren Meilen in der Umgegend der Hauptstadt, ein Sturmwind aus Nordwest, der als ein fürchterlicher Orkan, dergleichen man bey Mannsgedenken nicht empfunden hat, wüthete. Der Tag vorher so wie der Abend waren heiter und windstill. Nach Mitternacht erhob sich ein starker Wind, und des Morgens zwischen drey und sechs Uhr tobte der Orkan mit wildem Gebrause, und weckte alles aus dem Schlafe. Fenster und Thüren klirrten fürchterlich, ganze Flügel wurden ausgehoben und auf die Gasse geworfen. Die Erde schien zu erbeben, die Häuser schienen zu zittern. Das Geheul und Pfeifen des Windes, das Zuschlagen der Thore, Thüren und Fenster, die aus ihren Angeln gehoben wurden, das Geklirre der gebrochenen Glastafeln, das Anprellen der losgerissenen Dachziegel an die Mauern und Fenster, das Gekrache der einstürzenden Schorsteine, Feuermauern und Schoppen, alles dieses erfüllte mit Schrecken [147] und Grauen. Viele Familien, welche höher liegende oder baufällige Häuser bewohnten, verließen ihre Wohnungen, weil sie keinen Augenblick vor dem Einsturze derselben sicher waren.

Erst des andern Tages sah man die Verwüstungen, welche dieser Orkan angerichtet hatte. Bis neun Uhr wagten es nur wenige, auf der Gasse zu erscheinen; denn noch immer wüthete der Sturm, obwohl er sehr nachgelassen hatte, und niemand war sicher, durch die von den Schorsteinen, Dächern und Mauern herabgeworfenen Ziegel getödtet oder verwundet zu werden. Alle Plätze, Straßen und Gassen

waren mit Trümmern von Ziegeln, Glas-Scherben, Fenster-
Flügeln und losgerissenen Bretern bedeckt. Die hölzernen
Buden waren niedergerissen, beladene Frachtwagen umge-
worfen, die Bäume entwurzelt, entwipfelt oder in der Mitte
des Stammes abgedrehet. Die Kuppel des Thurmes von der
Kirche der Augustiner in der Stadt lag auf der Erde in Trümmer zerschmettert. Der Sturm hatte sie vom Mauerwerke
gehoben, in der Luft umgedrehet, so daß sie in einer ganz
verkehrten Richtung auf der Erde längs der Gasse da lag.
Hätte er sie auf das gegenüberstehende fürstlich Lobkowitz'
sche Haus geschläudert, welche Verwüstungen würde sie
durch ihren schweren Fall angerichtet haben? Vom Stephans-
Thurme wurde eine steinerne Bildsäule herab geworfen. Da
war kein Thurm, keine Kirche, kein Haus, das nicht mehr
oder weniger Schaden litt, mindestens wurde ein oder das
andere Fenster zertrümmert. Die hölzernen Trödlerbuden,
welche damahls sich außer dem Kärntner-Thore auf dem
Wege gegen das Theater an der *Wien* befanden, waren alle
[148] ohne Dach und niedergerissen, die Kleidungsstücke und
das Leinenzeug, welches darin zum Verkaufe war, lag weit
und breit zerstreut herum.
Die größten Verwüstungen hat dieser Orkan in den Gärten,
Auen und Wäldern angerichtet. Die stärksten Bäume lagen,
mit der Wurzel aus der Erde gerissen oder zersplittert, da.
Wo sie mit ihren Wurzeln zu fest in dem Boden hielten, lösete
sich ein Ballen Erde, mehrere Klafter im Durchschnitte, mit
den Wurzeln los, und der Baum stürzte. Besonders haben der
Prater, der Augarten, die Brigitten-Au, und die Auen zwischen den Tabor-Brücken viel gelitten. Sie glichen Verhauen,
so lagen die Bäume über einander. Noch jetzt stehen viele
Bäume im Prater da, welche in diesem Orkane ihre Gipfe
verloren haben. Wo sich die jungen Anlagen im Augarten
befinden, dort hat der Orkan die alten Bäume entwurzelt und
zersplittert.

LUISE HÖLDER

*Unterhaltende Fabeln und Erzählungen aus der*
*Naturgeschichte der Fische, Käfer, Insekten, des Gewächs-*
*und Mineralreichs*

1830

[54]              *Die gebackenen Grundeln.*

(Aus dem Geschlechte der *Bauchflosser*, deren Flossen gerade unter dem
Leibe sitzen.)

Heute ist ein so heißer Tag, sagte *Gustav* zu *Edmund*, seinem
Bruder, daß wir hinaus an den Kieselbach gehen sollten, uns
zu baden. Dieß geschah. Es schlossen sich ihnen noch einige
Kameraden an, und so wanderten sie denn sämmtlich vergnügt zum Thore hinaus. – An Ort und Stelle angelangt,
zogen sie Schuhe und Strümpfe aus, und plåtscherten lustig
im Wasser herum. Als sie aber auf dem klaren Kieselboden
des Baches eine [55] Menge *Grundeln*, nåmlich kleine, kaum 6
Zoll lange Fischchen, entdeckten, die mit ihrem aalförmigen
Körper, wie ein Pfeil, hin und her schossen – beschlossen sie,
welche zu fangen, und dann zu Hause backen zu lassen. –
Alle Hånde setzten sich dabei in Bewegung; aber nur selten
glückte es einer, ihre Beute zu haschen, so flink entschlüpften
die munteren Thiere, deren Haut ganz mit Schleim überzogen war. Sobald sie aber an's Land kamen, starben sie; denn
sie konnten nicht außer dem Wasser leben. Die Knaben füllten zwar ihre Strohhüte damit, und warfen die Grundeln
hinein; allein, die luftigen Behålter hielten nicht fest, und
waren bald wieder leer. – Da sagte *Gustav*: Was schadet's,
wenn wir die Grundeln todt mit uns nehmen? Ob sie nun auf
diese oder eine andere Art eines gewaltsamen Todes sterben,
so kann uns dies einerlei seyn. Und gebacken werden sie uns
just so gut schmecken, als wenn wir sie mit dem Messer, so
wie andere Fische, geschlachtet håtten.

Vorher aber muß ich mir sie doch recht genau besehen, sprach *Edmund*, indem er eines der Fischchen in die Hand nahm. Seht einmal, wie schön dunkelgrün sein Oberleib ist, fuhr er fort, indem er sich zu seinen Kameraden wendete. Der Unterleib ist hellgrün und an jeder Seite des Mundes sitzen ihm drei Bartfasern. Sonderbar genug aber sind seine Augen gebaut, die immer in die Höhe zu schauen scheinen.

[56] Daher gehören die Grundeln auch zum Geschlechte der *Hochschauer*, sagte einer der Knaben.

Ich habe die Grundeln auch zuweilen *Schmerlen* nennen hören, bemerkte ein Andrer.

Die Kinder hatten indessen ihre Fußbekleidung wieder angezogen und wollten sich, mit den gefangenen Fischen, eben nach Hause begeben, als *Gustav* sagte: Wartet noch einen Augenblick; ich will mir nur dort, in jenem schlammigen Wasser, einen *Wetterfisch* oder *Schlammbeißer* holen. Wenn ich ihn meiner Schwester mitbringe, die sich schon lange einen solchen gewünscht hat, weil er das Wetter anzeigt, wenn man ihn in einem Glase mit Wasser aufbewahrt, so wird sie uns dafür um so lieber die Grundeln backen.

Es dauerte auch nicht lange, so zog er aus dem schlammigen Boden einen schwärzlichen Fisch mit orangegelbem Leib, der ungefähr 8 Zoll lang zu seyn schien. Der Körper war mit dickem Schleim überzogen, und am Maul hatte er 10 Bartfäden sitzen. *Gustav* wickelte ihn in ein feuchtes Sacktuch und brachte ihn glücklich nach Hause. Seine Schwester bezeigte darüber eine große Freude, und war dafür sogleich bereitwillig, die Grundeln zu backen, die auch so vortrefflich ausfielen, daß die ganze Gesellschaft sich an ihrem zarten Fleische ungemein ergötzte. Es war dabei nur zu bedauern, daß man sich nicht satt daran essen konnte, weil die Anzahl der Fische gar zu gering war.

HEINRICH AUGUST MÜLLER

## Die Wunder der Natur und die Wunderwerke der Welt

1831

[96]          *Thermometer (Wärmemesser)*

Wärme und Kälte kann man durch's Gefühl unterscheiden
aber, doch nicht angeben und genau bestimmen, wie warm
und wie kalt es sey. Auch in Hinsicht dieses [97] Gefühls
herrscht unter den Menschen keine allgemeine Uebereinstimmung. Manchem kommt die Hitze in einer Stube, oder im
Sommer unter freiem Himmel, unerträglich vor, ein Anderer
hingegen findet sie behaglich. Jungen Leuten friert in der
Kälte nicht, wenn sie sich bewegen, alte Menschen zittern
schon bei schwachem Frost. Um es bestimmt zu wissen, wie
heiß oder wie mäßig die Wärme in der Luft, oder in gewissen
Flüssigkeiten sey, hat man das Thermometer erfunden, der
davon die möglichst richtigen Angaben liefert.
Gesehen habe ich einen Thermometer, aber recht angesehen
habe ich ihn nicht, daß ich ihn beschreiben könnte, sagte
Heinrich. – Minchen erwiederte: der Vater hat es uns gelehrt,
Alles genau zu betrachten, damit wir uns Etwas dabei denken, uns wieder daran erinnern und davon reden können,
wenn wir darnach gefragt werden. Väterchen, was ist denn
der Thermometer für ein Instrument? Du kannst es uns am
besten sagen; dich hören wir am liebsten davon erzählen.
Der Vater begann seine Rede also: ihr wißt es schon, daß die
Wärme die Körper ausdehnt und daß die Kälte sie zusammenzieht. Das kann man sehen. Eine Kugel von Eisen kann man
durch ein Loch stecken, was von allen Seiten von ihr berührt
wird; so, daß sie durch dasselbe dennoch fällt; dies ist aber
unmöglich, wenn sie glühend gemacht ist. Eben diese ausdeh-
nende Kraft der Wärme ist der Grund zur Erfindung des
Thermometers.

Denkt euch, wie bei dem Barometer, womit man den Druck der Luft mißt, unten eine Kugel, von der sich eine Glasröhre erhebt. Die Kugel und ein Theil der Röhre ist entweder mit Quecksilber oder auch mit Weingeist gefüllt.

[98] Das Quecksilber kenne ich wohl, aber nicht den Weingeist, sagte Ernst. – Weingeist ist ein Liqueur, eine Art Spiritus, den man durch destilliren erhält. Er hat keine Farbe und entzündet sich leicht. – Aber warum, so fragte Minchen, füllt man denn die Kugel und Röhre des Thermometers nicht lieber mit Wasser, Bier etc.? – Aus dem Grunde, weil Weingeist und Quecksilber am leichtesten von der Wärme ausgedehnt und von der Kälte zusammengezogen werden. Es giebt auch Thermometer, die man mit Luft füllt. Nach der Materie, die sie enthalten, nennt man sie Luft-, Weingeist- und Quecksilberthermometer. Die Glasröhre bei dem Weingeist- und Quecksilberthermometer wird oben zugeschmolzen, bei dem Luftthermometer ist entweder die Röhre, oder die Kugel offen.

Wird die eingeschlossene Flüssigkeit erwärmt, so steigt sie in der Kugel höher; kühlt sie sich ab, so sinkt sie herunter. Kugel und Röhre sind auf einem Brettchen befestigt. An der Seite der Röhre sind Nummern oder Grade gezeichnet, die es bemerkbar machen, wo, auf welchem Punkte, die Flüssigkeit steht, die die verschiedenen Grade der Wärme andeutet.

Die merkwürdigsten Punkte auf dem Thermometer sind: der Grad des Gefrierens des Wassers (Gefrierpunkt) und sein Siedepunkt. Der erstere steht ganz unten, der andere ganz oben. Man findet den Gefrierpunkt, indem man das Instrument in schmelzenden Schnee steckt und den Siedepunkt, wenn man es in siedendes Wasser taucht. Den Zwischenraum zwischen diesen beiden äußersten Punkten, theilt man in eine gewisse Zahl gleicher Theile oder Grade ab. Solcher Gradanzeiger giebt es verschiedene und nicht ein jeder [99] paßt für jeden Thermometer. Warum nicht? Das sollt ihr sogleich hören.

Herr von Reaumur nahm den untern Frostpunkt an; dann

füllte er das Thermometer mit Weingeist, den er mit Wasser verdünnte und machte nun bis zum Siedepunkte 80 Grade. Bei dem Frostpunkte steht 0, beim Siedepunkte 80. Unter 0 machte er ebenfalls so viele Grade, als über 0 bis zu dem Siedepunkte. Ein solches Instrument nennt man einen Reaumurschen Thermometer.

Fahrenheit bediente sich des Quecksilbers zur Füllung der Kugel und Röhre. Auch auf diesem Thermometer ist ein Gefrier- und Wärmepunkt. Er bezeichnet den Gefrierpunkt mit 0 und zählt bis zum Siedepunkte 212 Theile oder Grade. Unter 0 sind ebenfalls 212 Grade. Nach dem Fahrenheitschen Thermometer müßte der Siedepunkt 600 Grade haben, welches der Siedepunkt des Quecksilbers ist.

Cornelius Drebbel von Alkmar in Nordholland, soll der Erfinder des Luftthermometers gewesen seyn. Er bestand aus einer gläsernen Röhre, die oben mit einer Kugel geschlossen, bis zu einer gewissen Höhe mit einer farbigen Flüssigkeit gefüllt, und mit ihrer untern Oeffnung in ein Behältniß, das eben diese Flüssigkeit enthielt, gesenkt wurde. Die Luft trieb nun, bei ihrer Ausdehnung durch die Wärme, die Flüssigkeit in der Röhre herunter, oder diese stieg auf, wenn sich die Luft durch Kälte zusammenzog. So brauchbar, als die vorigen Thermometer, ist der Luftthermometer nicht, aber er dient doch dazu, schnell vorübergehende Aenderungen der Wärme anzudeuten.

[100] Aber wozu kann es denn nützen, daß ich's weiß, wie warm oder wie kalt es in der Luft ist? fragte Ernst und der Vater antwortete: das ist von vielfachem Nutzen. Hängt ein Thermometer im Zimmer, so kann man in demselben im Winter die Luft bis zu dem Grade erwärmen, daß das Einathmen derselben der Gesundheit wohlthätig ist. Besonders müßte das in Krankenzimmern der Fall seyn. Zu warme Zimmerluft ist ungesund und schädlich. – Gewisse ausländische Pflanzen vertragen nur einen gewissen Grad der Wärme und gedeihen, wie die Ananas, in einer sehr heißen Luft, diese bestimmt man in den Gewächshäusern nach dem Thermome-

T. t. Thermometer    U. u. Unterirdische Höhle

V. v. Vulcan    W. w. Wasserhose

Dampfwagen   3. z. Zauberlicht

ter. Die Essigbrauer bedienen sich ebenfalls dieses Instruments in den Essigstuben, um eine Wärme zu unterhalten, die das Sauern beschleunigt. Auch in den Bädern thut es gute Dienste. Und ist es denn überhaupt nicht gut, wenn man es weiß, wie viele Grade der Wärme oder der Kälte in der Luft herrscht, und welches die wärmsten oder kältesten Tage in einem Jahre sind? Nun wißt ihr's, was das heißt: es waren so viele Grade der Wärme oder Kälte, wovon ein Mensch, der den Thermometer nicht kennt, nichts versteht.

[113]                    *Der Dampfwagen.*

Bisher, lieben Kinder, waren die Schnellposten das Schnellste zum Fortbringen, aber die Engländer, nicht zufrieden damit, haben durch Dampf ein Weiteres erzielt. Eine Gesellschaft von Kaufleuten hat eine Eisenbahn von Manchester nach Liverpool anlegen lassen, und 500 £ Sterling Prämie für den schnellsten und zweckmäßigsten Dampfwagen ausgesetzt. Fünf solcher Dampfwagen haben sich zum Wettlauf angeboten. Der Beding war folgender: 1) dürfte jeder Wagen nicht mehr als 6 Tonnen (120 Zentner) wiegen, der auf einer graden Ebene ein dreimal schwereres Gewicht zehn engl. Meilen in einer Stunde fortziehe; und weil es gefährlich ist, wenn der Druck des Dampfes zu stark, so solle der Druck des Dampfes im Kessel, nicht 50 Pfund auf den Quadratzoll übersteigen.
Der zweite Beding war, daß die Maschine und der Kessel von Federn getragen würden und auf 6 Rädern ruhen sollten, auch dürfte die Höhe vom Boden zum oberen Ende des Schornsteins nicht über 15 Fuß gehen.
Der dritte Beding war, daß die Maschine wirklich ihren Rauch selbst verzehre und mit zwei Sicherheits-Ventilen versehen sey.
Die Herren Braihtwaite und Ericsson haben den Sieg davon getragen und unter dem Namen The No-[114]velty (die Neuigkeit) einen Dampfwagen geliefert, der beladen 21 engl. Mei-

len, mit Reisenden 32 engl. Meilen (ungefähr 6 geogr. Meilen) in einer Stunde fuhr, und unbeladen eine engl. Meile in 1 Minute 53 Secunden zurücklegte.

Diese Dampfwagen laufen auf Eisenbahnen (keilförmige Eisenstangen) die Räder sind also hohl und passen auf jene Bahn.

Dieser Dampfwagen besteht aus zwei Wagen, wovon der eine die Maschinerie und den Dampfkessel, der zweite die Last und Passagiere trägt.

Die Personen konnten lesen und schreiben während der Fahrt, obgleich die Fahrt dermaßen schnell ging, daß sie von Häusern, Bäumen und Gegend kaum etwas unterscheiden konnten.

Die Kosten der Bahn wird zu 650000 Pfund Sterling angegeben (etwa 4½ Millionen Rthlr.) und dennoch ist der Verkehr zwischen Manchester und Liverpool so bedeutend, daß die Unternehmer reichen Gewinn erwarten.

### Zauberlicht.

Als Heinrich unter dem Bilde das Wort Zauberlicht laut gelesen hatte, sagte er: Zauberlicht, das ist ja ein besonderer Name! Ich weiß es ja, daß es keine Zauberer und Hexenmeister giebt, die Wunder thun und Außerordentliches hervorbringen können. Die Taschenspieler machen Vieles, was die Zuschauer nicht begreifen können, die darüber in Erstaunen gerathen; aber es geht [115] dabei Alles ganz natürlich zu, das wissen sie selbst. Man kann die Kunst der Taschenspielerei erlernen. Nun kann ich nicht begreifen, was das heißen soll »Zauberlicht«. So wenig ein Mensch Brod schaffen kann, wenn er kein Mehl hat, aus dem es gebacken wird, eben so wenig kann er da Licht machen oder zaubern, wo keins ist. Vater, löse uns doch das Räthsel.

Der Vater nahm das Wort und sagte: das Bild soll eine Stube vorstellen, in der es ganz dunkel ist. Was ihr da, in Gestalt

eines Kåstchens, seht, ist eine sogenannte Zauberlaterne
(Laterna magica). Der hohle Umkreis, in dem ihr ein Bild an
der Wand seht, wird von der Zauberlaterne auf die Wand
geworfen.

Man hat kleine Glåser, auf welche verschiedene Figuren,
Landschaften, Brůcken, Pallåste, Menschen, Thiere etc. gemalt sind, welche in einem dunkeln Zimmer vergrößert, in
einem Kreise den Zuschauern vorgestellt werden, die man
vorn in die Zauberlaterne so schiebt, daß das Licht in derselben sie erleuchtet. Das Bildchen auf dem Glase wird durch
zwei in eine verschloßene, blecherne Laterne angebrachte
Linsenglåser vergrößert, von denen das erste seine Strahlen
auf das zweite fallen låßt. Um aber das Bild desto stårker zu
erleuchten, ist an der Růckseite der Laterne ein Hohlspiegel
angebracht, in dessen Brennpunkte sich eine brennende
Lampe befindet.

Es gehn Leute mit solchen Zauberlaternen umher, welche die
Bilder derselben fůr Geld sehen lassen und sich davon er-
nåhren.

Die Kinder wůnschten es, das Spiel einer solchen Zauberlaterne zu sehn und wie freuten sie sich, als sie nach einigen
Wochen in die dunkele Stube gerufen wurden und ein kleines,
hellerleuchtetes Bild an der Wand [116] sahen. Der Vater hatte
sich von einem benachbarten Freunde eine solche Laterne
kommen lassen. Viele Bilder wurden ihnen gezeigt, deren
Bedeutung die Kinder erklåren mußten. Sie dankten ihm
herzlich fůr die Freude, die er ihnen gemacht hatte. Er sagte:
guten Kindern ein nůtzliches und unschådliches Vergnůgen
zu machen, das ist die größte Lust der Eltern.

GOTTHILF HEINRICH VON SCHUBERT (Hrsg.)

*Beschäftigungen für die Jugend aller Stände*

1834/35

[I,467]                    *Der Kakerlak.*

Eine Erzählung.

»Geschwind, liebe Mutter, sieh' doch den hübschen Jungen,
der da unten am Hause vorbeigeht mit den schneeweißen,
über die Schultern hängenden Haaren, die so wunderschön
gegen die schwarze Kleidung abstechen!«
So rief der kleine *Albert*, indem er das Fenster hastig aufriß.
Ein solches Haar und eine solche Gesichtsfarbe, sagte die
Mutter, habe ich selbst noch nie gesehen. Man findet wohl
auch bei Kindern weiße Haare, aber weder so blendend weiß,
noch in dem Alter, in welchem dieser Junge zu stehen scheint,
denn er mag wohl schon 12–14 Jahre alt sein. Zu den gewöhnlichen Menschen gehört er einmal nicht.
Ei, da müssen wir den Vater fragen, sagte *Albert*; das höre ich
immer am liebsten, wenn er uns von dem Menschen und
seiner Beschaffenheit etwas erzählt.
Thue das, liebes Kind, sagte die Mutter, und sei hübsch aufmerksam und lernbegierig.
Am Abend, als der Vater aus dem Arbeitszimmer kam, ließen
ihm *Albert* und die andern Kinder keine Ruhe, bis er ihnen
über die wunderbare Erscheinung Aufschluß gab.
Es wird, sagte der Vater, für euch besonders unterhaltend
sein, wenn ich euch von dem Knaben, den ihr gesehen, und
den ich wohl kenne, Einiges erzähle. Zuvor aber muß ich
euch mit der besonderen Gattung von Menschen, zu welcher
derselbe gehört, bekannt machen.
Daß die Verschiedenheit der Himmelsstriche, wie auf alle
Geschöpfe, so auch besonders auf den Menschen einen
besondern Einfluß habe, werdet ihr aus früheren Unterhal-

tungen euch [468] wohl noch erinnern. Jener Einfluß erstreckt sich nicht nur auf den Geist, weßwegen das eine Volk lebhafter, feuriger, erfinderischer, leidenschaftlicher ist, als das andere, sondern auch auf den Körper. [...]

Eine solche Ausnahme von den gewöhnlichen Menschen bilden die sogenannten Monds-Augen-Menschen, Kakerlaken und Albinos.

Die *Monds-Augen-Menschen* findet man besonders in Amerika, wiewohl in sehr geringer Anzahl. Sie sind so weiß, daß auf ihrem Gesichte auch nicht das geringste Roth, wie bei andern Menschen, hervorschimmert. Auch mit der blassesten Farbe eines zarten Europäers leidet jenes Weiße keine Vergleichung. Dasselbe wird noch erhöht durch eine Art von weißem Flaum, der über ihre Haut gleichsam hingehaucht zu sein scheint. Wie die Haare dieser Menschen, so sind auch [469] ihre Augbraunen und Augenlieder weiß und bleiben es beständig. Leztere hängen etwas straff über die Augen herab. Den Tag über meiden sie das Sonnenlicht; bei Nacht sehen sie gut. Daher ihr Name. Jenes Meiden des Tageslichtes führt eine gewisse Trägheit und Unthätigkeit mit sich. Bei Nacht aber tritt eine erhöhte Lebhaftigkeit hervor. Sie leben nicht lange, und werden von ihren Landsleuten theils bewundert, theils gemieden. Man weiß keinen genauen Grund dieser auffallenden Abweichung anzugeben, denn es finden sich solche Menschen in Familien, die ihre ganz gewöhnliche Kupferfarbe haben. Einige Naturforscher halten es für eine Krankheit, was eigentlich nicht der Fall ist, aber darum so scheinen mag, weil jene Leute weicher und schwächlicher sind.

Die *Kakerlaken* sind eigentlich weiß-gestreifte Neger und finden sich vornämlich auf der Insel Java. Sie haben weiße Haare, verschließen ihre Augen bei Tag, und gebrauchen sie nur bei Nacht. – Linné nennt sie Nachtmenschen, die bei Tag in Höhlen leben, daher er sie gar nicht zu den Menschen rechnen will.

Die *Albino's* unterschied man früher von den eigentlichen Kakerlaken nach dem erhöhten Grad der weißen Farbe;

Vernunft und emsiger Fleiß        bringen jeden Segen

Beschäftigungen

für die

Jugend

J. Kühl del.        C. Gonzel sc.

jedoch begreifen neuere Naturforscher beide Arten und wegen der Aehnlichkeit auch die Monds-Augen-Menschen unter Einem Namen, und nennen sie, da sie nur in einigen wenigen Punkten von einander abweichen, kurzweg *Kakerlaken.* [...]

[470] Die weiße Haut, doch mit einem angenehmen Roth, die rothen Augen ohne Pigment mit weißen Augbraunen und etwas stark anliegenden Augenliedern, dabei aber einen hübschen Körperbau, viel Talent und ein sehr religiöses Gefühl hat der bewußte Knabe, den ihr gesehen, und dessen nicht uninteressantes Schicksal ich euch nun erzählen will.

Sein Vater, den er frühe durch den Tod verlor, war ein Bauer, und hinterließ noch mehrere Kinder, von denen nur der genannte Knabe und noch ein Bruder desselben das ausgezeichnete Aeußere, die andern aber die gewöhnliche Hautfarbe der Bauersleute haben.

Aus der Kleidung, die der Knabe trägt, schließet ihr wohl von selbst, daß er nicht bei seinem Stande geblieben ist. Es mag ungefähr zehn Jahre sein, daß die Mutter desselben an einem Charfreitag in eine benachbarte Dorfkirche ging, und, wie dies auf dem Lande oft geschieht, ihren vierjährigen Knaben mit sich nahm. Der Geistliche hatte die Bedeutung des Tages dazu benützt, um ein besonderes Wort zum Andenken [471] der Entschlafenen zu reden, deren Gräber die Kirche rings umgeben. Er selbst hatte in kurzer Zeit alle seine Kinder durch den Tod verloren; das Grab des Lezten war noch frisch und neu. Er hätte wohl noch besser trösten können, wenn er nicht selber des Trostes so bedürftig gewesen wäre. Als nach dem Gottesdienst unter den übrigen Leuten auch die Mutter mit dem weißkopfigen Knaben an der Hand an seinem Hause hinabging, fiel ihm das Aeußere desselben auf, denn er hatte in früherer Zeit einen ähnlichen Menschen gesehen, der in T. studierte, durch Kenntnisse und gutes Betragen eben so viel Aufsehen erregte, als durch sein Aeußeres, und in einem Alter von dreißig Jahren als Professor in E. starb. Die Neugierde veranlaßte ihn, daß er die Mutter bat, auf einige

Augenblicke einzusprechen, um den Knaben genauer betrachten zu können. Er nahm den Knaben, der ihm freundlich entgegenlief, auf die Arme, während die Mutter an der
Thüre stand und weinte. Auf sein Befragen: warum sie
weine? erwiederte sie: »Ach! Sie haben gar kein Kind mehr,
und ich könnte, so lieb ich meine Kinder habe, wohl eines
entbehren.« »Wollte Gott, sagte der Geistliche, daß ich so
reich wäre, wie Ihr.« Und die Augen gingen ihm über, und er
sah mit trübem Blick durch's Fenster auf den Kirchhof vor
seinem Hause und auf die Gräber seiner Kinder, und sah auf
die Todtenkränze an der Wand in seiner Stube. Da fällt ihm,
ohne daß ein Mensch ein Wort weiter redet, der Knabe um
den Hals und spricht: »Du mußt mein Vater sein!« »Wo ist
denn dein Vater?« fragte der Geistliche. Im Himmel, sagte
der Knabe. Nun so bleibt's dabei, antwortete jener, du
kommst zu mir. Die Mutter stand immer noch an der Thüre,
und meinte, das sei von ihrem Kinde nur so im kindlichen
Unverstand geredet. Aber wer dem Manne nicht mehr von
der Seite ging und sich an ihn anklammerte, war der Knabe.
Man wollte die Probe auf einige Tage machen, aber am Oster-
tage suchte er schon die [472] Eier im Pfarrgarten, und sein
Bette war im Pfarrhause aufgeschlagen, und man wußte nicht
mehr, ob die Pfarrleute weniger ohne den Knaben, oder der
Knabe weniger ohne die Pfarrleute sein konnte, die er nun
Vater und Mutter nannte.
Am Ostermontag Abends (es war gerade Vollmond) fragte
der Knabe, ist da oben mein Vater, wo das Himmelslicht ist?
Ja, sagte der Geistliche. Der Knabe streckte gegen den Him-
mel die Arme aus und rief: Sieh doch herab, Vater, wie gut
ich's habe!
Der Knabe hat's wohl gut gehabt bisher, denn er brachte
wieder Freude und Leben in's ausgestorbene Haus. Aber die
Sorge merkte er nicht, die seine Pflegeltern um seine Zukunft
hatten; denn obwohl das schöne Haar und das gute Herz des
Kindes viele Freunde und Bewunderer fand, die auf der
Straße sogar stehen blieben, und ihm nachschauten, wenn er

vorüber ging, so hinderten eben doch die schwachen Augen manchmal. In der Kirche war er am liebsten, in der Schule übertraf ihn Keiner an Fleiß und Religionskenntnissen; auch im Lateinischen und Französischen machte er gute Fortschritte, doch durfte man ihn mit Lesen nicht viel anstrengen, sonst nahm er manchmal ein A statt U. Das Meiste lernte er nur vom Vorlesen und Vorsprechen, wozu ihm sein außerordentliches Gedächtniß half. Von Erlernung der griechischen und hebräischen Sprache oder des Zeichnens, und was überhaupt scharfe Augen erfordert – mußte man abstehen, und sich mehr an die Realien halten.

Beschenkt wurde er von vielen Seiten, denn er war hübsch, wohlgewachsen, artig und klug. Die Kost, sagte sein Pflegvater, darf ich nicht rechnen; Gott hat mir wieder Kinder geschenkt und gesund erhalten, so hat der Knabe mir wieder einen Segen in's Haus gebracht, und wo fünf Kinder essen, ißt auch das sechste. Allein wie es in dem bekannten Verse lautet:

»Mit jedem Schritt wird weiter die rasche Lebensbahn«

so waren schnell zehn Jahre vorüber, und mit dem Schluß der [473] Schuljahre des Knaben standen die Pflegeltern am Anfang einer großen Sorge: was sollte aus dem Kindlein werden? Es war vorauszusehen, daß der Knabe unter zwanzig Berufsarten neunzehn nicht ergreifen könne, wo ein scharfes Auge vonnöthen ist. Aber ist's denn unrecht, wenn man denkt: Gott zeigt einem Jeden einen Weg, und was er erschaffen hat, das will er auch erhalten?

An seinem Confirmationstage erklärte der Knabe, er wolle die Handlung erlernen, und so zeigte sich bald ein gutes Plätzlein in der Nähe, wo er zu seiner Ausbildung hinlängliche Gelegenheit hat, und vermöge seiner Vorkenntnisse gute Fortschritte macht. Manchmal besucht er seine Pflegeltern, und als er in den lezten Weihnachtstagen freudig und rüstig in ihr Haus hereintrat, da war's erst eine ganze Freude, denn mehr als einmal hatten der Pflegvater und die Pflegmutter, wenn sie mit den übrigen Kindern vor dem brennenden Christbaum standen, zu einander gesagt: »Eines fehlt noch, dann wäre die Freude vollkommen.« – »Aber wie geht's denn, sagten nun *Albert*, *Adolph* und die übrigen Kinder, die bisher still horchend dagesessen, wie geht's denn dem Jungen bei der Handlung mit Gewicht, Maß und Münze? da wird's auch oft ein A statt U geben.« Lieben Kinder, sagte der Vater, da hilft Zweierlei: für's Erste muß der Knabe seine Vorsicht und Aufmerksamkeit verdoppeln, und das steht überhaupt der Jugend wohl an. Sodann ist ja der liebe Gott auch dabei, der dem Knaben Kraft, und dem Lehrherrn Geduld schenken wird.

AUGUST WILHELM GRUBE

*Biographieen aus der Naturkunde*

1851

[1]            *Geschichte eines Wassertropfens.*

> Tröpflein muß zur Erde fallen,
> Muß das zarte Blümchen netzen,
> Muß mit Quellen weiter wallen,
> Muß das Fischlein auch ergötzen,
> Muß im Bach die Mühle schlagen,
> Muß im Strom die Schiffe tragen,
> Und wo wären denn die Meere,
> Wenn nicht erst das Tröpflein wäre?

Mancher arme Tropf unter den Menschenkindern hat nicht so viel erlebt, als der kleine winzige Wassertropfen, von welchem ich dir jetzt eine Geschichte erzählen will.

Im Schooße des großen weiten Meeres sprangen im hellen Sonnenschein tausend und aber tausend kleine Tropfen wie lustige Kinder auf dem Schooße ihrer Mutter, und ließen sich

vom Winde hin und herschaukeln. Ein Söhnchen in der zahlreichen Tropfenfamilie war besonders muthwillig und wollte
immer am höchsten springen, aber er fiel, sowie seine andern
Brüder, immer wieder in den Schooß der Mutter zurück.
Zuweilen hing er sich an die Floßen eines Delphins, ließ sich
von diesem eine Strecke weit forttragen und sprang mit ihm
tanzend empor; aber höher vermochte er nie zu springen, als
der Fisch selber, und wie dieser niederfiel und untertauchte,
so mußte er folgen. Als wäre er an einen Faden gebunden, so
zog es ihn immer zur Wasserfläche zurück. Wenn er dann
aufschaute zum klaren blauen Himmel, der wie ein zweiter
Ocean hoch über dem Meere sich wölbte, und an welchem die
strahlende [2] Sonne spazieren ging, so erfaßte ihn die Reiselust, eine gewaltige Sehnsucht, sich in die Luft bis zu den
Wolken emporzuschwingen, mit diesen durch das blaue
Luftmeer zu schiffen, und von oben herab die Erde zu
beschauen. Da bat und flehete denn der kleine Tropf die
Sonne an, daß sie ihn doch einmal zu sich emporziehen und
mitnehmen möchte auf ihre große Reise um die Erde herum.
Der lieben Sonne gefiel der kühne Muth des Wichtleins, und
sie gewährte seine Bitte. Sogleich schickte sie einige von ihren
Strahlen ab, und im Nu waren diese unten im Meere angelangt, um das Tröpfchen mit sich zu nehmen hoch in die Luft.
Damit es aber dem armen Tropfe nicht an Reisegefährten
gebreche, nahmen die Sonnenstrahlen noch eine große Schaar
anderer Tröpflein mit, wovon jedoch unser Wandersmann
gar nichts gewahrte, denn die ganze Reisegesellschaft war
schon von der Sonne in unsichtbare Luft verwandelt worden.
Darum merkte es auch die Frau Mutter See nicht, daß der
kleine Sohn sammt seinen Brüderchen ihr von der Frau Base
Sonne jetzt entführt ward. Im schnellsten Laufe eilten alle
Tropfen der Sonne zu; sie stiegen immer höher und höher, bis
es ihnen ganz schwindlich wurde. Als sie hoch genug gestiegen waren, kamen sie an einen Luftstrom – denn da oben gibt
es auch Flüsse und Bäche, wie unten auf der Erde, nur ist kein
Wasser darin, sondern Luft. In diesen Luftstrom sprangen sie

hinein und ließen sich von demselben fortführen weit über das Meer hinweg dem Lande zu. Als geübte Schwimmer brauchten sie nicht viel Zeit; in einer Stunde hatten sie hundert Meilen gemacht. Das war eine Lust, so schnell durch den Luftocean hinzusegeln, viel schneller als Fische schwimmen und Vögel fliegen können! Und wie erstaunten sie, als tief unter ihnen eine ganz neue Welt sich zeigte! Sie schauten hernieder auf grüne Wiesen und wallende Kornfelder, auf [3] Bäume und Büsche und Städte und Dörfer. Hier pflügte ein Bauer mit seinem Ochsengespann einen Acker, dort sprengte ein Reiter auf muthigem Rosse einher; hier schwang sich ein Adler zu der unsichtbaren Tropfenfamilie hinauf, als wollte er sie begrüßen, und schoß dann wieder nieder gleich einem Pfeil; dort hüpften in dichtbelaubten Wäldern allerlei bunte Vögel und sangen. Wie die Sonne Alles schaut, was sich auf Erden begibt, so hatten auch die Tropfen helle Aeuglein bekommen, und ließen's am Schauen nicht fehlen. Alles war ihnen neu, und als sie im Schooße ihrer Meeresmutter verborgen ruhten, da hätten sie es nimmer sich träumen lassen, so etwas wie eine Stadt, ein Pferd oder einen Acker zu sehen. In ihrer großen Verwunderung und Freude hatten sie gar nicht darauf geachtet, daß die Sonne immer tiefer am Himmel niedergesunken war. Jetzt tauchte sie an eben der Stelle in das Meer hinab, von wo sie ihre Reise begonnen hatten. Da dünkte es unserm Tröpflein, das anfangs am muthwilligsten gewesen war, gar nicht mehr so lustig in den hohen Luftschichten, zumal es hier mit jeder Minute kälter und dunkler ward. Der arme Tropf schaute sich nach einem Obdach um; aber von einer Herberge für die Nacht war auf diesen luftigen öden Gefilden nichts zu entdecken. So faßte er denn den Entschluß, lieber auf der Erde zu übernachten, die ihn mit ihren Wiesen und Bäumen und Blüthen so freundlich angelacht hatte. Gedacht, gethan! Leise und ungesehen schwebte er in die Tiefe hinab. Je tiefer er kam, desto schwerer ward er; er fühlte, wie er aus dem unsichtbaren Dunst sich in einen sichtbaren Wassertropfen verwandelte; er fiel immer schnel-

ler und schneller, und langte endlich auf einem Rosenbusche
an. Eine halb erblühete Knospe eröffnete ihm gastfreundlich
die Thür, und hurtig schlüpfte das Tröpflein hinein, denn in
dem grünen Häuschen war ihm ein dufti-[4]ges Bette zuberei-
tet zur Ruhe für die Nacht. Als der Morgen grauete und im
Osten der Himmel sich röthete, war auch das Tröpflein schon
munter und sah nun mit freudigem Erstaunen, wie es seine
Nachtruhe gehalten in den zarten Rosenblättchen, die gleich
den Strahlen des Morgenroths glänzten. Frisch und wohlgemuth kam es aus seinem duftigen Bette hervor, und setzte sich
auf den Rand eines Blumenblattes. Hier erwartete es die liebe
Sonne, und als sie, prächtig und majestätisch, gleich einer
Königin, am Himmel aufstieg, wünschte es ihr einen freundlichen guten Morgen. Die Sonne freute sich des kleinen hellen
Tropfens, und spiegelte ihr Antlitz in ihm ab, daß er schöner
leuchtete als der Diamant. »Nimm mich wieder auf zu dir, o
liebe Sonne, und laß mich wiederum mit dir reisen, weit über
die Erde hinweg!« – so rief der kleine Tropf der Morgensonne
entgegen, und diese erhörte abermals seine Bitte. Ihre Strahlen zogen ihn schnell zum Himmel empor, und lustig
schwebte er wieder fort über Städte und Länder, über Berg
und Thal. Doch als der Tag immer heißer und schwüler ward,
gingen dem übermüthigen Gesellen die Kräfte aus; er wollte
still halten und ausruhen. Aber auf seinem Wege stand kein
Grashalm, blühete keine Rose, war kein Schatten für den
müden Wanderer zu finden. Er hätte weinen mögen vor lauter Müdigkeit, und schrie in seiner Noth zur guten Sonne:
»Laß mich wieder hinab auf die Erde oder zu meiner Mutter,
dem Meere!« Als er dieß gesprochen, hörte er tausend und
aber tausend Stimmchen über und neben sich, die riefen alle
dasselbe und stimmten in seine Bitte ein; denn es waren seine
Brüderchen, die unsichtbar neben ihm schwammen, und welche getreulich dem kühnen Springinsfeld nachgefolgt waren.
Da erbarmte sich die liebe Sonne und schickte einen kühlen
Wind, der alle die kleinen Tröpfe zusammentrieb in eine [5]
graue Wolke, die je größer wurde, je mehr Tropfen zusam-

menkamen. In dem dichten Nebel konnten sich die Brüderchen anfangs gar nicht erkennen, sie drängten und drückten
sich an einander und wußten nicht, wie ihnen geschah, bis sie
auf einmal in sichtbare, runde Wassertröpflein sich verwandelt sahen, sich alle bei der Hand faßten und in schnellem
Laufe der Erde zueilten. Das rauschte und plätscherte, als das
kleine Heer auf der Erde unten ankam! Die Menschen aber
sprachen: Es regnet! Ein Theil der Tropfen fiel auf einen
hohen Berg und unser kleiner Held gleichfalls. Doch der
hohe Fall that ihm gar nicht wehe; munter und guter Dinge
sprang er an dem steilen Felsabhange hinunter und seine Brüderchen hinter ihm drein, wie die Soldaten hinter ihrem
General. Bald war wieder ein ganzes Heer beisammen, und
Jeder hielt so eng und fest an dem andern, daß sie anwuchsen
zu einem schäumenden Waldbache, der keck in frohem
Uebermuth der Jugend vorwärts strömte. Kamen sie an einen
spitzen und eckigen Stein, der sich ihnen trotzig in den Weg
stellte, so versuchten sie, wer zuerst hinüberspringen konnte,
und der kleine General brachte es immer am höchsten.
Zuweilen hüpfte er auf einen Erdbeerstrauch, der am Raine
des Baches gewachsen war, und schlüpfte dann neugierig in
die weißen Blüthen oder setzte sich auf die rothen Beeren, als
wollte er versuchen, wie sie schmeckten; oder er kletterte
auch wohl auf die Blätter einer überhangenden Erle und
schaukelte da so lange, bis er auf seine Gefährten im Bache
hinunterfiel und mit diesen dann lustig weiter rannte. Als sie
so zusammen eine Strecke fortgehüpft waren, immer bergab,
hörten sie im Thale drunten etwas klappern, und wie sie näher
kamen, erblickten sie ein Haus, vor dem lagen zwei große,
rund zugehauene Steine und standen ein paar Esel, die von
einem weißbestäubten Manne mit Säcken beladen wurden. [6]
An der Hinterseite des Hauses drehte sich ohne Aufhören ein
Rad, über welches der Bach hinwegbrauste. Es war eine
Mühle. Im Innern derselben wurden durch das drehende Rad
solche große Steine gleich jenen, die vor der Thür lagen,
schnell wie im Fluge herumgewirbelt, viel schneller als der

Kreisel, welchen der Knabe peitscht, sich zu drehen vermag. Das waren die Mühlsteine, welche fleißig arbeiteten, das Korn zu weißem Mehl zu zerreiben. Welcher Riese war es aber, der die Kraft besaß, das Mühlrad sammt den schweren Steinen so hurtig zu drehen und zu schwingen? Niemand anders als unsere kleinen Tröpfe, die zu Tausenden über das Rad hinabsprangen und so kräftig auftraten, daß es sich vor ihnen beugte. Wie klein und winzig ein Wassertröpflein allein, in Wahrheit ein armer Tropf; aber wenn die Kleinen sich verbinden, fest wie Brüder an einander halten, dann gewinnen sie Riesenkraft und sind groß! Das Tröpflein mit seinen Brüdern hinterdrein machte muthig den halsbrechenden Sprung, und als es hinabstürzte, war es, als müßte es im schäumenden Wasserstrudel unter dem Rade sein Grab finden. Aber bald arbeitete es sich muthig empor und schwamm weiter so ruhig und wohlgemuth, als sei ihm nichts geschehen. Sein Weg führte zu einem Teiche, worin der Bach mündete. Auf dem Teiche schwammen Enten und Gänse, am Rande hatten die Frösche ihre Wohnung aufgeschlagen, ließen sich's wohl seyn in der warmen Sonne und stimmten lustig ihren quakenden Rundgesang an. Aus dem Schlammboden erhoben sich Karpfen und Schleien, plätscherten und sprangen über den Wasserspiegel empor, so übermüthig, als wären sie Delphine des Meeres. Das machte unserem kleinen Tropf viel Spaß, und er beschloß, eine Zeitlang in dieser kleinen Welt zu verbleiben. Die Enten erkor er zu seinen Schiffchen, mit denen er rechts und links, den Bach aufwärts [7] und abwärts zum Teiche zurückschiffte; die Frösche waren seine Pferdchen, die er keck bestieg, um mit ihnen über die Grashalme zu springen und auf der Wiese spazieren zu reiten. Doch endlich ward es dem Kleinen, der aus dem großen, unendlichen Meere stammte, im winzigen Müllerteiche doch zu eng und zu klein, und er wäre gern wieder zur Sonne aufgestiegen, um mit ihr durch die Lüfte zu segeln nach dem Weltmeere zurück, aus welchem er mit so viel Kühnheit entwischt war. Schon wollte er der Sonne seinen Wunsch wieder vortragen, siehe, da kam eine Frau mit der Gießkanne in der Hand, beugte sich zu dem Teiche herab, erhaschte das Tröpflein in ihrem Gefäß und spritzte es auf die weiße Leinwand, welche neben dem Teiche zum Bleichen ausgespannt war. Da saß nun der arme Tropf auf dem Trockenen, und er wäre schier verschmachtet, hätte nicht die gute Sonne mit ihren hellblickenden Augen zu rechter Zeit seine Noth bemerkt. Rasch zog sie ihn mit seinen Brüderchen aufwärts, so daß keine Spur von ihnen auf der Leinwand zurückblieb, und wohlgemuth schwamm er wieder im blauen Luftmeere dahin. Die Sonne wollte aber nicht fortwährend von kleinen Tröpfen belästigt werden, und um eine Zeitlang Ruhe zu haben, auch dem wanderlustigen Gesellen etwas die Reiselust zu vertreiben, schickte sie ihn jetzt über die Ostsee in das weite Flachland der russischen Ebene, wo es sehr kalt und wenig Merkwürdiges zu sehen ist. Die Reise war lang, und als der Tropfen müde und matt am russischen Himmel anlangte, war es ihm nicht mehr zu heiß. Ein scharfer Wind wehete vom Nordpol her, der machte die Luft sehr frostig, und es kamen wieder Tausende von Wassertröpfchen zusammen, als wollten sie an einander sich wärmen. Doch mit dem Erwärmen war es jetzt schlecht bestellt, denn die Sonne stand tief am Horizont und ihre schrägen Strahlen vermochten [8] kaum den trüben Nebel zu durchdringen. Die Tropfen wollten sich ihre Noth klagen und Rath halten, was nun zu thun sei, da, o Wunder, geschah plötzlich eine Verwandlung. Jedes Wassertröpflein ward zu einem weißen, silberhellen Sterne, geziert mit feinen Nadeln und Härchen, so zart und fein, wie die Härchen auf dem Flügel des Schmetterlings, und wie weiße Schmetterlinge schwebten nun die Eissternchen, im bunten Tanze durch einander hüpfend, zur Erde herab. Da sagten die Menschen: Es schneit! [...]

[11] Wenn du einmal an einem heitern stillen Sommerabende am Strande des Meeres spazieren gehst, und gar kein Lüft-[12]chen sich rührt: so hörst du dennoch ein leises Murmeln

und geheimnißvolles Rauschen, und weißt nicht, von wannen das kommt. Siehe, das sind die Tröpflein, die sich wundersame Geschichten erzählen von den weiten Reisen, die sie gemacht. Und dann gedenke daran, daß der liebe Vater im Himmel, der alle Tropfen im Meere gezählet hat, und sie behütet, daß keins sich verliert und verloren geht, auch deine Schritte lenkt, und dich sicher geleitet durch die Irrgänge des Erdenlebens in das Meer der Ewigkeit. –

# Schauspiele

Bis in die zweite Hälfte des 19. Jahrhunderts hinein wurden
Kinderschauspiele nur im privaten Kreis aufgeführt. Schul-
aufführungen, die bereits im 18. Jahrhundert kaum noch verbreitet waren, fanden selten statt. Öffentliche Aufführungen
in professionellen Inszenierungen auf den Bühnen von Stadt-
oder Privattheatern gab es erst Ende der sechziger Jahre;
das Angebot kommerzieller Aufführungen für Kinder beschränkte sich jedoch schnell auf das Weihnachtsmärchen.
Im biedermeierlichen Familien- und Freundeskreis, vor
allem, wenn sich die Familie zum gebildeten Stand rechnete,
waren Theateraufführungen sehr beliebt. Daß Eltern und
Kinder zusammen mit Freunden und Verwandten gemeinsam
im häuslichen Rahmen sich beschäftigten, kam den Vorstellungen der Zeit von einem harmonischen, im überschaubaren
Kreis tatkräftigen Leben entgegen. Die Stücke wurden Alma-
nachen oder Zeitschriften entnommen, aber auch den ausschließlich für das Kinderschauspiel herausgegebenen Bü-
hern.
In der Hauptintention dienten die Kinderschauspiele der
moralischen Belehrung – darin den Kinderschauspielen der
Aufklärung folgend –, die jetzt nicht selten auf schwülstige,
sentimentale und unwahre Weise vorgetragen wurde. Dennoch lehnten viele Pädagogen die Schauspielerei von und vor
Kindern ab: sie befürchteten unerwünschte Zerstreuung und
übermäßige, nicht mehr zu bändigende Phantasieentwick-
lung. Unorthodoxere Erzieher dagegen verteidigten das Kindertheater als ein gesellschaftliches Bildungsmittel, als eine
Anstalt der öffentlichen Erziehung im Schillerschen Sinne.
Richtiges Sprechen und eindrucksvolles Deklamieren, eine
deutliche Ausdrucksweise der Gefühle und Selbstsicherheit in
der Bewegung – alles für eine spätere gesellschaftlich bedeutende Stellung von Wichtigkeit – könnten Kinder durch die
Aufführung kleiner Schauspiele lernen. Zudem wirke ein von

*jungen Darstellern aufgeführtes Stück in moralischer Hinsicht*
*für die Vorführenden wie für die Zuschauenden weitaus tiefer*
*als jede Ermahnung von Eltern und Lehrern.*

*Doch auch beim Kinderschauspiel konnte nicht vermieden*
*werden, daß sich das Vergnügen, nur als hilfreiches Vehikel*
*geduldet, immer mehr in den Vordergrund drängte. Diese*
*Entwicklung wurde noch dadurch gefördert, daß das morali-*
*sierende Kindertheaterstück der Biedermeierzeit immer mehr*
*zum Rührstück herabsank. So entstanden, vornehmlich schon*
*gegen Ende der Biedermeierzeit, Kinderschauspiele, die sich*
*von jeglicher moralischen Belehrung freimachten und nichts*
*anderes mehr wollten als unterhalten. Diesen Stücken, die auf*
*irgendwelche pädagogische Maximen und moralische Lehr-*
*sätze keine Rücksicht mehr zu nehmen brauchten, sie nur*
*noch im Material verarbeitet mitteilten, gelang nun eine diffe-*
*renziertere Wiedergabe der Protagonisten, deren Reden und*
*Handeln lebensechter und glaubwürdiger wirkten. Es wur-*
*den Festspiele zum Geburtstag, Schwänke und Lustspiele für*
*Kinder veröffentlicht, die sich mehr an den Komödien des*
*Boulevardtheaters orientierten als an pädagogischen Trakta-*
*ten. Damit wurde in der zweiten Hälfte des vergangenen*
*Jahrhunderts eine Entwicklung eingeleitet, in der sich das*
*Kindertheater zu allen spezifisch theatralischen Elementen*
*des Erwachsenentheaters öffnete, eine Entwicklung, die*
*jedoch erst in diesem Jahrhundert weitreichende Auswirkun-*
*gen auf die Kinderschauspiele zeigte.*

CHRISTOPH ERNST FREIHERR VON HOUWALD

## *Buch für Kinder gebildeter Stände*

1819

[9]   *Der Weihnachts-Abend*

Ein Schauspiel in zwei Aufzügen

[10]   Personen.

Madame Sturm, eine Predigers-Witwe.
Auguste,   } ihre Töchter.
Hannchen,
Fräulein Nettchen, Tochter der Besitzerin des
  Rittergutes.
Catharine, eine arme Weberstochter.

Der Schauplatz ist in der Wohnung der Madame Sturm.

[11]   Erster Aufzug.


Erster Auftritt.

Hannchen *und* Auguste *sitzen und spinnen beide.*
*Die Lampe brennt auf dem Tische. Es ist früh morgens.*

Hannchen.
Horch nur! die Glocke schlägt schon sieben,
Und an den Bergen graut der Tag. –
Wo ist die Mutter nur geblieben?
Sie ist schon seit drei Stunden wach.
Auguste.
Ja heimlich schlich sie aus dem Bette,
Doch hört' ich ihren leisen Tritt;
Und nach des Vaters Kabinette

Nahm sie die große Bibel mit.
Dort liest sie stets den Morgensegen,
Und betet auch für uns gewiß.

[12]                    Hannchen.
Das wohl, doch heut ists unsertwegen,
Daß sie sich früh dem Schlaf entriß.
Sie sitzt in Arbeit dort versunken
Und schafft dort für den heilgen Christ;
Hat noch den Kaffee nicht getrunken,
Der draußen noch am Feuer ist.

                       Auguste.
Die gute Mutter! – aber sage,
Was glaubst du, daß sie uns bescheert?
Es ist nur Neugier, daß ich frage,
Denn mir ist jede Gabe werth.

                       Hannchen.
Ja Gustchen! könnt' ich das ergründen! –
Etwa von bunt halb seidnem Zeug
Zwei Kleider die uns niedlich stünden
Zum Putz der Feiertage gleich.
Und Rosaband und Schuh mit Flittern
Und noch ein schönes Tuch dazu! –
Ich möchte fast vor Wonne zittern,
Und habe kaum bis Abend Ruh.

                       Auguste.
Und ein Gesangbuch, schwarz gebunden,
[13]  Und eine Bibel oben drein,
Für unsre stillen Sonntagsstunden, –
Wie wollt' ich da nicht dankbar seyn.

                       Hannchen.
Ja, Fräulein Nettchen, auf dem Schlosse,
Die kann sich wohl auf heute freun!
Da kommt der heilge Christ zu Rosse,
Hier kehrt er nur zu Fuße ein.

                       Auguste.
Nicht doch, er geht mit vollen Händen,

Ins Schloß so wie in jedes Haus,
Und theilt mit Liebe seine Spenden
An die erfreuten Kinder aus.
Weißt du noch, was der Vater sagte? – –
O daß du so vergeßlich bist!
   – »Die Mutterlieb' am heilgen Abend,
    Das ist der liebe heilge Christ!« –
Und ist denn diese Liebe årmer,
Wenn sie nicht Gold und Seide bringt?
Scheint denn die liebe Sonne wårmer,
Wenn sie durch Goldflor auf uns dringt?

[14]                Zweiter Auftritt.

*Die* Vorigen *und* Madame Sturm.

M. Sturm.
Nun guten Morgen! meine Kinder!
Ihr seid ja fleißig! das ist schön!
Die Rådchen drehn sich ja geschwinder
Als wie die Kreisel! – laßt doch sehn.
       Beide Mådchen *zugleich*.
Ach Mutter! Mutter! guten Morgen!
       Hannchen.
Wir warten schon recht lang auf dich!
       Auguste.
Und waren fast um dich in Sorgen,
's ist ohne dich so schauerlich.
       M. Sturm.
O Kinder! mir ist wohl gewesen.
Das Sorgen haltet nur in Acht.
Erst hab ich in der Bibel gelesen,
Und dann an euren Vater gedacht.
[15]        Auguste.
An unsern Vater? – ach ich denke
Wohl auch an ihn, und weine sehr.

Hannchen.

Ich auch! – doch liebe Mutter kränke,
Dich um den Vater nur nicht mehr.

M. Sturm.

Das thu' ich nicht! – ich wills ertragen
Was mir des Schicksals Wille giebt;
Ich will nicht murren und nicht klagen,
Obgleich die Wund' ist tief geschlagen!
Ich habe ihn so sehr geliebt.
Doch immer woll'n wir sein gedenken,
Und seine Tugend vergessen nie.
Die Sonne mag steigen, oder sich senken,
Sein Bild das leit' uns spät und früh.

*Sie stehen eine Zeitlang still und in Erinnerung versunken.*

Auguste.

Laß mich nach deinem Kaffee gehen,
Es brennt wohl sonst die Milch noch an!
*Sie geht hinaus.*

[16]           M. Sturm.

So geh! ich will indeß hier sehen,
Wer von euch beid' am besten spann. –
*Sie besieht das Gespinst.*

Je nun, recht gut! Augustens Faden
Wird schon recht ordentlich und nett.
Allein bei Hannchen könnts nicht schaden,
Er wär ein Bischen mehr gedreht.

*Auguste hat indeß den Kaffee gebracht; die Mutter setzt sich
schenkt ein und trinkt.*

Nun Kinder! Ihr werdets ja wohl wissen,
Welch froher Tag für euch heut ist. –
Die Mutter wird wohl bescheeren müssen? –
Schon sprach sie mit dem heilgen Christ.

Hannchen.

Ach liebe gute Mutter, sage,
Daß er recht reichlich uns bescheert!

Auguste.

Und daß er ja kein Rŭthchen trage,
Und ja nicht mit dem Besen kehrt.

M. Sturm.

Nun wenn ihr artig seid gewesen,
[17] So bringt er nichts vom birknen Reis,
Er giebt so gern den guten Kindern
Und lohnet Folgsamkeit und Fleiß.
Doch muß mit allen euren Sachen,
Eh noch der heilge Abend naht,
Ich mich durchaus bekannt erst machen.

Auguste.

Ich zeige gern sie, in der That!

Hannchen.

Ich auch! ich hab' ein gut Gewissen.

M. Sturm.

Das soll mich freun, doch mach' ich aus:
Wer sich der Ordnung am meisten beflissen,
Am fleißigsten war in Schul und zu Haus,
Am folgsamsten war in allen Dingen,
Kurz wer die Beste war von euch,
Der wird der heilge Christ was bringen,
Dem keine andre Sache gleich.

Auguste.

Wenn aber nun deine Kinder beide,
Du findest der besten Gabe werth?

18]           M. Sturm.

So dank' ich Gott fŭr diese Freude,
Und Beiden sei sie euch bescheert.
Doch Kinder denkt, wie vielen Armen
Bringt heute nichts der heilge Christ.
Sie weinen, es ist zum Erbarmen,
Weil fŭr sie nichts bescheeret ist.
Sie mŭssen andrer Freude schauen!
Ach! fŭr sie wuchs kein Weihnachtsbaum!
Sie mŭssen trockne Rinden kauen,

Und fristen sich das Leben kaum! –
Drum dankbar nehmt die kleinste Gabe,
Auch sie reicht hin vergnůgt zu seyn,
Und was ein jeder ůbrig habe,
Das geb' er, Arme zu erfreun!

A u g u s t e.

Ach! hått' ich viel nur zu verschenken!
Es giebt sich besser, als sichs nimmt.

H a n n c h e n.

Ja, Mutter, laß uns gleich drauf denken,
Daß fůr die Armen sei was bestimmt!

[19]
M. S t u r m.

Wir wollen's. Doch ihr selbst seid Waisen,
Ich eine Wittwe, der Vater ist todt. –
Wir můssen uns noch glůcklich preisen,
Daß uns nicht Mangel drůckt und Noth.
Wir haben nicht zu viel zum Geben,
Und auch beim Geben sei man klug.
Wer schenkt zur rechten Zeit im Leben,
Der hat zum Schenken stets genug. –
Doch nun den Kaffee weggenommen,
Und auch die Rådchen setzt bei Seit'.
Ich sehe Fråulein Nettchen kommen,
Sie ist vom Hause nicht mehr weit.

*Die Mådchen råumen alles weg.*

Dritter Auftritt.

*Die* V o r i g e n. Fråulein N e t t c h e n.

N e t t c h e n.

Guten Morgen, Mutter Sturm! Guten Morgen,
Auguste!
Guten Morgen, Hannchen! ich bin so froh!
[20] Zwar komm' ich so frůh, allein ich mußte,
Ich sehnte mich nach euch allen so.

Auguste.

Wie lieb' ich dich meine theure Jeannette!

M. Sturm.

Willkommen, mein Fräulein, früh ists nicht mehr;
Wir sind schon lange aus dem Bette.

Hannchen.

Und haben gesponnen schon um die Wette.
Jetzt, Nettchen! hol' ich dir Aepfel her.

Nettchen.

Ich dank' euch, ihr lieben fleißigen Mädchen!
Ich weiß nicht, wie es möglich ist,
Zu essen, oder zu sitzen am Rädchen,
Es kömmt ja heut der heilge Christ!
Mama hat gleich mir frei gegeben,
In keine Stunde geh' ich heut;
Sie meint, ich würde nicht Achtung geben,
Ich wäre gar zu sehr zerstreut.

M. Sturm.

Freun Sie Sich immer! Aber ich denke,
[21] Man wird der Arbeit auch nicht satt.
Und besser schmecken alle Geschenke,
Wenn man sie recht verdienet hat.
Ich und die beiden Mädchen meinen:
Die Arbeit kürze nur die Zeit;
Die Stunden fliehn und endlich scheinen
Die Weihnachtslichter weit und breit.

Nettchen.

Schilt nur nicht, Mütterchen! wir wollen
Ja heut zusammen noch fleißig seyn.
Ich bin auch's ganze Jahr fleißig gewesen,
Und dacht', ich wollte mich heut recht freun.
Mama hat mirs auch fest versprochen,
Der heilge Christ sollts wissen genau,
Daß ich just heute vor vier Wochen
So reichlich beschenkt eine arme Frau.

Hannchen.

Wo hast du die arme Frau denn gefunden?

Nettchen.

Ja sieh, als ich spazieren geh,
Da find' ich ein Weib, die Reis gebunden,
Und mühsam hebt sie's in die Höh,
[22] Und schleppt es fort, kanns kaum ertragen,
Und weinte still, und ging vorbei.
Da mußt ich doch nach der Ursach fragen,
Und hört' eine ganze Litaney.
Zwar soll man nicht allen Klagen trauen,
Doch war ich gerührt, und lief nach Haus,
Und nahm aus meiner kleinen Börse
Mit Freuden zwei Ducaten heraus.

Auguste.

Und brachtest sie dem armen Weibe?

Nettchen.

Ja freilich trug ich sie ihr hin.
Glaubt nicht, daß ich es übertreibe,
Die Frau war ganz vernarrt darin,
Sie gab mir ihren besten Segen!
Mir that's so wohl, und die Mama,
Die lobte mich gar recht deßwegen,
Daß sie mich so voll Rührung sah.

M. Sturm.

Das war auch brav! und Gott erhalte
In Ihnen diesen milden Sinn.
[23] Wer aber war denn jene Alte?
Wo ging sie mit dem Gelde hin?

Nettchen.

Was weiß ichs? Thränen wollt' ich stillen,
Und nach dem andern fragt' ich nicht;
Den Wunsch gelang mirs zu erfüllen!

Auguste.

Das Wohlthun ist doch süße Pflicht.

Nettchen.

Dann sprach Mama: ich werd's gedenken,
Daß du so gut gewesen bist! –

Und drum erwart ich auch mit Freuden
Heut einen reichen heilgen Christ.
M. Sturm.
Die Hoffnung wird Sie nicht betrügen!
Jetzt Kinder laß ich euch allein.
Ich habe vieles vor mir liegen,
Was heut noch muß vollendet seyn.

*Die Mutter geht ab.*

[24] <center>Vierter Auftritt.</center>

*Die* Vorigen *ohne* Mad. Sturm.

Hannchen.
Geh du nur Mütterchen! ich denke,
Ich weiß schon, was jetzt liegt vor dir.
Nichts als die heilgen Christgeschenke;
Heut Abend liegen sie vor mir.
Nettchen.
Doch Mädchens kommt, und laßt uns spinnen!
Viel halt ich auf eurer Mutter Wort.
Durch Arbeit soll uns die Zeit verrinnen!
Heut geh ich den ganzen Tag nicht fort.
Mama hat mirs erlaubt zu bleiben, –
Bis zu der Zeit die euch bewußt.
Mag sie indeß nur alles ordnen,
Wir wollen uns freun nach Herzenslust.
Hannchen.
Hör Nettchen! kannst mein Rädchen nehmen!
Ich kann nicht bleiben hier bei dir;
[25] Ich muß zur Küche mich bequemen,
Denn sieh, die Woche steht an mir.
Nettchen.
So geh! und schaffe nur was Gutes!

## Fünfter Auftritt.

Auguste *und* Jeanette *allein. Sie setzen sich und spinnen.*

Nettchen.

Auguste! liebes frommes Kind!
Du weißt ich bin recht frohen Muthes,
Wenn so allein wir beide sind.

Auguste.

Ich auch! Ich liebe dich von Herzen!

Nettchen.

Auch unser Hannchen lieb' ich sehr;
Gern hab' ich sie bei unsern Scherzen,
Doch du bist meiner Seele mehr!

[26]    Du weißt mich oft so zart zu rühren,
Du fühlst es, wenn mir etwas fehlt,
Und weißt mich sanft zurück zu führen,
Wenn Grill' und Leidenschaft mich quält.

Auguste.

Und du mit deiner Lieb und Treue,
Hast immer nur an mich gedacht.
Beschämst mich täglich ja aufs neue,
Und hast viel besser mich gemacht.

Nettchen.

O schweige ja! – sonst könnt' ich meinen,
Ich wäre wirklich schon so gut! –
Komm an mein Herz! – es gleicht dem Deinen,
Hat alles mit dir zu tragen Muth.

*Beide Mädchen stehen auf und umarmen sich. Dann fährt*
*Nettchen fort.*

Doch Gustchen, was ist dir widerfahren?
Du siehst mich ja so traurig an! –

Auguste.

Ich wollt' ein Geheimniß vor dir bewahren,
Ich wollt' ein Geständniß mir ersparen,
Allein ich seh, daß ichs nicht kann.

[27]                    Nettchen.
Komm her! und in mein Auge schaue,
Ob ichs aus Neugier wissen will.
Kann ich dir helfen? so vertraue
Mirs an. Wo nicht, so schweige still.
                    Auguste.
Du sollst mir helfen, sollst es wissen,
Welch eine Sorge still mich quält.
Doch werd' ich weit ausholen müssen,
Weil ich noch gar nichts dir erzählt.
                    Nettchen.
So sprich, daß ich es schnell erfahre.
                    Auguste.
Du kennst doch Weber Ehrlichs Haus? –
Dort trugen vor einem halben Jahre
Die Todtenmänner mit der Bahre,
Den Weber und seine Frau hinaus. –
Die einzge Tochter, Catharine,
Noch seh' ich sie an der offnen Gruft:
Wie sie mit Herzzerreißender Miene
Den Vater und die Mutter geruft.
Erschüttert in des Herzens Fülle,
[28] Schlich ich in ihre Hütte nach;
Da kniete sie in heilger Stille,
Indem sie's: Vater unser! sprach.
Sie sah mich lange erst nicht stehen,
Dann fiel sie weinend an mein Herz, –
Wir beide mochten fast vergehen
Vor Mitgefühl und tiefem Schmerz.
                    Nettchen.
Ich habe nichts davon vernommen;
Du hast auch nicht ein Wort gesagt.
Wir wollen sie doch lassen kommen,
Daß man gleich ein Geschenk ihr macht.
                    Auguste.
Bewahre Gott! zwar ist sie ärmer,

Als einer in dem Orte hier,
Allein ihr Herz schlägt zarter, wärmer,
Als eines nur, das glaube mir.
Nettchen.
Wer aber ist bei dieser Waise,
Da man die Eltern ins Grab gelegt? –
Auguste.
Die alte Großmutter schleicht noch leise
[29] Im Leben umher von ihr gepflegt.
Horch nur! Jüngst war ich hingegangen,
Die Mutter schickt ihr ein Gericht;
Da sah ich Thränen auf ihren Wangen,
Allein die Ursach gestand sie nicht.
Ich drang in sie, ich wollt's erfahren,
Da führt sie weinend mich und sacht
Zum Weberstuhl, und sieh, da waren
Blau weiße Faden aufgebracht.

»Das sollt' mein Weihnachtsröckchen werden,
Der Vater webte fleißig dran. –
Jetzt aber schläft er in der Erden,
Und auch die Mutter, die es spann.
Ach alle Kinder schaun mit Freuden
Zum heilgen Christ, wie sonst auch ich!
Jetzt sitz ich hier in Gram und Leiden!
Der heilge Christ bringt nichts für mich!
Ich wollt auch gerne keinen haben!«
Rief sie und streckte die Arme aus,
»Könnt' ich Euch aus der Erde nur graben,
Euch führen zurück in unser Haus!«
Sieh Nettchen, das konnt' ich nicht vergessen,
Hab dirs nicht aus der Seele gebracht.
Hab lange weinend bei ihr gesessen,
[30] Und an den seelgen Vater gedacht,
Und konnt' es lange nicht recht ermessen,
Wie man dem Mädchen Freude macht.
Doch endlich bin ich zum Kaufmann gegangen,

Und nahm solch blau und weißes Zeug
Wie auf dem Webstuhl angefangen,
Zu Rock und zu Korsettchen gleich.
Das hab’ ich denn dem Schneider gegeben,
Und habs so wie für mich bestellt;
Und heut kommt Schneider und Kaufmann eben
Und fordern nun von mir ihr Geld.

Nettchen.

Das fehlt dir? – Sieh ich will dirs borgen.
Der Noth komm’ ich nun auf die Spur.

Auguste.

Nein, Nettchen! borgen macht nur Sorgen!
Doch aber, bitt’ ich, wechsle nur.

Nettchen.

Wie? Wechseln? Hast du Gold zu geben?
Sieh Gustchen, das verschwiegst du mir?

Auguste.

Ach freilich geht mirs fast ans Leben,
[31] Doch es muß fort! Hier ist es, hier!
Doch mußt du nichts der Mutter verrathen,
Auch gegen Hannchen still wie das Grab!

Nettchen.

Das ist ja der alte Henkelducaten[1],
Den dir dein seelger Vater gab! –
O, deine Tochter ist wohl gerathen!
Sie giebt den ihr so heilgen Ducaten
Und trocknet der Waise die Thränen ab! –
Den wechsl’ ich nicht! das kannst du glauben!
Allein das Geld, gleich hol’ ichs dir.

Auguste.

Willst du mir nicht alle Freude rauben,
So nimm das Gold, und wechsle mir.
Willst du es nicht, ich geb’s dem Schneider,
Wechsl’ er es dann nach seinem Sinn,

---

1 Mit einem Aufhänger versehener Dukaten, der als Schmuckstück getragen
 werden kann.

Und nehme freudig meine Kleider,
Und trag sie Catharinen hin.
Nettchen.
Du seltnes Mådchen, sei nicht bôse!
So gieb nur den Ducaten mir,
Und daß ich dich aus der Noth erlôse,
[32] Ich hol' dir Silbergeld dafûr.
Doch eine Bedingung will ich machen:
Gieb zu, daß ich begleite dich.
Wenn du dem Mådchen giebst die Sachen,
Und daß ich mit euch freue mich!
Auguste.
Bewahre Gott! Sie darfs nicht wissen,
Wer ihr das Kleidchen hat bescheert.
Mein schôner Plan wâr ja zerrissen,
Und meine Freude ganz zerstôrt.
Sieh, beide gehn alle Nachmittage
Nach dûrres Holz in unserm Wald,
Da schleich ich heimlich mich und trage
Das Kleid ihr in das Stûbchen bald,
Und lege einen Zettel drûber:
>>Der heilge Christ hat dich bedacht,
Und was dein Vater nicht vollendet,
Das hat er fûr dich fertig gemacht!<<
[...]

[35]                    Zweiter Aufzug.

                        Erster Auftritt.

*Im Hintergrunde stehen zwei Tische mit Lichtern, auf jedem*
*ein Weihnachtsbaum; in der Mitte zwischen beiden steht ein*
                  *verdeckter großer Korb.*

                  M a d a m e   S t u r m *allein.*
                          [...]
[36] Doch überall, wo wir hier wandern,
     Kommt zu der Freude auch der Schmerz! –
     Augusten lieb' ich vor der andern,
     Und doch verwundet sie mein Herz. – –
     Sie hielt so heilig alle Sachen,
     Von ihrem Vater eingeweiht,
     Drum wollt' ich zum Geschenk ihr machen
     Des Vaters große Bibel heut.
     Doch solchen Leichtsinn zu verrathen,
     Und zu verlieren, sie weiß nicht wie,
     Den ihr vom Vater geschenkten Ducaten!
     Das wirft kein gutes Licht auf sie.


                        Zweiter Auftritt.

       *Die* V o r i g e *und* F r ä u l e i n   N e t t c h e n.

                        N e t t c h e n.
     Darf ich wohl helfen, Mutter Stürmchen,
     Den heilgen Christ hier ordnen geschwind? –
     Die Mädchen lauschen wie die Würmchen,
     Indeß wir hier geschäftig sind.
[37]                    M.   S t u r m.
*Sie deckt den Korb auf, und nimmt, indeß sie spricht, die Sa-*
     *chen heraus, und ordnet sie auf Hannchens Tisch.*
     Gut, kommen Sie! vor allen Dingen
     Erst Hannchens Tisch auf diese Seit.
     Der soll der heilge Christ heut bringen:

Zuerst ein buntes Leinwandkleid,
Dann ein Paar Schuh von schwarzem Leder,
Den Weihnachtsbaum, ein Buch Papier,
Dann eine neu geschnittne Feder
Und endlich ein Gesangbuch hier.
Zuletzt des Vaters große Bibel.

Nettchen.

Wie? kriegt denn die Auguste nicht? –

M. Sturm.

Nein! ach es ist zu sagen übel,
Auguste, die verdient sie nicht!

[...]

[39]          Dritter Auftritt.

*Die* Vorigen *und* Catharine.
*Sie trägt den blau leinewandnen Anzug.*

Catharine<br/>auf Nettchen zueilend.

So hab' ich, mein Fräulein, Sie endlich getroffen!
O heißen Sie mich nicht wieder gehn,
[40] Sie werden den Dank, ich darf es hoffen,
Des armen Mädchens ja nicht verschmähn!

Nettchen.

Wer bist du, Mädchen? was bedeutet
Denn dieß? was soll dir meine Hand?

Catharine.

Sie haben mich ja neu gekleidet,
In diese bunte Leinewand;
Sie haben Worte dazu geschrieben,
Dem wunden Herzen, ach! so werth!
Sollt' ich den heilgen Christ nicht lieben,
Der so erfindungsreich beschert?

*Sie giebt einen Zettel an Madam Sturm, die ihn ließt, indeß*
*Nettchen die Hand vor die Augen hält.*

[...]

[41]                M. Sturm.
   *nimmt Nettchen die Hand von den Augen weg.*
Sie soll die Augen nicht verdecken,
Die Hand, die diesen Zettel schrieb.
Sie brauchen Sich nicht zu verstecken
Mit Ihres Herzens edlem Trieb.
O, daß ich hoch die Mutter preise!
Die solch ein theures Kind gebar,
Das wie ein Engel zu der Waise,
Sich schleicht, und seine Gaben leise
Bescheert, so zart und wunderbar.
                Nettchen.
*fällt Catharinen um den Hals und reicht abgewendet Madam
                Sturm die Hand.*
O schweigt! sonst muß ich ja vergehen!
Wißt ihr es denn, daß ich es that? –
Habt ihr den Engel denn gesehen,
Der euer stilles Haus betrat? –
                Catharine.
Sie sind's, ich lasse drauf mein Leben!
[42] Sie haben der Großmutter neulich ja
Am Busch auch zwei Ducaten gegeben.
Sie sind ja stets mit Hülfe nah.
                [. . .]


[46]            Fünfter Auftritt.

      *Die* Vorigen *und* Mad. Sturm.
*Sie eilt klingelnd herein; hinter ihr kommen die Mädchen
                gesprungen.*

                Hannchen.
Welchs ist mein Tisch?
                Auguste.
                Und welchs der Meine?
            Beide *zugleich.*
Geschwind, o Mutter! zeig es mir!

M. Sturm.
*Zu Hannchen.*
Der mit der Bibel ist der Deine!
*Zu Augusten.*
Und dieser ist Augusten hier.

*Beide Mådchen eilen zu ihren Tischen, und besehen die
Geschenke schnell. Endlich ergreift Hannchen die Bibel,
indeß Auguste mit gefalteten Hånden vor ihrem Tische stehen
bleibt.*

Hannchen *hôchst erfreut.*
Des Vaters Bibel! Ach gute Mutter!
Dieß kôstliche, dieß theure Buch!
[47]            *Sie schlågt den Titel auf.*
Sieh da! der alte Martin Luther,
Und hier, des Vaters Namenszug!

*Auguste ermannt sich, indem sie Nettchen und Catharinen
stehen sieht, ergreift das Gesangbuch und geht zur Mutter.*

Auguste.
O gute Mutter! gieb nur wieder
Auch mir ein freundlich liebes Wort!
Ich will durch diese schônen Lieder
Auch besser werden immer fort.
M. Sturm.
Das mußt du auch, mußt drûber wachen,
Daß du viel ordentlicher wirst,
Und nicht die dir so theuren Sachen,
Wie eine Nadel leicht verlierst.
Der Leichtsinn fûhrt uns stets zum Uebel,
Das Uebel ziehet Folgen nach,
Sonst wåre dein heut diese Bibel,
Doch halt' ich streng, was ich versprach.
Auguste.
Nun Mutter! sei nur außer Sorgen!
Kommt Hannchen doch die Bibel zu.

[48] Sie wird sie mir schon manchmal borgen,
　　Nicht wahr? du gutes Hannchen, du? –
　　　　　　Hannchen.
Von Herzen gern! doch aber schaue
Nur was uns noch bescheeret ist!
Daß ich kaum meinen Augen traue!
Du lieber reicher heilger Christ!
　　　　　　M. Sturm.
Erkennt der Mutter guten Willen!
Nehmt froh, was ich mit Freuden gab!
　　　　*Sie sieht Nettchen an.*
Doch kennt ihr Jemand, der im Stillen
Des Wohlthuns Pflicht weiß zu erfüllen
Und Waisen trocknet Thränen ab? –
Schaut hier die arme Catharine,
Das hübsche Kleidchen, das sie trägt,
Das hat ihr Nettchen wie ein Engel
Ins Stübchen heimlich hingelegt.
　　　　Catharine *zu Augusten.*
Just wie's der Vater angefangen,
Und wie ichs Ihnen jüngst gezeigt.
[49]　　　　Nettchen.
*Sie fällt Augusten um den Hals, führt sie hastig vorwärts, und*
　　*spricht mit verhaltner Rührung leise zu ihr.*
Siehst du die Schaam mir auf den Wangen?
Wie Blut und Thränen aufwärts steigt?
　　　　　　Auguste.
Ich halte dich ja fest umfangen,
Zu sehn, wie treu die Freundschaft schweigt.
　　　　　　Nettchen.
Doch mußt du nicht zu viel verlangen;
Fast ist der Muth mir ausgegangen,
Weil's über meine Kräfte steigt!
　　　　M. Sturm *tritt zu ihnen.*
O liebt euch immer! – Hannchen, nahe
Auch dich und schaut auf Nettchen hin.

Daß ich die Hoffnung noch empfahe:
Ihr Beispiel leite Euren Sinn.

[50] Gönnt meinem Alter doch die Freude,
Die Nettchen ihrer Mutter giebt.
Daß keine Mutter ich beneide,
Und einst mit dem Bewußtseyn scheide,
Daß ihr, wie sie, die Tugend liebt.

**Nettchen** *hastig.*

Es ist zu viel! – ach mit Vergnügen
Stürb' ich, macht Freundschaft mir's zur Pflicht.
Doch eine Mutter zu belügen,
Und sie um Wonne zu betrügen,
Das billigt selbst die Freundschaft nicht! –
Du sollst mir's länger nicht verwehren!

*Sie läuft zum Tisch, bindet etwas aus dem Schnupftuche, legt*
     *es auf den Tisch, und deckt das Tuch drüber.*

He! Mutter! kommen Sie heran!
Ich will auch Ihnen 'was bescheeren;
Nicht wahr, Sie nehmen's freundlich an? –

**M. Sturm.**

Was ist's, das Sie mir geben wollen?

[51]           **Nettchen**
     *nimmt Madam Sturm bei der Hand.*

Lohn ist es für die Muttertreu.
Zwang ist es zwar zum Thränenrollen,
Doch liegt der Balsam gleich dabei.

**M. Sturm.**

Das kann ich nimmermehr errathen! –
Das klingt ja wie ein Zauberspruch!

**Auguste**
     *heimlich ängstlich.*

Du wirst mich doch nicht gar verrathen?

**Nettchen**
     *zu Madame Sturm.*

Wohlan! so heben Sie das Tuch!

M. S t u r m *erstaunt.*

Was, Gustchen? das ist dein Ducaten?
Das ist mir wunderbar genug.

[52]                    N e t t c h e n.

Seht ihr! nun ist Auguste böse.

*Sie faßt Augustens Hand.*

Machst du mir so das Leben schwer,
Weil ich das Räthsel endlich löse?

*Zu Mad. Sturm.*

Sie selbst gab den Ducaten her.
O, daß ich hoch, dich Mutter, preise!
Die solch ein theures Kind gebar,
Das wie ein Engel zu der Waise
Sich schleicht und seine Gaben leise
Bescheert so zart und wunderbar!
Das Geld hab' ich ihr wechseln müssen,
Damit bezahlte sie das Kleid.
Ich habe lang zu schweigen wissen,
Ob ihr mir gleich das Herz zerrissen,
Doch endlich treibt ihr mir's zu weit.

M. S t u r m.

Was hör' ich? aber diesen Zettel,
Den, Nettchen, schrieb doch Ihre Hand.

[53]                    N e t t c h e n *ärgerlich.*

Ja freilich schrieb ich diesen Bettel!
Sie wollte ja nicht seyn erkannt! –
Den Namen hab' ich hergegeben,
Indeß ihr still die That gelang.

*Auf die Bibel zeigend.*

S i e stahl die Freuden sich im Leben,
I c h erndtete dafür den Dank.

M. S t u r m.

Auguste! und du konntest schweigen?
Indeß ich streng mit dir verfuhr? –
Du wolltest nicht dein Herz mir zeigen?
Ertrugest still die Ahndung nur? –

Auguste.

O Mutter! wollst du mir vergeben!
Reich mir nur freundlich deine Hand.
Sprachst du nicht oft: »Wer recht will geben,
Der gebe still und unbekannt!«

M. Sturm.

Der Waitzen fiel auf guten Acker,
[54]  Und sproßt mit Freuden himmelwårts!
O meine Tochter! du bist wacker! –
Komm an mein tief gerührtes Herz!

*Die Mutter umarmt Augusten, Catharine küßt ihr die Hand.*

Catharine.

Ich sollte nicht den Engel kennen,
Der mir den heilgen Christ gebracht?
Nicht segnend seinen Namen nennen,
Da er doch liebend mein gedacht?

Nettchen.

Seht ihr! das habt ihr mir zu danken,
Das Råthsel lößt' ich euch allein.
Auguste! laß uns nimmer wanken,
Und treu uns und der Tugend seyn.

M. Sturm.

Und den Ducaten, bis ich sterbe
Trag' ich als Schmuck, als Amulett;
Und reich' ihn dir als schönstes Erbe,
Auguste, auf dem Sterbebett'!

[55]  Auguste.

Ach Mutter! Nettchen! ach, vergehen
Möcht' ich, vor wonnigem Gefühl.

M. Sturm.

O könnte dieß der Vater sehen,
Das wåre seiner Wünsche Ziel.

*Die Mutter hålt Augusten umschlungen. Hannchen hat die
ganze Zeit über in sich versunken an ihrem Tische gestanden,
jetzt ergreift sie plötzlich die Bibel, eilt damit in den
Vordergrund, und låßt sich vor Augusten auf ein Knie nieder.*

### Hannchen.

O meine Schwester! sieh ich nahe
Mich zwar zuletzt, doch liebend dir!
Du warst die Beste, so empfahe
Zum Lohn des Vaters Bibel hier.
Ich weiß, daß Mutter nicht ums Leben
Mir wieder dieses Buch entreißt;
Drum laß mich dir es selber geben,
Denn auf dir ruht des Vaters Geist!

*Auguste hebt Hannchen auf und schließt sie in ihre Arme.
Die Mutter umschlingt beide Kinder, Nettchen und Catharine
[56] stehen auf beiden Seiten, so, daß alle nach dem Vorder-
grunde gewendet sind, und die Mutter in der Mitte beider
Töchter steht.*

### M. Sturm.

Ich seh' es Kinder, daß euch beide
Des Vaters edler Geist umschwebt! –
O Heil der Mutter! welche Freude
An ihren Kindern hier erlebt!

*Der Vorhang fällt.*

AURELIE

*Die Geburtstagsfeier*
Festspiel in einem Akt
1849

[42]                    Personen.

Der Vater.
Die Mutter.
Paul, 12 ⎫
Mathilde, 14 ⎪
Ida, 11          ⎬  Jahr alt.
Otto, 9        ⎪
Hänschen, 5 ⎭
Friedrike Bretfeld, Kinderfrau.
Eine Zigeunerin.
Thomas, Bedienter.
Lisbeth, des Gärtners Tochter.
Einige Bauernmädchen.

Die Handlung spielt in einem Gartenhause in der Nähe einer
Hafenstadt.


[43]                    Erste Scene.
*Die Bühne stellt ein hübsch decorirtes Zimmer dar, mit zwei
Seiten- und einer Mittelthür; zur Rechten ein Piano, links
ein Tisch mit einer Decke, auf welchem Lichter stehen.*
Mathilde, Ida *und die Kinderfrau sind beschäftigt Blu-
menguirlanden aus einem Korb zu nehmen und weisen den
Diener an wo er sie befestigen soll.* Otto *geht, ein Blatt
Papier in der Hand, im Zimmer auf und ab, und recitirt halb-
laut ein Gedicht.*

                    Mathilde.
Hier, Thomas! so, über der Thür . . . halt, es hängt noch ein
wenig schief.

Ida.

So, jetzt wirds recht seyn.

Bretfeld.

Nun kommt mirs erst ganz schief vor.

Mathilde.

Du hast kein Augenmaaß, gute Bretfeld.

Bretfeld.

Was habe ich nicht? – Wer mir das gesagt hätte, als ich Euch
die ersten Strümpfe anpaßte, ihr würdet mir einmal vorwer-
fen, daß ich nicht richtig messen könnte! –

Ida.

Es giebt noch immer Vieles, liebe Bretfeld, was wir von Dir
lernen können.

[44]

Bretfeld.

Bedanke mich schönstens fürs Compliment.

Mathilde.

Nur keine Zeit versäumt! Komm Ida, laß uns den Tisch auf-
putzen.

*(sie nehmen aus einem kleinen Korb verschiedene Stickereien
und kleine Geschenke, und setzen Blumen in die Vasen, während der Diener und die Kinderfrau noch mit den Kränzen
beschäftigt sind.)*

Ida.

Wir hätten gestern Abend fertig werden können, aber die
Mutter wollte gar nicht zur Ruhe gehn.

Mathilde.

Sie seufzte so viel: gewiß war sie besorgt um unsern Bruder
Emil, weil so lange Zeit keine Nachricht von ihm gekommen
ist. Ich glaube ein Brief aus Westindien wäre ihr lieber als alle
unsere Geschenke. Warum mußte er auch wie Humboldt aus
Wißbegier nach Mexico reisen! Andere vernünftige Touristen
haben genug an Spanien oder Egypten.

[...]

45]

*(Paul kommt.)*

Mathilde.

Nun, da bist Du endlich, nachdem wir mit der Ausschmük-
kung des Zimmers fertig sind.

Paul.

Laßt doch die Kindereien, und hört ein wichtiges Geheimniß.

Mathilde *und* Ida.

Ein Geheimniß?

[. . .]

[47]    Paul.

Jetzt hört gut zu: Als wir gestern Abend aus der Stadt heimkehrten, bemerkte ich, daß der Vater Thomas bei Seite rief.
»Sage Christian«, flüsterte er, »daß er den Fuchs und den
Schimmel zur bestimmten Stunde gesattelt halte; ich werde
mit einem Wagen aus der Stadt wieder kommen, will aber
nicht gesehen seyn. Laß das hintere Gartenpförtchen offen,
und halte auch die Thüre der Wendeltreppe auf, die nach dem
blauen Zimmer führt.« Was er weiter sprach, konnte ich leider nicht hören.

Ida.

Der Vater ist ja aber nicht ausgeritten? denn er sprach noch
vor wenig Augenblicken auf dem Gang mit der Bretfeld.

Paul.

Das ist's ja eben! hört nur. Ich hatte mir fest vorgenommen,
aufzupassen, – ich war schon um vier Uhr aufgestanden, und
an die kleine Gartenpforte gegangen . . . . .

[. . .]

[48]    Paul.

Nachdem ich vergeblich geweilet hatte, kehrte ich endlich
zurück und sehe mit Erstaunen Licht auf des Vaters Zimmer.

Mathilde.

Du hättest Dich hier viel nützlicher machen können, statt den
Späher abzugeben.

Ida.

Und das ist alles, was Du uns zu verkünden hast? –

Paul.

Nicht doch! – Ich schlich mich in den Stall, fand den Reit-
knecht schon gestiefelt und gespornt, und Fuchs und Schimmel schweißtriefend. – Wo sind denn die Pferde schon am
frühen Morgen gewesen, fragte ich? Ich habe sie in die

Schmiede geritten, brummte Christian. Sehr wahrscheinlich,
da er in der Livree steckte! – Doch hört nur. Ich besinne mich
auf die blaue Stube, – ich will die Wendeltreppe hinauf, –
finde sie verschlossen. *(Er geht an die Thür rechts.)* Auch hier
ist der Riegel vorgeschoben; überzeugt Euch selbst!

I d a *(an der Thür).*

Es ist wahr! – Sogar das Schlüsselloch verwahrt! Ich kann
nichts sehn.

[49]                                  P a u l .

Nun, was sagt Ihr dazu? Steckt da nicht eine wichtige Begebenheit dahinter?

M a t h i l d e .

Wahrscheinlich ganz einfach eine Ueberraschung die der
Papa unsrer lieben Mutter bereiten will. Gewiß fand er
gestern in der Stadt irgend ein passendes Geschenk, das er in
ihrer Gegenwart nicht im Wagen unterzubringen wußte.

P a u l .

Das müßte schon gewaltig umfangreich seyn, daß man ihm
eine ganze Stube einräumte. Etwa eine Statue für den runden
Grasplatz, . . . .

I d a .

Nein, ich hab's! Ein Feuerwerk!

P a u l .

Da kann ich mit meinen Schwärmern und Leuchtkugeln nur
einpacken.

M a t h i l d e .

Warum? sie finden auch noch Platz in der Luft.

*(Die Kinderfrau und* L i s b e t h .*)*

[. . .]

[50]                                L i s b e t h .

Nein, hören Sie nur! Wie ich gestern Nacht durch den Garten
gehe um die Kränze in der Laube festzumachen, da höre ich
die Hausthür knarren. Ich denke es wird mein Vater seyn, der
mir helfen will, denn er war auch noch wach: es schlug eben
Zwölf an der Thurmuhr. Mit einemmal raschelt etwas neben
mir in der dunkeln Allee, und wie ich aufsehe, da geht zwischen den alten Kastanienbäumen . . . .

Ida.

Nun?

Lisbeth.

Mich schauert's noch, daran zu denken! –

Bretfeld.

Albernheit! –

Lisbeth.

Eine lange weiße Gestalt einher, und schwebt langsam auf die Gartenpforte zu.

[51]                Mathilde.

Nun, was thatst Du?

Lisbeth.

Was werd' ich gethan haben? Ich lief davon! Mit Gespenstern mag ich mich nicht abgeben. Ich habe schon genug daran, wenn mir meine Großmutter die Geschichte von den Falschmünzern erzählt, und die von . . . . .

Ida.

Also Du glaubst . . . . .

Lisbeth.

Sicherlich war es ein Gespenst.

Paul *(bei Seite).*

Es wird der Papa gewesen seyn, als er eben wegreiten wollte! – *(laut)* Hast Du sonst nichts gehört? –

Lisbeth.

Freilich! – Nachdem ich die Geschichte dem Vater erzählt, kroch ich in mein Bett, und versteckte mich tief unter die Decke. Aber ich konnte nicht einschlafen, und hörte die Fliege an der Wand knistern. Zu meinem Aerger schliefen die Andern alle fest und schnarchten laut: ein paar Mal schlug ich tüchtig mit dem Stuhl gegen die Erde, um sie zu wecken, denn ich mochte nicht allein wach seyn. . . .

Paul.

Wie menschenfreundlich!

[52]                Lisbeth.

Aber es wollte nichts helfen. Sie schliefen nur desto fester. Da mit einemmal höre ich im Garten Pferdegetrappel: ja es gibt

auch Pferdegeister, das weiß ich aus der Ballade von der
Lenore. Ich versteckte mich nur um so tiefer in mein Bett:
bald darauf aber ging die Hausthür wieder, und nun hörte ich
ganz deutlich, wie die Geister die Treppe hinaufstiegen.

Paul.

Also waren's ihrer mehrere?

Lisbeth.

Gewiß ein halb Schock! Das ist aber noch nicht Alles, ich
hatte mich eben ein Wenig erholt, der Mond stand noch am
Himmel . . . .

[ . . . ]

Lisbeth.

Da guckt zu unserm Fenster herein eine Erscheinung in einen
braunen Mantel gehüllt, – gerade wie der Geist in der
Geschichte vom Rothmantel, – und glotzt mich an. Ich schrie
laut auf, aber in dem Augenblick war auch der Spuk verschwunden.

Paul.

Ein Spuk bei Tagesanbruch?

53] Lisbeth.

Ja es ist ungewöhnlich, aber es kommt auch vor, sogar bei
hellem lichtem Tage. Z. B. die Geschichte vom Ahas-
verus, . . . .

Paul.

Tausend, wie bist Du belesen! –

Lisbeth.

Ja, der Vater bekommt immer seine Sämereien in gedrucktes
Papier gewickelt; es ist nur schade, daß jedesmal entweder der
Anfang oder das Ende fehlen: aber ich finde mich schon zu-
recht.

[ . . . ]

[54]                    Zweite Scene.

*Die Kinderfrau öffnet leise die Mittelthür.*

Bretfeld *(an der Thür).*
Pst! Thomas! Nur herein, das Feld ist geräumt.
*(Sie öffnet beide Thürflügel,* Thomas *kommt mit Früh-*
*stück.)*
Thomas.
Das ist ein zeitiges Frühstück; es ist mir aber so befohlen.
[55]                    Bretfeld.
Nun, zum Ausschlafen war's doch Zeit genug.
*(Sie löscht die Lichter aus und folgt Thomas in das Zimmer*
*links.)*
Paul *(kommt durch die Mittelthür mit einem Licht.)* Dachte
ich's doch, daß es hier lebendig werden würde, sobald wir
fort wären. Ich habe gehn und sprechen hören. *(Er lauscht an*
*der Thür links.)* Volle Conversation! Leider kann ich nichts
versteh'n, aber so viel ist klar, daß die Statue für den Grasplatz reden kann. Aber still! Es kommt Jemand: hier ist ein
guter Beobachtungsplatz. *(Er löscht sein Licht aus, und ver-*
*steckt sich unter der Tischdecke.)*
*(*Mathilde *und* Ida *kommen mit Licht aus dem Zimmer*
*rechts.)*
Mathilde.
Nur vorsichtig! Wenn uns Paul nur nicht oben hört! Wie
würde er unsre Neugier verhöhnen, nachdem wir ihm die
seinige vorgeworfen haben! –
Ida *(an der Thür links).*
Ich glaube, ich höre reden! War das Papa's Stimme?
Mathilde.
Still! Das sind Schritte auf der Treppe! – *(sie löschen ihr Licht*
*aus und treten hinter den Schirm; es wird allmälig Tag.)*
*(Der* Vater *kommt durch die Mittelthür, geht an die Thür*
*links, klopft erst an, und spricht hinein):* Haltet Euch still,
denn sie wird gleich hier seyn: sie ist ungewöhnlich früh
erwacht. –

[56]                    T h o m a s.
Wir sind fertig; nun kann die Comödie losgehn.
                       V a t e r.
Schweig still! ich höre meine Frau kommen.
                  B r e t f e l d *(tritt heraus).*
Meine Kleinen sollen ihr zuerst gratuliren; ich wette, die
andern sind noch nicht fertig.
                        I d a.
Könnten wir nur entschlüpfen!
                  P a u l *(luftet die Decke).*
Eine verzweifelte Lage für einen Gratulanten!
     *(Die Mutter kommt; der Vater geht ihr entgegen.)*
                       V a t e r.
Willkommen, willkommen hier, theures Geburtstagskind!
*(Er umarmt sie.)* Du siehst, wie früh Du auch erwacht bist,
hier ist schon alles geschmückt zu Deinem Empfang.
                      M u t t e r.
In der That! Wie hübsch! Die guten Kinder! –
                       V a t e r.
Sie selbst fehlen noch: Du hättest nicht so zeitig aufstehen
sollen.
                      M u t t e r.
Ach, ich konnte doch nicht schlafen.
                       [. . .]
[58]                   V a t e r.
Sie lassen jetzt schon lange auf sich warten. *(Er klopft an die
Thür rechts.)* He, ihr Mädchen! die Mutter ist schon aufge-
standen! –
   *(M a t h i l d e und I d a kommen hinter dem Schirm hervor
             und umarmen ihre Mutter.)*
                      M a t h i l d e.
Liebe Herzensmutter! –
                        I d a.
Wir wünschen Dir Glück!
                      M u t t e r.
Kinder! Wo kommt Ihr her? –

Vater.

Aha! also Ihr waret auf der Lauer? –

[59]
Mutter.

Auf der Lauer?

Vater.

Ja wohl! Könnt Ihr's läugnen, daß Euch die Neugier plagt?

Mathilde.

Nein lieber Vater, vergieb!

Vater.

Das hätte ich Paul viel eher zugetraut! –

Paul *(kommt unter der Decke hervor).*

Papa, ich lasse Deine Menschenkenntniß nicht zu Schanden werden.

Mathilde.

Was! Auch Du, Brutus?

Mutter.

Aber weshalb habt Ihr Euch hier versteckt? –

Vater.

Ich will Dir's erklären liebe Fanny. Wahrscheinlich haben sie bemerkt, daß ich eine kleine Ueberraschung für Dich vorbereitete, und wollten selbst nicht überrascht werden. Als ich gestern aus der Stadt kam, traf sich's nämlich, daß ich einer Bande Zigeuner im Holz begegnete: ich dachte, es könnte Dir und den Kindern Freude machen, sie zu sehn und Euch aus der Hand wahrsagen zu lassen: deshalb schlug ich ihnen vor, heut zu Deinem Geburtstag hierher zu kommen.

[60]
Alle Kinder.

O, wie hübsch, wie hübsch!

Mutter.

Nun mindestens ihr Anblick wird sie interessiren.

Vater.

Warum nicht auch ihre Prophezeihung?

Mutter.

O lieber Eduard, Du scherzest!

Vater.

Nein, in der That. Ihre Anführerin, eine uralte, geisterhaf

aussehende Sibylle, erzählte mir so merkwürdige zutreffende
Ereignisse aus meinem frühern Leben, daß ich geneigt bin, ihr
auch einen Blick in die Zukunft wohl zuzutrauen.

Mutter.

Lieber Eduard, man sollte wirklich denken, Du legtest es
darauf an, die Kinder abergläubisch zu machen.

Vater.

Als ich ihr sagte, es sey heut Dein Geburtstag, erwiederte sie:
dann kann ich Deiner Frau ihr ganzes Schicksal haarklein
voraus verkünden; doch dazu gehört, daß ich, ohne daß sie es
weiß, die Nacht vorher unter ihrem Dach zubringe.

Mutter.

Und darauf bist Du eingegangen? –

61]                Vater.

Freilich! Warum sollt' ich nicht? – Die übrigen der Bande
werden heut nachkommen, um uns ihre Tänze aufzuführen.
Aber Meta, so heißt die Alte, brachte diese Nacht in der
blauen Stube zu.

Paul.

Aha! –

Vater.

Und wenn ich Dir vorher nicht zugestehen wollte, daß Du
Licht dort gesehen habest in der Nacht, so war's, weil sie mir
ausdrücklich anbefahl, Dir ihre Anwesenheit bis zur sieben-
ten Morgenstunde zu verschweigen. Als ich hustete, schlich
sie auf der Wendeltreppe hinab in den Garten.

Mathilde.

Wie merkwürdig!

Ida.

Mir schauderts!

Mutter *(bei Seite).*

Ich erkenne meinen Mann gar nicht; was soll ich davon denken? –

[...]

65]                Vater.

Nun, jetzt darf ich wohl die Zigeunerin herbei holen? –

Die Kinder.

Ach ja, ja! –

Vater *(zur Bretfeld).*

Ist sie wieder im blauen Zimmer?

Bretfeld.

Ja, ich. will sie holen. *(ab)*

*(Die Kinder drängen sich an die Thür; die Bretfeld kommt*
*zurück mit der Alten.)*

[66]                 Zigeunerin.

Rückt mir nicht alle so auf den Hals, ich muß einsam seyn.
*(sie setzt sich in die Ecke, und schreibt Zeichen mit ihrem Stock*
*auf den Boden.)*

Vater.

Nun rede! fasse dich! –

Mutter.

Mir ist so sonderbar zu Muth seit die Frau im Zimmer ist! –

Zigeunerin.

Ich muß mich erst sammeln, eh ich wahrsagen kann. Laßt
zuvor die Kinder ihr Lied singen.

[...]

[67]                 Zigeunerin.

Die Musik kam aus der Seele, sie hat mir wohlgethan. Nun
gieb Du mir Deine Hand.

*(sie geht auf die Mutter zu.)*

Vater.

Nun, liebe Fanny? –

Mutter *(reicht ihr die Hand).*

Warum klopft mein Herz nur so? –

Zigeunerin.

Ei, meine Tochter! Du bist zu unruhig, und hinderst mich
klar in Deiner Seele zu lesen.

Mutter.

Aber Du selbst, Alte, bebst ja? Ich fühle Deine Hand zittern

Zigeunerin.

Das ist wohl natürlich, Deine Aufregung theilt sich mir mit

Gern wollte ich in Deine Zukunft schauen, aber Du führst mich zu sehr auf die Gegenwart. Ich sehe nur die Bilder, die Dich jetzt umgeben, – sehe das stürmische Meer, auf dem Dein Auge umher schweift, und ein Schiff, das es vergeblich zu verfolgen strebt.

Mutter.

Was sagst Du?

Zigeunerin.

Ja, ich sehe es tanzen auf den wilden Wogen, die es zu verschlingen droh'n, ... aber sey getrost! [68] schon läßt der Sturm nach, ... die Segel werden wieder aufgezogen, und ein günstiger Wind treibt es der Küste zu. –

Mutter.

Genug! ich bin erschöpft, ich will nichts mehr hören! – Diese Frau nimmt meine Vernunft gefangen, Eduard, und es ist thöricht, daß ich mit meinen Gefühlen spielen lasse und mich bald der Angst bald der Hoffnung hingebe, wenn ein leerer Zufall . . . .

Zigeunerin.

Zufall? höre mich aus.

Mathilde.

Ach Mutter, wie kannst Du noch zweifeln?

Vater.

Ich fange an, immer mehr an die außerordentlichen Kräfte der Alten zu glauben, der Zukunft und Gegenwart gleich klar vor Augen zu liegen scheinen. *(er zieht einen Brief aus der Tasche.)* Die beste Ueberraschung, liebste Fanny habe ich Dir noch vorenthalten! es ist ein Brief, ein eben angelangter Brief unsres Emil.

Mutter.

Ist es möglich?

Die Kinder.

Ein Brief! Ein Brief! –

Mutter *(greift hastig danach).*

Mir flimmert's vor den Augen, – lies Du.

[69]                          Vater.
                                     Havannah, den 30. Juni 1848.
        Geliebte Eltern!
»Die Nachricht von der Bildung einer deutschen Flotte hat
alle meine Pläne verändert und ich habe den Vorsatz gefaßt,
mich der deutschen Marine zu widmen, . . .
                             Mutter.
Was höre ich! –
                             Vater.
. . . . und gehe deshalb morgen von hier mit einem englischen
Schiff über Madeira nach Liverpol . . .
                             Mutter.
Also in der Zeit, wo ich so viel Sorge um ihn litt war er doch
zur See? – und die Aussage dieser Frau, die mit meinen
Ahnungen übereintreffen, – ich muß sie weiter hören! –
                           Zigeunerin.
Siehst Du, meine Tochter?
                             Vater.
Laß mich doch den Brief erst auslesen.
                             Mutter.
Ach, was kann seit dem 30. Juni sich alles mit unserm Emil
ereignet haben! –
                             Vater.
Auch davon erhältst Du weitere Nachricht.
                             Mutter.
Wie ist es möglich? –
[70]                          Vater.
Ja, er selbst nahm den Brief mit, und das Ende ist von Madeira
aus datirt, vom 4. August.
                             Mutter.
Gottlob! – lies, ich bitte Dich! –
                             Vater.
Ich überschlage gleich zwei Seiten, und fahre hier fort. *(Liest.)*
»So eben komme ich an, und muß acht Tage hier bleiben, weil
unser Schiff im Sturm gelitten hat. Diese Zeilen nimmt ein
Schiff mit, das morgen von hier abgeht; in vierzehn Tagen

lith. von dan K. V.

hoffe ich selbst in England einzutreffen, und dann lieg' ich
wills Gott bald in Euren Armen.«

Mutter.

Ach, auch auf dieser Fahrt giebt's Klippen und Sandbänke! –
und die Stürme der letzten Tage!

Vater.

Willst Du dich schon wieder ängstigen? –

Zigeunerin.

Ich kann Dich beruhigen, denn ich sehe heller und heller.

Mutter.

O weißt Du mir Gutes zu prophezeien, so darfst Du mir's
nicht vorenthalten. Schnell, rede! wird mein Emil Deutschlands Küste glücklich erreichen?

[...]

[71] Zigeunerin.

Wisse denn, .... er hat den vaterländischen Boden schon
wieder betreten.

Mutter.

Täuschest Du mich auch nicht? Nein sage, ist es wahr?

Zigeunerin.

Es ist wahrhaftig so.

Mutter.

O läge er erst an meinem Herzen! –

Zigeunerin *(umfaßt die Kniee der Mutter und wirft Hut*
*und Mantel ab).*

Sieh ihn hier zu Deinen Füßen, Mutter!

Mutter.

O Gott! –

Die Kinder.

Unser Bruder! Emil, Emil!

Vater *(fängt die Mutter, die nah daran ist, umzusinken, in*
*seinen Armen auf).*

Du warst zu hastig, Emil! –

*(Die Mutter setzt sich.)*

Wie ist Dir, liebe Fanny?

[72]                                  Mutter.
O mir ist wohl! Freude schadet nicht! – Mein Sohn, m e i n
Emil, ich habe Dich wieder! –
                                    [...]
                                 Lisbeth.
Also Sie warens wirklich, junger Herr? – Nun, [73] willkom-
men! Aber an Gespenster glaube ich darum doch; und da Sie
zur See gewesen sind, kennen Sie gewiß auch die Geschichte
vom fliegenden Holländer, und die Sage . . . .
                                 Bretfeld.
Sie fängt wahrhaftig schon wieder an! –

# Zu dieser Ausgabe

Die vorliegende Textsammlung möchte die Entwicklung der deutschsprachigen Kinder- und Jugendliteratur dokumentieren, wie sie sich seit 1815 während der Biedermeierzeit herausbildete und in verschiedenen Linien zu einer von Pädagogik, Religion und Gesellschaftsnormen zunehmend unabhängigen und realistischen Literatur für junge Leser führte. Im Biedermeier wurden zahlreiche, für die Kinder- und Jugendliteratur typische Elemente entworfen, die sich, wenn auch in standardisierter und trivialisierter Form, bis heute gehalten haben. Deren Anfänge sollen ebenso vorgestellt werden wie die ersten Werke, die nicht aufgrund einer pädagogischen oder literarischen Konzeption des Autors entstanden sind, sondern unter dem Druck der Erwerbsschriftstellerei. Gegen Mitte des 19. Jahrhunderts beginnen sich auch in der Kinder- und Jugendliteratur die ökonomischen Marktgesetze durchzusetzen. Im Gegensatz zur aufklärerischen und zu der relativ homogenen romantischen Kinder- und Jugendliteratur läßt sich sowohl für die biedermeierliche wie für die realistische kein abgrenzbarer Rahmen mehr angeben. Die Kinder- und Jugendliteratur des 19. Jahrhunderts ist so vielschichtig geworden, es besteht ein solcher Traditionsreichtum an Stoffen, Themen und Gattungen, die zudem von politischen, sozialen, technischen, pädagogischen, ökonomischen und ästhetischen Weiterentwicklungen durchdrungen werden, daß eine an einem System oder einem Programm orientierte Einordnung recht willkürlich wäre. Deshalb bricht vorliegende Anthologie ihre Dokumentation zu einem Zeitpunkt ab, an dem alle vorgestellten Gattungen mehr oder weniger deutlich den Weg zum Realismus gefunden haben. Dies ist spätestens Ende der sechziger Jahre der Fall. Für einen Einschnitt um 1870 spricht zudem noch zweierlei. Zum einen gewinnt die technische Weiterentwicklung des Druck- und die ökonomische des Verlagsgewerbes in den letzten

Jahrzehnten des 19. Jahrhunderts den entscheidenden Einfluß auf die Herstellung, ja regelrechte Fabrikation der Kinder- und Jugendliteratur. Die nun massenhaft produzierte und verbreitete Kinder- und Jugendliteratur des ausgehenden 19. Jahrhunderts muß mit gänzlich neuen Kategorien begriffen und beurteilt werden. Zum zweiten breitet sich nach 1870/71 rapide eine neue Ideologie aus, die für Jahrzehnte bestimmend bleibt und umschrieben werden kann mit Schlagwörtern wie: gewonnene Kriege, geschlagener Erbfeind, geeinigtes Deutsches Reich, preußisch-protestantische Dominanz, Kaisertum, Nationalismus, Imperialismus, Kolonialismus. Nach 1870 ließe sich daher zusammenfassend von einer Kinder- und Jugendliteratur der Kaiserzeit sprechen, die von der des Biedermeiers inzwischen weit entfernt ist.

Die ausgewählten Texte sollen sowohl die bekannteren Autoren mit ihren typischen Themen und Schreibweisen vorstellen als auch den Blick auf – jedenfalls heute – weniger Bekanntes richten. Für beide Gruppen gilt, daß sie entweder für die damalige Zeit repräsentativ sein oder als Ausgangspunkt und beispielhaftes Vorbild für weitere Entwicklungen gedient haben müssen. Neben den gängigen Auswahlkriterien wie gattungsspezifische Bedeutung, Bekanntheitsgrad, Repräsentativität und Verfügbarkeit einer Druckvorlage spielte aber auch die Länge der Texte eine Rolle. Mit der Entwicklung zu großen Erzählformen, umfangreichen moralischen Geschichten und abenteuerlichen Unterhaltungsromanen wird es im Rahmen einer Anthologie zunehmend schwieriger, auch diese Gattungen angemessen zu dokumentieren. Angesichts steigender Komplexität der Erzählformen – mehrere miteinander verwobene Handlungsstränge, Rahmenhandlung, Rückblenden – und immer differenzierter entwickelter Charaktere der Protagonisten war es schwierig, lange Texte durch Binnenkürzungen noch zu integrieren. Dicht geschriebene Erzählungen von hundert und mehr Seiten Umfang lassen sich nicht mehr, ohne Schaden zu nehmen, kürzen. Zwar soll jeder Text nicht nur für sich stehen, sondern auch den Blick auf das ganze Buch lenken, dem er entnommen wurde, doch mußte, gerade um Eigentümlichkeiten von Stoffülle und Handlungsaufbau dokumentieren zu können, eine gewisse Länge des Textauszuges in Kauf genommen werden. Deshalb mußte aber auch bei einigen Autoren, gerade bei den sogenannten Vielschreibern, also den typischen Kinder- und Jugendbuchautoren des 19. Jahrhunderts, zu relativ leicht zu kürzenden Werken gegriffen werden, die nicht unbedingt zu den prägnanteren gehören. Der Leser wird gebeten, die Weitschweifigkeit und Ereignisfülle von Erzählungen, Romanen und Reisebeschreibungen für Kinder des 19. Jahrhunderts durch eigene Lektüre in Augenschein zu nehmen. Dies dürfte übrigens in vielen Fällen nicht allzu schwierig sein, da sich häufig in den Beständen von Landes-, Universitäts- und auch Stadtbibliotheken Werke von Dielitz, Gerstäcker, Niemeyer, Nieritz, Schmid, Schoppe und anderen entsprechenden Autoren finden lassen.

Die Textauswahl ist nach Gattungen gegliedert und innerhalb der Gattungen chronologisch geordnet, wobei stets der Zeitpunkt des Ersterscheinens maßgebend ist – auch dann, wenn in einigen Fällen nur eine spätere Auflage zugänglich war. Orthographie und Interpunktion wurden prinzipiell gewahrt. Der Großbuchstabe J, der in Fraktur I und J bezeichnet, wurde jedoch gemäß dem jeweils heutigen Gebrauch wiedergegeben. Offenkundige Druckfehler wurden stillschweigend berichtigt und die Trennungen modernisiert. Die originale Seitenzählung der Texte ist in eckigen Klammern eingefügt. Auslassungen sind entsprechend gekennzeichnet. Hervorhebungen im Text erscheinen kursiv.

Zu danken ist Hans-Heino Ewers, Wissenschaftlicher Assistent an der Universität in Bonn, für die Fülle von kenntnisreichen Ratschlägen und Frau Ingeborg Daubert, Bibliothekarin am Institut für Jugendbuchforschung in Frankfurt a. M., die mit großer Sachkunde das Zusammenstellen vorliegender Anthologie unterstützte.

# Verzeichnis der Autoren und Herausgeber, Titel und Quellen. Materialien

Das Titelverzeichnis ist durchgängig alphabetisch nach Verfassern bzw. Herausgebern angeordnet; die Reihenfolge der Titelangaben der zitierten Werke entspricht der ihres Erscheinens im Textteil. Die bibliographischen Angaben stellen eine Abschrift des Titelblattes dar; notwendige Ergänzungen wurden in eckigen Klammern beigefügt. Vereinzelt sind Auszüge aus Einleitungen, Vorworten und dgl. wiedergegeben. Sie sollen dem Leser helfen, von der wenig ausgearbeiteten und auch widersprüchlichen Theorie der Kinder- und Jugendliteratur des Biedermeier und des Realismus wenigstens ansatzweise einen Eindruck zu gewinnen. Spezialliteratur zu einzelnen Autoren ist bereits bei diesen verzeichnet. Die biographischen Angaben zu den Autoren wurden so knapp wie möglich gehalten. Wer sich weitergehend informieren will, sei auf das nun abgeschlossen vorliegende, vierbändige *Lexikon der Kinder- und Jugendliteratur* verwiesen sowie auf zeitgenössische Nachschlagewerke und Lexika vor allem regionaler Art, die über Elisabeth Friedrichs, *Literarische Lokalgrößen 1700–1900*, Stuttgart 1967, leicht erschlossen werden können.

AURELIE (Sophie Gräfin von Baudissin, 1813–94)

Geb. in Dresden, seit 1840 verheiratet mit dem Diplomaten und Shakespeare-Übersetzer Wolf Graf von Baudissin. Zu ihrem großen Bekanntenkreis gehörten u. a. Hans Christian Andersen, Emanuel Geibel, Klaus Groth, Clara Schumann, Gustav Freytag und Paul Heyse, die sie zu schriftstellerischer Tätigkeit anregten.

Die Moritz-Bündler. . . . . . . . . . . . . . . . . . . . . . 180
Vaterlandsliebe eines jungen Mädchens . . . . . . . . . . . . 188

  In: Der Lese-Abend bei Elisabeth. Ein Buch zur Unterhaltung und
  Belehrung heranwachsender Mädchen. Als Fortsetzung der früher
  erschienenen »Bunte Blätter« und »Erlebtes u. Erzähltes« von
  Aurelie. Mit 9 colorirten Bildern, gezeichnet von V. Katzler. Wien,
  Verlag von Rudolf Lechner, k. k. Universitäts Buchhändler [1865].
  – Die im Titel angesprochenen Werke Aurelies sind 1861 bzw. 1865
  erschienen.

*Vorwort:* »[...] Noch immer hört man die Klage, wie sehr es gerade dem Alter von zwölf bis fünfzehn Jahren an passender Lese-Unterhaltung fehle. Den eigentlichen Kinderbüchern ist es entwachsen, freilich zumeist dadurch, daß man so oft für die Kinder kindlich zu schreiben wähnt, wenn man läppisch schreibt. ›Ja wenn Einfältigkeit gleich Einfalt wäre‹, sagt Felix Mendelsohn in einem seiner Briefe; am wenigsten behagt eine solche Verwechslung der Jugend unseres Zeitalters, die entschieden in Kenntnissen und gesundem Urtheil durch guten Unterricht und frühzeitig gebildeten Geschmack geleitet den Kindern von 1840 sehr voraus ist. Natürlich finden die unsrigen in der laufenden Jugendliteratur zu wenig Anregung und möchten lieber aus dem Bücherschrank der Eltern gespeist werden. Auch das ist ohne sorgfältigste Auswahl, zu der es den Eltern oft an Zeit gebricht, nicht möglich. Wissenschaftliche Werke pflegen zu weitläufig und abstrakt für die jungen Leserinnen zu sein. Reisebeschreibungen, wenn sie nicht ausschließlich der Jugend bestimmt sind, werden nur in seltenen Fällen, und Romane in noch weit seltneren zulässig sein. Von diesen ist überhaupt für junge Mädchen der sparsamste Gebrauch zu machen. [...]«

Die Geburtstagsfeier . . . . . . . . . . . . . . . . . . . . . 398

In: Theater-Almanach für die Jugend von Aurelie. Illustrirt v. J. B. Sonderland im lithogr. Institut von Arnz & Co. in Düsseldorf. Stuttgart, Eduard Hallberger. [Bd. 1, 1849, des zweibändigen Werkes.]

*Vorwort:* »Kleine dramatische Aufführungen im Familienkreise werden unter der Jugend immer üblicher, und gelten mit Recht für eine Unterhaltung die zugleich nützlich und anregend ist. Sie übt das Gedächtniß und fördert die äußere Haltung. Schon Weisser's und Berquin's Kinderfreunde haben auch Comödien unter ihre Erzählungen aufgenommen. Allein das Repertoire dieser und anderer Schriftsteller ist bald erschöpft, und gerade für die reifere Jugend finden sich wenig passende Stücke darunter vor. Eine Wahl unter denjenigen Dramen zu treffen, die eigentlich für Erwachsene geschrieben sind, möchte in den meisten Fällen weder dem Alter noch dem Talent der jungen Schauspieler angemessen seyn. Wir hoffen daher die nachstehende Sammlung werde dem kleinen Publikum, dem wir sie zudenken, nicht unwillkommen erscheinen. Der nächste Zweck den wir mit der Herausgabe des Büchleins verbinden, ist unsre jungen Leser zu unterhalten: weder haben

wir's auf Belehrung abgesehn, noch liegt jedem Stück eine bestimmte moralische Nutzanwendung zum Grunde. Wurmkuchen
und vergoldete Pillen giebts ohnehin genug in der Kinderlitteratur und wir halten dafür, daß durch die Absichtlichkeit den jungen Lesern die überall aufgedrungne Moral eher verleidet werde
[...].«

BEUMER, PHILIPP JAKOB (1809–85)

Geb. in Homberg (Niederrhein). 1825–27 Lehrerausbildung in Düsseldorf, anschließend Hilfslehrer an einer Landschule, 1830 Eintritt
in das von Adolph Diesterweg geleitete Lehrerseminar in Moers. Seit
1834 wieder Tätigkeit als Lehrer. Mit dem Verleger August Bagel
schloß Beumer sich 1835 zusammen, um preiswerte Kinder- und
Jugendliteratur herstellen und verbreiten zu können.

Gebhard David von Scharnhorst [Kap. 3] . . . . . . . . . . .    167
Karl Theodor Körner [Kap. 7]. . . . . . . . . . . . . . . .    172

In: Biographieen berühmter Männer, oder Heldensaal für
Deutschlands aufstrebende Jugend. Herausgegeben von P. J. Beumer. Mit fein colorirten Abbildungen. Wesel, Druck und Verlag
von J. Bagel [1844].

*Vorwort:* »Obgleich es im Wesentlichen nicht darauf ankommt,
wodurch eine Wahrheit anschaulich gemacht wird, ob durch Dichtung oder durch ein Faktum; so hat es für mich, und gewiß auch für
viele andere Erzieher, immer besonderes Interesse, beim Unterrichte die Beispiele aus der Geschichte zu wählen. Der Beispiele
bedarf die Jugend. *Leben zündet sich nur am Leben an, mithin das
Höchste im Kinde sich nur durch Beispiel, entweder gegenwärtiges,
oder historisches, oder, was beides vereint, durch Dichtkunst.* Die
Beispiele aus der Geschichte sind großen Gemälden gleich, an welchen sowol die *innere* als *äußere* Anschauungskraft geübt wird,
und das Resultat dieser Uebung bildet die Unterschrift dazu. Die
vaterländische Geschichte ist reich an herrlichen Beispielen, den
jugendlichen Geist zum Wahren und Schönen daran zu bilden.
[...]
Wenn Deutschland auch eigentlich aufgehört hat, ein großes Ganze
zu sein; so müsse doch das deutsche Volk nie aufhören ein großes
Ganze zu bilden. Die Schulen können Vieles dazu beitragen, daß

der wahre deutsche Nationalgeist geweckt, gekräftigt und erhalten werde. Wenn ich auch durch diese Schrift mit dazu wirke, so werde ich darin einen besondern Lohn meiner Arbeit finden.«

BIERNATZKI, KARL LEONHARD (1815–99)

Geb. in Altona, Studium der Theologie in Erlangen und Kiel. Zunächst Rektor in Friedrichstadt an der Eider, 1850 Redakteur beim »Altonaer Merkur«. 1852 Mitglied des Centralvereins für chinesische Mission. Seit 1859 bis zur Pensionierung 1895 Pastor in Altona. 1854 Ehrendoktorwürde der Universität Jena.
*Lit.:* Andersen, J. F.: P. emer. Dr. Biernatzki: Ein Nachruf. In: Schleswig-Holstein-Lauenburgisches Kirchen- und Schulblatt Nr. 12 (1899) S. 45–47.

Hinter den Dünen . . . . . . . . . . . . . . . . . . . . . . 328

In: Meer und Festland. Schilderungen und Erzählungen für die Jugend von Carl Biernatzki. Mit acht Bildern in Farbendruck. Stuttgart. Verlag von Schmidt & Spring. [1868.]

CHIMANI, LEOPOLD (1774–1844)

Geb. in Langenzersdorf bei Wien, Studium der Pädagogik und der Philosophie. Verschiedene Tätigkeiten als Lehrer, Privatzieher und Leiter einer eigenen Erziehungsanstalt, bis er 1807 eine Anstellung bei der »kaiserlich-königlichen Normal-Schulbücher-Verschleiß-Administration« fand. Verfasser von weit über hundert Kinder- und Jugendbüchern.
*Lit.:* Nigg, Marianne: Leopold Chimani 1774–1844. Korneuburg 1895. – Dies.: Leopold Chimani. In: 70. Jahresbericht des Gymnasiums Hollabrunn. Hollabrunn 1946/47.

Der Feind handelt schöner als der Freund . . . . . . . . . . .  89
Eine Sängerin, die nicht sprechen kann  . . . . . . . . . . . .  91
Eine üble Gewohnheit, vor der man Mädchen nicht genug warnen kann . . . . . . . . . . . . . . . . . . . . . . . . . . .  92

In: Vaterländische Merkwürdigkeiten: Biographien berühmter und ausgezeichneter Männer; Erzählungen aus der österreichi-

schen Geschichte, Schilderungen großer Städte, merkwürdiger
Völker, der Sitten, Gebräuche und des Gewerbsfleißes derselben;
Beschreibungen der Naturwunder und Naturerscheinungen, der
Natur- und Kunst-Producte, wohlthätiger und gemeinnütziger
Anstalten, schöner und edler Handlungen im österreichischen Kai-
serstaate u.s.w. Ein belehrendes und unterhaltendes Lesebuch für
die Jugend zur Bildung des Verstandes, Veredlung des Herzens,
Belebung des sittlichen Gefühls, Beförderung der Vaterlandsliebe,
und Verbreitung gemeinnütziger Kenntnisse. Von Leopold Chimani. Zweyte vermehrte Auflage. I. Theil. Mit einem Titelkupfer.
Wien. Druck und Verlag von A. Pichler's sel. Witwe. 1837. – Erste
Auflage: 1817. Jeder Band des sechsbändigen Werkes besitzt außer
dem Haupttitel nochmals einen auf der dritten Seite wiedergegebenen Nebentitel, der für den ersten Band lautet: Lesestunden für die
vaterländische Jugend. Ein Buch zur Bildung des Verstandes, Veredlung des Herzens, Belebung des sittlichen Gefühls, Beförderung
der Vaterlandsliebe und Verbreitung gemeinnütziger Kenntnisse.

Traurige Folge des Geitzes . . . . . . . . . . . . . . . . .     93
In: Anmuthige Geschichten für Kinder zur Veredlung des Her-
zens, von Leopold Chimani. Mit einem Titelkupfer. Wien 1823.
Gedruckt und im Verlage bey Leop. Grund.

Abreise am Morgen . . . . . . . . . . . . . . . . . . .     223
Empfindungen am Morgen . . . . . . . . . . . . . . .     224
Die Lerche in der Luft . . . . . . . . . . . . . . . . .     225
Das Veilchen . . . . . . . . . . . . . . . . . . . . . .     228
Veilchenduft kann schädlich werden . . . . . . . . . .     229
Der Ackersmann . . . . . . . . . . . . . . . . . . . .     230
In: Das Landleben oder Lustreisen der Familie Friedheim in ländli-
che Gegenden, zur Betrachtung der Naturgegenstände und der
Landwirthschaft. Ein Bilderbuch zur Belehrung und Unterhaltung
für wißbegierige Kinder. Von Leopold Chimani. Mit 12 colorirten
Darstellungen ländlicher Gegenstände. Wien, bey H. F. Müller,
Kunsthändler am Kohlmarkte, Nr. 1150 [1821].

Fürchterliche Naturerscheinung . . . . . . . . . . . .     345
Fürchterlicher Sturmwind in Wien . . . . . . . . . . .     347
In: Vaterländische Merkwürdigkeiten: Biographien berühmter
und ... V. Theil. Mit einem Titelkupfer. Wien. Druck und Verlag

von A. Pichler's sel. Witwe. 1837. – Erste Auflage: 1819. Nebentitel des 5. Bandes: Merkwürdigkeiten aus dem Vaterlande. Ein
Buch zur ...

*Vorrede im ersten Teil der »Vaterländischen Merkwürdigkeiten«:*
»[...] und ich hoffe um so mehr auf Nachsicht, weil ich wenigstens
den Willen so vieler Ältern und Jugendfreunde erfüllt, und vaterländische Gegenstände bearbeitet habe, mit welchen sie, als gute
Staatsbürger ihre Kinder zeitig genug bekannt machen wollen, damit der Same der Liebe zu Monarchen und Vaterland und zu allem
dem, was vaterländisch ist, zeitlich in ihre Herzen gestreuet, und
sie von dem Wahne abgezogen werden, der leider noch viele be-
strickt, als wäre alles besser und vortrefflicher, was außer dem
Vaterlande sich befindet, geschieht und entsteht.
Ich habe mir bey diesem Werke einen strengeren Plan vorgezeichnet. Nichts soll es enthalten, was nicht vaterländisch ist, nichts, was
nicht den Verstand bereichern, das Herz bilden, das moralische
und religiöse Gefühl erregen und schärfen, und Bürgertugend erwecken kann. Da gibt es keine Lückenbüsser, und nichts, was ich
nicht, meinem Plane getreu, um wenigstens einen dieser Zwecke zu
erreichen, bearbeitet habe. Fern von aller Dichtung habe ich den
Stoff nur aus der wirklichen Welt genommen, und mir mein liebes
Vaterland zum Gesichtspuncte gewählt, welches meine jungen Leser näher beschauen und mehr kennen lernen sollen, damit sie die
Vorzüge desselben achten, das, was in demselben Gutes geschehen
ist und geschieht, schätzen, dasselbe lieben und zugleich ermuntert
werden, zu nützlichen Staatsbürgern sich auszubilden, und dem
Staate einst durch Wort und That nützlich werden. [...]
Bey Bearbeitung aller dieser Gegenstände habe ich den Zweck nie
aus dem Auge gelassen, daß wie der Verstand mit neuen Kenntnissen bereichert, auch das Herz sanft angesprochen, das moralische
und religiöse Gefühl berichtiget und belebet werde. Absichtlich
habe ich den kindischen oder kindisch-tändelnden Ton so mancher
gepriesener Kinderschriften vermieden, und dem Gegenstande
angemessene einfache, gemüthliche und (wenigstens, so wollte
ich's), eine edle Sprache gewählt; weil einmahl die Kinder sich
selbst herabgewürdiget fühlen, wenn man sie noch für tändelnd
und kindisch hält; weil es immer nützlich ist, die Geisteskräfte der
Kinder bey anziehenden Gegenständen so viel als möglich in Thätigkeit zu setzen, und weil es die Kinder mehr lieben, wenn man sie

zu sich herauf zieht, als wenn man sich zu tief zu ihnen hinab läßt. Dabey glaube ich überall die den Kindern gebührende Achtung erwiesen, und mit jener Zartheit zu ihnen gesprochen zu haben, die ihr Alter erfordert.«

CORRODI, AUGUST (1826–85)

Geb. in Zürich als Sohn eines Pfarrers. 1847–51 Studium an der Kunstakademie in München, Verbindung zu verschiedenen Künstlergesellschaften. 1862–81 Zeichenlehrer in Winterthur.
*Lit.:* Berlepsch, Goswina von / Hunziker, Rudolf: Über August Corrodi. Neujahrsblatt der Stadtbibliothek Winterthur Nr. 248. Winterthur 1913. – Greyerz, Otto von: August Corrodis Kinderschriften. In: O. v. G.: Sprache, Dichtung, Heimat. Studien, Aufsätze und Vorträge über Sprache und Schrifttum der deutschen Schweiz und der östlichen deutschen Alpenländer. Bern 1933. S. 374–391. – Hunziker, Rudolf / Schaffner, Paul: August Corrodi als Dichter und Maler. Gabe der literarischen Vereinigung Winterthur. Nr. 11. Winterthur 1930.

Der Geiger . . . . . . . . . . . . . . . . . . . . . . .    144
In: Für mein kleines Völklein. Geschichten und Märchen geschrieben und gezeichnet von August Corrodi. Mit 8 colorirten Bildern. Stuttgart. Verlag von Schmidt & Spring. 1856.

DIELITZ, THEODOR GABRIEL MARIA (1810–69)

Geb. in Landshut, wuchs Dielitz in Paris und Berlin auf. Studium der Philologie und Geschichte. Seit 1831 Lehrer in Berlin. 1845 Ernennung zum Professor. Verfasser von historischen sowie länder- und völkerkundlichen Erzählungen.

Die Indianerin unter Europäern . . . . . . . . . . . . . . .    303
Eine Menschenjagd . . . . . . . . . . . . . . . . . . .    308
In: Land und Seebilder für die Jugend bearbeitet von Theodor Dielitz, Director der Königsstädtischen Real-Schule Berlin. VIIIte Auflage. Mit 8 feinen Farbendruck-Bildern nach Th. Hosemann. Berlin, Verlag von Winckelmann Söhne. [1882.] – Die erste Auflage, die bis zur fünften 1851 unverändert nachgedruckt wurde, er-

schien 1841. Ab der sechsten Auflage 1855 wurde der Band um vier Erzählungen vermehrt: »Das Felsenriff«, »Der Flüchtling«, »Ein Schiffbruch« und »Skizzen aus dem Waldleben Mejikos«. In der neunten Auflage wurde die neue Rechtschreibung eingeführt.

DOLZ, JOHANN CHRISTIAN (1769–1843)

Studium der Philosophie, Geschichte und Theologie. Seit 1793 Tätigkeit an der Leipziger Rathsfreischule, zunächst als Lehrer, seit 1833 als Direktor.

Moral in Beispielen [§ 103] . . . . . . . . . . . . . . . . . 59
Einige Winke zum zweckmäßigen Bücherlesen [§ 139] . . . . . 62

In: Lehrbuch der nothwendigen und nützlichen Kenntnisse, besonders für eine, nach weitrer Bildung strebende, Jugend. Von Johann Christian Dolz. Leipzig bei Johannes Ambrosius Barth 1815.

FRANZ, AGNES (Luise Antoinette Franzky, 1794–1843)

Geb. in Militsch (Schlesien). Ein früher Unfall führte zu lebenslanger Behinderung. Lebte in verschiedenen Orten zunächst bei ihrer Mutter, nach deren Tod 1822 bei einer verheirateten Schwester. Gründete eine Arbeitsschule für arme Mädchen. Ab 1826 in Brandenburg, seit 1837 in Breslau, wo sie Vorsteherin einer Armenschule wurde.
*Lit.:* Grossmann, Julie Florentine von: Agnes Franz. Eine biographische Skizze. In: Penelope für 1845. – Siebelt, Albert: Agnes Franz, eine vaterländische Dichterin. In: Wir Schlesier. 1923.

Seltene Freundschaft, oder: Bello und Miezchen . . . . . . . . 214

In: Buch der Kindheit und Jugend. Von Agnes Franz. Ein Familienschatz. Letzte Bearbeitung des »Buches für Kinder«; neu redigiert, wesentlich bereichert und verbessert. Mit vier colorirten Abbildungen nach Ferdinand Koska's Originalzeichnungen. Breslau, Ferdinand Hirt's Verlag. [1850.] – Das »Buch für Kinder« war erstmals 1841 in Breslau bei Ferdinand Hirt erschienen und enthielt »Parabeln, Fabeln, Sprichwörter, kleine dramatische Spiele, Mährchen, Erzählungen«. Im gleichen Jahr waren drei »besondere und vermehrte« Abdrucke aus dem »Buch für Kinder« erschienen:

»Kinderlust« faßte die Erzählungen, Sagen und Märchen zusammen, »Kinderschatz« die Parabeln, Fabeln, Sprichwörter und Rätsel und »Kindertheater« schließlich die Kinderschauspiele.

FRANZ, JOHANN FRIEDRICH (1775–1855)

Geb. in Schleiz (Thüringen). Mußte nach dem Studium der Theologie in Leipzig, um eine Anstellung zu bekommen, in die Schweiz gehen. Pfarrer in Waldstatt, Henau, Lichtensteig, von 1818 bis 1848 in Mogelsberg. Seit 1825 Bürger von St. Gallen.

Gute und schlechte Gesinnungen gegen Eltern [Kap. 3]:

Anton Rindenschwender [Nr. 1] . . . . . . . . . . . . . . 79
Georg Friedrich Händel [Nr. 5] . . . . . . . . . . . . . . 80
Verbesserung jugendlicher Fehler [Kap. 7]:
Benjamin Franklin [Nr. 1] . . . . . . . . . . . . . . 80
Joh. Georg Scheffner [Nr. 3] . . . . . . . . . . . . . . 81
Mäßigung der Begierden [Kap. 8]:
Benjamin Franklin [Nr. 1] . . . . . . . . . . . . . . 82
Jugendliche Ruchlosigkeit [Kap. 13]:
Der betrunkene ruchlose Knabe [Nr. 3] . . . . . . . . . . 83
Die junge Räuberbande [Nr. 4] . . . . . . . . . . . . . . 84
Merkwürdige Lebensrettungen [Kap. 15]:
Christ. Gotthilf Salzmann [Nr. 2] . . . . . . . . . . . . . . 85

In: Neuer Tugendspiegel, oder Anecdoten und Characterzüge aus dem Jugendleben denkwürdiger Personen, alter und neuer Zeit, mit einer Auswahl verwandter Dichtungen. Zunächst in Bürgerschulen zum Vorlesen, oder auch neben der Schule zur Unterhaltung, Belehrung, Nachahmung und Warnung bestimmt, von Johann Friedrich Franz, evangel. Pfarrer zu Mogelsberg im Canton St Gallen. Schulausgabe mit einem Titelkupfer. Chur, 1827. Bei J. F. J. Dalp. – Das benutzte Exemplar enthält neben dem Titelkupfer drei weitere Abbildungen.

GRÄFE, HEINRICH (1802–68)

Geb. in Buttstädt im Großherzogtum Weimar. 1820 Beginn des Studiums der Mathematik und Theologie an der Universität Weimar.

Anschließend verschiedene pädagogische Tätigkeiten in Weimar, Jena und Kassel. 1840 außerordentlicher Professor an der Universität Jena. 1849 hessischer Landtagsabgeordneter, großes Engagement für die Verbesserung der Lehrerausbildung und des Schulunterrichts. 1852 Verurteilung durch ein Kriegsgericht zu einem Jahr Festungshaft. Nach seiner Entlassung entzog er sich einer Anklage wegen Majestätsbeleidigung durch Flucht nach Genf. 1855 wurde er Rektor der Bürgerschule in Bremen.

Drei Schreckenstage auf Labrador . . . . . . . . . . . . . . . 293

In: Atalanta. Mittheilungen aus dem Gebiete der Wahrheit und Dichtung zur belehrenden Unterhaltung der Jugend von Dr. H. Gräfe. Dritter Band. Enthält: Geschichtlicher Bildersaal. Merkwürdigkeiten menschlicher Kunst. Reiseabenteuer. Buntes Allerlei. Berlin. Verlag der Buchhandlung von C. Fr. Amelang. Brüderstr. Nr. 11 [1837]. – Die gleiche Erzählung befindet sich fast wortwörtlich, aber ohne Quellenangabe, in »Der neue Deutsche Jugendfreund, Zeitschrift für Unterhaltung und Veredlung der Jugend«, hrsg. von Franz Friedrich Alexander Hoffmann, Stuttgart 1853, S. 190 f., 228–233, und in dem von Philipp Jakob Beumer und L. Dicke 1855 in Wesel herausgegebenen Werk »Das Buch der Natur, des Völker- und Menschenlebens«, S. 244–250.

*Vorwort:* »[…] die Jugend sollte belehrend unterhalten und unterhaltend belehrt werden; daher mußte die Sammlung mannichfaltig seyn und die Jugend in recht viele Verhältnisse einführen; die Darstellung sollte allgemein verständlich seyn, aber in keiner Weise an das Kindische streifen, denn eine gute Schrift für die erwachsenere Jugend muß auch der Erwachsene selbst nicht ohne Vergnügen lesen können; alle fremde Wörter sind sorgfältig vermieden worden, sobald sie sich vermeiden ließen; endlich sollte Alles fern gehalten werden, was auch nur entfernt für das sittliche Gefühl anstößig seyn, oder was Triebe und Wünsche in der Jugend anregen oder nähren konnte, die der besorgte Erzieher in ihr nicht gern sehen kann. […]«

GRUBE, AUGUST WILHELM (1816–84)

Geb. in Wernigerode, arbeitete Grube nach dem Besuch des Schul-
lehrer-Seminars zu Weißenfels zunächst als Lehrer in Merseburg.
Dann begleitete er als Hauslehrer die Familie des Grafen Arnim Boyt-
zenburg auf zahlreichen Reisen. 1850 ließ er sich am Bodensee nieder,
wo er als Erzieher und Schriftsteller arbeitete.

[Sprichwörterschatz des deutschen Volkes] . . . . . . . . . .    179

> In: Federzeichnungen aus dem sittlichen und religiösen Leben der
> Völker. Eine Festgabe für die reifere Jugend. Von A. W. Grube.
> Mit 6 Lithographieen und 3 Holzschnitten. Leipzig: Friedrich
> Brandstetter. 1863.

Die unter Anführung von Lieutenant Richard Burton
unternommene Somali-Expedition . . . . . . . . . . . . . .    264

> In: Taschenbuch der Reisen für Freunde der Geographie, insbe-
> sondere für die Jugend und ihre Lehrer bearbeitet und herausgege-
> ben von A. W. Grube. Mit erläuternden Karten und Illustrationen.
> Erster Jahrgang. Leipzig: Verlag von Friedrich Brandstetter. 1858.

Geschichte eines Wassertropfens . . . . . . . . . . . . . . .    365

> In: Biographieen aus der Naturkunde, in ästhetischer Form und
> religiösem Sinne. Nebst einem Worte über die ästhetische Seite des
> naturkundlichen Unterrichts von A. W. Grube. Stuttgart, 1851.
> Druck und Verlag von J. F. Steinkopf. – Die »Biographieen aus der
> Naturkunde« erschienen in vier Bänden; die ausgewählte Ge-
> schichte ist dem ersten Band entnommen.

> *Vorwort des ersten Bandes:* »In der Theorie sind wir von der Wahr-
> heit, daß aller Unterricht, wofern er nicht erziehend wirkt, nichtig
> sei, und daß unser Schulunterricht einen Haupttheil der sittlichen
> und religiösen Bildung unserer Jugend bilden müsse, vollkommen
> durchdrungen; nur Schade, daß diese theoretische Wahrheit noch
> immer keine praktische werden will, ja daß sogar die Praxis der
> Theorie Hohn spricht. Weit entfernt, dem überwiegend auf das
> Materielle gerichteten, dem religiösen Sinn entfremdeten Leben
> und Streben der Gegenwart einen Damm entgegenzusetzen, hat
> sich die Schule in der allgemeinen Strömung fortreißen lassen und
> sogar dem Materialismus Vorschub geleistet, denn sie hat den
> Reichthum des Wissens auf den Thron erhoben und als ihren Gott

angegebetet. Unsere hochkultivirten und hochgerühmten Methoden sind nur ein Mittel geworden, den immer mehr sich anhäufenden Lehrstoff mit möglichster Schnelligkeit und Bequemlichkeit in die Verstandeskammern hineinzuprakticiren, ganz so, wie man auf unseren Eisenschienen jetzt hundertmal Mehr und hundertfach schneller fährt. Wenn nur auf dem geistigen Gebiete das extensive Mehr zugleich ein intensives wäre! Was die Ausbildung der Erkenntnißkräfte betrifft, so haben wir es in der modernen Virtuosität des Wissens allerdings weit gebracht, aber auf Unkosten der Gefühls- und Willenskraft, auf Unkosten des alle Thätigkeit in Einen lebendigen Mittelpunkt sammelnden *Gemüthes*. [...]

In diesem Streben nach systematischen Wissen hat man die biographische Methode, welche nur Einzelnes, Weniges darreicht, aber solches desto ausführlicher, desto mehr mit Liebe behandelt, und eben deshalb den Schüler desto mehr in das Objekt vertieft, – zurückgedrängt, hat man das ästhetische Moment in Darstellung des naturkundlichen Stoffes viel zu gering geachtet in seiner großen pädagogischen Bedeutung, und damit zugleich auch den religiösen Duft und Schmelz systematisch von dem Gegenstande abgestreift. [...]

Weil die Poesie die hohe Macht besitzt, Ideen, welche auf dem Wege abstrakter Erkenntniß dem Geiste unzugänglich wären, und namentlich dem kindlichen Geiste unfaßlich bleiben müßten, in dem vor das Auge der Phantasie gestellten Bilde dem denkenden Geiste zugänglich zu machen: so vermag sie auch auf den ersten Stufen des Unterrichts in denjenigen Wissenschaften vermittelnd einzugreifen, und Ideen dem kindlichen Gemüthe nahezulegen, welche der Verstand nimmer fassen würde, die aber früh im Herzen eine Stätte finden müssen, wenn die späteren überwiegenden Operationen des trockenen kalten Verstandes die gemüthliche Wärme nicht absorbiren sollen. In der Naturkunde kommt, wenn man nicht bloß unterrichten, sondern zugleich erziehen will, Alles darauf an, daß der Schüler von vornherein die Naturdinge anschauen lerne von Seiten der unsichtbar in ihnen wirkenden *Kraft*, von Seiten der inneren *Harmonie*, von Seiten der *Einheit* in der Mannigfaltigkeit, wo Eins dem Anderen dient, Alles aber eine höchste Vernunft und Liebe offenbart – mit Einem Worte: Es kommt Alles darauf an, daß wir unsern Schülern die Natur als ein *Werk Gottes* zeigen, worin sein lebendiger Odem wehet und ein tiefes heiliges

Geheimniß wohnt, das wir nicht mit dem Verstande zergliedern, wohl aber glauben und empfinden können. [ . . . ]
Der tief gemüthliche Heinrich v. Schubert in München, welcher zu den Wenigen gehört, die in dieser abstraktionssüchtigen Zeit von dem wahren konkreten Leben, von dem Schauen des Göttlichen in dem Natürlichen sich nicht haben abwendig machen lassen, hat den Jugendlehrern manchen wohl zu beachtenden Wink in seinen trefflichen naturhistorischen Schriften gegeben, welche gerade in pädagogischer Hinsicht noch bei Weitem nicht genug gewürdigt sind. Die ersten Kapitel in seinem ›Spiegel der Natur‹ hat er in einer ästhetischen Form behandelt, von der ich wünschte, daß selbige noch durchgreifender festgehalten wäre, und daß wir einmal ein ganzes Buch in dieser Weise erhielten. [ . . . ]«

*Vorwort zum dritten Band:* »[ . . . ] Und so sehr ich die Bedeutung des naturkundlichen Wissens für das praktische Leben anerkenne, so weiß ich doch eben so sicher, daß dieses Wissen nicht blos dazu angebahnt werden soll, daß der Schüler seinen Verstand schärft, Ober- und Unterabtheilungen mache und eine Menge von Namen lerne; daß, wie die Natur mehr ist als ein bestimmtes Quantum von Erde, Wasser und Luft, auch die Naturkunde einen höheren Zweck hat, als blos die Magd der Industrie und Landwirthschaft zu sein, und daß eine Lektüre, welche diesen höheren Zweck im Auge behält, nur segensreich wirken kann. Ich halte es für ein anderes schlimmes Extrem, wenn man für eine Altersstufe, die in ihrem vollen frischen Gemüth auch eine tief religiöse Empfindung zur Naturanschauung mitbringt, schon den ganzen Apparat wissenschaftlicher Systematik in Bereitschaft hält, oder die Natur blos nach ihrem Werthe für den Bauer oder Fabrikarbeiter schätzen lehrt, so daß, weil in Geldsachen die Gemüthlichkeit aufhört, man sich schämt, vom Gesetz zum Gesetzgeber, vom Geschöpf zum Schöpfer aufzublicken, und es für ›unpraktisch‹ hält, den Namen Gottes im Hinweis auf den höchsten und letzten Zweck, dem alle Dinge dienen, zu nennen. Die teleologische Weltanschauung, welche in der Natur einen Organismus, ein durch schöpferische Ideen, d. h. durch Vernunftzwecke, die wiederum in dem selbstbewußten Gottesgeiste ihre Einheit finden, getragenes Ganze erblickt, ist freilich denen eine Thorheit, die das gesammte Leben auf die anziehende und abstoßende Kraft der Atome zurückführen, nur einen Mechanismus anerkennen und von keinem Organismus wissen wollen. Aber die unausbleibliche Konsequenz dieser Mechanismustheorie ist der Atheismus, und unsere Knaben und Mädchen sind zum Glück noch keine atomistischen Philosophen.«

GRUMBACH, KARL (1790–um 1853)

Geb. in Merseburg. Theologiestudium, anschließend zunächst Privatlehrer in Merseburg, dann Diakon in Ortrand (Oberlausitz). 1832 Prediger in Staritz, 1851 Pfarrer in Mühlberg.

Sittenverderbniß durch böse Beispiele . . . . . . . . . . . . .   95

In: Das Morgenstündchen; oder unterhaltende und belehrende Erzählungen, zur Veredlung des Verstandes und Herzens wißbegieriger, guter Kinder; nebst Schilderungen aus der Geschichte, Gedichten und Räthseln, von Karl Grumbach, Verfasser des Jugendgartens, Gymnasion und Führers durch das Thal. Mit 16 illuminierten Bildern. Meißen, im Verlage bei C. E. Klinkicht, sen. [1830]. – Zu den im Titel angesprochenen Werken: »Der Garten der Jugend« erschien 1829, »Gymnasion, oder das Buch der Lehre und Unterhaltung« 1820 und »Der Führer durch das Thal, oder Geschichten und Lieder für Kinder und Jugend« 1825.

*Aus der Vorerinnerung:* »Die Liebe zum Lesen hat in der jetzigen Zeit unter der Jugend sehr zugenommen, und man hat dies als ein ziemlich gutes Zeichen des Jahrhunderts annehmen wollen. Auch ich halte es dafür; nur aber muß zwischen Lesen und Lesen ein genauer Unterschied gemacht, und eine scharfe Grenzlinie hierin gezogen werden, soll nicht der lesende Theil der Jugend statt an Geiste und Herzen zu gewinnen, vielmehr den größten Schaden leiden.
Mit Schaudern hat der Verfasser dieses Büchleins oft in den Händen der Jugend, die ohne Führer in diesem Fache des Wissens sich befand, Bücher, wie die eines: Kartouche, Rinaldo Rinaldini, Schinderhannes, u. a. m. erblickt, die, mit heißer Gier verschlungen, gewiß noch nach langer Zeit die verworrensten Ideen erzeugt und das Leben von einer ganz falschen Seite denselben ausgeprägt haben!
Daher hat er seiner Seits auch kein Bedenken getragen, zu allen Zeiten vor solchen Ausgeburten der Phantasie in den Händen der leicht entzündlichen Jugend zu warnen, und durch einzelne seiner

Jugendschriften zu ihrer Verdrängung und zu einer zweckmäßigern, für höhere Vervollkommnung des Geistes und Herzens dienenden Lectüre möglichst beizutragen! Diesen Zweck spricht auch das neueste Büchlein aus, das aus keinem andern Grunde: ›Morgenstündchen‹ betitelt ward, als weil das Meiste in ihm in den heitern frühen Stunden des Morgens, in denen der Geist sich hell und gestärkt fand, erfunden und niedergeschrieben ist!«

London in ganz neuester Zeit:

Der Kanal unter der Themse . . . . . . . . . . . . . . . .    251
Die Gaslichter . . . . . . . . . . . . . . . . . . . . . . . .    252
Die Wasserleitungen . . . . . . . . . . . . . . . . . . . .    253

In: Die Reisemappe. Enthaltend Auszüge aus Reisebeschreibungen, Städteräthsel und Sinngedichte zur angenehmen und nützlichen Unterhaltung für die mittlere Jugend. Von Carl Grumbach. Zwei Theile mit 13 colorirten und schwarzen Bildern. Meißen, im Verlage bei C. E. Klinkicht [1828]. – Vorliegender Textauszug stammt aus dem ersten Teil.

GUMPERT, THEKLA VON (1810–97)

Geb. in Kalisch, aufgewachsen in Posen, arbeitete sie zunächst als Erzieherin, seit 1843 dann fast ausschließlich als Schriftstellerin und Herausgeberin von »Töchter-Album« und »Herzblättchens Zeitvertreib«.
*Lit.:* Schwerdt, Heinrich: Thekla von Gumpert. In: Centralblatt für deutsche Volks- und Jugendliteratur 1 (1858) S. 34–46. – Ders.: Thekla von Gumpert. Ein biographisch-kritisches Denkmal zur 25jährigen Jubelfeier ihrer schriftstellerischen Thätigkeit. Nürnberg 1868.

Die Hütte . . . . . . . . . . . . . . . . . . . . . . . . . .    134
Gretchen lernt stricken . . . . . . . . . . . . . . . . . .    135
Die gefallene Masche . . . . . . . . . . . . . . . . . . .    137
Gretchen giebt Unterricht . . . . . . . . . . . . . . . . .    138
Sei nicht böse . . . . . . . . . . . . . . . . . . . . . . . .    141
Die reiche Frau . . . . . . . . . . . . . . . . . . . . . . .    142

In: Mutter Anne und ihr Gretchen. Ein Buch für Kinder von vier bis acht Jahren und für deren Mütter. Auch zum Vorlesen in Kleinkinderschulen und Bewahranstalten von Thekla von Gumpert. Stuttgart. Druck und Verlag von Eduard Hallberger [1852].

HILDEBRANDT, CHRISTOPH (1763–1846)

Geb. in Halberstadt. Prediger in Weferlingen, seit 1820 in Eilsdorf bei Halberstadt.

Erste Unterhaltung . . . . . . . . . . . . . . . . . . . . . 312
Vierte Unterhaltung . . . . . . . . . . . . . . . . . . . . . 317
Achte Unterhaltung . . . . . . . . . . . . . . . . . . . . . 325

  In: Robinson's letzte Tage. Ein unterhaltendes und belehrendes Buch für die Jugend. (Fortsetzung von J. H. Campe's »Robinson der Jüngere«). Von C. Hildebrandt, Verfasser von Robinson's Colonie. Quedlinburg und Leipzig. Druck und Verlag von Gottfr. Bosse. 1846. – Campes »Robinson der Jüngere, zur angenehmen und nützlichen Unterhaltung für Kinder« war erstmals 1779/80 erschienen. Das im Titel angesprochene Buch »Robinson's Colonie. Fortsetzung von Campe's Robinson« war erstmals 1807 erschienen.

HÖLDER, LUISE (um 1790–um 1850)

Geb. in Fürth, Tätigkeit als Privaterzieherin, seit 1820 auch als Schriftstellerin.

Fortsetzung der Geschichte Robinsons des Jüngern . . . . . . 284

  In: Rückreise Robinsons des Jüngern nach seinem Eilande in Begleitung seiner Kinder. Ein moralisches und naturhistorisches Lesebuch für die Jugend von Luise Hölder. Zweite verb. und verm. Auflage. Mit 1 Titelkupfer. Nürnberg, bei Bauer und Raspe, 1827. – Die Erstauflage erschien 1821. Hölders Buch ist eine direkte Fortsetzung von Campes erstmals 1779/80 erschienenen »Robinson der Jüngere«. Als Einleitung gibt Hölder auf 40 Seiten eine Zusammenfassung von Campes Robinsonade und zwar, wie die Autorin betont, »meistens mit den eigenen Worten des Verfassers, da ich ihr nicht gerne die Eigenthümlichkeit des Styls benehmen wollte«.

Die gebackenen Grundeln . . . . . . . . . . . . . . . . . . 349

  In: Unterhaltende Fabeln und Erzählungen aus der Naturgeschichte der Fische, Käfer, Insekten, des Gewächs- und Mineralreichs für kleinere Kinder die sich zu dieser Wissenschaft vorbereiten wollen, von Luise Hölder. Mit sechs colorirten Kupfern. Leipzig, 1830, bei

Carl Cnobloch. – Die »Unterhaltenden Fabeln und Erzählungen« sind der dritte und letzte Band von Hölders naturhistorischen Erzählungen. Der erste Band, die Säugetiere behandelnd, erschien 1826, der zweite über Vögel und Amphibien 1829.

HOFFMANN, FRANZ FRIEDRICH ALEXANDER (1814–82)

Geb. in Bernburg, arbeitete Hoffmann zunächst als Buchhändler. Mit seinen ersten Kinder- und Jugendbüchern hatte er so großen Erfolg, daß er die Buchhändlertätigkeit aufgeben und in Halle studieren konnte, wo er zum Doktor der Philosophie promovierte. Herausgeber des seit 1846 erscheinenden Jahrbuchs »Neuer Deutscher Jugendfreund«. Insgesamt verfaßte Hoffmann mehrere hundert Geschichten für Kinder und Jugendliche.
*Lit.:* Nieritz, Gustav: Franz Hoffmann. In: Johann Baptist Heindl: Galerie berühmter Pädagogen, verdienter Schulmänner, Jugend- und Volksschriftsteller und Componisten aus der Gegenwart in Biographien und biographischen Skizzen. Bd. 1. München 1859. S. 274–280. – Schwerdt, Heinrich: Franz Hoffmann. In: Centralblatt für deutsche Volks- und Jugendliteratur 1 (1857) H. 3. S. 210–216.

Der Strickstrumpf [Nr. 54] . . . . . . . . . . . . . . . . . . . . 125
Die Rettung [Nr. 55] . . . . . . . . . . . . . . . . . . . . . . . . 126
Die freundliche Pauline [Nr. 56] . . . . . . . . . . . . . . . . . 128
Das Vogelnest [Nr. 59] . . . . . . . . . . . . . . . . . . . . . . 192

In: Hundertfünfzig moralische Erzählungen für kleine Kinder. Von Franz Hoffmann. Mit achtundvierzig Bildertafeln. Dritte verbesserte Auflage. Stuttgart. Verlag von Schmidt & Spring. 1848. – Die erste Auflage erschien 1842. 1876 erschien bereits die 15. Auflage dieses überaus erfolgreichen Buches.

Die eitle Sophie . . . . . . . . . . . . . . . . . . . . . . . . . . 129
Die Puppen . . . . . . . . . . . . . . . . . . . . . . . . . . . . . 132
Die kleine Thierquälerin . . . . . . . . . . . . . . . . . . . . . 215

In: Geschichtenbuch für die Kinderstube. Kleine moralische Erzählungen für Kinder von fünf bis acht Jahren. Von Franz Hoffmann. Dritte Auflage. Mit colorirten Bildern. Stuttgart. 1856. Verlag von Rudolph Chelius. – Die erste Auflage erschien 1844.

HOPPE-SEYLER, AMANDA (1819–unbekannt)

Hoppe Seyler, geb. in Freiburg a. d. Unstrut, veröffentlichte ihre Werke unter dem Pseudonym Tante Amanda. Nach einer Ausbildung zur Lehrerin in Berlin arbeitete sie seit 1845 in Greifswald.

Eine Kätzchengeschichte [Kap. 1–6; 8–12] . . . . . . . . . . 193

In: Eine Kätzchengeschichte, ihren Neffen Karl, Otto, Paul und ihrer kleinen Nichte Anna gewidmet von Tante Amanda. Siebente Auflage. Mit 6 kolorirten Bildern. Berlin. Winckelmann & Söhne. [1870.] – Die erste Auflage erschien 1846.

HOUWALD, CHRISTOPH ERNST FREIHERR VON (1778–1845)

Geb. in Straupitz (Niederlausitz). Studium der Kameralwissenschaften. Landesdeputierter der Niederlausitz. Seit 1821 Landessyndikus der regionalen ständischen Verwaltung. Als Pflegevater mehrerer aufgenommener Kinder und als Vorsitzender eines Hilfsausschusses kümmerte er sich um durch Kriegswirren verwaiste Kinder.

*Lit.:* Diezel, Margarethe: Eine Untersuchung über Houwalds Kinderschriften. Diss. Wien 1940. – Lenhard, Albin: Didaktische Mimikry. Zur Kinder- und Jugendliteratur Ernst von Houwalds. In: Zeitschrift für Literaturwissenschaft und Linguistik 1977. Beih. 7: Literatur für Kinder. S. 170–195. – Schmidtborn, Otto: Christoph Ernst Freiherr von Houwald als Dramatiker. Marburg 1909. (Beiträge zur deutschen Literaturwissenschaft. Nr. 8.)

Der Weihnachts-Abend . . . . . . . . . . . . . . . . . 375

In: Buch für Kinder gebildeter Stände. Erstes Bändchen. Schauspiele, Mährchen, Romanzen und Erzählungen. Von Ernst von Houwald. Mit fünf Kupfern von Böhm, H. Schmidt und Schwerdgeburth nach Ramberg. Leipzig bei G. J. Göschen 1819. – Band 2 des »Buches für Kinder gebildeter Stände« erschien 1820, Band 3 1824.

MAUKISCH, HEINRICH EDUARD (um 1800–um 1860)

Geb. in Dresden, Tätigkeiten als Pädagoge.

Die französische Revolution [Kap. 15]. . . . . . . . . . . .    158
Weiterer Fortgang der französischen Revolution [Kap. 20]  . .    162
[Befreiung] . . . . . . . . . . . . . . . . . . . . . . . . .    166
In: Teutonia. Deutschlands wichtigste Ereignisse und das Leben
seiner berühmtesten Männer, in leicht fasslichen Erzählungen für
die Jugend dargestellt von E. Maukisch. Fortsetzung von Germa-
nia. Berlin, Verlag von Winckelmann u. Söhne [1839]. – Das im
Titel erwähnte Werk »Germania« erschien 1835.

MEYNIER, JOHANN HEINRICH (1764–1824)

Geb. in Erlangen, Studium der Geschichte und Rechtswissenschaft.
Zunächst Tätigkeiten als Jurist und Diplomat, seit Ende der neunzi-
ger Jahre ausschließlich als Kinder- und Jugendschriftsteller. Meynier
gilt als einer der ersten und der wenigen Kinder- und Jugendschriftsteller, die von ihren schriftstellerischen Arbeiten leben konnten.
*Lit.:* Strobach, Erich: Der Jugendschriftsteller Johann Heinrich Meynier. In: Aus dem Antiquariat. Beilage zum Börsenblatt für den Deutschen Buchhandel (Frankfurter Ausg.) (1977) Nr. 24. S. A81–A94.

[Frankfurt am Main] . . . . . . . . . . . . . . . . . . . .    231
In: Reise durch Deutschland. Ein Unterhaltungsbuch für die Jugend zur Beförderung der Vaterlandskunde. 1. Bändchen. Dritte
verbesserte und bis auf die neuesten Zeiten fortgeführte Ausgabe
von »Rinaldo's Reisen durch Deutschland«. Mit sechs sauber illuminierten Kupfern. Leipzig, bei Carl Cnobloch [1837]. – Der erste
Band von »Rinaldo's Reisen durch Deutschland« erschien 1821,
der zweite 1823. Die zweite Auflage erschien 1826 in drei Bänden,
die dritte dann unter geändertem Titel wieder in zwei.
*Vorrede zur ersten Ausgabe:* »Unsere vornehmsten Erziehungsleh-
rer erklären einstimmig das Lesen der Reisebeschreibungen für eines der nützlichsten Bildungsmittel für die Jugend. In der That ist
nichts so sehr geeignet, ihre Phantasie auf eine unschuldige Art zu
beschäftigen, ihren Geist zu nähren, sie im Nachdenken zu üben
ihre Kenntnisse zu erweitern und besonders ihr den Unterricht in

der Geographie lieb und angenehm zu machen. Was die Erdbeschreibung nur kurz berühren kann, das ist in Reisebeschreibungen
weitläufiger und befriedigender ausgeführt; an die Stelle leichter
Umrisse treten hier vollständige Gemälde; der Leser findet sich
selbst mitten in die Länder und unter die Völker versetzt, die ihm
der Geograph nur von ferne zeigt. [ … ]
Sollen daher Reisebeschreibungen wirklich eine zweckmäßige Lektüre für die Jugend seyn, so müssen sie erst entweder besonders für
dieselbe bearbeitet, oder noch besser das Interessanteste, was mehrere Reisende über dieselben Länder und Völker geschrieben haben, ausgehoben und zu einem Ganzen vereinigt werden. Nach
dieser letzten Methode habe ich hier in Rinaldo's Reisen verfahren.
Ich durchblätterte eine Menge Schriften dieser Art, nahm aus jeder
das Beste, Genießbarste, Unterhaltendste und Zweckmäßigste und
stellte es zusammen. Vorzüglich hielt ich mich an die Merkwürdigkeiten der Natur und der Kunst, an die vornehmsten Sehenswür-
digkeiten und – wenn ich so sagen darf – die Physiognomie der
Städte, an das Eigenthümliche der Länder und ihrer Bewohner, an
die Sitten und Gebräuche der Letztern, den Grad ihres Wohlstandes, die auffallendsten Züge ihres Charakters. Ich schildere Volks-
feste und Volksbelustigungen, ich verweile bei merkwürdigen
Menschen, die sich ausgezeichnet haben, bei Gegenden, die an
denkwürdige Begebenheiten in unserm lieben Vaterlande erinnern.
– Bisweilen finde ich auch für gut, die Reisegeschichte meines Rinaldo durch unterhaltende Anekdoten zu beleben. [ … ]«

MÜLLER, HEINRICH AUGUST (1766–1833)

Geb. in Greußen (Thüringen), Studium der Theologie. Zunächst Pre-
liger in Menz, seit 1815 in Wolmersleben bei Magdeburg. Teilnahme
im Feldzug 1813/14 als preußischer Brigadeprediger.

Reisevorbereitungen] . . . . . . . . . . . . . . . . 253
Schnepfenthal [Kap. 14] . . . . . . . . . . . . . . . . 255

In: Die Lust- und Kinderreise durch das malerische Thüringen.
Schilderung merkwürdiger Orte und Personen, Abenteuer, Geschichten und Anekdoten, für die lernbegierige Jugend von Pastor
Heinrich Müller, Verfasser des: Bitte! Bitte! Owin und Elima, Jugend u. Tugend u. m. a. Mit 6 color. Landschaften. Leipzig, Verlag

von Christian Conrad Krappe. [1838.] – Zu den im Titel angesprochenen Werken: »Bitte! Bitte! liebe Mutter, lieber Vater! guter Onkel, beste Tante! schenke mir dies allerliebste Buch mit den schön ausgemalten Kupfern und den vielen hübschen Erzählungen« erschien erstmals 1811 und erlebte zahlreiche Neuauflagen und Bearbeitungen; »Owin und Elima die Singalesen oder die Macht kindlicher Liebe als ein Vorbild für die Jugend beiderlei Geschlechts« erschien 1836; »Bilder der Jugend, Unschuld und Tugend« 1831.

Thermometer (Wärmemesser) [Kap. 20] . . . . . . . . . . .    352
Der Dampfwagen [Kap. 24] . . . . . . . . . . . . . . . . .    356
Zauberlicht [Kap. 25] . . . . . . . . . . . . . . . . . . .    357

In: Die Wunder der Natur und die Wunderwerke der Welt, oder Vater Brissons Unterhaltungen mit seinen Kindern über Natur- und Kunstmerkwürdigkeiten. Ein physikalisches und belehrendes Bilderbuch. Herausgegeben von H. Müller, Prediger in Wollmirsleben, Ritter. Mit 32 colorirten Abbildungen. Hamburg, in der Herold'schen Buchhandlung [1831].

NIEMEYER, JOHANN CHRISTIAN LUDWIG (1772–1857)

Geb. in Weferlingen bei Magdeburg, Studium der Theologie in Halle. Zunächst Lehrer in Halle, seit 1803 Tätigkeit als Prediger.

[Heinrich Hagenau] . . . . . . . . . . . . . . . . . . . .    151
[Vorbereitungen zum Feldzug] . . . . . . . . . . . . . . .    153
[Schlacht bei Bautzen] . . . . . . . . . . . . . . . . . .    155

In: Neue Winterabende für die deutsche Jugend vom Verfasser des deutschen Plutarchs mit illuminierten Kupfern. Halberstadt, 1815. Im Büreau für Literatur & Kunst. – Das im Titel angesprochene Buch »Deutscher Plutarch, enthaltend die Geschichten ruhmwürdiger Deutscher« erschien erstmals 1811/12.

NIERITZ, KARL GUSTAV (1795–1879)

Geb. in Dresden, verschiedene pädagogische Tätigkeiten. Verfasser von weit über hundert Kinder- und Jugendbüchern, dem, nach eigener Aussage, der Verdienst die Hauptsache sein mußte.
Lit.: Karl Gustav Nieritz: Selbstbiographie. Leipzig 1872.

Die Einquartierung [Kap. 2] . . . . . . . . . . . . . . . 110
O welche Lust, Soldat zu sein [Kap. 5] . . . . . . . . . . . 115
Die Schlacht [Kap. 12] . . . . . . . . . . . . . . . . . . 117

In: Der junge Trommelschläger oder: Der gute Sohn. Eine Geschichte aus dem Feldzuge Napoleons 1812 von Gustav Nieritz.
Vierzehnte Auflage. Düsseldorf, Verlag von Felix Bagel [um 1890].
– Die erste Auflage erschien 1838 mit dem Untertitel: »Eine Geschichte aus unserer Zeit für die Jugend«.


SCHMID, CHRISTOPH VON (1768–1854)

Geb. in Dinkelsbühl. Studium der Theologie, beeinflußt von Johann
Michael Sailer. 1791 Priesterweihe, anschließend Kaplan in Nassen-
beuren bei Mindelheim, dann in Seeg, schließlich in Thannhausen
a. d. Mindel. Dort begann Schmid seine überaus erfolgreiche Kinder-
und Jugendbuchproduktion. 1816 wurde er Pfarrer in Ulm, 1826
Domkapitular in Augsburg. Wegen seiner außerordentlichen Verdienste um die Kinderliteratur wurde er 1837 Ritter des Verdienstor-
dens der bayerischen Krone und damit in den Adelsstand gehoben.
Schmids Kinder- und Jugendbücher erlebten alle hohe Auflagen und
wurden zum Teil in mehr als zwanzig Sprachen übersetzt. Im 19. Jh.
galt er als einer der berühmtesten Autoren der Welt. Noch in der
zweiten Hälfte des 20. Jahrhunderts erschienen Neuauflagen seiner
Bücher.

*Lit.*: Baumgärtner, Alfred Clemens: Gibt es eine Geschichtsschrei-
bung der deutschen Jugendliteratur? Versuch einer Bilanz an Hand
eines exemplarischen Falles. In: A. C. B.: Perspektiven der Jugend-
lektüre. Weinheim/Basel ²1973. – Ders.: Christoph von Schmid.
Grund und Hintergrund seines Werkes. In: Ansätze historischer
Kinderbuchforschung. Hrsg. von A. C. B. Baltmannsweiler 1980.
S. 57–80. – Brutscher, Friedrich: Christoph von Schmid als Pädagoge
und Jugendschriftsteller. München 1917. Zugl. Diss. München 1917.
– Christoph von Schmid und seine Zeit. Hrsg. von Hans Pörnbacher.
Weissenhorn 1968. – Lang, Paul: Das deutsche Schullesebuch und
Christoph von Schmid. Eine kritische Studie als Beitrag zur Lese-
buch- und Jugendschriftenfrage. Leipzig 1906. – Schmid, Christoph
von: Erinnerungen aus meinem Leben. 4 Bde. Augsburg 1853–57. –
Wille, Joseph: Die Jugenderzählungen Christoph von Schmids. Studien zum Volkslesestoff des 19. Jahrhunderts. Diss. Frankfurt a. M.
1969.

Das Vogelnestchen . . . . . . . . . . . . . . . . . . . . 100

> In: Gottfried, der Einsiedler. Das Vogelnestchen. Das stumme
> Kind. Die Wasserflut am Rheine. Vier Erzählungen für die Jugend
> von Christoph von Schmid. Mit Bildern. Neue Stereotyp-Ausga-
> be. Reutlingen. Druck und Verlag von Enßlin und Laiblin [1850]. –
> Die erste Ausgabe dieses Bandes erschien 1841 als Band 4 in den
> »Gesammelten Schriften des Verfassers der Ostereier, Christoph
> von Schmid. Originalausgabe von letzter Hand«, die in 18 Bänden
> bei Joseph Wolff in Augsburg erschien, dort jedoch erweitert um
> die Erzählung »Die Waldkapelle«. Die Erzählung »Das Vogelnest-
> chen« erschien erstmals 1832 in Band 2 der »Neuen Erzählungen
> für Kinder und Kinderfreunde« bei Philipp Krüll, Landshut.

## SCHOPPE, AMALIA (1791–1858)

Geb. in Burg auf Fehmarn. Beschäftigte sich mit Medizin, Naturwis-
senschaften und Geschichte und gründete eine Erziehungsanstalt für
Mädchen. Nach dem Tod ihres Mannes 1829 bestritt sie den Lebensunterhalt ihrer Familie durch schriftstellerische Arbeiten, die Kerner,
Uhland, Chamisso und Varnhagen von Ense unterstützten. Sie verfaßte mehr als zweihundert Bücher sowie Beiträge für Zeitschriften
und Zeitungen. 1851 wanderte sie in die USA aus und lebte bis zu
ihrem Tod in Schenectady im Staat New York.

*Lit.:* Ashlimann, D. L.: Amalia Schoppe in Amerika. In: Hebbel-
Jahrbuch 1973. S. 127–136. – Schleucher, Kurt: Das Leben der Amalia Schoppe und Johanna Schopenhauer. Darmstadt 1978.

Die Auswanderer nach Brasilien [Abt. 1, Kap. 1–3; Abt. 2,
Kap. 1–3] . . . . . . . . . . . . . . . . . . . . . . . . 237

> In: Die Auswanderer nach Brasilien oder die Hütte am Gigiton-
> honha. Nebst noch andern moralischen und unterhaltenden Erzäh-
> lungen für die geliebte Jugend von 10 bis 14 Jahren. Von Amalia
> Schoppe, geb. Weise. Berlin, Verlag der Buchhandlung von C. F.
> Amelang (Brüder-Str. No. 11) [1828].

## SCHUBERT, GOTTHILF HEINRICH VON (1780–1860)

Geb. in Hohenstein (Erzgebirge). Befreundet mit Johann Gottfried
Herder und Jean Paul. Studium der Theologie, Medizin und Philoso-

phie. 1819 Professor der Naturgeschichte in Erlangen, seit 1827 in München. Er popularisierte die Naturphilosophie Schellings und übte mit seinen teilweise unorthodoxen Gedanken zur Naturwissenschaft Einfluß auf seine Zeitgenossen, besonders die Romantiker, aus.

*Lit.:* Bonwetsch, G. Nathanael: Gotthilf Heinrich Schubert in seinen Briefen. Ein Lebensbild. Stuttgart 1918. – Dahmen, H.: Die Kultur- und Kunstphilosophie Gotthilf Heinrich Schuberts. In: Zeitschrift für Ästhetik 20 (1926) S. 325–332. – Geus, Armin: Gotthilf Heinrich Schubert und das Nürnberger Realinstitut. In: Gotthilf Heinrich Schubert. Gedenkschrift zum 200. Geburtstag des romantischen Naturforschers. Erlanger Forschungen. Reihe A. Bd. 25 (1980). Hrsg. von Alice Rössler. – Kantzenbach, Friedrich Wilhelm: Gotthilf Heinrich von Schubert (1780–1860). Zur Bedeutung seines Briefwechsels für die Geschichte der Erweckungsbewegung. In: Erlanger Bausteine zur fränkischen Heimatforschung 25 (1978) S. 7–25. – Merkel, Franz Rudolf: Der Naturphilosoph Gotthilf Heinrich Schubert und die deutsche Romantik. München 1913.

Der Kakerlak . . . . . . . . . . . . . . . . . . . . . 359

In: Beschäftigungen für die Jugend aller Stände zur Gewöhnung an zweckmäßige Thätigkeit zur erheiternden Unterhaltung so wie zur Anregung des Kunst- und Gewerbsinnes. Von einer Gesellschaft Gelehrter und Erzieher. Erster Band. Mit achtzehn Kupfertafeln. Stuttgart 1834–1835. Druck und Verlag der P. Balz'schen Buchhandlung. – Im Titel des zweiten Bandes wird Schubert als Hauptherausgeber genannt. Vorliegende Erzählung stammt von Eisenbach.

SEEMANN, AUGUST NATHANAEL FRIEDRICH (1769–1825)

Geb. in Frankfurt a. d. Oder, Studium der Philologie, Geschichte und Theologie. Bis 1803 Tätigkeit als Hauslehrer.

Die Mode [Kap. 10] . . . . . . . . . . . . . . . . . 67
Stadt und Gesellschaft [Kap. 16] . . . . . . . . . . . 71
Natur und Einsamkeit [Kap. 17] . . . . . . . . . . . 74

In: Albert und Eugenie. Eine Bildungsschrift für die reifere Jugend. Von Aug. Nath. Friedr. Seemann. Herausgegeben von D. Chri-

stian Wilhelm Spieker. Mit vier Kupfern. Leipzig, bei Carl Cnobloch 1824. – Spieker (1780–1858), selbst Jugendbuchautor, war mit
Seemann befreundet.

*Aus der von Spieker verfaßten Vorrede:* »[...] Dem jugendlichen
Geiste wird [...] eine bestimmte Richtung vorgezeichnet, ihm eine
Folge zusammenhängender Wahrheiten, von denen eine aus der
andern sich leicht und einfach entwickelt, vorgelegt, und er für den
Ernst des Lebens, der den Jüngling überrascht, ehe er es meint,
vorbereitet. Das Gegebene wird ihm zum Selbstdenken auffor-
dern, seine Aufmerksamkeit auf die Natur und das Leben richten,
den Verstand schärfen, das Urtheil berichtigen und den Willen auf
das Rechte und Gute leiten. Darum setzt diese Schrift schon einige
Bildung und eine gewisse Reife voraus. Der Jüngling muß die Welt,
als den Schauplatz seines künftigen Wirkens, aus einem andern
Gesichtspunkte betrachten lernen, als der Knabe, der ihn nur für
den Tummelplatz seiner frohen Spiele hält. Die Jungfrau soll ihre
rechte Stellung finden und den innern Werth von dem äußeren
Glanz unterscheiden lernen, da wo dem Mädchen alles in den ro-
senfarbenen Schleier der Lust und Freude gehüllt erscheint [...]
Beide Geschwister, nicht idealisirt, sondern treu nach dem Leben
aufgefaßt, voll Wahrheit und Individualität, bilden sich im Laufe
der Geschichte vor unsern Augen für ihren künftigen Beruf aus.
Ihre sittliche und ästhetische Bildung sind das Hauptaugenmerk
eines weisen Vaters und einer verständigen Mutter. Die Begebenheiten der Familie werden so gewandt, daß sie Veranlassung zu den
Wahrheiten geben, die vorgetragen, entwickelt und anschaulich
dargestellt werden sollen. [...]
Dabei hat diese Bildungsgeschichte noch den besondern Zweck,
die Tugend in ihrer Lauterkeit und Vortreflichkeit darzustellen,
den Beruf des Menschen für dieselbe nachzuweisen und ihre
Uebung zu erleichtern. Zu dem Ende wird im *ersten Abschnitt* das
Wesen der Tugend näher untersucht und der innere Lohn mit den
äußeren Folgen derselben dargestellt. Das Motiv *der Ehre* wird
gehörig gewürdigt und durch Thatsachen bestimmt, wie weit das
Urtheil der Menschen bei unsern Handlungen zu beachten sei. Die
Abwege, auf welche junge Seelen bei dem Streben nach Ehre gar
leicht gerathen, werden bezeichnet und der Pfad eröffnet, welcher
zum innern Glück des Lebens und zum Frieden des Herzens
führt.

Im *zweiten Abschnitt* wird das zweite Motiv des Handelns, das die Menge leitet und oft die Besseren verleitet, *das Nützliche*, näher beleuchtet. Das wahrhaft Edle und das rein Sittliche fragt nicht nach Gewinn und Vortheil, sondern handelt aus inneren Trieben des Herzens, nach dem lebendigen Gefühl des Rechten und Wahren. Gefahr, Noth und Kampf schrecken es nicht; Gewinn, Vorzug und äußerer Lohn reizen es nicht. [...]

Hieraus geht hervor, daß dem Menschen durch den Beruf zur Tugend keineswegs vorgeschrieben sei, die Sinnlichkeit ganz zu unterdrücken und sich gleichsam völlig zu vergeistigen. Die Weisheit lehrt vielmehr, sie richtig zu leiten und für die Beförderung der Tugend zu gewinnen. Dies geschieht besonders durch gehörige Kultur der Einbildungskraft und des Gefühlvermögens, worauf man bei der Erziehung des Menschen zur Sittlichkeit sein Augenmerk besonders zu richten hat. In unserm jetzigen Zustande können wir als Wesen, in denen sich eine zwiefache Natur aufs innigste vereint, jene auf Sinnlichkeit gegründeten Kräfte nicht unterdrücken oder zurückweisen, ohne in Schwärmerei, frömmelnden Hochmuth und gefährliche Selbsttäuschung zu verfallen. Wir können und sollen die Stufe nicht überspringen, von der wir einst zu höherer Vollkommenheit emporsteigen werden. [...]«

## WAGNER, HERMANN (1824–79)

Geb. in Weißenfels an der Saale. 1844–57 Lehrer in verschiedenen Ortschaften. Seit 1857 Mitarbeiter der Verlagsbuchhandlung von Otto Spamer in Leipzig, wo er zahlreiche Kinder- und Jugendbücher verfaßte und für Kinderzeitschriften und Jahrbücher eine große Zahl von Geschichten und Artikeln schrieb.

Braunkohlenlager [Kap. 14] . . . . . . . . . . . . . . . . . . . . 275
Die Trinkhalle [Kap. 19] . . . . . . . . . . . . . . . . . . . . . . 278
Der Dampfwagen [Kap. 33] . . . . . . . . . . . . . . . . . . . . 279

In: Neue Jugend- und Hausbibliothek. Mit vielen Tonbildern, zahlreichen in den Text gedruckten Abbildungen, kolorirten Bildern, Karten etc. Fünfte Serie. VI. H. Wagner's Entdeckungs-Reisen in der Heimat. II. Stadt und Land. Mit mehreren Hundert in den Text gedruckten Illustrationen und vielen Tonbildern. Leipzig. Verlag von Otto Spamer. 1866. – Die zitierten Kapitel stehen

im sechsten Band von Wagners siebenbändiger Serie »Entdek-
kungs-Reisen in der Heimat«, von ihm auch »Biographien aus dem
Reich der uns umgebenden Natur« genannt. In der ersten – vier-
bändigen – Gruppe der Serie beschreibt Wagner Wohnstube, Haus
und Hof, Feld und Flur sowie Wald und Heide, in der zweiten –
dreibändigen – Gruppe werden dann Berg und Tal, Stadt und Land
und Mitteldeutschland bereist.


WINTER, AMALIE (1802–79)

Geb. in Weimar, schon früh Kontakt mit dem Goetheschen Haus.
Verfaßte seit 1840 zahlreiche Kinder- und Jugendbücher, die zum
Teil weite Verbreitung fanden. Sie war auch als Übersetzerin, u. a.
von Werken von Charles Dickens, tätig.

[Franz und seine Vögel] . . . . . . . . . . . . . . . . . . . .     209
    In: Freundschaft zwischen Kindern und Thieren, oder Kinder,
    liebet die Thiere, denn sie gewähren euch Freude und Nutzen. Ein
    nutzbares Lese- und Bilderbuch für Knaben und Mädchen von 5
    bis 12 Jahren. Zweite Auflage. Leipzig Baumgärtner, 1850. – Die
    erste Auflage erschien 1846.

# Abbildungsnachweise und Illustratorenregister

Umschlagabbildung: Aus *Hundertfünfzig moralische Erzählungen für kleine Kinder* von Franz Hoffmann, ³1848, S. 282.

 97 Abbildung aus *Das Morgenstündchen* von Karl Grumbach [1830], S. 84.

105 Christoph von Schmid. Frontispiz zu *Erinnerungen aus meinem Leben* von Christoph von Schmid, Bd. 1, Augsburg 1853. Nach einer Zeichnung von Friedrich Butziger, 1833, gestochen von Carl Mayer.

127 Abbildung aus *Hundertfünfzig moralische Erzählungen für kleine Kinder* von Franz Hoffmann, ³1848, S. 294.

139 Abbildung aus *Mutter Anne und ihr Gretchen* von Thekla von Gumpert [1852], S. 60.

145 Abbildung aus *Für mein kleines Völklein* von August Corrodi, 1856, S. 20. Zeichnung von August Corrodi.

147 Frontispiz zu *Für mein kleines Völklein* von August Corrodi, 1856. Zeichnung von August Corrodi.

159 Titelblatt von *Teutonia* von Heinrich Eduard Maukisch [1839]. Zeichnung von Theodor Hosemann.

163 Abbildung aus *Teutonia* von Heinrich Eduard Maukisch [1839], S. 136. Zeichnung von Theodor Hosemann.

165 Abbildung aus *Teutonia* von Heinrich Eduard Maukisch [1839], S. 262. Zeichnung von Theodor Hosemann.

175 Abbildung aus *Biographieen berühmter Männer* von Philipp Jakob Beumer [1844], S. 104.

177 Abbildung aus *Biographieen berühmter Männer* von Philipp Jakob Beumer [1844], S. 56.

185 Abbildung aus *Der Lese-Abend bei Elisabeth* von Aurelie [1865], S. 98. Zeichnung von V. Katzler.

227 Frontispiz zu *Das Landleben* von Leopold Chimani [1821].

233 Frontispiz zu *Reise durch Deutschland* von Johann Heinrich Meynier [1837].

285 Frontispiz zu *Rückreise Robinsons des Jüngern nach seinem Eilande in Begleitung seiner Kinder* von Luise Hölder, ²1827. Nach einer Zeichnung von Volz gestochen von Martin Esslinger.

297 Abbildung aus *Atalanta* von Heinrich Gräfe, Bd. 3 [1837], S. 238, gezeichnet von P. C. Geißler, gestochen von F. U. Singer.

311 Abbildung aus *Land und Seebilder* von Theodor Gabriel Maria
Dielitz [⁸1882], S. 24. Zeichnung von Theodor Hosemann.
341 Abbildung aus *Land und Seebilder* von Theodor Gabriel Maria
Dielitz [⁸1882], S. 142. Zeichnung von Theodor Hosemann.
351 Abbildung aus *Unterhaltende Fabeln und Erzählungen aus der
Naturgeschichte* von Luise Hölder, 1830, S. 190. Gestochen von
Peter Carl Geißler.
355 Abbildung aus *Die Wunder der Natur und die Wunderwerke der
Welt* von Heinrich August Müller [1831], S. 96.
361 Frontispiz zu *Beschäftigungen für die Jugend aller Stände* von
Gotthilf Heinrich von Schubert, 1834/35. Nach einer Zeichnung
von Julius Nisle gestochen von Adolf Gnauth.
411 Abbildung aus *Theater-Almanach für die Jugend* von Aurelie
[1849], S. 70. Lithographie von Johann Baptist Sonderland.

Butziger, Friedrich   105
Corrodi, August (1826–85)   145, 147
Esslinger, Martin (1793–1841)   285
Geißler, Peter Carl (1802–72)   297, 351
Gnauth, Adolf (um 1810 – um 1860)   361
Hosemann, Theodor (1807–75)   159, 163, 165, 311, 341
Katzler, Vinzenz (1823–82)   185
Mayer, Carl (1798–1868)   105
Nisle, Julius (1812–95)   361
Singer, F. U.   297
Sonderland, Johann Baptist (1805–78)   411
Volz, Johann Michael (1784–1858)   285

# Literaturhinweise

Adolphs, Lotte: Industrielle Kinderarbeit im 19. Jahrhundert. Duisburg 1972.

Ahrens, Elisabeth: Die pädagogische Problematik des jugendlichen Theaterspielens. Diss. Göttingen 1955.

Angst, Anny: Die religions- und moralpädagogische Jugendschrift in der deutschen Schweiz von der Reformation bis zur Mitte des 19. Jahrhunderts. Diss. Zürich 1947.

Ansätze historischer Kinder- und Jugendbuchforschung. Hrsg. von Alfred Clemens Baumgärtner. Baltmannsweiler 1980.

Arendt, Dieter: Jugendlektüre zwischen Ästhetik und Didaktik oder »so fühlt man die Absicht und man ist verstimmt«. In: Ästhetik der Kinderliteratur. Hrsg. von Klaus Doderer. Weinheim/Basel 1981. S. 64–83.

Aust, Hugo: Literatur des Realismus. Stuttgart ²1981.

Ballauf, L.: Ueber Kinder- und Jugendlektüre. In: Pädagogisches Archiv. Centralorgan für Erziehung und Unterricht in Gymnasien, Realschulen und höheren Bürgerschulen 1 (1859) S. 37–48, 122–132.

Baumgärtner, Alfred Clemens: Zur Lage der historischen Kinderbuchforschung. In: Das gute Jugendbuch 28 (1978) S. 65–69.

Begriffsbestimmung des literarischen Realismus. Hrsg. von Richard Brinkmann. Darmstadt 1969.

Bernhardi, K. C. S.: Wegweiser durch die deutschen Volks- und Jugendschriften. Leipzig 1852.

Beyer, Hugo: Die moralische Erzählung in Deutschland bis zu Heinrich von Kleist. Frankfurt a. M. 1941.

Das Bilderbuch. Geschichte und Entwicklung des Bilderbuchs in Deutschland von den Anfängen bis zur Gegenwart. Hrsg. von Klaus Doderer und Helmut Müller. Weinheim/Basel 1973.

Böhmer, Günter: Die Welt des Biedermeier. München 1968.

Buch und Leser. Vorträge des ersten Jahrestreffens des Wolfenbütteler Arbeitskreises für Geschichte des Buchwesens. Hrsg. von Herbert G. Göpfert. Hamburg 1977.

Centralblatt für deutsche Volks- und Jugendliteratur. Ein kritischer Wegweiser für Lesevereine, Volks- und Jugendbibliotheken, Geistliche, Lehrer und Familienväter. Hrsg. von Heinrich Schwerdt. 1 (1857).

Dahrendorf, Malte: Kinder- und Jugendliteratur im bürgerlichen Zeitalter. Beiträge zu ihrer Geschichte, Kritik und Didaktik. Königstein 1980.

Detmer, A.: Musterung unserer deutschen Jugendliteratur, zugleich ein Wegweiser für Eltern in der Auswahl von passenden, zu Weihnachtsgeschenken sich eignenden Büchern. Hamburg 1842. [2]1844.

Deutsche Amerikaauswanderung im 19. Jahrhundert. Hrsg. von Günter Moltmann. Stuttgart 1976.

Domagalski, Peter: Trivialliteratur. Geschichte, Produktion, Rezeption, Freiburg/Basel [u. a.] 1981.

Eisenbeiß, Ulrich: Das Idyllische in der Novelle und die Idyllnovelle in Biedermeier und Biedermeiertradition. Diss. München 1971.

Engelsing, Rolf: Die Perioden der Lesergeschichte in der Neuzeit. Das statistische Ausmaß und die soziokulturelle Bedeutung der Lektüre. In: Börsenblatt für den Deutschen Buchhandel (Frankfurt a. M.) 25 (1969) S. 1541–69.

– Analphabetentum und Lektüre. Zur Sozialgeschichte des Lesens in Deutschland zwischen feudaler und industrieller Gesellschaft. Stuttgart 1971.

Eine Geschichte der Bildung und Erziehung. Bd. 2 und 3. Hrsg. von Theodor Ballauff und Klaus Schaller. Freiburg i. Br. / München 1970/73.

Gesellschaft, Literatur, Lesen. Literaturrezeption in historischer Sicht. Hrsg. von Manfred Naumann. Berlin/Weimar 1973.

Gillis, John R.: Geschichte der Jugend. Tradition und Wandel im Verhältnis der Altersgruppen und Generationen in Europa von der 2. Hälfte des 18. Jahrhunderts bis zur Gegenwart. Weinheim/Basel 1980.

Grenz, Dagmar: Mädchenliteratur. Von den moralisch-belehrenden Schriften bis zur Herausbildung der Backfischliteratur im 19. Jahrhundert. Stuttgart 1981.

Handbuch zur Kinder- und Jugendliteratur. Von 1750 bis 1800. Hrsg. von Theodor Brüggemann in Zusammenarb. mit Hans-Heino Ewers. Stuttgart 1982.

Hardach Pinke, Irene: Kinderalltag. Aspekte von Kontinuität und Wandel der Kindheit in autobiographischen Zeugnissen 1700–1900. Frankfurt a. M. / New York 1981.

Henning, Friedrich-Wilhelm: Landwirtschaft und ländliche Gesellschaft in Deutschland. Bd. 2: 1750–1976. Paderborn/München [u. a.] 1978.

Hermand, Jost: Die literarische Formenwelt des Biedermeier. Gießen 1958.

Hermann, Georg: Das Biedermeier im Spiegel seiner Zeit. Berlin 1913.

Herrmann, Ulrich: Literatursoziologie und Lesergeschichte als Bildungsforschung. Historische Sozialisationsforschung im Medium der Kinder- und Jugendliteratur. In: Internationales Archiv für Sozialgeschichte der deutschen Literatur 2 (1977) S. 187–198.

Herrmann, Ulrich / Renftle, Susanne [u. a.]: Bibliographie zur Geschichte der Kindheit, Jugend und Familie. München 1980.

Hilscher, Elke: Die Bilderbogen im 19. Jahrhundert. München 1977.

Hobrecker, Karl: Alte vergessene Kinderbücher. Berlin 1924.

Hopf, Georg Wilhelm: Ueber Jugendschriften. Mittheilungen an Eltern und Lehrer nebst gelegentlichen Bemerkungen über Volksschriften. Fürth 1850.

Jahnke, Manfred: Von der Komödie für Kinder zum Weihnachtsmärchen. Untersuchungen zu den dramatischen Modellen der Kindervorstellungen in Deutschland bis 1917. Meisenheim am Glan 1977.

Karge, Robert: Theater mit Kindern und Jugendlichen. Diss. Köln 1974.

Kinder, Hermann: Poesie als Synthese. Ausbreitung eines deutschen Realismus-Verständnisses in der Mitte des 19. Jahrhunderts. Frankfurt a. M. 1973.

Kinder- und Jugendliteratur. Zur Typologie und Funktion einer literarischen Gattung. Hrsg. von Gerhard Haas. Stuttgart 1974. 3., völlig neu bearb. Aufl. u. d. T.: Kinder- und Jugendliteratur. Ein Handbuch. 1984.

Kleinstück, Johannes: Die Erfindung der Realität. Studien zur Geschichte und Kritik des Realismus. Stuttgart 1980.

Kluckhohn, Paul: Biedermeier als literarische Epochenbezeichnung. In: Deutsche Vierteljahrsschrift für Literaturwissenschaft und Geistesgeschichte 13 (1935) S. 1–43.

Kober, Margarete: Das deutsche Märchendrama. Frankfurt a. M. 1925.

König, Helmut: Zur Geschichte der bürgerlichen Nationalerziehung in Deutschland zwischen 1807 und 1815. 2 Bde. Berlin [Ost] 1972/73.

Köster, Hermann Leopold: Geschichte der deutschen Jugendliteratur (1. Aufl. 1906). Mit einem Nachw. und einer annotierten Bibliogr. von Walter Scherf. Nachdr. der 4. Aufl. von 1927. München-Pullach/Berlin 1972.

Kohl, Stephan: Realismus. Theorie und Geschichte. München 1977.

Koopmann, Helmut: Dilettantismus. Bemerkungen zu einem Phänomen der Goethezeit. In: Studien zur Goethezeit. Festschrift für Liselotte Blumenthal. Hrsg. von Helmut Holtzhauer und Bernhard Zeller. Weimar 1968.

Kühner, Carl: Jugendlectüre, Jugendliteratur. In: Encyclopädie des gesamten Erziehungs- und Unterrichtswesens. Hrsg. von K. A. Schmid. Bd. 3. Gotha 1862. S. 802–840. Wiederabdr. in: Ansätze historischer Kinder- und Jugendbuchforschung. Hrsg. von Alfred Clemens Baumgärtner. Baltmannsweiler 1980. S. 99–159.

Kuhn, Andrea / Merkel, Johannes: Sentimentalität und Geschäft. Zur Sozialisation durch Kinder- und Jugendliteratur im 19. Jahrhundert. Berlin 1977.

Lexikon der Kinder- und Jugendliteratur. Personen-, Länder- und Sachartikel zu Geschichte und Gegenwart der Kinder- und Jugendliteratur. In drei Bänden (A–Z) und einem Ergänzungs- und Register-Band. Hrsg. von Klaus Doderer. Weinheim/Basel 1975 bis 1982.

Liebs, Elke: Die pädagogische Insel. Studien zur Rezeption des Robinson Crusoe in deutschen Jugendbearbeitungen. Stuttgart 1977.

Literatur für Kinder. Studien über ihr Verhältnis zur Gesamtliteratur. Hrsg. von Maria Lypp. Göttingen 1977. (Zeitschrift für Literaturwissenschaft und Linguistik. Beiheft 7.)

Literatur für viele. Studien zur Trivialliteratur und Massenkommunikation im 19. und 20. Jahrhundert. Hrsg. von Anton Kaes, Bernhard Zimmermann [u. a.]. 2 Bde. Göttingen 1975/76.

Majut, Rudolf: Das literarische Biedermeier. Aufriß und Probleme. In: Germanisch-Romanische Monatsschrift 20 (1932) S. 401–424.

Marschalck, Peter: Deutsche Überseewanderung im 19. Jahrhundert. Stuttgart 1973.

Martini, Fritz: Deutsche Literatur im bürgerlichen Realismus 1848–1898. Stuttgart 1964.

Merget, Adalbert: Geschichte der deutschen Jugendliteratur (1. Aufl. 1866). ³1882. Nachdr. Hanau 1967.

Mühlher, Robert: Dichtung der Krise. Mythos und Psychologie in der Dichtung des 19. und 20. Jahrhunderts. Wien 1951.

Müller, Detlef K.: Sozialstruktur und Schulsystem. Aspekte zum

Strukturwandel des Schulwesens im 19. Jahrhundert. Göttingen 1977.

Müller, Helmut: Vom Sittenbüchlein zur moralischen Erzählung. In: Das gute Jugendbuch 26 (1976) S. 121–128.

Nipperdey, Thomas: Deutsche Geschichte 1800–1866. Bürgerwelt und starker Staat. München 1983.

Nutz, Walter: Der Trivialroman, seine Formen und seine Hersteller. Köln/Opladen ²1966.

Pape, Walter: Das literarische Kinderbuch. Studien zur Entstehung und Typologie. Berlin 1981.

Pleticha, Heinrich: Das Abenteuerbuch der Vergangenheit. Würzburg 1978.

Plischke, Hans: Von Cooper bis Karl May. Eine Geschichte des völkerkundlichen Reise- und Abenteuerromans. Düsseldorf 1951.

Pressler, Christine: Schöne alte Kinderbücher. Eine illustrierte Geschichte des deutschen Kinderbuches aus fünf Jahrhunderten. München 1980.

Rarisch, Ilsedore: Industrialisierung und Literatur. Buchproduktion, Verlagswesen und Buchhandel in Deutschland im 19. Jahrhundert in ihrem statistischen Zusammenhang. Berlin 1977.

Realismus und Gründerzeit. Manifeste und Dokumente zur deutschen Literatur 1848–1880. Hrsg. von Max Bucher, Werner Hahl [u. a.]. 2 Bde. Stuttgart 1975/76.

Rosenbaum, Heidi: Formen der Familie. Untersuchung zum Zusammenhang von Familienverhältnissen, Sozialstruktur und sozialem Wandel in der deutschen Gesellschaft des 19. Jahrhunderts. Frankfurt a. M. 1982.

– Familie als Gegenstruktur zur Gesellschaft. Stuttgart ²1978.

Rümann, Arthur: Alte deutsche Kinderbücher. Mit Bibliographie und 150 Bildtafeln. Wien/Leipzig [u. a.] 1937.

Schedler, Melchior: Kindertheater. Geschichte, Modelle, Projekte. Frankfurt a. M. 1972.

Schenda, Rudolf: Volk ohne Buch. Studien zur Sozialgeschichte der populären Lesestoffe 1770–1910. Frankfurt a. M. 1977.

Schmidt, Joachim: Volksdichtung und Kinderlektüre in der ersten Hälfte des 19. Jahrhunderts. Berlin [Ost] 1977.

Schröder, Rolf: Novelle und Novellentheorie in der frühen Biedermeierzeit. Tübingen 1970.

Schulte-Sasse, Jochen: Die Kritik an der Trivialliteratur seit der Aufklärung. Studien zur Geschichte des modernen Kitschbegriffs. München 1971.

Schultze, Hermann: Das deutsche Jugendtheater. Seine Entwicklung vom deutschsprachigen Schultheater des 16. Jahrhunderts bis zu den deutschen Jugendspielbestrebungen der jüngsten Gegenwart, dargestellt, gesichtet und gewertet an den brauchtumsgebundenen Spielen der Jugend. Emsdetten 1960.

Schwarze Pädagogik. Quellen zur Naturgeschichte bürgerlicher Erziehung. Hrsg. von Katharina Rutschky. Frankfurt a. M. / Berlin [u. a.] 1977.

Sengle, Friedrich: Arbeiten zur deutschen Literatur 1750–1850. Stuttgart 1965.

– Biedermeierzeit. Deutsche Literatur im Spannungsfeld zwischen Restauration und Revolution 1815–1848. 3 Bde. Stuttgart 1971–80.

Seybold, Eberhard: Das Genrebild in der deutschen Literatur. Vom Sturm und Drang bis zum Realismus. Stuttgart/Berlin [u. a.] 1967.

Sichelschmidt, Gustav: Die deutschen Kinderanthologien. In: Die deutschsprachige Anthologie. Hrsg. von J. Bark / D. Pforte. Frankfurt a. M. 1969. Bd. 2. S. 222–245.

Sommerlad, F. W.: Die Jugendschrift und die Jugendschriftsteller. In: Centralblatt für deutsche Volks- und Jugendliteratur. Hrsg. von H. Schwerdt. 1 (1857) S. 289–300.

Studien zur Trivialliteratur. Hrsg. von Heinz Otto Burger. Frankfurt a. M. ²1976.

Tornau, Hildegard: Die Entstehung und Entwicklung des Weihnachtsmärchens auf der deutschen Bühne. Diss. Köln 1955.

Ueding, Gert: »Was sich nie und nirgends hat begeben« – Überlegungen zu einer Poetik der Kinder- und Jugendliteratur. In: Ästhetik der Kinderliteratur. Hrsg. von Klaus Doderer. Weinheim/Basel 1981. S. 18–35.

Waldmann, Günther: Theorie und Didaktik der Trivialliteratur. Mit einer ausführlichen Bibliogr. München ²1977.

Weber-Kellermann, Ingeborg: Die deutsche Familie. Versuch einer Sozialgeschichte. Frankfurt a. M. 1974.

– Die Kindheit. Kleidung und Wohnen. Arbeit und Spiel. Eine Kulturgeschichte. Frankfurt a. M. 1979.

– Frauenleben im 19. Jahrhundert. Empire und Romantik, Biedermeier, Gründerzeit. München 1983.

Wegehaupt, Heinz (u. Mitarb. von Edith Fichtner): Alte deutsche Kinderbücher. Bibliographie 1507–1850. Zugleich Bestandsverzeichnis der Kinder- und Jugendbuchabteilung der Deutschen Staatsbibliothek zu Berlin. Hamburg 1979.

Weydt, Günther: Biedermeier und Junges Deutschland. Forschungsbericht. In: Deutsche Vierteljahrsschrift für Literaturwissenschaft und Geistesgeschichte 25 (1951) S. 506–521.

Wildhammer, Helmuth: Realismus und klassizistische Tradition. Zur Theorie der Literatur in Deutschland 1848–1860. Tübingen 1972.

Winterscheidt, Friedrich: Deutsche Unterhaltungsliteratur der Jahre 1850–1860. Die geistesgeschichtlichen Grundlagen der unterhaltenden Literatur an der Schwelle des Industriezeitalters. Bonn 1970.

Wuthenow, Ralph-Rainer: Gefährdete Idylle. In: Jahrbuch der Jean-Paul-Gesellschaft 1 (1966) S. 79–94.

Zinnecker, Jürgen: Sozialgeschichte der Mädchenbildung. Zur Kritik der Schulerziehung von Mädchen im bürgerlichen Patriarchalismus. Weinheim/Basel 1973.

Zuber, Margarete: Die deutschen Musenalmanache und schöngeistigen Taschenbücher des Biedermeier 1815–1848. In: Archiv für Geschichte des Buchwesens. Bd. 1. Frankfurt a. M. 1958. S. 398–489.

Zupancic, Peter: Die Robinsonade in der Jugendliteratur. Diss. Bochum 1976.

# Personenregister

Adler, Alfred 43
Ambach, Eduard von 29
Andersen, Hans Christian 418
Andersen, J. F. 421
Arndt, Ernst Moritz 149
Ashlimann, D. L. 440
Aurelie 37, 49 f., 180 ff., 398 ff.,
418 ff.

Bagel, August 420
Baron, Richard 35
Barth, Christian Gottlob 35
Basedow, Johann Bernhard 15
Baudissin, Sophie Gräfin von s. Au-
relie
Baumgärtner, Alfred Clemens 439
Becker, Nikolaus 150
Berlepsch, Goswina von 424
Berquin, Arnaud 419
Beumer, Philipp Jakob 167 ff.,
420 f., 427
Biernatzki, Karl Leonhard 47, 283,
328 ff., 421
Bloch, Ernst 17
Blücher, Gebhard Leberecht von
25, 150 f., 170 f.
Bonwetsch, G. Nathanael 441
Borstell, Karl Heinrich Ludwig von
151
Brähm, Hans Ulrich 83 f.
Braihtwaite, J. 356
Braun, Isabella 24, 37
Brutscher, Friedrich 439
Bülow, Friedrich Wilhelm 151
Burton, Richard 264 ff.

Campe, Joachim Heinrich 7, 17,
31 ff., 58, 221, 282, 433
Chamisso, Adelbert von 440
Chimani, Leopold 10, 18 f., 42, 86,
89 ff., 223 ff., 345 ff., 421 ff.
Claude Lorrain 77

Claudius, Matthias 169
Clauren, Heinrich 36
Conrad I. 232
Corday, Charlotte de 164
Corrodi, August 144 ff., 424

Dahmen, H. 441
Danton, Georges 164
Defoe, Daniel 282
Detmer, A. 25 ff.
Dicke, L. 427
Dickens, Charles 444
Dielitz, Theodor Gabriel Maria
222, 283, 303 ff., 417, 424 f.
Diesterweg, Adolph 421
Dolz, Johann Christian 57, 59 ff.,
425
Drebbel, Cornelis 354
Droste-Hülshoff, Annette von 39

Ebersberg, Josef Sigmund 10
Eisenbach 441
Elphinstone, Mountstuart 264
Engels, Friedrich 22
Ericsson, John 356
Estorff, Emmerich Otto August von
169
Ewers, Hans-Heino 5, 11, 149, 191

Fahrenheit, Gabriel Daniel 354
Farnow, Eduard 150
Francke, Herrmann 261
Franklin, Benjamin 66, 80 ff.
Franz II. 151, 232
Franz, Agnes 214 f., 425 f.
Franz, Johann Friedrich 79 ff., 426
Franzky, Luise Antoinette s. Franz,
Agnes
Freytag, Gustav 418
Friedrich I. 151
Friedrich II., der Große 151, 162,
168

Friedrich Wilhelm I. 321
Friedrich Wilhelm II. 162
Friedrich Wilhelm III. 151, 170 f., 173, 188
Friedrichs, Elisabeth 418

Geibel, Emanuel 418
Gerstäcker, Friedrich 283, 417
Geßner, Johann Anton Wilhelm 77
Geus, Arnim 441
Gneisenau, August 25, 150 f.
Goethe, Johann Wolfgang 169, 444
Gräfe, Heinrich 32 ff., 222, 293 ff., 426 f.
Graf, Andreas Christoph 58
Greyerz, Otto 424
Grillparzer, Franz 7
Grimm, Jacob 39
Grossmann, Julie Florentine von 425
Grote, Johann Christian 282
Groth, Klaus 418
Grube, August Wilhelm 179 f., 264 ff., 365 ff., 428 ff.
Grumbach, Karl 30, 95 ff., 251 ff., 431 f.
Gubitz, Friedrich Wilhelm 35
Güll, Friedrich Wilhelm 35
Gumpert, Thekla von 37, 134 ff., 432

Hammerstein, Rudolf Georg Wilhelm von 170
Händel, Georg Friedrich 80
Häntzschel, Günter 6
Hardenberg, Christian Ludwig von 176
Harnisch, Wilhelm 31 f.
Hauff, Wilhelm 31
Haydn, Joseph 72
Hebbel, Friedrich 7
Heindl, Johann Baptist 41
Heinrich VI. 151
Helm, Clementine 37
Herder, Johann Gottfried 440
Hermann der Cherusker (Arminius) 151

Hey, Wilhelm 191
Heyse, Paul 418
Hildebrandt, Christoph 282, 313 ff., 433
Hirschfeld, Karl von 151
Hölder, Luise 282, 284 ff., 349 f., 433 f.
Hoffmann, Franz Friedrich Alexander 8, 31, 39, 41, 86, 125 ff., 192 f., 215 ff., 427, 434
Hoffmann von Fallersleben, August Heinrich 149
Hoppe-Seyler, Amanda 37, 193 ff., 435
Houwald, Christoph Ernst Freiherr von 375 ff., 435
Humboldt, Alexander von 399
Humboldt, Wilhelm von 343
Hunziker, Rudolf 424

Jacobs, Friedrich 25 f.
Jahn, Friedrich 149
Jean Paul 440
Joseph II. 151, 161

Kantzenbach, Friedrich Wilhelm 441
Karl I., der Große 151
Karl IV. 232
Karl Wilhelm Ferdinand, Herzog von Braunschweig 162
Kerner, Justinus 440
Kleist, Ewald von 77
Kleist, Friedrich 151
Körner, Karl Theodor 151, 172 ff.
Kühner, Karl 54 f.

Lang, Paul 439
Laube, Heinrich 282
Laun, August 36
Leopold II. 161 f.
Lichtenstein 151
Linné, Carl von 360
Ludwig XVI. 158, 160 ff.
Ludwig, Otto /
Lützow, Adolf von 174, 176, 178

Marat, Jean Paul 164
Marggraff, Hermann 31
Marie Antoinette 164
Marx, Karl 22
Marryat, Frederick 282
Mattenklott, Gert 54
Maukisch, Heinrich Eduard
158 ff., 436
Maximilian I. 151
May, Karl 222
Mendelssohn, Felix 419
Merget, Adalbert 36, 41
Merkel, Franz Rudolf 441
Metternich, Clemens von 25
Meynier, Johann Heinrich 231 ff.,
436 f.
Möllhausen, Balduin 283
Mörike, Eduard 7, 39
Müller, Heinrich August 253 ff.,
352 ff., 437 f.
Mundt, Theodor 9

Napoleon Bonaparte 118, 123, 155,
164 ff., 170, 174, 262
Nelk, Theophilus 35
Niemeyer, Johann Christian Lud-
wig 151 ff., 417, 438
Nieritz, Gustav 31, 35 f., 38 f., 86,
88, 110 ff., 417, 434, 438 f.
Nigg, Marianne 421
Nostiz, August von 151

Oppen, Adolf Friedrich von 151
Oppermann, Heinrich Albert 13
Otto I., der Große 151

Pape, Walter 32
Pedro I. 238
Pflanz, Joseph Anton 35
Pörnbacher, Hans 439

Reaumur, René-Antoine 353 f.
Rindenschwender, Anton 79 f.
Robespierre, Maximilian de 164
Rosa, Salvator 77
Rousseau, Jean-Jacques 11

Rudolf von Habsburg 151
Rühle, Otto 22

Sailer, Johann Michael 15, 439
Salzmann, Christian Gotthilf 85,
260 ff.
Schaffner, Paul 424
Scharnhorst, Gebhard David von
150 f., 167 ff.
Scheffner, Johann Georg 81 f.
Schelling, Friedrich Wilhelm 441
Schenda, Rudolf 35, 37, 39
Schiller, Friedrich 373
Schleucher, Kurt 440
Schmid, Christoph von 8, 10, 15,
23, 29, 31, 35, 39, 86, 100 ff., 417,
439 f.
Schmidt, Ferdinand 35 f.
Schneckenburger, Max 150
Schoppe, Amalia 37, 86, 237 ff.,
417, 440
Schröder, Rolf 6, 8
Schubert, Gotthilf Heinrich von
282, 359 ff., 430, 440 f.
Schumann, Clara 418
Schwarzenberg, Karl Philipp 151
Schwerdt, Heinrich 36, 41, 432,
434
Schwerin, Kurt Christoph 171
Sealsfield, Charles 283
Seemann, August Nathanael Fried-
rich 57, 67 ff., 441 ff.
Sengle, Friedrich 8, 12, 21, 35, 39 f.
Seydlitz, Friedrich Wilhelm von
168
Siebelt, Albert 425
Spamer, Otto 443
Spieker, Christian Wilhelm 16,
442 f.
Stifter, Adalbert 10
Strobach, Erich 436
Sück 151

Tante Amanda s. Hoppe-Seyler,
Amanda
Tauentzien, Bogislaw 151

Thomson, James  72, 77
Thümen, Heinrich Ludwig August von  151
Tieck, Ludwig  10
Trapp, Ernst Christian  52
Tryon, Thomas  82 f.

Uhland, Ludwig  440

Varnhagen von Ense, Karl August  440
Velde, Carl Franz van der  36
Vischer, Friedrich Theodor  10

Wagner, Hermann  275 ff., 443 f.
Wedell, Karl Heinrich  151
Weiße, Christian Felix  15, 17, 32, 419

Wendt, Amadeus  173
Wildermuth, Ottilie  37
Wilhelm zu Schaumburg-Lippe  168 f.
Wille, Joseph  439
Winkler, K. J. Th.  11
Winter, Amalie  209 ff., 444
Witzleben, Karl August von  36
Wolgast, Heinrich  56
Wrede, Karl Philipp  151
Wyss, Johann David  282

Yorck von Wartenburg, Ludwig  151
Young, Edward  169

Zieten, Hans Joachim von  168
Zschokke, Johann Heinrich  10

# Sachregister

Abenteuer, abenteuerlich 8, 11 f., 24, 222, 282 ff.
Aberglaube 62, 266, 407
Adel 160 f.
Affe 218 f.
Albino 360 f.
Angst 117, 119 f.
Anthropomorphismus 191, 193 ff.
Arbeit 18, 22 f., 37 f., 179 f., 289 ff.
Armut 14, 20, 37 f., 79, 100, 107 f., 134 ff., 143 f., 179, 187, 209, 237, 239 f., 242, 376, 379, 381 f., 385 f., 390 f.
Aufklärung 5, 11, 13 f., 17, 22, 30 ff., 42, 86, 191, 221, 282, 415
Ausdauer 254
Auswanderung 222, 237 ff.
Autoren 7, 25 f., 35–42

Backfischliteratur 37
Barmherzigkeit 24
Bastille 160
Befreiungskriege 149, 153 ff., 166, 171, 173 f., 176 f., 188 f.
Beispiel, Beispielgeschichte 8, 10, 22, 24, 30, 59, 86, 420
Belehrung 5 f., 8 ff., 12, 28, 64 ff., 86, 190, 427 f., 442
Beleuchtung 252 f.
Bescheidenheit 13, 19, 60, 135
Bettelkind 23
Bibel 140, 318, 376
Blume 228 ff.
Bürger, bürgerlich 18, 20, 22, 50 f., 283, 331, 343, 423

Chauvinismus 56, 150

Dampfmaschine 252, 279 f., 344
Demagogenverfolgung 25
Dialog 11
Dieb 288

Dienstfertigkeit 19 f., 60
Dilettantismus 40
Drama, Schauspiel 7, 9, 12, 373 ff., 419 f.

Ehre 61
Ehrlichkeit 60, 79, 102 ff., 107, 109
Eingeborene 264 ff., 286, 288 ff., 317
Einsamkeit 74 f., 77, 294 ff.
Eisenbahn 279 ff., 356 f., 429
Eitelkeit 69, 96, 129 ff.
Elefant 216 ff.
Empfindsamkeit 13, 60, 74, 182 f.
Erwachsenenliteratur 10, 35, 39 f., 52, 419
Erzieherin 96 ff., 142 f.
Exotisches 8, 11, 222, 264 ff., 282 ff.
Expedition 264 ff.

Familie 13, 16–22, 61, 67 ff., 88, 191, 373, 419, 442
Familienzeitschrift 55
Feindesliebe 61, 89 f.
Fiktionalisierung 5 f., 23, 29, 49, 55, 190, 283, 429 f.
Findelkind 23
Fleiß 60, 79, 109, 125 f., 168 f., 179, 284
Französische Revolution 158, 160 ff., 169
Franzosen 110 ff., 150, 154 ff., 160 ff., 170, 180 ff.
Freibeuter 331 ff.
Freiheit 161
Fremdwörter 180 ff.
Freundschaft 384, 394
Frömmigkeit 15, 18, 26, 58

Gattungsästhetik 6 f., 35
Gebrauchsliteratur 6

Geduld 254
Geheimnis 23 f., 101 f., 400 ff.
Gehorsam 26, 193
Gemütlichkeit 13, 40
Genügsamkeit 60, 254
Genußsucht 26, 60, 96
Gerechtigkeit 60
Geschlechtsspezifisches 17 ff.,
    36 f., 68 ff., 74, 156, 180, 221,
    267 f., 284, 290, 419, 442
Geselligkeit 13, 17, 71 ff., 234, 373
Gesellschaft 5, 12 f., 25, 47, 58, 78,
    289
Gesetz 26, 288
Gespenst 402 f., 413
Gewitter 59, 256 ff.
Gleichheit 14, 161
Glück 13, 20, 313 ff.
Gott 109, 126, 128, 135, 138, 140,
    167, 223 ff., 249 f., 255, 259, 287,
    307, 318, 343, 430
Gottesfurcht 18, 96, 144
Gottvertrauen 17 f., 47, 61, 179,
    243
Grausamkeit, Gewalt 15, 30, 83,
    87, 122 ff., 131, 160 ff., 229
Greis 263, 327
Großmut 61, 90
Großvater 21
Guillotine 161, 164

Handel 234, 271 f., 291 f.
Harmonie 16, 18, 20, 191, 429
Heimatlosigkeit 24, 240, 243 f.
Held 22, 47 f., 152, 157, 172, 176
Heldentod 172, 174, 178, 256
Herzblättchen's Zeitvertreib 37
Heuchelei 60
Himmel 109, 224, 363
Höflichkeit 60
Holzfrevler 23
Humor 50 f., 179, 399 ff.
Hund 214 f.

Identität 20
Idylle 8, 12 f., 15 f., 88, 134 ff.,
    193 ff., 242, 375 ff.

Indianer 296 ff., 303 ff., 308 ff.
Individualität 19 f., 48, 54 f.

Jahrbuch 37
Jakobiner 161, 164
Juden 84, 231
Jugendliteratur 46, 419

Kakerlak 359 ff.
Katholizismus 15, 42, 320 ff.
Katze 193 ff., 211 f., 214 f.
Kinderarbeit 22, 125, 135 f., 378
Kinderliteratur 46
Kindheitsideal 13, 15, 18–22, 23 f.,
    28, 44, 50 f., 191, 260
Kitsch 15, 44
Klischee 11, 13, 41, 86, 191
Kolonialismus 283, 303, 305,
    322 ff.
Kommerzialisierung 7, 11, 37, 44,
    56
Krieg 13, 38, 89 f., 113 ff., 118 ff.,
    152 ff., 168, 170, 211 f., 273
Kritik 27–34
Kunst 77

Landleben 71 ff.
Landwehr 154 f., 171
Landwirtschaft 230 f., 238 f.,
    266 f., 289 ff., 317
Laster 29, 59 ff.
Leidenschaft 15, 133, 148
Lesebedürfnis 7, 52
Lesefähigkeit 39
Leseinteresse 11, 29, 39, 52 ff., 61
    bis 66, 87, 431
Lesereiz 8, 52
Lesesucht, Lesewut, Vielleserei 27,
    29, 54 f., 60, 403, 431
Literaturpädagogik 5, 44, 51–56,
    191, 373
Lokomotive 279 ff., 356 f.
Lüge 60
Lützowsches Freikorps 174, 178
Lyrik 7, 12, 43

Märchen, Märchenhaftes 5, 8, 30 f., 43

Meer 249 f., 328 ff., 365 f., 371 f.

Militärschule 168 f.

Mineralwasser 278 f.

Mode 67 ff., 96

Moralische Geschichte 8, 10, 57 f., 86 ff., 190, 423

Musik 144 f.

Mut 157, 168, 170, 172, 270 f.

Mutter 17 f., 67 ff., 80, 134 ff., 191, 363, 376, 442

Mystisches 12

Nationalerziehung 56, 149 ff., 420 f., 423

Natur 12 f., 16 f., 32 f., 60, 72, 74 f., 77 f., 191, 222, 223, 345, 429 f.

Neid 60, 132 f.

Neugierde 60

Novelle 7–11

Ordnungsliebe 60, 392

Patriotismus 25, 42, 56, 149 f., 152, 154 ff., 166 f., 171, 173 f., 176 f., 181 ff., 188 f., 232

Pferd 153 f., 219 f.

Phantasie 5, 8, 30, 33 f., 50, 53, 56, 63, 431

Philanthropismus 11, 21, 27, 42, 221, 259 ff.

Polen 116

Populäre Lesestoffe 37, 52

Preußen, preußisch 151, 156 f., 170 f., 173

Prinz 101 ff.

Produktionsbedingungen 35–41, 416

Protagonisten 22 f., 48, 86, 374

Psychisches 48, 88

Puppe 132 f., 140 ff.

Räuber 23, 274

Reaktionszeit 51

Reinlichkeit 59

Reiseliteratur 32 ff., 211 ff., 419, 436 f.

Religion 15, 24, 28 f., 42, 61, 63, 65, 87, 96, 179, 266, 270, 343, 423, 428 ff.

Restauration 21, 24–28, 37, 43, 51

Robinsonade 282, 284 ff., 312 ff.

Roman, Romanlektüre 10, 41, 52, 63, 419

Romantik 5 f., 15, 26, 30 f., 42, 415

Romantisches 8, 12, 23

Sachkundliches 190, 221, 343 ff.

Sage 43, 235 f., 403, 413

Schadenfreude 60

Schmuggler 23, 47

Schwatzhaftigkeit 60

Selbstbeherrschung 18 f., 21, 60

Sentimentalität 13, 15, 28, 393 ff.

Sittenlehrbuch 57 ff., 86

Sittlichkeit 5, 26, 29 f., 56, 60, 63, 68, 81, 95 ff., 179, 184, 423, 427, 428 ff., 443

Sklaverei 248, 268 f., 325 ff.

Soldat 89 ff., 110 ff., 115 ff., 168 f.

Spannung 7, 11 f., 23 f., 48, 283

Sparsamkeit 60

Spott 60

Sprachstil 11 f., 35, 63, 423

Sprichwörter 179 f.

Staat 25 f., 158, 162, 423

Stadtleben 71 ff., 278 f.

Stolz 60

Subjektivität 12, 19 f.

Tagelöhner 23

Thermometer 352 ff.

Tiergeschichte 190 ff.

Tierquälerei 214 ff.

Tod 122 ff.

Töchter-Album 37

Trivialliteratur 37 f., 87

Tugend 18 ff., 29, 59 ff., 63, 78, 96, 104, 442 f.

Tunnel 251 f., 281

Turnen 85, 149

Unglücksgeschichte  87,  92,  94 f.,
    229
Unterhaltung  9, 11, 28, 38, 41, 49,
    53, 283, 419 f., 427

Vater  16 f., 20, 50, 54, 67 ff., 71 ff.,
    99 f., 363, 442
Verlagswesen  36, 40 f., 56
Verniedlichung  13, 15, 44, 191
Verstand  5, 18, 31, 33, 141 f., 429
Vielschreiber  36, 40, 86
Vogel  192 f., 209 ff., 225 f.
Volksbuch  63, 431
Vulkan  345 ff.

Waffe  59, 286
Wahrheitsliebe  60

Wahrsagerei  23, 406 ff.
Waise  362 ff., 385 f., 391, 393
Warnung, Warngeschichte  8, 87,
    126 f., 218 ff.
Wegelagerer  23
Wildschütz  23
Willenlosigkeit  19 ff., 128 f.
Wohltätigkeit  14,  24,  60,  382,
    387 f., 390, 393, 395 f.
Wunder  5, 23

Zauber  12, 357
Zerstreuungssucht  60
Zigeuner  23, 406 ff.
Zorn  60, 137
Zufriedenheit  16, 19, 60, 75, 134 f.,
    144

# Textsammlungen zur Kinderliteratur

IN RECLAMS UNIVERSAL-BIBLIOTHEK

---

## Kinder- und Jugendliteratur der Aufklärung

Mit 25 Abbildungen
Hrsg. von Hans-Heino Ewers. 9992 [5]

## Kinder- und Jugendliteratur der Romantik

Mit 25 Abbildungen
Hrsg. von Hans-Heino Ewers. 8026 [7]

## Kinder- und Jugendliteratur vom Biedermeier bis zum Realismus

Mit 22 Abbildungen
Hrsg. von Klaus-Ulrich Pech. 8087 [5]

Philipp Reclam jun. Stuttgart

10/10